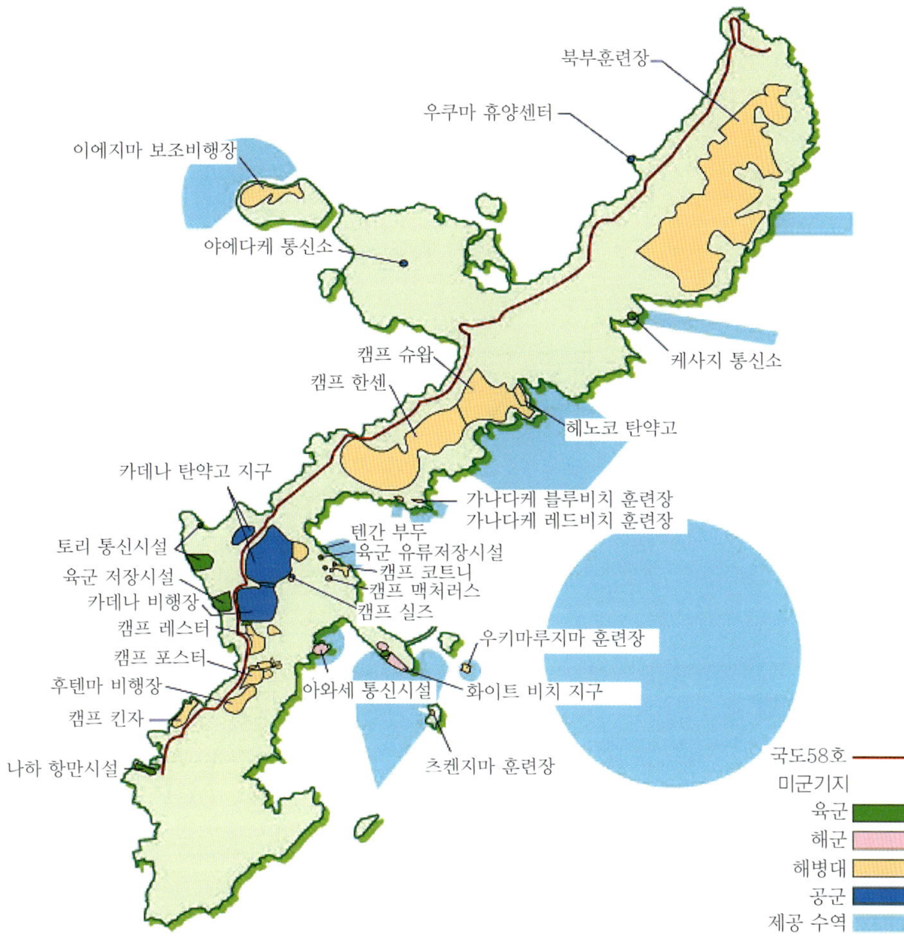

그림1 오키나와 본섬의 미군기지

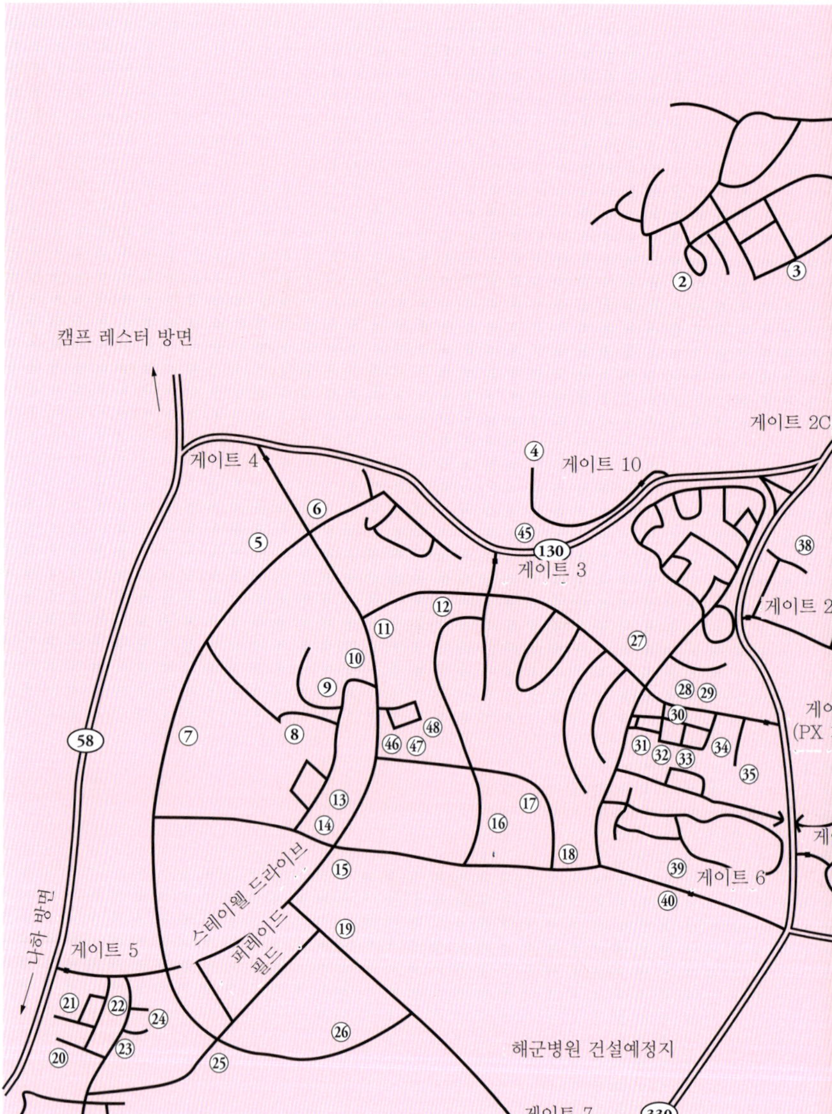
캠프 레스터 방면
게이트 4
게이트 10
게이트 3
130
58
게이트 6
게이트 5
나하 방면
스테이웰 드라이브
퍼레이드 필드
해군병원 건설예정지
게이트 7
330

그림2 캠프 포스터 지도

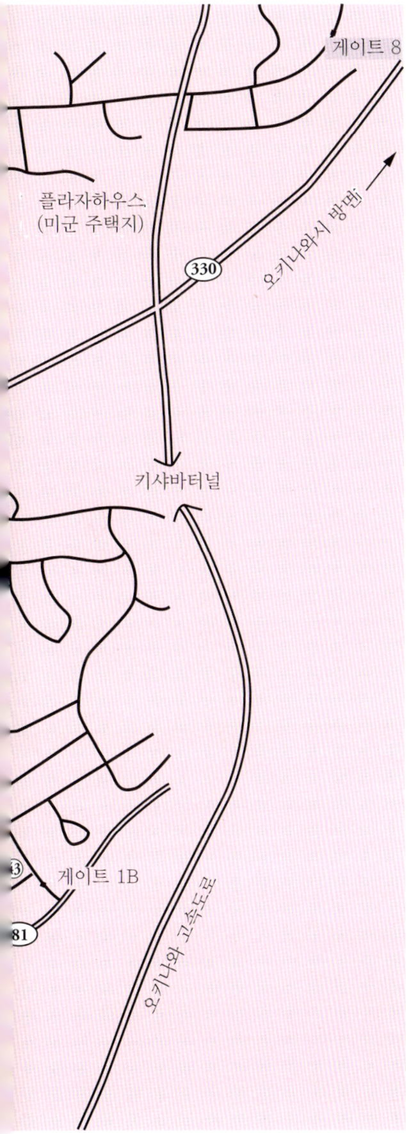

① AFN(라디오) American Forces Network
② 장교 클럽 Butler Officers' Club
③ 플라자 풀 Plaza Pool
④ 기린초등학교 Killin Elementary School
⑤ 기지안전관리과 Base Safety
⑥ 스포트 Spot
⑦ 타이푼 모터스(자동차 정비) Typhoon Motors
⑧ 거너스 짐(운동시설) Gunner's Gym
⑨ 50미터 풀 50m Pool
⑩ 오션 브리즈(하사관 클럽) Ocean Breeze
⑪ 에반스 클리닉 Evans Clinic
⑫ 교회 Chapel
⑬ 해병대 복리후생시설본부 MCCS Headquarters Building
⑭ 가구점 Furniture Store
⑮ 메스 홀(군인식당) Mess Hall
⑯ 인사과 CHRO
⑰ 헌병대 PMO
⑱ 탁아소 Child Development Center
⑲ 25미터 풀 25M Pool
⑳ 식료품점 Commissary
㉑ 도서관 Library / 교육센터(대학 시설) Education Center
㉒ 볼링장 Bowling Center
㉓ 차량등록사무소 Joint Service Registration(Vehicle Registration)
㉔ 급유소 Exchange Car Care
㉕ 해병대패밀리빌딩 MCFTB
㉖ 해병대 인사관리과 IPAC
㉗ 탁아소 Child Development Center
㉘ 포파이스(음식점) Popeye's
㉙ 캐비지와 치즈(음식점) Captain's d's,
스타벅스 Starbucks
㉚ 해군연방신용조합 Navy Federal Credit Union
㉛ 우편국 Post Office
㉜ 코뮤니티 은행 Community Bank
㉝ 푸드코트 Food Court
㉞ 영화관 Theater
㉟ PX(매점) Post Exchange
㊱ 주케란 초등학교 Zukeran Elementary School
㊲ 아동센터 Youth Center
㊳ 쿠바사키 고등학교 Kubasaki High School
㊴ 기지내 편의점 shoppette
㊵ 기지진입패스 발행소 Base Pass Office
㊶ 마카로니 그릴(이탈리안 레스토랑) Macaroni Grill
㊷ 웨스트 팩 롯지(숙박시설) West Pack Lodge
㊸ 웨스트 팩 인(숙박시설) West Pack Inn
㊹ 빌딩1(미해병대태평양기지사령부) Building 1
㊺ 소방서 Fire Station
㊻ 법무지원과 LSSS
㊼ 퍼스날 서비스 센터 Personal Service Center
㊽ 어드버커시 프로그램 Advocacy Program
㊾ 국기게양대
(58) 국도58호선
(330) 국도330호선
(81) 국도81호선
[게이트의 별칭]
게이트1B 서전트 메이저 게이트
게이트2 PX게이트
게이트3 파이어 스테이션 게이트
게이트4 스팟 게이트
게이트5 커미서리 게이트
게이트6 리전 게이트

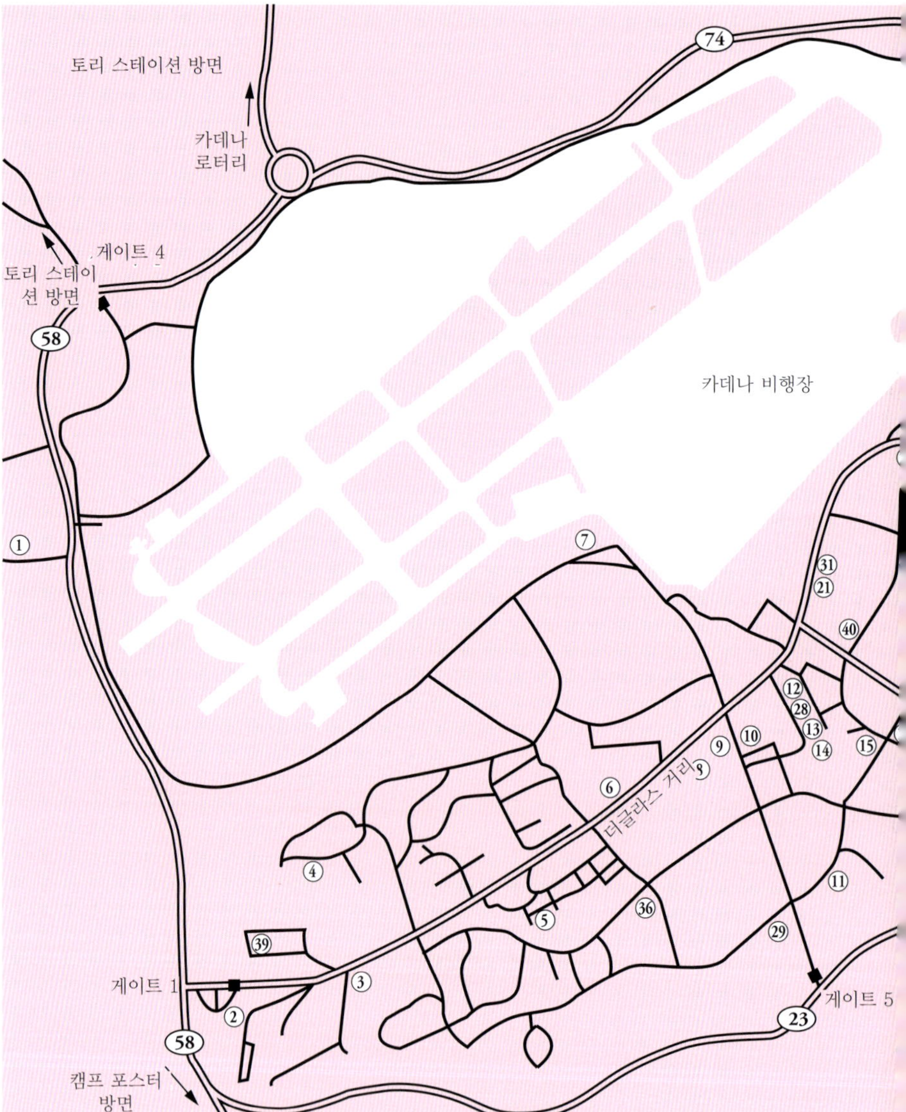

그림3 카데나 비행장 주변 지도

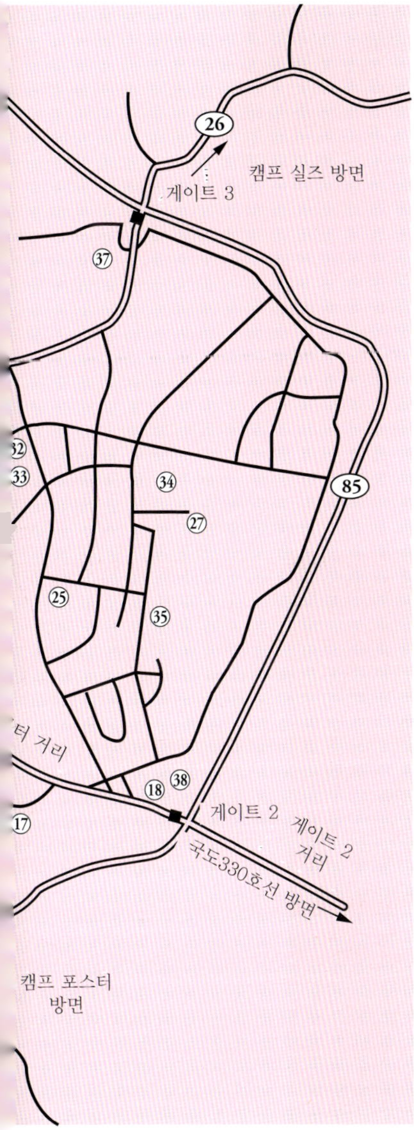

① 카데나 마리나(비치) Kadena Marina
② 잭스 플레이스(음식점) Jack's Place
③ 교회1 Chapel 1
④ 바니안 트리 골프장 Banyan Tree Golf course
⑤ 교육센터(대학시설) Education & Training
⑥ 패밀리 서비스 센터 Airman & family Readiness Center
⑦ AMC 터미날 AMC Terminal
⑧ 라이스너 피트니스 센터 Risner Fitness Center
⑨ 칠리스(멕시코 음식점) Chili's
⑩ 우체국 Post Office
⑪ 카데나 고등학교 Kadena High School
⑫ 영화관 Keystone Movie Theater
⑬ 커미서리(식료품점) Commissary
⑭ PX(상점) Post Exchange
⑮ 펜타곤 연방신용조합 Pentagon Federal Credit Union
⑯ 카데나 장교클럽 Kadena Officers' Club
⑰ 쇼군 인(숙박시설) Shogun Inn
⑱ USO
⑲ 도서관 Library
⑳ 교회2 Chapel 2
㉑ 인사과 (NAF) Human Resource
㉒ 수영장 Hagerstrom
㉓ 병원 · 치과 Medical & Dental Clinic
㉔ 하사관 클럽 Rocker NCO Club
㉕ 청소년센터 Youth Center
㉖ 수의과 병원 Veterinary Treatment Facility
㉗ 교회3 Chapel 3
㉘ 코뮤니티 은행 Community Bank
㉙ 카데나 중학교 Kadena Middle School
㉚ 밥 호프 초등학교
㉛ 인사과(GS와 MLC) Civilian Personnel Office
㉜ 풀 Fairchild
㉝ 류큐 중학교 Ryukyu Middle School
㉞ 카데나 초등학교 Kadena Elementary School
㉟ 스털리 하이츠 초등학교 Sterley Heights Elementary School
아멜리아 하이츠 중학교 Amelia Heights Intermediate School
㊱ 탁아소 Child Development Center
㊴ 빌딩 10 (제18항공단사령부) Building 10
㊵ 헌병대 Security Forces
(23) 국도 23호선
(26) 국도 26호선
(58) 국도 58호선
(74) 국도 74호선
(85) 국도 85호선

그림4 퇴역군인 가족과 필자 (결혼식장에서)

그림5 자원봉사로 유치원 아이들에게 영어를 가르치는
해병대원

미해병대계급표

장교·준위

계급명	준위	상급 준위	상급준위 W-3	상급준위 W-r	수석 상급준위	소위	중위	대위	소령	중령	대령	준장	소장	중장	대장
약칭	WO	CWO2	CWO3	CWO4	CWO5	2ndLt	1stLt	Capt	Maj	LtCol	Col	BrigGen	MajGen	LtGen	Gen • CMC
계급장															
급여 등급	W-1	W-2	W-3	W-4	W-5	O-1	O-2	O-3	O-4	O-5	O-6	O-7	O-8	O-9	O-10

하사관

계급명	신병	이병	일병	상병	병장	하사	중사	상사	일등상사	원사	주임원사	해병대 • 주임원사
약칭	Pvt	PFC	LCpl	Cpl	Sgt	SSgt	GySgt	MSgt	1stSgt	MGySgt	SgtMaj	SgtMajMC
계급장	없음											
급여등급	E-1	E-2	E-3	E-4	E-5	E-6	E-7	E-8		E-9		

미육군계급표

장교 · 준위

계급명	준위	상급 준위	상급준위 W-3	상급준위 W-r	수석 상급준위	소위	중위	대위	소령	중령	대령	준장	소장	중장	대장
약칭	WO1	CW2	CW3	CW4	CW5	2LT	1LT	CPT	MAJ	LTC	COL	BG	MG	LTG	GEN • ACS
계급장															
급여 등급	W-1	W-2	W-3	W-4	W-5	O-1	O-2	O-3	O-4	O-5	O-6	O-7	O-8	O-9	O-10

하사관

계급명	신병	이병	일병	특기병	상병	병장	하사	중사	상사	일등상사	원사	주임원사	육군 주임원사
약칭	PVT	PV2	PFC	SPC	CPL	SGT	SSG	SFC	MSG	1SG	SGM	CSM	CSA
계급장	없음												
급여등급	E-1	E-2	E-3	E-4	E-5	E-6	E-7	E-8	E-9		E-9		

미공군계급표

장교·준위

계급명	폐지	소위	중위	대위	소령	중령	대령	준장	소장	중장	대장
약칭	WO	2d Lt	1st Lt	Capt	Maj	Lt Col	Col	Brig Gen	Maj Gen	Lt Gen	Gen
계급장											
급여등급	W-1-5	O-1	O-2	O-3	O-4	O-5	O-6	O-7	O-8	O-9	O-10

하사관

계급명	신병	이병	일병	상병	하사	중사	상사	상사	일등상사	일등상사	원사	원사	주임원사	공군 주임원사
약칭	AB	Amn	A1C	SrA	SSgt	TSgt	MSgt	1stGgt	SMSgt	1stSgt	CMSgt	1stSgt	CCM	CMSAF
계급장	없음													
급여등급	E-1	E-2	E-3	E-4	E-5	E-6	E-7		E-8		E-9			

미해군계급표

장교 · 준위

계급명	준위1	준위2	준위3	준위4	준위5	소위	중위	대위	소령	중령	대령	준장	소장	중장	대장
약칭	WO1	CWO2	CWO3	CWO4	CWO5	ENS	LTJG	LT	LCDR	CDR	CAPT	RDML	RADM	VADM	ADM
계급장															
급여 등급	W-1	W-2	W-3	W-4	W-5	O-1	O-2	O-3	O-4	O-5	O-6	O-7	O-8	O-9	O-10

하사관

계급명	신병	이병	일병	상병	병장	하사	중사	상사	일등상사	주임원사	해군 주임원사
약칭	SR	SA	SN	PO3	PO2	PO1	CPO	SCPO	MCPO	CMC	MCPON
계급장	없음										
급여등급	E-1	E-2	E-3	E-4	E-5	E-6	E-7	E-8	E-9		

오키나와 주둔 미군의 일본인 아내에 대한 연구

오키나와 주둔 미군의 일본인 아내에 대한 연구

미야니시 가오리宮西香穗里

이언숙 옮김

KOREA UNIVERSITY PRESS
고려대학교 출판문화원

OKINAWA GUNJINDUMA NO KENKYUU
by Kaori MIYANISHI

머리말

이 책은 미 해병대 기지 내에서 실시한 조사를 바탕으로, 오키나와에 주둔한 미군 병사와 일본인 여성 간 결혼 생활의 실태를 파악하고 그들이 직면한 다양한 문제에 대해서 고찰하였다. 미군 병사와 일본인 여성의 관계에 대해서 주간지 등 매스 미디어의 보도를 통해 다루어지는 경우가 종종 있으나, 그들의 결혼에 대해서는 거의 알려지지 않았다. 일본인 아내들은 미군 병사와의 결혼에 대해 말하기를 주저하며 오키나와에서 조용히 살아가고 있다.

왜 자신의 남편이 미군 병사라는 사실을 굳이 감추려 하는 것일까? 외국인과의 결혼은 일본 본토에서도 그리 드문 일이 아니다. 오키나와에서는 외국인을 '외인'이라고 부르는 경우가 많은데, 오키나와에서 '외인'이라면 바로 미군 병사를 의미한다. 그리고 오키나와 전투 이후, 오키나와 사람들은 미군 병사에 대해서 자신들에게 고통을 안겨 준 존재라는 인식을 갖게 되었다. 자신들을 고통스럽게 한 존재로 인식되어 있기도 하다. 따라서 이러한 '외인'과 결혼을 하는 여성은 자신들의 적인 것이다.

그렇다면, '외인'이라고 불리는 미군 병사와 결혼하는 많은 오키나와 여성들은 모두 주눅이 들어 살아가고 있는 것은 아닐까? 오키나와에서 미군 병사의 아내로 살아가는 것은 어떤 의미일까? 한편, 미군 병사나 미군 관계자는 오키나와에서 어떤 생활을 하고 있을까? 이와 같은 생각이 내 뇌리를 스쳤다.

사실 평소에 군대나 전쟁은 우리와 멀게 느껴지는 존재이다. 하지만 오키나와에서는, 오키나와 전투의 경험과 미군 기지를 둘러싼 다양한 문제로 인해 일상생활 곳곳에서 이를 만나게 된다. 미군 기지 안팎에서 미군 관계자와 그 가족들이 생활을 하고 있다. 또한 미군 병사와 일본인 여성의 교제나 결혼도 결코 적지 않다. 그러나 뿌리 깊은 편견 탓일까? 아니면 군대를 독신 남성들의 세계로 상정해 버리는 우리의 억측 탓일까? 오키나와에서 생활하는 미군 관계자나 미군 병사와 결혼한 일본인 여성의 실상은 좀처럼 표면에 드러나지 않는다.

이 책은 미군 병사와 일본인 여성, 특히 오키나와 출신 여성과의 결혼 및 가정생활의 사례를 통해, 미군 병사나 그 가족을 우리와 다를 바 없는 생활인으로 바라보고 그들의 삶을 기술하고자 노력하였다. 이를 통해 미군 기지가 오키나와 지역사회나 개인에게 미친 사회적 · 문화적 영향을 고찰할 수 있을 것이다. 또한 군대와 지역사회의 틈바구니에서 각종 문제에 직면해 고심하는 이들의 모습을 파악하는 데에 신경을 썼다. 이는 지금까지 야마툰추(ヤマトゥンチュ ＝일본 본토 출신자)로서 전쟁이나 군대와 전혀 상관없이 살아온 필자에게 오키나와에 발을 들여놓는 첫 시도이다.

미군 병사와 일본인 여성의 결혼 실태에 대해서는 잘 알려져 있지 않다. 이 책은 학술서로서의 체재를 갖추고 있으나, 더 많은 사람들에게 미군 병사와 일본인 여성의 결혼에 대해 알리고자 하는 바람을 담아 기술하였다. 이 책을 읽는 독자께서 오키나와의 미군 기지 문제가 군사나 정치만의 문제가 아니라는 점을 알고, 적어도 이들이 처한 상황이나 그 결혼에 관심을 가지는 것만으로도 다행일 것이다.

차례

제2부 만남 · 결혼 · 갈등

제4장 9명의 남녀 소개

제5장 독신 시절부터 만남까지

제6장 결혼 생활

서장

1. 군대란?

우리는 군대에 대해서 얼마나 알고 있을까? 군대를 악(惡)이라고 한다면 이는 누구의 입장에서 누구를 향해 던지는 말일까? 미군 병사라면 약자일 리가 없는가? 군대의 일원인 미군 병사와 결혼한 일본인 여성은 비난받아야 하는 대상인 것일까?

2001년 9월의 미국에서 발생한 동시다발 테러 9·11 사건과, 이어진 미군의 아프가니스탄 침공, 이라크 전쟁, 그리고 지금까지의 일련의 흐름은 전쟁이나 군대를 무시하고 현대사회를 논할 수 없다는 점을 시사한다. 그러나 우리는 군대에 대해 알고 있는 것이 그리 많지 않다.

오키나와는 2012년 5월 15일에 일본 반환 40주년을 맞이하였다. 미일 안전보장조약에 근거하여 10만 명 이상의 미군 병사 · 군속과 그의 가족이 생활인으로서 일본에서 우리와 함께 일상을 보내고 있다. 게다가 일본 전 국토의 0.6%에 불과한 오키나와에 육·해·공·해병대 4개 미군이 주둔하고 있으며, 40,000명이 넘는 미군 병사·군속과 그 가족이 오키나와에서 생활하고 있다. 오키나와의 미군 기지에 대해서는 종종 대중매체에서 다루기도 하지만, 미군 기지에서의 생활에 대해 충분히 알려져 있지는 않다.

태평양전쟁 말기, 일반 주민들까지 휘말린 지상전이 전개되면서 오키나와는 1945년에 미군 점령하에 들어갔다. 1952년에 일본이 주권을 회복한 뒤에도 전후 27년 동안 미국의 시정권(施政權)하에 있었다. 그 동안 광대한 미군 기지가 오키나와에 건설되어, 1972년 일본으로 반환된 뒤 40년이 지난 지금까지도 오키나와에는 수많은 미군 기지가 남아 있다. 그리고 이들 미군 기지에서 파생하는 문제를 '기지 문제'라고 부른다.

오키나와의 기지 문제라면, 먼저 오키나와 본섬 중부 기노완 시(宜野灣市)에 위치한 해병대 후텐마(普天間) 비행장(기지)의 대체 시설 이전 문제가 떠오를 것이다. 미군 병사 3명이 일본인 여학생을 성폭행한 사건을 계기로 1995년에 대규모 오키나와 현민(縣民) 총궐기 대회가 열렸다. 이때까지 일본 정부는 오키나와 미군 용지의 일부 지주가 미군에게 용지 대여를 거부하자 주둔군 용지 특사법에 근거하여 오키나와 현지사의 대리 서명을 통해 용지의 사용 권한을 취득해 왔다. 그러나 당시 오타 마사히데(大田昌秀) 오키나와 현지사는 이 폭행 사건을 접하고 대리 서명을 거부하였다. 이 사건으로 오키나와에 관한 특별행동위원회(Special Action Committee on Okinawa, 통칭 SACO)가 발족되어 1996년 12월 SACO 최종 보고서에서 미일 정부는 후텐마 비행장을 5년에서 7년 이내에 반환하기로 합의하였다. 그러나 후텐마 비행장 반환 조건으로 대체 헬리콥터장 건설 조건이 들어 있어, 그 이전 장소로 본섬 북부 나고 시(名護市) 헤노코 앞바다(邊野古沖)가 물망에 올랐다. 이후 미일 두 정부 간에 협의를 거듭해 왔으나, 1996년의 후텐마 비행장 반환 합의로부터 16년이 지난 현재까지도 현외·국외 이전을 요구하는 오키나와와 헤노코 이전을 바라는 미일 두 정부 사이에는 커다란 간극이 존재한다.

2004년에는 후텐마 비행장 소속 해병대의 CH-53D 헬리콥터가 오키나와 국제대학 학내에 추락하는 사고가 발생하였다. 미일 지위 협정이라는 벽에 가로막혀 오키나와 현 경찰조차 현장에 들어가지 못하는 상황이 이어졌다. 이 사고로, 미일 지위 협정의 문제점이 다시 도마 위에 올랐다. 그리고 후텐마 비행장의 현외 · 국외 이전을 요구하는 목소리가 더욱 커졌다.

미군 병사가 일으키는 범죄나 사고도 대표적인 기지 문제이다. 최근에는 미군 병사뿐만 아니라 군속(미군 기지 안에서 일하는 미국인)이나 미군 관계자의 자녀들이 일으키는 사건 등도 주목을 받고 있다. 이 밖에도 후텐마 비행장이나 가데나(嘉手納) 공군 기지의 항공기 소음 문제, 사격훈련으로 인한 산불 등의 환경 문제, 미군 용지와 관련한 토지를 둘러싼 문제 등 수많은 문제가 대두되어 오키나와뿐 아니라 국내외에서도 오키나와의 기지 문제에 대한 관심이 높다.

미군 기지나 미군 관계자는 대중매체에 늘 부정적인 시각으로 보도되는 경향이 있다. 그러나 이렇게 대중매체를 통해 보도되는 것만이 오키나와의 미군 기지나 기지 관계자의 모습의 전부는 아니다. 예를 들어, 2011년 3월에 발생한 동일본 대지진에서 미군이 보여 준 '도모다치(=친구) 작전'을 통한 재해 지원 활동에는 오키나와에 주둔하고 있는 해병대원을 비롯한 많은 미군 병사들이 참여하였다. 이때에 시작된 해병대원과 피해 지역 주민들의 교류는 현재까지도 이어지고 있다. 그리고 오키나와에서는 미군 관계자가 지역사회 활동에 참여하는 경우도 많이 있으며, 이렇게 시작된 교류는 일본 본토에서는 찾아볼 수 없는 깊은 유대를 형성하기도 한다. 그러나 이러한 내용에 관해 대중매체가 보도하는 경우는 거의 없으며, 우리에게 전해지는 내용은 부정적인 요소가 강조된 미군 기지 소식이다.

앞서 서술하였듯이, 오키나와에는 육·해·공·해병대 4개 군이 주둔해 있다. 이들 미군 대부분은 기지 밖에서 살고 있으며 우리와 마찬가지로 지극히 평범한 일상생활을 한다. 그리고 미군 관계자 중에는 오키나와 여성과 결혼하여 가정을 꾸리는 경우도 많다. 기지 문제만이 오키나와의 전부가 아니다. 우리가 모르는 오키나와와 미군 기지의 모습이 있다. 이 책은 오키나와에 미군이 주둔하고 반세기 이상이 흘렀으나 여전히 밝혀지지 않은 미군 병사와 오키나와 여성의 결혼과 가정생활에 초점을 맞추어 지금까지와는 다른 시각에서 오키나와의 미군 기지에 대해서 고찰하고자 한다.

2. 미군 병사와의 교제 · 결혼

지구 전체에 퍼져 있는 미군은 그 거점인 해외의 미군 기지가 주둔한 지역사회와 다양한 관계를 형성하고 있다. 그 하나는 미군 병사와 현지 여성의 교제나 결혼일 것이다. 미군 병사와 일본인 여성의 결혼은 전후에 등장한 진주군 병사와 결혼한 일본인 여성, 이른바 '전쟁 신부' 시대부터 시작되어 지금까지 이어지고 있다. 전후부터 반세기 이상 흐른 현재에도 미군 병사와 일본인 여성의 결혼은 '전쟁 신부' 시대와 마찬가지로 성적으로 방종한 여성,[1] 미군 병사의 성욕의 희생양으로서의 여성[2]이나, 가정 내 폭력 등의 비참한 결혼 생활이나 이혼 등 부정적인 측면에서 다루어지

1 〈連載 ドキュメント 戰後の沖縄·米兵凌辱の記錄 少年院で死を迎えた賣春少女の悲慘!〉(《アサヒ藝能》1972년 4월 13일).

2 예를 들어, 다음과 같은 글을 참조. "(매춘부들은) 가난에서 벗어나는 방법으로 미군 병사와의 결혼을 꿈꾼다. '결혼' 뒤에 있는 것은 미국의 '풍요로움'이다. 그러나 결혼이라는 실생활 속에서의 파경. 매춘이 뒤따른다. 마약, 성병 그리고 혼혈아의 문제는 어디서나 심각하다" (《アジアと女性解放》1983년 8월 No.14, 3쪽).

는 경우가 많다[3].

오키나와에서도 이와 같은 방식으로 이 문제를 다루어 왔다. 오키나와의 미군 병사는 1980년대에 사회문제로 주목을 받은 '무국적 아동'의 문제[4]를 통해 처자식을 버리고 본국으로 돌아가 버린 무책임한 남성이라는 인상을 남겼다(후쿠치福地 1980; 오키大城 1985). 현재에도 오키나와에서는 이와 같은 시선으로 미군 병사를 바라보는 경향이 뿌리 깊게 남아 있다.

오키나와의 국제결혼에서 나타난 특징으로, 남편 미국인 남성·아내 일본인 여성이라는 결혼 형태가 압도적으로 많다. 일본 본토의 국제결혼의 경우 일본인 여성과 결혼하는 상대 남성의 국적이 매우 다양한 것과 비교해 볼 때 크게 다른점이다. 그리고 미군 기지가 있는 아오모리 현(青森縣)(미사와三澤 미 공군 기지), 가나가와 현(神奈川縣)(요코스카橫須賀 미 해군 기지, 아쓰기厚木 미 해군 비행장, 캠프 자마座間), 나가노 현(長野縣)(사세보佐世保 미 해군 기지)과 비교해도 그 수는 눈에 띄게 높다는 특징을 보인다(오키나와 여성재단 2000).

오키나와에서의 일본인 여성과 미군 관계자의 결혼에 관한 연구는 일본 본토와 마찬가지로 전무하다시피 하다.[5] 미일 지위 협정 아래 일본에 체류하는 미군 관계자와 일본인 여성의 결혼에 대한 정확한 수치조

---

3 군대의 오키나와 여성에 대한 폭력이라는 시각에 대해서는 관련 기사가 많다(Takazato 2000: 35-38; 다카자토高里 1995: 24; 덴간天願 1997: 24-27을 참조).

4 무국적 아동 문제에 대해서는 제9장 제1절에서 자세히 다룬다.

5 다쿠시(澤岻)는 전후 오키나와에서 '전쟁 신부'로서 미국으로 건너간 오키나와 여성에 대해서 논하였다. 다쿠시에 따르면, 전후 극히 일부 시기의 결혼은 행정기관에 등록되었으나 오키나와가 일본 본토로 복귀하기 전의 경우에는 자료의 소재 유무조차 분명하지가 않다. 각 시정촌(市町村)의 집계도 오키나와 현 전체의 수치도 파악되지 않는 상황이다(다쿠시澤岻 2000: 17). 《沖縄大百科事典》에 따르면, 오키나와의 미군 관계자와 오키나와 여성의 결혼은 연간 400쌍을 넘을 것으로 추정된다. 그러나 이들 결혼에 대한 실증적인 조사는 실시되지 않고 있으며 그 실태는 정확히 알 수 없는 상황이라고 기술하였다(沖縄大百科事典刊行事務局(中卷) 1983: 99-100).

차 존재하지 않는다.[6] 군대, 미군 관계자, 그리고 미군 관계자와 일본인 여성의 결혼에 관한 모든 것이 명확하지 않다는 것이 그 실태라고 할 수 있다. 오키나와에서의 미군 병사와 일본인 여성의 결혼은 본토의 미군 기지에서 볼 수 있는 결혼과 차이점이 있는 것일까?

필자는 석사 과정에서 요코스카 미 해군 기지에 소속된 미군 병사와 일본인 여성의 결혼에 대해 조사하였다(미야니시宮西 2003, 2004b). 이 연구를 통해 오키나와의 이와 유사한 결혼에 대해 관심을 갖게 되었다. 일본인 여성과 결혼하는 미군 병사에 대한 조사는 전무하다. 미군 병사와 결혼하는 것은 오키나와 사회와 미군 기지 내에서 어떠한 의미일까? 군대란, 단순한 폭력 집단일까? 이러한 문제의식에 근거하여 이 책에서는 2차 자료에 의존하지 않고 군대를 가족의 측면에서 다루어, 기지 안팎에서 미군 병사와 오키나와 여성의 결혼과 가정생활을 살펴보면서 그 세계를 알아보고자 노력하겠다. 이는 다른 시각에서 군대를 바라보고, 단순한 폭력 장치라는 틀의 한계를 지적하면서 기존의 군대에 대한 틀을 재고해 볼 수 있도록 한다는 것을 의미한다.

---

6 국제결혼에 대한 통계는 일본에서 외국인 등록을 한 외국인과의 결혼이 후생성(厚生省)의《人口動態統計》상의 수치에 반영되어 있다. 그렇기 때문에 외국인 등록을 하지 않고 미일 지위 협정 아래에 일본에 체류하는 미군 관계자는 위의 수치에 잡히지 않는다. 그리고 이 수치에는 괌, 하와이, 미국 본토 등지에서 결혼한 커플의 수도 반영되지 않았다. 그러나 오키나와 여성재단은 오키나와에서의 외국인 등록자 중 미국 국적인 자 중에는 제대 등으로 미일 지위 협정상의 신분을 벗어난 자가 존재하기 때문에, 미국 국적의 군인 · 군속(전 군인 · 전 군속을 포함)과 현 내에 거주하는 일본 국적 여성과의 혼인 관계의 실제 수치를 나타내는 통계로 적용할 수 있다고 결론지었다(오키나와 여성재단 2000). 일본인 여성과 미군 병사가 결혼하는 경우 미군 병사가 미국 본토로 돌아갈 때 일본인 여성은 미국에서 생활하기 위한 이민 비자를 취득해야 한다. 이때 서류를 제출하는 곳이 오키나와 본섬 중부의 우라소에 시(浦添市)에 있는 미국 총영사관이다. 그래서 필자는 미국 총영사관에 오키나와에서의 일본인 여성과 미군 병사의 결혼 수에 대해 문의하였으나, 그런 통계는 내지 않는다는 대답을 들었다.

3. 지금까지의 연구

현대사회에는 '문화'와 관련한 말들이 넘쳐 나고 있다. 그러나 문화에 대해 제대로 파악하는 일은 더욱 어려워지고 있다. 왜냐하면 사람, 사물, 정보가 대량으로 신속하게 이동하는 글로벌한 세상에서 언어, 민족, 영토 등과 관련한 습관이나 라이프스타일로서의 문화를 발견해 내기란 여간 어려운 일이 아니기 때문이다. 일찍이 문화나 민족이 우리에게 인식시켜 주었던 경계는 현대에 유동적인 것으로 변모하고 있다. 그리고 이와 같은 경계를 암묵적으로 그 전제로 삼았던 문화인류학도 마찬가지의 곤란한 상황에 직면하여 변화를 모색해야 하는 상황이다.

이 책에서 대상으로 삼은 오키나와의 미군 병사와 일본인 여성의 결혼과 가정생활 역시 '곤란한 상황' 중 하나이다. 이는 두 문화 — 미국과 오키나와의 문화 — 의 접촉만을 의미하지 않는다. 이는 남편이 속한(혹은 속했던) 군대(미군 기지)라는 전 세계에 퍼져 있는 다국적 집단과의 접촉이기도 하다.

그래서 이 책에서는 오키나와 주둔 미 해병대 기지 안에서 실시한 현지 조사를 바탕으로, 미군 병사와 일본인 여성의 결혼 생활에서 나타나는 갈등이나 대립에 대해서 남녀 양측의 시각에서 고찰을 하고자 한다. 이때, 미군 기지를 사회적·문화적인 문맥에서 파악하여 그곳에서 살아가는 사람들의 경험을 기지 안팎에서 기술 · 분석하겠다. 구체적으로 말하면, 다음 세 영역, 1) 군인의 아내(남성 병사와 결혼한 여성) 연구, 2) 국제결혼 연구, 3) 미군 기지의 존재를 감안한 오키나와 연구에 힘을 보태고자 한다.

3.1. 군인 아내에 대한 연구

군인 아내에 대해 논한다는 것은 군대의 주변부에 있는 존재로서의 여성에 주목하는 것을 의미한다. 약자라고 할 수 없는 군인과 결혼한 여성을 군대(강자·압제자) 측에 속한 존재로 파악하여 '평화를 요구하는' 여성의 적으로 여기는 경향이 있어, 군인과 결혼한 여성을 약자로 보기는 곤란한 점이 있다.[7]

군인 아내가 홀대를 받으면, 군대와 관련된 군인 이외의 남성이나, 병사라는 역할 이외의 군인이라는 존재가 무시를 당하기도 한다. 전자의 경우, 예를 들어 여성 병사의 부양가족으로서 양육을 맡아 어머니 역할을 하는 민간인 남성인 남편(Mr. Mom)의 존재 등, 새로운 가족형태가 출현하는데, 이들 역시 잊히고 가려진 존재라는 점을 지적하고 싶다.

이와 같은 군인 아내 홀대의 배경에는 군대에 대한 연구 그 자체가 결여되었다는 더욱 큰 문제가 자리해 있다. 그 이유는 인류학이 사회의 주변부에 있는 사람들을 연구 대상으로 삼아 와서, 국가 조직의 일부이자 '억압자'인 군대나 경찰을 연구 대상으로 삼기를 꺼렸기 때문일 것이다. 그러나 '억압자'인 병사는 항상 '병사'로만 생활하는 것이 아니며(남편이자 아버지이기도 하다), 또한 남성뿐 아니라 여성 병사도 존재하며 군속 등 병사가 아닌 사람도 존재한다. 군인 아내에 대한 연구는 군대란 남성 병사로 구성된 폭력적인 억압 집단이라는 단순한 도식을 다시 생각해 보게 한다는 점에서 의미를 갖는다.

군인 아내에 대한 연구는 크게 세 가지로 나뉜다. 바로 1) 실용적 연구, 2) 제도적 연구, 3) 민족지(民族誌) 적 연구이다.[8] 실용적 연구란, 주로

7 이러한 주변성은 여성 병사에게도 적용된다. 이 점에 대해서는 사토(佐藤 2004)를 참조.

8 이는 필자가 편의를 위해 명명하여 분류한 것이다. 군인 아내에 대한 문헌의 상세한 평론이나 시대적 배경에 대해서는 미야니시(宮西 2004a)를 참조. 1971년부터 1978년까지 군대의 여성에 관한 문헌 소개에 대해서는 Hunter, Rose and Hamlin(1978)을 참조. 그리고 군

군인 아내를 심리학적 혹은 사회학적으로 '문제가 있는' 존재로 간주하여 그 실태를 자세히 기술하고 원인이나 해결책에 대해서 논한 일련의 연구이다. 제도적 연구란, 군인 아내를 대상으로 한 각종 제도나 프로그램에 주목한 연구이다. 마지막으로 민족지적 연구란, 제도 그 자체보다는 군인 아내의 생활에 주목하여 그 속에서 남편과의 관계나 제도와의 갈등을 고찰한 연구이다.

그럼, 이 책과 직접 관계가 있는 민족지적 연구를 검토해 보겠다. 민족지적 연구는 군인 아내 일반을 다루는 연구와 미국인 이외의 외국인 군인 아내에 대해서 다룬 연구, 이 두 가지로 분류할 수 있는데, 여기서는 외국인 군인 아내를 다룬 문헌에 대해서만 검토하겠다. 외국인 군인 아내 연구에는 '전쟁 신부' 연구도 포함되지만, 여기서는 외국인 군인 아내가 직면한 현실적 문제를 다룬 '전쟁 신부' 이외의 외국인 군인 아내를 대상으로 한 연구로 한정지어 검토하고자 한다.[9]

외국인 군인 아내 연구

전 세계에 존재하는 미군은 기지 주변 지역에 커다란 영향을 주고 있다. 아시아 지역, 특히 일본이나 한국에서는 전후부터 오늘날까지 미군 병사와의 교제나 결혼이 끊이지 않고 있다. 그리고 동시에 이혼[10]하는 숫자도 증가하고 있다. 게다가 미군 병사와 교제하면서 상해 사건 등의 문제도 불거지고 있어 기지 주변 사회뿐 아니라 미군에게도 큰 우려로 떠오르고 있다.

인 가족에 대한 자세한 문헌 비평은 Hunter(1982)를 참조.

9 '전쟁 신부' 이외의 외국인 군인 아내를 대상으로 한 연구는 대부분 미군 병사와 결혼한 한국인 여성에 대한 연구이다(Lee 1980; Yuh 1999). 이 외에 Yuh(1999); Jeong and Schumm(1990); Yoo(1993); Hong(1982); Brewer(1982) 등이 있다.

10 지금까지 군대에서는 이혼이 미군 병사의 경력에 오점이 된다고 여겼으나 최근에는 이혼이 예전보다 수월해지고 있다(Martin and McClure 2000: 9).

그런데 외국인 군인 아내를 연구 대상으로 다룬 연구는 거의 없었다(Cottrell 1978; Jensin and Xenakis 1986). 그 이유 중 하나는 외국인 군인 아내의 숫자가 증가하였다고 하지만 미군 내에서는 소수라는 사실을 들 수 있다. 또한 군대의 외국인 아내가 처한 주변 입장도 연구가 빈약한 것과 관련이 있다.

이 책에서 다루는 일본 여성과 같은 외국인 군인 아내가 처한 상황은 복잡하다. 왜냐하면 일본에 사는 미군의 일본인 아내는 군대와 미국과의 관계뿐 아니라 일본 사회 속에서도 녹록지 않은 상황에 처해 있기 때문이다. 이처럼 세 가지 의미에서 녹록지 않은 상황에 처한 그녀들을 '트리플 아웃사이더'(미야니시宮西 2008)[11]라고도 표현할 수 있다.

소수의 외국인 군인 아내에 대해서 기술한 연구 중에는 외국인 군인 아내를 둘러싼 몇 가지 문제점도 발견할 수 있다. Brancaforte의 연구는 일반적인 미군의 한국인 아내나 '전쟁 신부' 이외의 외국인 군인 아내를 다룬 인류학적 연구이다.[12] Brancaforte는 외국 출신 군인 아내(외국인 군인 아내)를 '더블 아웃사이더'(double-outsider)라고 불렀다. 이에 대한 문제점을 들어 보겠다. 1) 외국인 군인 아내를 무력하고 의존적인 존재로 기술하고 있는 점,[13] 2) 외국인 군인 아내의 출신 국가나 그 사회 배경 등에

11 외국인 군인 아내는 '더블 아웃사이더'(군속과 미국 문화라는 두 가지를 이해해야 한다)라고 Brancaforte(2000)가 정의하였는데, 필자는 일본 등 해외 미군 기지에서 외국인 여성이 그 지역사회에서 겪는 녹록지 않은 상황에도 주목하여 '트리플 아웃사이더'라고 부르겠다(미야니시 2008). Brancaforte(2000)에 대해서는 뒤에 서술하겠다.

12 외국인 군인 아내에 대한 연구는 종군목사(chaplain)에 의해 시작되었다(Maxwell 1949; Druss 1965). 종군목사들의 연구는 외국인 군인 아내에 관한 초기 연구로 볼 수 있다. 외국인 군인 아내는 무력하고 의존적인 존재로 기술되었으며 외국인 군인 아내나 그 남편에 대한 기술에도 문제점이 많다. 종군목사는 군대 안에서 매우 특수한 임무에 종사한다. 이들은 미군 병사이기도 하면서, 미군 병사뿐 아니라 군인 아내를 포함해 미군 병사의 가족 문제에 대해서 대처한다. 종군목사는 미군 병사나 그 가족의 고민을 듣거나 직접 상담을 하는 특권적인 입장에 있다(다나카田中 2004: 147-167).

13 Reeves도 마찬가지로, 외국인 군인 아내라고는 명시하지 않았지만 기존의 젊은 군인 가

대해서는 전혀 고찰하지 않고 아내들의 차이 혹은 다양성을 무시한 점 등이다. Brancaforte 자신이 군인 아내(남편은 육군 장교)여서 그런지 군대 내의 외국인 군인 아내에 대한 편견(예를 들면 영어나 미국 문화에 대한 지식이 부족하다는 등)에 대해 자각하지 못하고 있다. 또한 당사자인 외국인 군인 아내에 대한 인터뷰조차 하지 않았다는 문제점도 들 수 있다.

그리고 아시아인(일본인, 한국인, 필리핀인 등)을 영어도 못하고 미국 문화도 모르는 존재로 간주하여, 대개 매춘부로 보는 기술도 보인다. 여기에서도 아시아계 외국인 군인 아내 사이에 존재하는 차이점은 전혀 고려하지 않았다(Stonc and Alt 1990).

오키나와의 미군 병사와 오키나와 여성의 결혼 생활에 대한 연구를 한 Forgash(2004)에 따르면, 오키나와에서는 미군의 점령 시대부터 지금까지 오키나와 여성과 미군 병사의 결혼은 '전통적인' 오키나와의 가족을 형성하는 데에 비판의 대상이었다. 이는 점령 시대에 있었던 미군 병사의 인종과 관련한 타자성이나 매춘과 관련해서 비난받아 마땅한 결혼의 전형을 상징하였다. 미군 병사와 결혼하는 여성은 부모의 반대를 무릅쓰고 오키나와의 전통적인 가치관과 전혀 다른 미국의 라이프스타일을 수용하여 오키나와의 전통적이고 친밀한 가족과의 유대를 끊어 버린 존재로 간주되었다.

Forgash는 오키나와 여성과 그 미군 병사 남편은 오키나와의 전통적인 생활에 순응함으로써 오키나와 사회에 받아들여져, 그들 자신의 가족을 오키나와에서 형성할 수 있다고 한다. 이때에 오키나와의 전통적인 젠더 규범이나 문화에 따른 규범적인 '오키나와의 가족'이라는 개념을 오키나와 여성들은 전략적으로 이용하고 있다고 지적하였다[14].

족의 아내에게서 발견되는 모습으로, 수표 쓰는 방법이나 영어를 잘 못해서 남편에 의존하는 외국인 아내를 묘사하였다(Reeves 1995: 52).

14 Forgash는 오키나와 여성들의 전략에 대해서 네 가지의 예를 들었다. 1. 장남이 부모를

Forgash의 연구는 오키나와 여성과 미군 병사의 결혼 생활을 처음으로 다루어, 미국인의 관점에서 인류학적 조사를 실시하였다는 의미에서 평가할 만한 연구이다. 현재 오키나와에는 점령 시대에 두드러졌던 미군 병사들의 인종차별이나 매춘 문제가 사람들의 뇌리에 선명하게 남아 있으며, 이러한 기억은 시대나 세대를 넘어도 사라지지 않고 있다. 이 때문에 오키나와에서 미군 병사와의 결혼은 일본 본토의 대도시에서 볼 수 있는 일반 외국인과의 국제결혼과 의미가 다르다는 시각에는 필자도 동감하는 바이다.

그러나 Forgash의 논의에는 세 가지 문제점이 있다. 첫째는 이혼이나 가정 내 폭력, 불륜, 퇴역 후의 생활 등 미군 병사와의 결혼 생활에서 나타나는 부정적인 측면을 간과하고 있다는 점이다. 둘째는 군대의 결혼·가정생활에 대한 영향을 고찰하는 시각이 결여되었다는 점이다. 셋째는 미군 병사의 시각이 고려되지 않았다는 점이다.

구체적으로 서술하자면, 미군 병사는 약 3년마다 근무지를 이동하는 생활을 한다. 또한 군대의 명령이 있으면, 장기간 전지 파병이나 훈련을 위해 오키나와를 떠나 있는 경우가 매우 많다. 다시 말해, 미군 병사는 오키나와라는 사회 공간을 넘어 세계 각지로 이동하는 생활을 하는 것이다. 미군 병사의 이동 생활은 부부 관계에 긴장감을 높여 이혼이나 불

부양하는 전통적인 오키나와의 가족 이미지를 전략적으로 행사하여(장남인 형제에게 그 책임을 강요함으로써) 미국인 남성과의 결혼이나 그 결단을 정당화시킨다. 2. 도토메(위패)를 이어받는 오키나와의 여성은 미국과 오키나와를 오가며 생활을 영위하며 미군 병사와 결혼해 미국으로 이주했음에도 불구하고 오키나와에 사는 형제와 강한 유대를 유지하여 그 결혼의 정당성을 드러낸다. 3. 오키나와 여성과 그 남편은 가족의 모임, 도토메나 묘지 관리에 적극적으로 참여함으로써 오키나와의 대가족 속에 들어가 그 결혼이 오키나와 사회에 받아들여진다. 4. 미군 병사와 결혼하여 미국에 살고 있던 오키나와 여성의 부친이 병이 들어 오키나와로 돌아가야 할 때에 남편이 오키나와로 가는 비행기표를 그녀에게 건네주면서 그녀가 오키나와로 갈 수 있게 해 주었다. 이렇게 남편은 오키나와 가족과의 친밀한 관계를 소중히 여기는 자랑스러운 오키나와 가족의 일원으로 받아들여진다.

화의 원인으로 이어지기도 한다.

미군 병사의 이동 생활에 주목해 보면, Forgash가 주목한 '오키나와의 전통적인 가족'이라는 규범에 근거한 문제 설정만으로는 충분히 설명할 수 없는 상황이 이들 결혼의 주변에 자리해 있음을 알 수 있다. 그런 의미에서 남편이 오키나와에 살며 전통적인 가족상에 따르는 생활을 영위한다는 논의는 미군 병사와의 가정생활이나 결혼 생활의 실정을 제대로 파악하지 못하고 있어 불충분한 논의라고 할 수 있다.

따라서 이 책에서는 앞으로 네 가지 점, 1) 군인 아내의 다양성, 2) 군대가 결혼·가정생활에 미치는 영향, 3) 이혼 등 결혼의 부정적인 측면, 4) 미군 병사의 시각에 대해서 알아보고자 한다.

3.2. 국제결혼에 대한 연구

최근 국제결혼에 대한 연구는 사회학, 역사학, 교육학 등 다양한 학문 분야에서 진행되고 있지만, 다른 학술 영역과 합의를 이룬 일정한 접근 방법이 존재하는 것은 아니다. 국제결혼에 관한 연구는 사회학 분야에서의 관심이 높다. 예를 들어, 《가족사회학 연구(家族社會學硏究)》(제8호, 1996년)에서는 특집을 구성하여 국제결혼을 둘러싼 문제를 다루었다(요시다吉田 2003: 493). 역사 사회학의 시각에서는 일본의 국제결혼에 관한 역사적 성립을 검증한 가모토(嘉本 2001, 2008ab)와 사회학의 시각에서 국제결혼을 고찰한 다케시타(竹下 2000, 2004)의 연구가 있다. 역사학적 시각에서는 국제결혼의 출현에 대해서 논한 고야마(小山 1995)의 연구가 있다.

한편 인류학 분야에서 국제결혼에 관한 연구는 그 수가 적다. 하와이의 미국인과의 국제결혼과 그 자녀들을 다룬 닛타(新田 1992)의 연구나 Breger and Hill(1998)의 국제결혼 가족의 비교 연구를 들 수 있다. 하지만 국제결혼에 관한 학술적인 연구·성과는 아직 걸음마 단계라고 할 수 있다. 여기서는 자세히 설명하지 않겠지만, 일본인 남성과 외국인 여성의 국제결혼에 관한 연구, 국제결혼 상담소를 통한 국제결혼이나 여성의 주체성을 둘러싼 문제에 대해서 다룬 연구도 있다.

여기서는 일본인과의 국제결혼을 대상으로 한 연구로 압축하여 세 연구에 대해서 검토하겠다. 다케시타(竹下 2000)는 부부의 결혼 만족도를 문화적 차이(소통의 문제, 습관, 가치관, 자녀의 예절 교육이나 문화적 배경의 차이)와 주위의 관용성(부모의 결혼에 대한 반대, 주위의 편견으로 인한 차이)과 기본적 속성(남편의 출신 국가, 결혼 연차, 부부의 직업이나 학력)을 통해 고찰을 하였다. 그러나 국적(구미 출신인지 아시아 출신인지)이나 직업(자영업인지 회사원인지)에 대한 분석에 집중되어 있어 결혼의 실제 모습이 잘 드러나지 않는다.

인류학적인 관점에서 구도(工藤 2008)의 연구는 1980년대 중반 이후에 증가한 '외국인 노동자'인 파키스탄인 이슬람 남성과 결혼한 일본인 여성의 경험에 주목하여 새로운 자기상(自己像)에 대한 창조 과정을 고찰하였다. 그러나 별거나 이혼 등 결혼의 부정적인 측면에 대한 고찰이 부족하여 외국인 노동자와의 결혼이 갖는 의미나 그 전체상을 파악하기가 어렵다는 문제점이 발견되었다.

여기서 국제결혼 연구에서 발견한 문제점 두 가지를 지적하고자 한다. 사회학적인 국제결혼 연구에서는 결혼의 다양성이나 당사자의 차이에 눈을 돌리는 시각이 결여되어 있다. 대부분의 국제결혼 연구는 아내에게 초점을 맞추고 있어 남편이 처한 상황이나 생활 등에 대한 관점이 결여되어 있다(가모토嘉本 1996: 59). Cottrell은 남편에 대한 관점이 결여된 이유로 두 가지를 들었다. 하나는 아내가 사적·개인적 관계 속에서 생활을 하여 남성보다 거주지 문화에 밀착된 생활을 하고 있다는 점, 또 하나는 남편보다 아내가 인터뷰에 쉽게 응해 주기 때문이라는 점을 들었다(Cottrell 1990: 159-160). 그렇다고 해서 이런 상황을 방관할 수도 없다.

미군 병사와 오키나와 여성의 결혼과 관련해서 말하면, 미군 병사라는 남편의 직업을 고려하지 않고 그 결혼 생활의 전체상을 이해하기란 어렵다. 다시 말해, 미군 병사와의 결혼은 군대 내부에서 바라본 연구가 필수 불가결이어서 그 결혼을 군인 아내에 대한 연구의 하나로 파악해, 일반 외국인과의 결혼을 대상으로 하는 국제결혼 연구와 구별할 필요가 있다.[15]

미군 병사인 외국인 남성과 일본인 여성의 국제결혼이라는 의미에서 국제결혼 중에서도 특수한 사례로 이해할 수도 있겠지만, 이와 달리 이 책에서는 지금까지 드러난 국제결혼 연구의 문제점을 분명히 밝혀 그 극복의 가능성을 찾고자 한다.

3.3. 미군 기지의 존재를 감안한 오키나와 연구

대부분의 오키나와 연구는 문화인류학이나 민속학에 의해 종교나 친족, 생업 등의 영역에서 학술적 축적이 이루어졌으나,[16] 미군 기지에 관한 조사는 전무하다시피하다. 오키나와의 기지 문제에 대해서는 저널리즘을 중심으로 많은 문헌이 나와 있다. 이 문헌들은 군대와 폭력이라는 관점에서 여성을 논하고 있다. 예를 들어 나카야마(仲山 2001)는 자

15 전후, 주일 미군 병사와 결혼한 여성은 '전쟁 신부'라고 불리며 일반적인 국제결혼의 일부로 분류되는 경우가 많았다(竹下 2000). 미군 병사와 결혼한 '전쟁 신부'들의 결혼 후 생활은 남편의 출신 민족 등의 차이나 새로운 환경에 대한 적응 문제 등 국제결혼 연구의 관점에서만 고찰되었다. 필자는 미군 병사인 남편과 일본에서 만나 결혼한 '전쟁 신부'들은 군대 내부에서의 위치나 군인 아내로서의 생활 등의 관점에서도 고찰할 필요가 있다고 생각하여 '전쟁 신부' 연구를 군인 아내에 대한 연구로 분류하였다.

16 인류학적인 오키나와 연구는 도시보다 외딴섬이나 오키나와 본섬 북부를 주된 조사 대상으로 하여 자기 완결적인 마을을 대상으로 한 조사가 주류를 이루었다(太田 2001: 30).

신이 전후 '기지촌'에서 생활한 경험을 통해 당시 만난 미군 병사의 매춘부들에 대해 기술하였다. 전후의 여성이나 매춘에 대해서는 가리마타(狩俣 1991)의 연구도 있다. 또한 전후의 '기지촌'이나 그곳에서 생활한 사람들에 대한 상세한 연구는 오키나와 국제대학 문학부 사회학과 이시하라 마사이에(石原昌家)의 연구 활동(1994)이 있다.

이 밖에도 자녀에 대한 폭력이나 인권, 기지 반대 운동이나 기지로 인한 정치·경제적 관점에서 논한 연구도 있다. 다카자토(高里 1996)는 여성에 대한 폭력이라는 관점에서 군대의 폭력성에 대해 지적하였다. 나하 시(那覇市) 시의회 의원이었던 다카자토는 '기지·군대를 거부하는 행동하는 여성들의 모임'(基地·軍隊を許さない行動する女たちの会) 대표로, 여성의 인권 보호와 군대 근절을 목표로 적극적으로 활동하고 있다. 다카자토는 1945년에 미군이 오키나와에 상륙한 이래 미군 병사가 저지른 여성에 대한 성범죄 기록(《전후 미군의 여성에 대한 범죄 연표(戰後米軍の女性への犯罪年表)》)을 작성하여 군대의 여성에 대한 폭력을 규탄하였다(다카자토 2000: 20-21).

미군 병사와 오키나와 여성을 부모로 둔 아이들에 대한 연구 대부분은 1984년에 국적법이 부계주의에서 부모 양계주의로 개정되기 전에 태어난 무국적 아동의 문제나 무국적 아동인 아이에 대한 편견·차별의 문제를 중심으로 기술하고 있다(나미히라波平 1980; 후쿠치福地 1980; 오키大城 1985). 아이들이 이러한 상황에 처한 데에는 아버지로서의 책임을 다하지 않고 처자식을 버리고 떠난 미군 병사와 미국의 풍요나 문화에 대한 동경으로 쉽게 결혼하고 이혼한 오키나와 여성에게 문제가 있다고 지적하였다(후쿠치 1980: 6-7). 머피 시게마쓰(Murphy 重松 2002)는 아버지가 미군 병사인 아시아에 거주하는 아동뿐 아니라 미국에 거주하는 미군 병사를 제외한 민간인인 미국인을 부모로 둔 아동도 포함해

'아메라시안'(Amerasian)이라고 명명하고 이들의 다양한 삶에 대해 기술하였다.

이들 연구에서는 아메라시안이 직면한 힘겨운 상황이나 차별 문제에 대해 다루고 있지만, 여기서 묘사한 미군 병사(아버지)는 처자식을 버린 냉혹한 남성이다. 여기에서는 미군 병사와 가족 사이에서 고심하는 남성, 군대 내의 분석이나 남성 측의 의견을 참작한 시각은 찾아볼 수가 없다.

이러한 연구는 미군 병사와 오키나와 여성의 결혼과 관련해 설명하자면, 그 자녀들이 처한 어려운 상황을 기술하는 한편, 처자식을 버린 냉혹한 미군 병사상이나 미국에 대한 동경으로 결혼한 여성상이라는 편견을 강화하는 경향이 있다. 여기에서는 오키나와에서 결혼·가정생활을 영위하는 오키나와의 여성이나 미군 병사의 모습, 군대와 가족 사이에서 고심하는 미군 병사의 처지나 군대 내에서의 이들의 결혼에 대한 분석이나 남성 측의 의견을 수용하는 시각을 찾아볼 수가 없다.

미군 병사와의 교제나 결혼 등 현대적인 문제를 감안한 오키나와 연구는 이제 걸음마 단계이다. 앞에서 서술한 Forgash(2004)의 연구는 오키나와에서의 미군 병사와의 결혼을 다룬 많지 않은 인류학적 연구이다.[17]

Inoue(2007)는 1995년의 오키나와 소녀 성폭행 사건[18] 이후에 크게 번진 기지 반대 운동에 주목하면서, 오키나와 사람들의 아이덴티티와

17 이 밖에, 미국인 여성이 진행한 오키나와 여성 9명과의 인터뷰 모음이 있다(Keyso 2000). 이 인터뷰에서는 각 세대별로 일본 본토, 미국, 미국인에 대한 기억을 9명의 여성이 들려주었다. Angst(2001)는 오키나와 전쟁을 경험한 오키나와 여성의 이야기를 바탕으로, 젠더의 시각에서 이 여성들의 기억과 자아를 고찰하였다.

18 1995년 9월 4일에 미 해병대 2명과 미 해군 병사 1명이 기지 내에서 빌린 렌터카로 오키나와 본섬 북부에서 쇼핑을 하고 귀갓길에 12세 초등학생 소녀를 납치해 강간한 사건. 이 사건으로 발생한 대규모 기지 반대 운동에 대해서는 후술하겠다.

딜레마에 대해 고찰하였다. 그는 해병대 기지 캠프 슈와브의 소재지이자 후텐마(普天間) 대체 시설 건설 예정지인 나고 시(名護市) 헤노코(邊野古)에서 조사를 하여 헤노코 사람들의 양의적(兩義的)인 생각에 대해 기술·분석하였다. 여기서 Inoue는 헤노코 사람들과의 교류를 위해 노력하지만 온전히 받아들여지지 못하는 해병대의 고독한 모습에 대해 언급하였다. 그리고 이들에 대한 헤노코 사람들의 양의적인 생각을 지적하면서, 기지 반대 혹은 찬성이라는 단순한 구도로는 설명할 수 없는 사람들의 심정에 대해 언급하였다.

이 책은 양의성을 둘러싼 Inoue의 주장에 공감하면서 그 배경에 자리한 그의 문제의식을 공유하였다. 필자는 제3장에서 헤노코의 해병대와 현지인들과의 '친선 교류' 행사에 대해서 언급하겠지만, 이뿐 아니라 당사자들의 양의적인 생각을 결혼의 분석을 통해 밝히고자 한다.

이상 이 책은 좀 더 추상적인 차원에서 군대를 인류학의 대상으로 보고 글로벌을 지향하는 현대사회의 문화인류학 방법이나 대상의 가능성에 대해 고찰하겠다. 좀 더 실천적 시각에서 말하면, 현대 일본 사회가 안고 있는 다양한 편견을 시정할 뿐 아니라 국제결혼 당사자들이 직면한 제반 문제를 밝혀냄으로써, 그 극복 가능성을 보여 줄 것이다. 또한 미군을 사례로 군대를 가족이라는 다른 측면에서 다루어 봄으로써 군대에 대한 기존의 개념을 재고해 볼 수 있을 것이다.

4. 미군 기지 조사까지의 과정

조사를 목적으로 처음 오키나와를 방문한 것은 2004년 9월이었다. 기지 내 견학이라는 형태로 가데나(嘉手納) 공군 기지 견학, 해병대 기지 캠프 포스터와 퍼스널 서비스 센터(Personal Services Center, 이하 PSC)[19]를 방문하였다. PSC란, 미 해병대원, 군속이나 그 가족을 지원하는 부서인데, 이 당시 방문 때에 PSC의 디렉터를 직접 만나는 기회를 얻었다. 그로부터 한 달 뒤인 2004년 10월 말에 조사를 위해 오키나와로 이주하여 오키나와 본섬 중부의 가데나초(嘉手納町)에서 생활을 시작하였다. 필자가 머물던 집의 창문을 통해 가데나 공군 기지에서 이착륙하는 항공기를 볼 수 있었다. 가데나초에서의 생활 당시에는 소음 피해로 고통을 받는 주민들의 생활을 이해하는 데에 주력하였다. 가데나초에서 3년간 살고 2007년 11월에 오키나와 본섬 중부의 오키나와 시로 이주하였다. 오키나와 시에는 미군 관계자를 대상으로 한 클럽이나 바가 즐비한 '기지촌'이 형성되어 있었다. 이곳에서는 가데나초와 달리 미군 관계자의 모습을 많이 보았다.

2005년 3월에 당시 미 해병대 기지 외교정책부(G-5)(현 G-7)에 기지 내에서의 조사 허가를 신청하였다. 신청을 하고 5개월 뒤인 2005년 8월경에 기지 내 조사 허가서가 나올 것이라는 연락을 PSC의 디렉터로부터 받았다. 이로써 마침내 연구자라는 신분으로 기지 안으로 들어갈 수 있었다.

그 후, 2005년 10월부터 캠프 포스터 PSC의 프런트 데스크에서 자원봉사 활동을 하면서 본격적인 조사를 시작하였다. PSC에서는 전화 응대나 고객 서비스 전반에 관련한 업무를 보면서, 해병대 기지나 미군 병사·군속의 세계를 이해하는 데에 주력하였다. 그리고 군인 아내나 미군의 일본인 아내를 대상으로 한 강좌나 세미나에 참석하였다. PSC가 제공하는 결혼 전 세미나(Premarital Seminar, 뒤에 Marine Corps Family Team

19 PSC는 2012년 2월에 Personal & Professional Development-Resources로 명칭이 변경되었으나 이 책에서는 조사 당시 때와 같은 PSC(퍼스널 서비스 센터)로 명칭을 통일하였다. PSC에 대한 자세한 설명은 제2장을 참조.

Building의 관할이 됨)나 Marine Corps Family Team Building(MCFTB)에서 여는 군인 아내 대상 강좌에 매달 참석하였다. MCFTB가 제공하는 강좌는 Japanese Spouses' Orientation(JSO), L.I.N.K.S.나 Key Volunteer 등의 강좌였다.

5. 조사 방법

조사 방법은 참여 관찰과 공식 혹은 비공식 인터뷰, 사진과 비디오 기록이었다. 조사 언어는 일본어와 영어였다.

인터뷰 대상은 미군 병사와 결혼·이혼한 일본인 여성이나 그 남편, 미군 병사와 교제하고 있는 여성, 기지 내 근로자나 '기지촌'에서 일하는 사람들(레스토랑이나 바에서 일하는 여성 및 관계자)이나 퇴역 군인 등이었다.

미군 병사와 결혼한 일본인 여성은 모두 50명(오키나와 출신 여성: 35명, 일본 본토 출신 여성: 15명)이었다. 50명 중 46명이 결혼 유지 중, 3명이 이혼, 2명이 미망인이었다(표 1). 일본인 여성의 연령은 25세 이상 80세 이하(80세가 최고령)이다(표 2). 이분들의 배우자의 연령은 20세 이상 80세 미만이다(표 3).

일본인 여성(오키나와 출신 여성: 20명, 일본 본토 출신 여성: 2명)과 결혼한 미군 병사는 모두 22명이었다. 22명 중 20명이 결혼 유지 중이고 2명이 이혼하였다(표 4). 남성의 연령은 25세 이상 90세 이하(87세가 최고령)이다(표 5). 배우자의 연령은 25세 이상 70세 미만이다(표 6).

이 밖에도 일본인 기지 내 종업원, 미국인 군인 아내나 필리핀 여성과 미국인 남성 부부와의 인터뷰도 실시하였다.

참여 관찰 대상은 기지 안팎에서 미군과 지역사회가 교류하는 축제

표 1. 조사 대상자(아내) 일람(1)

아내		연령	출신지	혼인신고	종교	이혼 경력	학력	직업	자녀	남편	연령	민족	종교	직업	계급	이혼 경력	학력
1	綾子	30대 후반	오키나와	1997년	없음	1회	고	기지 내	1S	토니	30대 후반	백인	없음	해병대	E7	1회	고
2	亞樹	30대 후반	오키나와	2005년	없음	1회	석	기지 내	없음	케빈	30대 후반	백인	없음	Civ	GS7	1회	고
3	麻實	30대 전반	오키나와	2004년	없음	없음	단	기지 내	없음	진	20대 전반	IA	기	해병대	E5	없음	고
4	京子	20대 후반	오키나와	2001년	없음	없음	대	없음	1S 1D	길버트	30대 후반	AA	없음	해병대	E6	1회	고
5	文美	50대 후반	오키나와	1980년	기	없음	단	기지 내	1S	불분명	50대 후반	백인	기	해병대	E8	없음	고
6	夏江	30대 전반	오키나와	2000년	없음	없음	대	기지 내	없음	마이클	30대 전반	백인	없음	해병대	E5	없음	고
7	博子	20대 후반	오키나와	2005년	없음	없음	대	학생	임	미겔	20대 후반	H	기	해병대	E5	없음	고
8	知惠	40대 전반	오키나와	2003년	없음	2회	고	기지 내	1S1D	빅터(1) 벤	40대 전반	H	없음	Civ	불분명	2회	고
9	聽子	40대 전반	본토	1991년	불	없음	대	없음	1S1D	저스틴	30대 후반	백인	불분명	육군	O4	없음	대
10	良子	30대 후반	본토	2002년	없음	없음	석	기지 내	없음	에이드리언	30대 전반	백인	없음	해병대	E5	없음	고
11	愛	20대 후반	오키나와	2003년	없음	없음	고	없음	1S	하비에르	20대 후반	H	기	해병대	E5	없음	고
12	加奈子	20대 후반	오키나와	2000년	없음	없음	대	기지 밖	2D	알렉스	20대 후반	백인	기	해병대	E5	없음	고
13	美由紀	30대 전반	본토	2003년	없음	없음	대	없음	1S	대니얼	30대 전반	백인	기	해병대	E7	1회	고
14	雅美	30대 후반	오키나와	1993년	없음	없음	고	없음	2S	앨런	30대 후반	백인	없음	해병대	CWO3	없음	불분명
15	孝子	30대 전반	오키나와	2002년	없음	없음	고	보모	없음	불분명	20대 후반	타	없음	해병대	E5	없음	없음
16	幸子	30대 후반	오키나와	1998년	기	없음	고	없음	2D	불분명	30대 후반	백인	기	공군	E6	없음	고
17	祥子	40대 전반	본토	1986년	없음	없음	전	없음	2S	랜던	40대 전반	백인	없음	해병대	CWO3	없음	고
18	由香	20대 후반	본토	2003년	없음	없음	단	기지 내	없음	타이라	20대 전반	백인	없음	해병대	E4	없음	고
19	小百合	30대 후반	오키나와	1988년	없음	없음	단	기지 내	1S1D	메이슨	40대 전반	백인	기	해병대	O3	없음	불분명
20	悅子	30대 후반	본토	1996년	기	없음	전	없음	3S	불분명	30대 후반	백인	기	해병대	E6	없음	고
21	公子	30대 후반	본토	2000년	없음	없음	단	기지 내	2S 임	앨프리드	40대 전반	백인	없음	공군	E7	1회	불분명
22	啓子	30대 전반	본토	2003년	불	없음	대	없음	1S	앤드루	30대 전반	백인	불	공군	E6	없음	고
23	美智子	30대 후반	본토	1999년	없음	없음	고	없음	없음	불분명	20대 후반	백인	없음	공군	E5	없음	고
24	千佳	20대 후반	오키나와	2005년	없음	없음	대	없음	임	니컬러스	20대 후반	백인	기	해병대	E4	없음	고
25	玲子	20대 후반	오키나와	2005년	없음	없음	대	없음	1S	루크	20대 후반	백인	없음	해군	E4	없음	고

26	文子	30대 전반	오키나와	1999년	SGI	없음	단	기지 밖	1S	호세	20대 후반	H	기	해병대	E6	없음	고
27	惠	30대 전반	본토	2000년	없음	없음	고	없음	1S	제이	30대 후반	원주민	기	해군	E5	1회	고
28	照美	50대 전반	본토	1971년	SGI	1회		없음	3S	불분명	50대 전반	백인	SGI	Civ	GS14	없음	불분명
29	美穗	30대 전반	본토	2003년	SGI	없음	고	없음	없음	스티브	30대 후반	백인	SGI	Civ	GS12	1회	불분명
30	知美	30대 후반	오키나와	1992년	SGI	없음	전	없음	3S	헌터	30대 후반	백인	없음		O3	없음	대
31	미도리	30대 후반	오키나와	2006년	기 · 조	없음	전	기지 밖	없음	불분명	20대 후반	H	기	해군	E4	없음	고
32	裕子	20대 후반	오티나와	2003년	없음	없음	대	없음	1D	조너선	20대 후반	백인	없음	해병대	E5	없음	고
33	信子	50대 후반	오키나와	1988년	없음	1회	고	기지 내	2S1D	불분명	50대 전반	백인	없음	Civ	GS13	1회	불분명
34	直子	30대 전반	본토	2005년	불	없음	단	없음	없음	불분명	30대 전반	AA	기	해병대	E6	없음	고
35	美香	30대 후반	본토	2002년	SGI	없음	전	없음	1D	불분명	30대 후반	백인	SGI	해병대	E8	1회	불분명
36	君江	30대 전반	오키나와	2005년	없음	없음	단	없음	없음	제이크	20대 전반	백인	없음	해병대	E5	없음	고
37	洋子	20대 후반	오키나와	2005년	없음	없음	단	기지 내	1S	앤서니	30대 전반	백인	없음	해병대	E5	없음	고
38	榮子	50대 전반	오키나와	1977년	없음	없음	단	기지 내	1D	브루스	70대 전반	백인	기	R	불분명	2회	고
39	泉	30대 후반	오키나와	1993년	없음	없음	전	기지 내	2S	잭	30대 전반	백인	기	불분명	불분명	없음	고
40	貴代	30대 전반	오키나와	2006년	없음	없음	대	기지 내	없음	자크	30대 전반	백인	기	공군	O4	없음	석
41	和子	20대 후반	오키나와	2007년	없음	없음	대	기지 밖	없음	알레한드로	20대 전반	H	기	해병대	E5	없음	고
42	眞理子	30대 후반	오키나와	2001년	없음	없음	대	없음	1D	키스	20대 후반	AA/백인	없음	해병대	E5	없음	고
43	多惠	60대 전반	오키나와	1970년	없음	없음	단	없음	1S	찰스	50대 후반	백인	기	Civ	불분명	없음	박
44	正代	50대 후반	오키나와	2005년	없음	1회	석	기지 밖	없음	티머시	60대 후반	백인	기	Civ	GS12	불분명	박
45	麻衣	30대 전반	본토	2005년	없음	없음	전	기지 밖	없음	프레드	60대 전반	백인	없음	Civ	GS12	불분명	박
46	順子	50대 후반	오키나와	1989년	없음	없음	고	기지 밖	없음	마크	60대 전반	백인	없음	불분명	불분명	1회	고

이혼한 아내		연령	출신지	혼인신고	종교	이혼 경력	학력	직업	자녀	남편	연령	민족	종교	직업	직위	이혼 경력	학력
47	和美	30대 후반	오키나와	1990년		1회	단	기지 내	1S1D	불분명	30대 후반	백인	기	해병대	불분명	1회	불분명
48	晴美	60대 후반	오키나와	1966년	없음	1회	대	없음	2S	헨리	60대 후반	백인	기	기지 밖	불분명	1회	고

미망인		연령	출신지	혼인신고	종교	이혼 경력	학력	직업	자녀	남편	연령	민족	종교	직업	직위	이혼 경력	학력
49	恒子	60대 후반	오키나와	1966년	없음	없음	고	없음	2D		70대 전반	백인	없음	Civ	GS6	1회	
50	好美	80대 전반	오키나와	1967년	조	1회					70대 후반	백인					

연령: 전반(0-4) / 후반(5-9)
종교: 기(기독교) / 불(불교) / SGI(창가학회) / 조(조상숭배)
학력: 고(고등학교) / 전(전문학교) / 단(단기대학) / 대(4년제 대학) / 석(석사) /박(박사)
자녀: S(아들) / D(딸) / 임(임신 중) / 숫자(자녀 수)
민족: AA(아프리카계 미국인) / IA(이탈리아계 미국인) / H(히스패닉)
남편의 직업 : Civ(군속, 기지 내 종업원) / R(퇴역 군인)
계급: GS(군속) / O(장교) / E(하사관) / CWO(준사관)
비고: 남편 란의 숫자 (1)은 첫 번째 결혼을 의미한다.

표 2. 조사 대상자(아내)의 연령

	인원 수	(%)
20-24세	0	0
25-29세	10	20
30-34세	12	24
35-39세	15	30
40-44세	3	6
45-49세	0	0
50-54세	2	4
55-59세	4	8
60-64세	1	2
65-69세	2	4
70-74세	0	0
75-79세	0	0
80-84세	1	2
합계	50	100

표 3. 조사 대상자(아내)의 배우자 연령

	인원 수	(%)
20-24세	4	8
25-29세	11	22
30-34세	8	16
35-39세	12	24
40-44세	4	8
45-49세	0	0
50-54세	2	4
55-59세	2	4
60-64세	2	4
65-69세	2	4
70-74세	2	4
75-79세	1	2
80세 이상	0	0
합계	50	100

나 각종 이벤트, 앞서 서술한 군대의 가족 지원 활동의 일환인 강좌, 세미나나 교회 등이었다. 조사 기간은 2005년 10월(ID 취득)부터 2008년 12월(ID 상실)까지 약 3년 2개월 동안이었다.

표 4. 조사 대상자(남편) 일람

남편		연령	출신지	민족	혼인신고	종교	이혼 경력	학력	직업	계급	자녀	아내	연령	출신지	종교	이혼 경력	학력	직업
1	로버트	40대 전반	AL	백인	2003년	P	1회	고	Civ	불분명	2S	繪美(1) 綾(2)	30대전반	오키나와	없음	없음	고	기지 밖
2	윌리엄	80대 후반	DC	백인	1967년	SGI	없음	대	사망	불분명	없음	留美		오키나와	SGI	없음	고 이하	없음
3	테리	40대 후반	OH	백인	1981년	C	없음	석	해병대	E9	2S1D	節子	50대 전반	오키나와	없음	없음	고	없음
4	그레그	40대 전반	NJ	백인	1989년	P	없음	석	Civ	GS7	없음	沙織	40대 전반	오키나와	없음	없음	고	없음
5	프레드	60대 후반	MS	백인	2005년	불분명	1회	박	Civ	불분명	없음	麻衣	30대 전반	본토	없음	없음	고	기지 밖
6	제이컵	40대 후반	OH	백인	1992년	P	없음	석	Civ	GS13	2S1D	琉璃子	40대 전반	오키나와	C	없음	석	기지 내
7	프랭크	40대 후반	TX	백인	1992년	P	없음	박	Civ	O5	3S1D	勝子	40대 전반	오키나와	불분명	없음	전	기지 내
8	브라이언	20대 후반	OH	백인	2000년	P	없음	단	Civ	GS9	1S1D	葵	20대 후반	오키나와	없음	없음	대	기지 밖
9	에릭	60대 전반	NY	백인	1963년	불분명	없음	전	무직	불분명	1S	咲子	60대 후반	오키나와	없음	없음	고 이하	없음
10	루빈	30대 전반	외	카리브계	1995년	없음	없음	대	해병대	E6	1S	優香	30대 후반	본토	없음	없음	대	기지 내
11	스콧	60대 전반	VA	백인	1984년	C/S	1회	고	Civ	GS11	1D	千代	60대 후반	오키나와	S	1회	고	없음
12	리처드	30대 후반	CT	백인	1993년	없음	없음	대	Con	불분명	2D	優衣	30대 후반	오키나와	없음	없음	단	없음
13	로드니	30대 후반	FL	백인	2004년	P	없음	석	해군	E7	2S	詩織	40대 전반	오키나와	P	없음	대	기지 내
14	마크	60대 후반	CA	백인	1989년	P	1회	대	무직	불분명	없음	順子	50대 후반	오키나와	없음		고	기지 밖
15	피터	40대 후반	외	AA	1993년	C	1회	박	Civ	GS	2S2D	明子	40대 후반	오키나와	P	없음	대	없음
16	찰스	50대 후반	PA	백인	1970년	C	없음	박	Civ	GS	1S	多惠	60대 전반	오키나와	없음	없음	단	없음
17	케빈	30대 후반	AL	백인	2005년	불분명	1회	고	Civ	GS9	없음	瞳(1) 亞樹(2)	30대 후반	오키나와	없음	1회	석	기지 내
18	폴	40대 후반	NC	원주민	1997년	P	없음	석	기지밖	불분명	3S	眞央	30대 후반	오키나와	P	없음	전	기지 밖
19	조지	50대 전반	WA	백인	1988년	C	없음	석	Civ	GS	1S1D	香奈	40대 전반	오키나와	P	없음	고	기지 밖
20	브루스	70대 전반	NH	백인	1977년	P	2회	단	무직	불분명	1D	榮子	50대 전반	오키나와	없음	없음	대	없음

이혼한 남편		연령	출신지	민족	혼인신고	종교	이혼경력	학력	직업	직위	자녀	아내	연령	출신지	종교	이혼 경력	학력	직업
21	제임스	30대 후반	MI	백인	92/01년	없음	2회	고	Civ	NAF	3S	美緒(1) 幸惠(2)	20대 후반	오키나와				
22	헨리	60대 후반	NY	IrA	1966년	C	1회	고	기지밖		2S	晴美(1)	60대 후반	오키나와				

연령: 전반(0-4) / 후반(5-9)

출신지: AL(앨라배마 주) / DC(워싱턴DC) / OH(오하이오 주) / NJ(뉴저지 주) / MS(매사추세츠 주) / TX(텍사스 주) / NY(뉴욕 주) / VA(버지니아 주) / CT(코네티컷 주) / FL(플로리다 주) / CA(캘리포니아 주) / PA(펜실베이니아 주) / NC(노스캐롤라이나 주) / WA(워싱턴 주) / NH(뉴햄프셔 주) / MI(미시간 주) / 외 (미국 이외의 국가)

민족: AA(아프리카계 미국인) / IrA(아일랜드계 미국인)

종교: P(프로테스탄트) / C(가톨릭) / SGI(창가학회) / S(조상숭배)

학력: 고(고등학교) / 전(전문학교) / 단(단기대학) / 대(4년제 대학) / 석(석사) / 박(박사)

자녀: S(아들) / D(딸) / 임(임신 중) / 숫자(자녀 수)

비고 1: 아내 란의 숫자 (1)은 첫 번째 결혼을 나타낸다. (2)는 두 번째 결혼이고 숫자가 없는 것은 현재의 결혼을 의미한다.

비고 2: 학력, 직업과 계급은 <표 1>을 참조.

표 5. 조사 대상자(남편)의 연령

	인원 수	(%)
20-24세	0	0
25-29세	1	5
30-34세	1	5
35-39세	4	17
40-44세	2	9
45-49세	5	21
50-54세	1	5
55-59세	1	5
60-64세	2	9
65-69세	3	14
70-74세	1	5
75-79세	0	0
80-84세	0	0
85-89세	1	5
합계	22	100

표 6. 조사 대상자(남편)의 배우자의 연령

	인원 수	(%)
20-24세	0	0
25-29세	2	9
30-34세	2	9
35-39세	4	17
40-44세	5	21
45-49세	1	5
50-54세	2	9
55-59세	1	5
60-64세	1	5
65-69세	3	15
70-74세	0	0
75-79세	0	0
80세 이상	1	5
합계	22	100

6. 미군 기지 조사의 어려움과 일본 본토 출신자라는 점

본 조사에서 조사 대상과의 관계성은 본 조사의 특수성이나 군대의 인류학적 연구의 어려움과도 관련 있는 중요한 문제를 보여 주고 있다. 여기서 간단하게 필자의 입장을 설명해 두고자 한다.

Harrell(2004)이 언급하였듯이, 군인의 인류학적 조사에서는 미군으로부터 조사 허가를 받아야 한다. 필자도 마찬가지로 미 해병대로부터 조사 허가를 받아야 했다. 인류학 측면에서 미군 기지를 조사하기 위한 최대의 난관은 미군 기지로부터 조사 허가를 받는 일이다.[20]

이 조사 허가가 없으면 미군 관계자는 미군 관계자 이외의 외부인에게 군대 관련 사항에 대해 언급하는 행위가 금지되어 있다. 미군 관계자란 미군 관계자와 결혼한 일본인 여성도 포함하기 때문에, 군대로부터 승인을 받은 조사자라는 지위는 본 조사를 실시하는 데에 매우 중요하고 반드시 필요한 조건이기도 하였다.

다음으로 일본 본토 출신자라는 점에 대해서 설명하겠다. 일본 본토 출신자인 필자가 오키나와에서 조사 활동을 하는 데에는 많은 어려움이 있었다. 오키나와 전쟁을 포함해 기지 문제에 대한 일본 정부의 오키나와 대응 등, 오키나와가 안고 있는 사회문제에 대한 불만이나 불안이 일본 본토 출신자인 필자를 향한 경우가 매우 많았다. 일본 본토 출신자인 필자는 일본 정부나 일본(본토)과 마찬가지로 신뢰할 수 없는 존재였던 것이다. 이 때문에 자녀가 필자와 인터뷰하기로 했다는 사실을 알고 거짓말을 하도록 회유한 오키나와의 어머니들을 보아도 알 수 있듯이(제6장), 필자의 오키나와에서의 조사 활동은 그리 녹록한 것이 아니었다.

한편으로 필자가 오키나와 출신이 아니라는 점으로 인해 오키나와 여성과 결혼한 미국인 남성들과는 그들의 시각을 공유할 수 있었다. 오키나와 여성과의 결혼 생활에서 미국인 남성이 평소에 느끼는 불만이나 문제를 오키나와 출신에게 말하는 것보다는 그들과 마찬가지로 외부인인 필자에게 말하는 편이 부담 없었기 때문일 것이다. 또한 필자가 여성이라는 사실은 오키나와 여성과 결혼한 미국인 남성과의 인터뷰에서

20 Forgash도 군대로부터 조사 허가를 받는 과정에서 9·11 테러의 영향으로 군대로부터 조사 허가를 받지 못해 조사 계획을 변경한 경위를 언급하면서 군대 내에서의 조사가 얼마나 어려운지에 대해서 기술하였다(Forgash 2004: 57-58).

그리 불리한 요소로 작용하지 않았다. 오히려 필자가 여성이라는 점은 그들과 경쟁 관계를 형성하지 않아 편하게 이야기를 나눌 수 있는 이점으로 작용하였다.

7. 용어

이제 이 책에서 사용하는 용어에 대해서 몇 가지 미리 말해 둘 사항이 있다. 먼저, 이 책에서의 '오키나와'란 주로 오키나와 본섬을 가리킨다. 그러나 조사 대상자의 출신지에 대해서는 사키시마 제도(先島諸島) 등을 포함하여 넓은 의미에서 사용하기도 하였다는 점을 미리 말해 두고자 한다.

다음으로, 이 책에서 말하는 군대란 미군을 가리키며 주로 오키나와 주둔 미 해병대를 의미한다. 하지만, 오키나와 주둔 미군 전체(공군, 육군, 해군)를 포함하는 경우도 있다는 점을 미리 언급해 둔다. 미군 병사란 원칙적으로 현역 군인을 의미한다. 다만 군속(미군 기지에 고용된 미국 민간인)이나 퇴역 군인 등을 포함해 넓은 의미에서 미군 관계자의 의미로 사용하는 경우도 있다.

군인 아내란 미군 병사와 결혼한 민간인 여성을 의미한다. 이는 미군 병사와 결혼한 아내를 말하는 것으로, 군대에 속해 있다는 의미가 아니다. 최근에는 남편이 미군 병사인 배우자, 부부 모두 미군 병사인 부부, 싱글맘이나 싱글파더 등 다양한 형태의 미군 병사의 가족·결혼 생활이 존재한다. 이 책에서는 좀 더 전통적이면서 일반적이라고 생각되는 미군 병사와 결혼한 민간인 여성에 초점을 맞추었다.

이 책에서 다루는 군인 아내는 오키나와 출신 여성이 대부분이다. 참고로, 소수이지만 미군 병사와 결혼해 오키나와에 살고 있는 일본 본토 출신 여성도 포함되어 있다. 이 경우에는 본토 출신이라고 명기하였다. 일본인 여성(혹은 일본인 아내)이란 오키나와 출신 여성과 일본 본토 출신 여성 모두를 가리킨다. 또한 이 책에서 사용하는 개인 이름은 사생활 보호를 위해 가명을 사용하였다. 그리고 이 책에서 제시하는 자료는 조사 당시(2005년 10월부터 2008년 12월까지)의 것이라는 점을 미리 말해 둔다. 일부 자료에 대해서는 필요에 따라 최근의 변동 사항을 주를 달아 추가하기도 하였다.

8. 이 책의 구성

이 책은 모두 3부로 구성되었다. 제1부(제1장부터 제3장)에서는 미군과 오키나와의 접촉으로서 미군 기지의 특수한 세계와 오키나와 지역사회에서 볼 수 있는 본섬 북부 헤노코(邊野古)와 해병대원의 교류를 중심으로 지역에서의 접촉에 대해서 기술하였다. 제2부(제4장부터 제6장)에서는 남녀 인터뷰를 중심으로 미군 병사와 일본인 여성의 만남과 결혼 생활에 대해서 기술하였다. 제3부(제7장부터 제10장)에서는 제1부와 제2부의 기술을 바탕으로 미군 병사와 일본인 여성의 결혼을 오키나와 지역사회의 맥락 속에서 평가해 보고 여기서 발견되는 갈등이나 충돌에 주목하였다. 이를 통해 당사자가 처한 상황이나 그 결혼의 특수성을 알 수 있을 것이다. 또한 미군 병사와 결혼한 여성들이 형성한 네트워크에도 주목하였다. 그럼 간단히 각 장의 내용에 대해서 설명해 보겠다.

제1장에서는 미 해병대를 중심으로 군대의 세계를 기술하였다. 조사지인 캠프 포스터의 개략, 미군 병사나 군인 아내의 생활이나 군대의 보상에 대해서 서술하였다. 반전 반기지 투쟁의 궤적 및 미군 기지와 오키

나와 사회의 갈등에 대해서도 기술하였다.

제2장에서는 미군의 가족 지원 제도에 대해서, 해병대 기지 내에서의 가족 지원 제도를 담당하는 두 기관, Personal Services Center(PSC)와 Marine Corps Family Team Building(MCFTB)에 대해 살펴보고 그 지원 활동에 대해서 서술하였다.

제3장에서는 오키나와 본섬 북부 나고 시(名護市)의 해병대 기지 캠프 슈와브와 헤노코의 주민 사이에 보이는 교류를 사례로 들어, 미군 기지와 지역사회의 관계에 대해서 고찰하였다. 이때 이들의 교류가 보이는 오키나와 지역사회의 특징이나 가족에 대해서도 기술하였다. 이는 뒤에 서술하는 미군 병사와 일본인 여성의 결혼 생활을 유지해 가는 기반을 이해하는 통로로도 작용한다.

제4장에서는 미 해병대원과 결혼한 4명의 일본인 여성, 일본인 여성과 결혼한 5명의 미군 병사를 간단하게 소개하였다. 이들 남녀 9명의 사례는 제5장 이후의 미군 병사와의 교제 및 결혼 생활에서 다시 한 번 다루면서 고찰하였다.

제5장에서는 독신 시절의 교제나 미래의 배우자와의 만남에 대해서 서술하였고, 미군 병사와의 결혼 전에 알게 되는 문제에 대해서도 지적하였다.

제6장에서는 남녀의 결혼 생활을 중심으로 기술하여 오키나와의 가족과 군대 사이에 나타나는 긴장 관계에 주목하였다. 오키나와 여성과 가족 사이에 존재하는 유대가 미군 병사와의 이혼의 원인이 되며(제9장) 오키나와에 체류하는 퇴역 군인(제8장)과의 결혼생활에도 큰 영향을 주고 있었다.

제7장에서는 미군 관계자인 남편이나 그 아내들의 오키나와 기지 반대 운동이나 기지 문제에 대한 복잡한 생각에 대해서 기술하였다. 오키

나와의 가족과 미군의 틈바구니에서 흔들리는 가족의 모습을 발견할 수 있다. 제6장에서 다룬 오키나와 가족과의 밀접한 관계나 제7장에서 다룬 기지 반대 운동은 미군 병사와의 교제나 결혼에 부정적으로 작용할 것이다. 그러나 실제로는 많은 오키나와 출신 여성들이 미군 병사에게 끌려 결혼한다는 모순을 발견하게 된다. 제6장과 제7장은 이상과 같은 미군 병사와의 교제·결혼을 둘러싼 오키나와의 특수성이나 모순을 기술한 중요한 장이다.

제8장은 미군 병사의 생활의 기본인 근무지 이동을 둘러싼 오키나와 여성의 갈등과 퇴역 군인의 오키나와에서의 취업이나 거주지 문제에 대해서 다루었다.

제9장은 여성과 남성 양측의 이야기를 통해 이혼의 실상에 대해 기술하였다. 동시에 오키나와 여성과 이혼 후 오키나와에 남은 미국인 남성이 들려주는 자녀에 대한 강한 사랑에 대해서도 주목하였다. 이는 처자식을 남겨 두고 미국으로 돌아가는 냉혹한 미군 병사의 이미지를 재고해 볼 수 있게 한다.

제10장은 군인 아내들이 형성한 네트워크에 대해서 기술하였다. 군인 아내는 Japanese Wives Club(JWC)이라는 모임을 형성하였는데, 군대의 좁은 공동체의 특질이나 군인 아내 간의 충돌도 발견된다. 게다가 창가학회 인터내셔널(創價學會 = SGI)의 활동이나 신앙을 통해 군대나 오키나와를 넘어서 네트워크를 형성한 군인 아내에 대해서도 주목하였다.

마지막 장에서는 이 책의 총괄과 본 연구의 의의에 대해서 서술하였다.

1부

미군과 오키나와 사회의 접촉

헤노코(邊野古) 구민(區民) 운동회에 참가한 미 해병대원과 필자

제1부에서는 오키나와 주둔 미군과 오키나와 사회의 접촉의 장에 대해서 기술한다. 미 해병대를 중심으로 군대가 어떤 세계인지에 대해서 기술함과 동시에, 미군과 오키나와 지역사회가 만나는 장으로서 오키나와 본섬 북부 나고 시(名護市) 헤노코(邊野古)와 캠프 슈와브의 해병대원의 교류를 예로 들고자 한다.

현재, 오키나와에는 미 육, 해, 공, 해병대 4개 군이 주둔하고 있다. 그 규모는 주일 미군 기지 전용 시설 면적의 약 73.9%에 이르며 광대한 면적의 미군 기지가 오키나와에 집중해 있다. 미군 기지 안에서는 기지 밖과는 전혀 다른 군대 생활을 한다.

제1장에서는 계급으로 구분된 군대 세계를 소개하고자 한다. 군인 아내나 그 가족도 군대의 규칙에 따라 생활을 한다. 또한 기지에서는 군속이라는 미국 시민뿐 아니라 많은 일본인도 고용되어 일을 하고 있다. 기지에서 어떤 사람들이 생활을 하고 있는지 우선 기술하겠다.

제2장에서는 1980년대 이후 정비된 미군의 가족 지원 제도에 대해서 설명하겠다. 이때 군대의 군인 가족에 대한 인식의 변화를 따라가면서 그 지원 활동을 기술해 가겠다. 주로 퍼스널 서비스 센터와 패밀리 팀 빌딩을 중심으로 양자가 제공하는 지원 활동을 살펴보겠다. 또한 일본인 아내들의 미군 가족 지원 제도 참여에 대해서도 주목해 살펴보겠다.

제3장에서는 미군 기지와 오키나와 지역사회 사이에 이루어지는 교류에 대해서 기술하겠다. 미군 기지의 자선 활동을 비롯하여 그 일환인 기지 공개나 기지 관계자가 참여하는 지역사회의 행사가 있다. 캠프 슈와브의 해병대원과 헤노코(邊野古) 주민의 교류 및 여기서 발견되는 양의적(兩義的)인 성격에 주목하면서 미군과 오키나와 사회의 접촉의 장을 분석하고자 한다.

제1장 미 해병대의 세계

먼저 오키나와 주둔 미 해병대 기지를 중심으로 기지 내 시설이나 군인·군인 아내에 대해서 개관하여 미군 기지 전반을 기술해 보겠다. 동시에 반전 반기지 운동 입장에서 바라보는 미군 기지와 지역사회의 관계를 고찰하는 데에 필요한 역사적 윤곽을 살펴보겠다.

1. 오키나와 주둔 미군 기지

현재 오키나와에는 육, 해, 공, 해병대의 미군이 주둔해 있다(권두 그림 1). 오키나와 현지사 공실(知事公室) 기지 대책과의 자료(2011)에 따르면, 주일 미군 전용 시설 면적의 약 73.9%가 오키나와에 집중해 있다(2010년 3월 말). 미군 기지는 오키나와 현 면적의 약 10.2%, 232,939,000㎡에 이르며, 오키나와 현 안에는 34개의 미군 시설이 자리해 있다. 오키나와에 주둔해 있는 군인, 군속, 가족 수는 2009년 9월 말 현재 44,895명이다. 이 숫자에는 해상에서 활동 중인 군인의 수는 포함되어 있지 않다. 이 가운데 군인은 24,612명, 군속(미군 기지 내에서 일하는 미국 민간인)은 1,381명, 가족은 18,902명이다. 이들 군인, 군속과 그 가족은 미일 지위 협정에 따라 일본에 체류하고 있다. 또한 오키나와에는 9,135명의 일본인이 기지에서 일하고 있다(2010년 3월 말).

1.1. 미일 지위 협정

미일 지위 협정의 정식 명칭은 '일본국과 미합중국 간 상호 협력 및 안전 보장 조약 제6조에 근거한 시설 및 구역 아울러 일본국에서의 미합중국 군대의 지위에 관한 협정'인데, 통상 미일 지위 협정 혹은 지위 협정[1]이라고 부른다.

지위 협정의 내용은 크게 세 가지로 나눌 수 있다. 1. 기지의 제공 · 설정, 2. 기지의 유지와 원활한 운영, 3. 미군 관계자에게 부여되는 권리이다. 여기서는 미군 관계자의 생활 전반에 관한 세 번째 특권에 대해 주목하고자 한다. 미군 관계자는 관세, 국세, 도도부현세(都道府縣稅), 시정촌세(市町村稅) 등이 면제 · 경감된다. 여기에는 Y 넘버[2]를 단 미군 관계자 차량의 중량세 감액도 포함된다. 이 밖에도 입국 때에 필요한 여권이나 비자 및 일본에서 생활하는 외국인에게 의무화되어 있는 외국인 등

1 영문으로는 Agreement under Article VI of the Treaty of Mutual Cooperation and Security between Japan and the United States of America, Regarding Facilities and Areas and the Status of United States Armed Forces in Japan이다. (U.S.-Japan) States of Forces Agreement의 머리글자를 따서 SOFA라고도 부른다. 미일 지위 협정의 전문(일문/영문)은 일본 외무성 홈페이지에서 볼 수 있다(http://www.mofa.go.jp/mofa/area/usa/sfa/pdfs/fulltext.pdf, 2011년 12월 1일 열람). 여기서 자세히 살펴보지는 않겠지만, 미일 지위 협정 이외에도 미일 지위 협정 합의 의사록이나 미일 합동위원회 합의도 미군 관계자에 관한 일본 국내에서의 대우를 고려할 때에 중요하다. 참고로 미일 합동위원회란, 일본 측 대표는 외무성 북미국장, 미국 측 대표는 주일 미군사령부 부사령관으로 구성된 미일 지위 협정에 대해서 협의하는 상설 기구이다. 원칙적으로 2주에 한 번 일본 국내의 미군 기지, 시설의 운용이나 사건·사고 등을 다루면서 협의한다. 위원회 산하에 여러 분과 위원회와 부회가 설치되어 있다.

2 미군 관계 차량 전용인 번호판에는 히라가나 표시 위치에 Y(일본 국내에서 구입한 개인 소유 차량), E(비과세 차량), A(오토바이·경차) 등의 알파벳이 적혀 있다. 이 모든 차량을 통칭 'Y 넘버'라고 부른다.

록증의 면제,[3] 게다가 기지 내에서 발행한 운전면허증으로 일본 국내에서의 주행도 허락하고 있다.

그러나 뒤에 기술하겠지만, 미군이 제대 등으로 미일 지위 협정에 의거한 신분을 상실하면, 위에서 언급한 특권을 오키나와에서 유지할 수가 없으므로, 오키나와 사회 속에서 오키나와 사람들과 더불어 살아야 한다는 것을 의미한다. 즉, 오키나와 여성과 결혼해서 제대 후에도 오키나와에서 생활하고자 하는 미군이나 그 미군의 결혼 생활에 커다란 영향을 안겨 주는 것이다. 이 책에서는 미군 기지나 미일 지위 협정 아래에서 생활하는 미군 관계자의 생활이나 실태를 밝혀냄으로써, 지금까지 보이지 않던 미군 기지나 미군 관계자의 생활에 대해 고찰해 보고자 한다.

1.2. 오키나와 주둔 미 해병대 기지

오키나와에 있는 34개의 미군 시설 중 해병대 기지는 15개 시설이다 (2010년 3월 말). 이는 오키나와 주둔 미군 기지 전체의 면적 중 약 75.8%[176,681,000㎡]를 차지한다. 또한 해병대원의 수는 오키나와 전체 미군의 수 중 약 60%를 차지하고 있으며, 이 숫자는 일본에 주둔한 해병대의 약 90%에 해당한다. 오키나와에 주둔한 해병대원은 14,958명,

3 미국인의 경우에 90일 이내의 일본 체류라면 비자나 외국인 등록은 면제되지만, 90일 이상 외국인이 일본에서 생활하려면 해당 비자의 취득이나 외국인 등록이 의무화되어 있다. 출입국관리법에는 현재 27종류의 비자가 있다. 여기에는 두 가지의 특례가 있다. 하나는 출입국 관리 특례법에 따라 1945년 이전부터 일본에 있던 외국인 등을 대상으로 한 특별 영주자라는 체류 자격이다. 또 하나는 미일 지위 협정으로 미국의 군인·군속이나 그 가족은 비자 없이 일본에 체류할 수 있다. 이 두 가지 예외를 제외하고 일본에서 생활하는 외국인은 27종류의 비자 가운데 하나를 취득해야만 한다. 27종류의 비자 중 하나로 '일본인의 배우자 등'이라는 비자가 있다. 이 비자는 배우자 비자 혹은 결혼 비자라고도 한다. 일본인과 국제결혼을 한 외국인이 이 비자를 취득한다. 조사 대상인 일본인 여성과 결혼한 미군 병사가 제대한 뒤에도 일본에서 생활을 한다면 필요한 비자이다. 체류 기간은 1년과 3년이 있다. 일본에 영주하기로 결정한 외국인은 결혼 비자에서 영주자 비자로 변경 신청을 하는 경우가 많다.

군속은 503명, 그 가족은 9,035명으로, 합계 24,496명이다(2009년 9월 말).

오키나와 본섬에 있는 주요 해병대 기지는 북부에서부터 캠프 슈와브, 캠프 핸슨, 캠프 코트니, 캠프 포스터, 후텐마(普天間) 비행장, 캠프 킨저 등이다(권두 그림 1 참조).

2. 캠프 포스터

필자의 조사지인 캠프 포스터는 캠프 즈케란(瑞慶覽)이라고도 불린다. 미 육군 기지 캠프 즈케란이 캠프 포스터의 소재지였기 때문에 현재에도 캠프 즈케란이라고 불리는 경우가 많다. 그러나 미군 관계자 사이에서는 캠프 포스터라는 명칭이 일반적이므로, 이 책에서는 캠프 포스터로 명칭을 통일한다.

캠프 포스터는 미군 관련 시설, 막사, 가족 주택지, 초 · 중 · 고교, 대학, 우체국, 은행, 매점, 진료소, 운동 시설, 교회 등 일상생활에 필요한 모든 것이 마련된 복합 기지이다. 본섬 중부의 오키나와 시, 기노완 시(宜野灣市), 자탄초(北谷町), 기타나카구스쿠 촌(北中城村) 등 4개 시정촌에 걸친 광대한 지역에 위치해 있다. 제3 해병 원정군 사령부[4]가 있는

4 오키나와에 주둔한 해병대 부대는 제3 해병 원정군의 지휘하에 있다. 제3 해병 원정군 사령관(중장)은 통상 캠프 코트니에 있다. 오키나와에는 미 육, 해, 공, 해병대 4개 군이 주둔해 있다. 그래서 오키나와 주둔 미군 전체를 통괄하는 오키나와 지역조정관(Okinawa Area Coordinator: OAC)이 있으며, 제3 해병 원정군 사령관이 겸임한다. 오키나와 현 내에서는 4군 조정관이라고도 부른다. 그는 필요에 따라 제3 해병 원정군 사령관 혹은 4군을 통괄하는 오키나와 지역조정관의 입장에 서서 그 임무를 수행한다. 2011년 9월까지는 주일 미 해병대 기지 모두를 통괄하는 주일 미 해병대 기지 사령관도 겸임하여 세 가지 역할을 겸하였다. 그러나 미 해병대의 편성에 따라 2011년 10월 1일에 미 해병대 태평양 기지(Marine Corps Pacific Installation: MCIPAC)가 설치되어, 주일 미 해병대 기지 사령관으로서의

캠프 코트니와 나란히 해병대의 중추 기능을 담당하고 있다. 오키나와 현지사 공실 기지대책과(2011)에 따르면, 면적은 6,425,000㎡에 이르며 2,348명의 일본인 종업원이 기지 내에서 일하고 있다(2010년 3월 말)(권두그림 2).

2.1. 미 해병대 복리후생 시설

미 해병대 복리후생 시설은 MCCS(Marine Corps Community Service)라고 부른다. 기지 관계자 중에 MCCS[5]라는 말을 모르는 사람을 없을 것이다. 그만큼 미 해병내 복리후생 시설은 미 해병대 기지 내에서는 중요한 부서이며 많은 사람들의 생활과 밀착되어 있다. 해병대 기지 내의 최대 조직인 미 해병대 복리후생 시설의 본부는 캠프 포스터 안에 있으며 많은 사무소가 그 관리하에 있다.[6] 군인 · 군속이나 그 가족이 오키나와 부임 중에 쾌적하게 생활할 수 있도록 지원하는 것이 그 목적이며, 그 수익은 군대 커뮤니티로 환원된다. 해병대는 미 해병대 복리후생 시설의 직접 고용주가 아니라 감독자의 위치에 있으며, 해병대가 공인하고 규제하는 조직이 미 해병대 복리후생 시설인 것이다.

임무는 미 해병대 태평양 기지 사령관에게 위임되었다. 미 해병대 태평양 기지는 캠프 스메들리 D 버틀러, 하와이 기지, 이와쿠니(岩國) 항공기지, 후텐마 비행장, 캠프 후지(富士), 한국의 무적 기지의 시설 관리를 겸하고 있으며, 미 해병대 태평양 기지 사령관(소장)은 캠프 버틀러에 있다. 그는 캠프 버틀러 기지 사령관과 미 해병대 태평양 기지 사령관을 겸하고 있다. 이 책은 2005년부터 2008년까지 오키나와에서 실시한 조사에 바탕을 두고 있어서 기술 내용의 일부는 조사 당시의 내용 그대로인 경우가 있다는 점을 미리 밝혀 둔다.

5 MCCS는 1999년에 설립되었다. 미군 내 시설이나 군대에 관련한 대부분의 명칭은 단축해서 사용하는 경우가 많다. 예를 들어, 퍼스널 서비스 센터(Personal Services Center)는 PSC, 이동을 의미하는 Permanent Change of Station도 PCS라고 부른다.

6 필자가 기지 내에서 조사를 할 때 소속해 있던 기관인 퍼스널 서비스 센터도 MCCS의 일부이다.

2.2. 기지의 일상과 관련 설비

미군 기지는 미군 병사와 그 가족이 기지 내에서 모든 생활을 불편 없이 충족할 수 있도록 일상생활에 필요한 물자나 시설을 제공하고 있다. 오키나와에 있지만 기지 안에는 전혀 다른 세계가 존재하는 것이다. 그럼 기지의 일상과 조사지인 캠프 포스터의 관련 시설에 대해 기술해 보겠다.

기지의 아침은 빨리 시작된다. 아침 6시 40분, 아직 해도 뜨지 않은 어둠 속에 캠프 포스터와 국도 330호선을 사이에 두고 마주한 캠프 버틀러[7] 안에 자리한 주택지 일각에서는 아이들 15명 정도가 스쿨버스[8]를 기다리고 있다.

지하 터널을 지나 캠프 포스터로 들어가면, 같은 시간에 해병대원들이 커미서리 게이트(commissary gate)[9]와 스폿 게이트(spot gate)를 잇는 스틸

7 캠프 버틀러(정확하게는 캠프 스메들리 D 버틀러, Camp Smedley D. Butler)란, 지도상에서 그 장소를 확인할 수 있는 일반적인 기지의 개념이 아니라, 모든 오키나와 주둔 미 해병대와 시즈오카 현(靜岡縣) 캠프 후지의 총칭임과 동시에, 이들 모든 기지를 통괄하는 사령부의 명칭이다. 캠프 버틀러 안에는 빌딩 1이라고 하는 지하 1층, 지상 2층의 하얀 건물에 오키나와 지역조정관의 사무소인 주일 미군 오키나와 조정사무소(4군 조정관 사무소라고도 부르는 경우가 많은데, 본부는 요코타[橫田] 기지에 있는 주일 미군), 미 해병대 태평양 기지 사령관이 있다. 빌딩 1은 오키나와 주둔 미군과 해병대의 총본부에 해당한다. 일찍이 빌딩 1은 오키나와를 통치하기 위한 미국 고등 변무관 사무소가 있던 곳이기도 하다. 빌딩 1의 앞에는 성조기와 일장기가 걸려 있으며, 매일 국기 게양과 하강을 거행한다. 버틀러란, 스메들리 D. 버틀러의 이름에서 유래하였다. 버틀러는 해병대원이자 지휘관으로 활약하여 큰 공적을 남긴 영웅이다. 버틀러는 미국의 대외 침략 전쟁에 반대하여《*War is a Racket*》이라는 저술을 통해 전쟁 반대를 호소한 인물이다. 버틀러에 대한 상세한 내용은 요시다(吉田) 2005를 참조.

8 노란색 버스로, 기지 안팎의 주택지를 돌면서 아이들을 태워, DoDDS(Department of Defense Dependent School)라는 미 국무성이 운영하는 학교와 자택을 오간다.

9 캠프 포스터의 주요 게이트는 게이트 1부터 게이트 6까지 있다. 게이트 1을 제외하고 대부분의 게이트를 숫자가 아니라 게이트 근처에 있는 시설의 명칭으로 부르는 미군 관계자가 많다. 게이트 1은 해병대 기지 사령부인 캠프 버틀러의 게이트이다. 게이트 2부터 게이트 6은 캠프 포스터의 게이트이다. 게이트 2는 PX 게이트, 게이트 3은 파이어 스테이션 게이트(Fire Station Gate) 또는 글로브 앤 앵커 게이트(Globe & Anchor Gate)라고 부르며, 게이트 4는 스폿 게이트(Spot Gate), 게이트 5는 커미서리 게이트(Commissary Gate, 기타마에(北前) 게이트), 게이트 6은 리전 게이트(Region Gate) 혹은 쇼페트 게이트(Shopette Gate)라고 부른

사진 1. 메스 홀(캠프 포스터)

웰 드라이브를 따라 달리고 있다. 이것이 기지의 간선 도로이다. 아직 날도 밝지 않은 이른 아침이기 때문에 해병대원들은 노란빛을 발하는 반사체를 허리에 차고 카키색 반바지[10]와 티셔츠를 입는다. 7시 전에 퍼레이드 필드에서는 40명 정도의 해병대원들이 운동을 마치고 모여 있는 모습을 볼 수 있다. 퍼레이드 필드는 해병대나 부대의 행사나 운동을 위해 마련된 광장이다.

해병대원들이 운동하는 모습은 아침에 기지 내 어디에서나 볼 수 있다. 30명 정도의 해병대원들이 서로 공을 패스하면서 달리는 모습도 발견할 수 있다. 7시경이 되면, 운동을 마친 해병대원들은 메스 홀이라는 군인 식당에서 아침 식사를 한다. 그리고 다 먹을 수 없어 남긴 것으로 보이는 식사를 종이봉투에 담아 직장으로 향하는 해병대원들과 마주치기도 한다.

아침 일찍 움직이는 군인이나 기지 내에서 일하는 종업원을 위해 이

다. 이 밖에도 특정 기간만 열리는 후텐마 하우징 게이트나 서전트 메이저 게이트(Sergeant Major Gate) 등이 있다. 참고로 PX는 백화점, 커미서리는 식료품점이다.

10 해병대의 특수 정찰부대인 RECON(Reconnaissance)의 대원은 카키색이 아니라 검정색 반바지를 착용한다.

동식 트럭[11]이 와서 독신인 해병대원의 숙소[12] 근처에서 아침 식사를 판매한다. 이 트럭 앞에 해병대원들이 줄을 서 있는 모습도 기지의 아침 광경이다.

트럭 옆에는 약 100명 정도의 해병대원들이 앉아 있다. 이들은 이제 해외로 파병되는 해병대원들이다. 이들도 아침을 먹으면서 대기 중인 것이다.

기지 내 사무소 대부분은 7시 30분부터 업무가 시작되기 때문에 7시에서 7시 20분까지는 직장으로 향하는 군인과 군속 등으로 게이트가 혼잡하다. 스폿 게이트에는 일본인 경비원인 남성 2명과 기지 내 경찰에 해당하는 헌병대의 미군 병사 1명이 서서, 기지 안으로 들어오는 차량 한 대 한 대에 ID 제시를 요구한다. 장교와 그 배우자의 차에는 장교(Officer)의 머리글자인 'O'가 표시된 스티커를 붙여, 일반 군인과 구분하고 있다. 게이트에서는 'O'가 표시된 스티커를 붙인 장교나 그 배우자에게 경비원이 경례를 한다.

기지 내의 업무 시작 시각인 7시 30분이 지나면, 기지 안이 갑자기 조용해진다. 이 밖에도 기지 안이 조용해지는 시간은 두 번 더 있다. 바로 국기 게양과 하강 때이다(사진 2). 미군 기지에서는 매일, 국기 게양과 하강(colors)이 있다. 아침 8시에 국기 게양, 일몰 때에 국기 하강을 한다. 국기 게양과 국기 하강 때에는 실외에 있는 군인 · 군속, 일본인, 이동 중이든 일하는 중이든 상관없이 모든 사람이 국기 게양 · 하강이 있는 방향을 향해 동작을 멈추고 국기에 대한 경례를 해야 한다. 기지 안이 조용해

11 군인들 사이에서는 이 트럭을 바퀴벌레 트럭을 의미하는 로치 코치(Roach Coach)라는 이름으로 부른다.

12 E-5 이하의 독신 군인의 숙박시설은 Barracks라고 부른다. 계급이 E-6 이상인 독신 해병대원의 숙소는 BEQ(Bachelor Enlisted Quarters), 독신 장교의 숙소는 BOQ(Bachelor Officers Quarters)라고 부르며, 계급에 따라 숙소가 구분된다.

사진 2. 국기 게양

지는 시간이다.

국기 게양을 하기 5분 전인 7시 55분에는 퍼스트 콜이라고 하는 나팔 소리가 기지 내에 울려 퍼진다. 이는 국기 게양이 5분 후에 시작된다는 것을 기지 내에 알리기 위한 신호이다. 국기 게양 때에는 먼저 미국 국가가 흐르고 이어서 일본 국가가 흐른다. 그동안에 미국과 일본의 국기를 미군 병사 2명과 일본인 경비대원 남성 2명이 게양한다.

8시. 캠프 포스터 내 모든 것이 정지하는 순간이다. 스틸웰 드라이브 교차로를 달리던 미국인 남성은 8시에 미국 국가가 흐르면 오른손을 가슴에 대고 정지한다. 해병대원은 경례 자세를 취한다. 각 해병대 기지를 잇는 그린 라인[13]이라는 버스도 해저드 마크를 점멸하며 정지한다. 손님을 태우고 스틸웰 드라이브를 달리던 택시도 정차한다.

미국 국가가 끝나면 일본 국가가 흐른다. 이때도 전체가 정지 상태이다. 교차로를 건넌 미국인 남성은 일본 국가가 흐르기 시작하자 오른손을 내리고 그 자리에 그대로 멈춰 서 있다. 8시 5분에 국기 게양의 종료를 알리는 나팔 소리가 울리고 기지 안은 다시 움직이기 시작한다.

오전 중에 사무소 밖에서 자주 만나는 광경은 애완견과 자녀들을 데

13 2008년 10월 31일자 《Okinawa Marine》의 기사 'Better than Your Average Bus'에 따르면, 그린 라인은 해병대 기지나 그 밖의 기지를 잇는 버스로 많은 군인이 이용하고 있다. 2001년 10월에 도입되어, 하루 18시간, 휴일 없이 운영되고 있다. 그린 라인의 운영 시간표는 미군 관계자라면 누구나 인터넷을 통해 알 수 있다(http://www.mcbbutler.usmc.mil/default.html, 2011년 12월 10일에 열람).

사진 3. 푸드 코트(캠프 포스터)

리고 산책하는 군인 아내이다. 8시 이후에는 기지 내에 한가로운 분위기의 시간이 흐른다. 점심시간인 11시 30분부터 13시까지 푸드 코드나 레스토랑에 군인 · 군속이 많이 드나들면서 기지 안이 다시 활기를 띤다. 기지 밖에서 식사를 하는 사람들도 많아서, 점심 식사를 하러 밖으로 나가는 사람과 식사를 마치고 돌아오는 사람들로 게이트는 다시 붐빈다.

16시 30분이 되면, 일을 마치고 귀가를 서두르는 군인 · 군속, 그리고 기지 내 일본인 종업원들의 차량으로 16시 30분부터 약 1시간 동안 게이트가 붐빈다. 17시 30분이 지나면, 기지 안은 다시 고요해진다. 그리고 일몰 때의 국기 하강 때에는 국기 게양 때와 마찬가지로 기지 내 모든 것이 정지한다. 이상이 기지의 일상생활이다.

미군 관계자와 기지 내 종업원 이외의 사람이 미군 기지에 들어가기 위해서는 미일 지위 협정 범주에 해당하는 신분을 가진 군인·군속 및 그 가족(일본인 여성도 군인·군속과 결혼한 경우 여기에 포함된다)을 보증인으로 세워, 게이트에 병설된 패스 오피스에서 시간제한이 있는 허가서를 받아야 한다.[14]

14 월 2회, 1일과 15일인 군인 월급날의 주말에는 여자 친구로 보이는 일본인 여성을 기지

캠프 포스터에 들어가기 위해서는 게이트 5(커미서리 게이트) 혹은 게이트 6(리전 게이트)에서 절차를 밟는다. 군인·군속 및 그 가족은 미군에서 발급하는 ID 카드[15]를 갖고 있어 기지에 자유롭게 출입할 수 있다. 또한 ID 카드 소지자는 커미서리(기지 내 슈퍼마켓)나 PX[16](기지 내 백화점)에서 물건을 구입할 수 있다. 기지 안에서 일하는 일본인 종업원도 허가서를 갖고 있어 근로 기간이라면 기지 안에 들어갈 수 있으나 푸드 코트 등을 제외하고 기지 내에서의 물건 구입 등은 허락되지 않는다. 필자의 경우에는 기지 내 연구자라는 신분으로 기지 안을 출입하였다. 그 당시

내로 초대하기 위해 게이트에서 출입 허가서를 신청하는 군인을 자주 볼 수 있다.

15 엄밀하게 ID 카드(military ID Card)는 현역 군인의 가족, 퇴역 군인, 예비역과 그 가족에게 지급된다. 이전에는 현역 군인도 ID 카드를 갖고 다녔으나 현재는 후술하는 CAC 카드가 이들의 신분증명서 역할을 한다. 10세부터 21세(독신)까지의 자녀에게도 카드가 지급되는데, 취학자나 부양을 받고 있는 경우에는 23세까지도 지급된다. 또한 일정한 규정을 충족하면, 이혼이나 사별한 배우자에게도 재혼하지 않으면 ID 카드가 지급된다. 현역 군인의 ID 카드에는 성명, 사진, 소속 부대의 로그, 계급 및 급여 등급, 사회보장번호(Social Security Number: SSN), 카드의 유효기간과 서명이 기재되어 있다. 배우자의 ID 카드에는 카드 소지자의 성명, 사진과 사회보장번호 외에 신원보증인(스폰서)인 배우자의 신분(현역·퇴역·예비역), 계급, 사회보장번호와 카드 소지자와의 관계(배우자인 경우 SP : Spouse)도 기재된다. 카드 소지자의 신분은 카드의 색깔에 따라 다르다. 현역 군인은 녹색, 그 가족은 황갈색, 예비역 병사는 녹색, 그 가족은 적색, 퇴역 군인은 청색, 그 가족은 황갈색이다. ID 카드 이외에도 미군 관계자가 소지하는 신분증명서는 CAC(Common Access Card)라는 카드가 있다. 이 카드에는 IC칩이 들어 있어, 신분 증명의 목적 외에 미국 국방총성(미군 기지 내 등)의 컴퓨터 열기나 특정 건물을 출입하는 데에 사용된다. CAC 카드는 현역 군인, 퇴역 군인, 예비역 병사, 군속(미군 기지 내에서 일하는 계약 사원도 포함)이나 기지 내 일본인 종업원 등 국방총성에 고용된 사람에게 지급한다. 또한 이들의 가족도 기지 내에서 일하게 되면 CAC 카드를 지급받는다. CAC 카드에 대한 자세한 것은 다음을 참조(http://www.cac.mil/index.html 2011년 12월 10일 열람).

16 Post Exchange의 머리글자에서 따왔다. 캠프 포스터 안 백화점은 에이피스(AAFES: Army and Air Force Exchange Services)라는 육군과 공군의 공동 조직이 운영하고 있다. 미군 4개 군은 기지 내 백화점의 명칭이 다르다. 공군과 육군은 PX(Post Exchange), 해군은 NEX(Navy Exchange), 해병대는 MCX(Marine Corps Exchange)이다. 육군과 공군의 백화점인 AAFES가 해병대 기지 캠프 포스터 내에 있는 것은 캠프 포스터 이전에 미 육군 기지 캠프 즈케란(瑞慶覽)이 소재해 있었기 때문이다. 그래서 현재에도 해병대 기지 캠프 포스터의 백화점은 PX라고 불린다.

사진 4. 커미서리 내부(캠프 포스터) (위 왼쪽)
사진 5. 리전 게이트(게이트 6) (위 오른쪽)
사진 6. 가나즈 짐(캠프 포스터) (아래)

에 해병대가 발행한 허가서[17]를 게이트에 매번 제시하여 경비원이 유효기간, 시간과 얼굴 사진을 확인한 다음에야 기지 안으로 들어갔다.

캠프 포스터 안에 있는 시설 가운데, 군인의 생활이나 가족과 관련한 시설만을 간단하게 설명하겠다. 먼저 기지 내 식료품을 주로 취급하는 슈퍼마켓은 커미서리라고 하여, 커미서리 게이트로 들어가면 바로 오른쪽에 있다.

17 필자의 허가서에는 다음과 같은 사항이 기재되어 있었다. 허가서의 발행번호, 발행지, 허가받은 기지명(캠프 포스터), 허가받은 시간(월요일부터 일요일, 7시부터 22시까지), 기지 내에서의 신분(연구자), 성명, 성별, 생년월일, 허가서의 발행 신청일과 발효일, 허가서의 유효기간, 보증인으로서 해병대 복리후생부 가족지원과의 명칭과 얼굴 사진. 허가서는 노란색 색종이로 래미네이트를 입혔으며 일본의 자동차 면허증과 거의 비슷한 크기이다.

쇼핑 구역은 PX 게이트와 리전 게이트 사이에 위치하고 있다. 이곳에는 기지 내 백화점인 PX, 푸드 코트,[18] 영화관, 우체국 등이 밀집해 있다. 이 구역은 군인의 월급날인 1일과 15일이 되면 많은 군인들과 그 가족들로 꽤 붐빈다.

기지 내에서 주행하는 자동차의 제한속도는 세세하게 규정되어 있다. 통상 시속 40킬로미터에서 50킬로미터(주요 도로인 스틸웰 드라이브는 50킬로미터)로 주행하고, 주택지 안에서는 25킬로미터, 학교가 있는 스쿨존에서도 25킬로미터로 주행한다. 일시 정지가 있는 사거리에서는 반드시 일시 정지를 해야 한다[19].

스틸웰 드라이브의 산 중턱 주변에 군인 · 군속 및 그 가족에게 중요한 사무소가 자리해 있다. 앞에서 서술한 MCCS,[20] 캠프 서비스,[21] 커뮤니티 센터, 퍼스널 서비스 센터[22] 등이 입주해 있는 2층 건물이 있다. 센터 정면을 향해 오른쪽에는 법무지원과,[23] 왼쪽에는 카운슬링을 제공하는 시설[24]도 있다. 또한 인근에는 인사부[25]가 보인다.

18 캠프 포스터에는 푸드 코트가 두 개 있다. 스폿(Spot)이라는 푸드 코트에는 아이스크림 가게(배스킨 로빈스)와 도넛 가게(던킨 도넛), 샌드위치 가게(서브웨이), 피자 가게(피자 헛), 게임 센터, 인터넷 룸, 세탁소가 있다. 스폿 안에서는 무선 인터넷에 접속할 수 있다.

19 필자는 조사를 시작했을 무렵, 글러브 앤 앵커(하사관 전용 클럽) 근처 사거리에서 일시 정지(3초간 정지)하는 것을 몰라 그대로 직진해서 기지 내 경찰인 헌병대(Provost Marshal Office : PMO)에 체포된 아픈 경험이 있다.

20 지하 1층, 지상 2층의 하얀색 건물.

21 정식 명칭은 Camp S. D. Butler Headquarters and Services Battalion(해병대 버틀러 기지 본부 서비스 대대)이다. 해병대원 대부분이 출입하는 사무소로, 서류 제출 등 새로 오키나와에 부임해 온 젊은 해병대원 대상의 오리엔테이션(Joint Reception Center: JRC)도 여기서 실시한다.

22 필자가 자원봉사를 하던 곳. 기지 내에서의 필자의 신분보증 기관이다. 자세한 내용은 제2장에서 서술하겠다.

23 LSSS(Legal Service Support Sections, 통상 엘 트리플 에스)라고 부른다. 자세한 것은 제2장을 참조.

24 Substance Abuse Counseling Center(SACC)는 약물, 알코올중독, 흡연이나 도박 등의 문제를 다루는 시설이다.

25 Civilian Human Resource Office(CHRO)는 기지 내 일본인 종업원(Master Labor Contract:

3. 군인과 군인 아내의 일상생활

군대 세계는 계급에 따라 질서가 잡혀 있다. 미군 병사는 계급에 따라 급료와 수당, 나아가 차량의 주차장이나 출입할 수 있는 클럽까지도 규정된다. 군인 아내나 그 가족 역시 이러한 군대 질서 속에서 생활을 하게 된다. 여기서는 주로 해병대원과 그 아내의 세계를 중심으로 기술하고자 한다.

3.1. 해병대원의 세계

해병대원은 부트 캠프라는 13주 동안의 신병 입대 훈련을 거쳐 해병대원이 된다. 이 훈련을 통해 신병들은 해병대의 역사와 정신 등 해병대원이 되기 위한 기초를 익히고 민간인과의 관계를 끊어 진정한 해병대원으로 거듭난다.

육군, 공군, 해군도 마찬가지의 부트 캠프를 갖추고 있으나, 해병대의 부트 캠프가 가장 혹독하면서 장기간 동안 진행된다. 해병대원은 다른 군대에 소속된 병사보다 해병대원이라는 점을 자랑으로 여긴다. 해병대원들은 자신이 해병대원이라는 자부심을 다양한 말로 일상적으로 드러낸다.

해병대원은 "셈퍼 파이"[26]라는 말로 스스로 해병대원으로서의 자부심을 일상적으로 표현한다. 이는 라틴어의 "셈페르 피델리스"[27]를 줄여 쓴 말로, 해병대에 "언제나 충성을"이라는 의미이다.

그리고 이 밖에도 "한번 해병대에 입대하면, 평생 '해병대원'으로서의 '자부심'을 갖고 미국 국민의 모범이 되어야(한번 해병은 영원한 해

MLC)과 군속(General Schedule: GS)을 대상으로 한다.

26 알파벳으로 표기하면, Semper Fi이다.

27 알파벳으로 표기하면, Semper Fidelis이다.

병)"[28] 한다는 말 역시 자주 듣는 말이다.

"선택한 자, 드높은 자긍심 가진 자"[29]라는 표현도 있다. 이 말은 해병대의 특징을 단적으로 보여 준다. 다시 말해, 간단하게 해병대원이 될 수 있는 것이 아니며 해병대원이라는 점을 자랑스러워한다는 의미이다. 이 말은 해병대의 신병 모집 포스터에도 등장하며 다른 군대와 비교해 보아도 프로 의식이 매우 강하다.[30]

해병대를 포함해 모든 미군의 서열은 계급과 급여 등급, 이 두 기둥을 기준으로 규정되어 있다(권두 화보 참조). 계급은 크게 둘로 나뉜다. 장교(Officer)와 하사관(Enlisted), 이렇게 두 계급으로 구성된다.[31] 장교는 대졸 이상의 학력 소지자로, 자위대에서 말하는 간부에 해당한다. 장교가 되기 위한 방법에는 몇 가지가 있다.[32]

하사관은 크게 셋으로 나뉜다. E-1에서 E-3까지 가장 젊은 해병대 하사관은 주니어 마린이라고 하며, E-4와 E-5는 NCO[33]라고, E-6부터 E-9까지는 스태프 NCO[34]라고 한다.

급여 등급은, 장교는 O-1에서 O-10까지, 하사관은 E-1에서 E-9까지

28 원어로는 "Once a Marine, Always a Marine"이다.

29 원어로는 "The Few, The Proud, The Marine"이다.

30 육군은 "Go Army. Get a Great Start."(가자 육군으로. 멋지게 출발하자.) 공군은 "Aim High. Go Air Force."(날아라 저 높이. 가자 공군으로.) 해군은 "Join the Navy and See the World."(해군에 와서 세계를 보자.)이다(노나카野中 2007).

31 장교와 하사관 사이에는 준위가 있다. 고등학교나 기술계 전문학교 졸업자로, 특별한 작업 자격을 가지고 있다.

32 미국의 대학에는 예비 장교 훈련 부대(Reserve Officer Training Corps: ROTC) 과정이 있으며, 학생은 ROTC의 기초적인 군사교련에 참여함으로써학비 등 정부의 지원을 받을 수 있다. 간부 후보생 학교(Officer Candidate School: OCS)의 졸업생도 장교가 될 수 있다. 이 밖에도 변호사나 의사 등의 자격 소지자의 경우에는 채용되면 그 즉시 장교로 임관할 수 있다. 또한 입학이 어려운 육군, 해군, 공군의 사관학교를 졸업한 장교는 다른 대졸 출신 장교와는 좀 다르게 군대 내 엘리트로 통한다. 사관학교에 대해서는 후술하겠다.

33 알파벳으로 표기하면, NCO(Non-Commissioned Officer)이다.

34 알파벳으로 표기하면, Staff NCO이다.

있다.[35] 미군 4개 군에 따라서 같은 계급이라도 계급 명칭이 모두 동일하지는 않기 때문에, 급여 등급으로 기재되는 경우가 많다. 이 책에서도 급여 등급을 따랐다. 또한 원칙적으로 장교와 하사관이라고 기재하지만, 인터뷰와 관련해서는 이에 따르지 않았다.

3.2. 해병대원으로서의 생활

해병대원(하사관)을 중심으로, 입대 후부터 퇴역 때까지의 군인으로서의 생활에 대해서 기술하겠다. 부트 캠프를 마치고 각각의 전문 직종[36]을 위한 학교에 가서 훈련을 받은 군인은 첫 임무지로 파견되며 계약 기간이 끝날 때까지 군 복무를 수행한다.

군인은 입대하면 첫 임기를 결정한다. 해병대원의 경우, 4년간의 임기계약을 해병대와 맺는다. 엄밀하게는 계약기간이 4군마다 다르다. 해병대와 공군은 4년간, 육군은 2년에서 3년, 해군은 3년에서 4년이다. 후술하겠지만, 첫 임기가 끝나면 제대 혹은 재임을 결정해야 한다. 어느 쪽을 선택하더라도 모든 군에서 첫 계약 기간을 합쳐 도합 8년간의 군 복무를 해야 한다.

해병대원의 부임에는 두 종류가 있다. 하나는 2년간 가족을 동반하지 않은 단독 부임이다. 결혼해 가족을 동반하는 부임일 때에는 부임 기간이 3년으로, 단독 부임 기간보다 1년 더 길다. 독신인 해병대원은 통상 2년간 단독 부임으로 오키나와에 배속된다. 요건에 맞으면 부임 기간을 1년 연장할 수 있다.[37]

35 준위의 급여 등급은 WO-1, CWO-2, CWO-3, CWO-4, CWO-5이다(표 4-3).

36 전문 직종의 Military Occupational Specialties(MOS)는 4자리 숫자로 된 직종 코드이다. 처음 두 개 숫자가 직종 분야이고 마지막 두 개의 숫자는 그 분야에서의 특정 직종이다. 예를 들어, 0311의 경우 03은 보병(infantry)에 속하고, 11은 라이플 총병(rifleman)을 의미한다.

37 도합 3년간 부임한 해병대원이 부임 기간을 더 연장할 수는 있으나, 소정의 절차를 밟아야 한다.

여기서 계약 기간 종료 후의 미군 병사에게 제공되는 몇 가지 선택지에 대해서 1) 재계약, 2) 제대, 3) 퇴역의 순으로 서술해 보겠다.

해병대와의 첫 계약 기간이 끝나고 재임하는 미군 병사도 있다. 군대와의 계약은 도합 8년이라고 앞서 언급하였다. 4년간의 첫 임기를 마친 해병대원에게는 앞으로 4년간의 임기가 남아 있다. 여기서 미군 병사는 두 번째 임기의 재계약을 한다. 두 번째 임기의 계약 기간은 미군 병사에 따라 다르며, 통상 2년, 3년, 4년 중 하나로 계약을 한다. 2년간의 계약을 맺은 미군 병사는 4년 중 나머지 2년간은 Inactive Reserves로서 몇 가지 군 업무를 완수해야 한다. 이 기간은 기지 내에서 훈련을 받고 언제든 소집에 응할 수 있는 준비가 된 상태여야 한다. 그 동안에 군대로부터 급료를 받지만 다른 일을 할 수도 있다.

계약이 끝나 군대를 떠나는, 즉 제대를 하는 자도 있다. 제대에는 두 종류가 있다. 하나는 군인으로서의 군 복무를 완결한 명예제대. 다른 하나는 군인으로서 부적절한 행동을 해서 제대하는 불명예제대이다.[38] 군 복무 경험자의 베테랑[39]으로서 받을 수 있는 보상 대부분은 명예제대여야만 주어진다. 앞서 서술하였듯이, 재계약자와 마찬가지로 제대자도 도합 8년 동안 군 복무를 완수해야 한다.

재계약을 거듭하며 제대하지 않고 최저 20년 동안 군인으로서 복무하면 퇴역 군인이 된다. 퇴역까지의 햇수 제한은 하사관의 경우 40년, 장교의 경우는 제한이 없다.[40] 퇴역 군인과 그 가족은 제대자와는 달리, 현역 시절과 거의 동일하게 기지 내 시설 등을 이용할 수 있다. 이러한 보상

38 제대를 하기 위해서는 DD Form 214라는 제대를 위한 서류를 제출하는데, 명예제대인지 불명예제대인지 여기에 기재된다.

39 베테랑(veteran)이란, 제대나 퇴역과는 관계없이 현역 미군 병사도 포함해 군 복무 경험자를 가리킨다,

40 이전에는 하사관의 경우 30년이면 퇴역해야만 했다.

에 대해서는 뒤에 자세히 설명하겠다.

3.3. 군인의 공무 외 외출 시간

해병대는 다른 군대보다도 규율이 엄격하다. 해병대원은 계급이 E-4, 21세 이상이 될 때까지 자신의 자동차를 가질 수 없다. 차를 소유하지 않은 해병대원들의 다리 역할은 해병대 기지를 잇는 그린 라인이라는 버스가 해 준다. 오키나와 본섬 북부의 캠프 슈와브나 핸슨에 소속된 미군 병사들은 주말에 그린 라인을 타고 본섬 중부의 자탄초(北谷町) 등지의 번화가로 나가 주말을 보낸다.

해병대원의 공무 외 외출 규제, 즉 리버티(Liberty)는 주일 해병대 기지 제3 해병 원정군 지령 1050.7A 리버티 캠페인 지령(MCBJ / III MEF Order 1050.7A Liberty Campaign Order)에 기재되어 있다. 이 지령은 제3 해병 원정군 및 주일 해병대 기지에 소속된 모든 해병대원과 해병대 부대에 파견된 해군 병사에게 적용된다.[41]

이 지령에 따르면, 해병대원은 외출을 할 때 반드시 적색이나 금색으로 된 리버티 카드(liberty card) 중 하나를 휴대해야 한다. 미군 병사의 근무시간 이외의 자유 시간은 카드의 색에 따라 구분된다. 금색 카드(골드 카드) 소지자에게 외출 시간의 제한은 없다. 적색 카드(레드 카드) 소지자는 오전 0시부터 아침 5시까지 외출 금지이다. 적색 카드 소지자들은 출입 제한 시간인 오전 0시까지 기지에 돌아와야 하기 때문에 게이트 앞은 0시 전이 되면 혼잡해진다.

통상적으로 장교나 E-4 이상의 병사에게는 골드 카드가 지급된다. 다만 카드를 지급받을 때에는 일본 및 오키나와에 관한 문화 세미나의

41 각 군이 독자 시스템을 갖고 있지만, 여기에서는 해병대의 리버티 카드에 대해서만 언급하였다.

수강이 필수이다.

적색 카드 소지자는 기지 밖에서의 자유 시간에 단독 행동을 할 수 없고 버디와 행동해야 한다. 버디란, 미군 병사가 자유 시간을 함께 보내는 군인이다. 단독 행동이 허락되지 않은 미군 병사와 일본인 여성의 데이트에는 버디가 동반해 3명이 함께 데이트를 하는 것이다. 자택을 제외한 기지 밖에서의 음주는 오전 0시 이후에는 금지되어 있다. 이 밖에 기지 내 생활관에서의 음주에 대해서도 계급에 따라 세세한 규칙이 정해져 있다.[42]

앞서 서술하였듯이, 이러한 리버티 카드에 관련한 규정은 주일 해병대 기지 제3 해병 원정군 지령 1050.7A 리버티 캠페인 지령에 기재되어 있으며, 필요에 따라 제3 해병 원정군 사령관이 개정할 수 있다.[43] 최근

42 기지 내 생활관에서 기거하는 E-3와 E-3 이하 계급의 병사(20세 이상)는 360㎖(12oz)의 와인 베이스의 칵테일, 맥아주를 6캔 이상, 혹은 와인 1병 이상을 소지할 수 없다. 알코올 양이 15% 이상인 하드 리커는 E-3와 그 이하의 군인은 연령에 상관없이 소지 및 음주를 할 수 없다. 이는 출장이나 휴가 중인 E-3와 그 이하 계급의 군인에게도 적용된다. 생활관에서 기거하는 E-4와 E-5인 군인은 1리터 이상의 하드 리커, 360㎖(12oz)의 맥주, 와인 베이스의 칵테일, 맥아주를 12캔 이상, 혹은 와인 2병 이상을 소지할 수 없다. 하드 리커는 음주 이외에는 늘 열쇠로 잠가 보관한다. 빈 술병이나 빈 캔을 생활관 안에 전시해 놓을 수도 없다.(http://www.marines.mil/unit/mcbjapan/Page/2010/100611-liberty.aspx, 2011년 12월 27일 열람)

43 2008년 2월 10일에 오키나와 현 중부 본섬 중부 자탄초(北谷町)에서 미군 병사 여중생 성폭행 사건이 발생하였다. 이 사건과 일련의 사건으로 리버티 카드에 대한 규정이 개정되었다. 당시 오키나와 지역조정관 리처드 질머 중장(제3 해병 원정군 및 주일 해병대 기지 사령관)은 '반성의 기간'으로서 오키나와 주둔 미군의 군 관계자(군인, 군속, 그 가족)에게 외출 금지령을 발령하였다. 이 기간 동안, 미군 관계자는 자택과 근무지 왕복 이외의 외출이 금지되었다. 군인에 대해서는 기지 내와 자택 이외에서의 음주까지 금지되었다. 2008년 4월부터 모든 해병대와 해군 병사는 오전 0시 이후의 외출이 금지되었다. 같은 해 10월에는 골드 카드 소지자에 대해서는 오전 0시 이후의 외출 금지령이 해제되었으나 레드 카드 소지자에 대해서는 오전 0시부터 오전 5시까지의 외출 금지가 계속되었다. 또한 새 지령에 따라, 리버티 카드의 색깔에 상관없이 모든 군인은 오전 2시 이후의 음주 및 기지 밖의 바나 클럽 출입이 금지되었다. 〈New Liberty Order Signed : Ⅲ MEF CG Consolidates Initiatives into Single Liberty Campaign Order〉(《Okinawa Marine》, 2008년 10월 3일자)를 참조. 그리고 2010년 3월 말에 오키나와 현 내에서 뺑소니 사고나 음주운전으로 미군 병사가 체포되

의 개정은 2011년 9월에 오키나와 지역조정관 케네스 J. 글렉 주니어 해병대 중장(제3 해병 원정군 및 주일 해병대 기지 사령관)[44]에 의해 실시되었다.[45] 이에 따라, 오전 0시 이후의 기지 밖의 바나 클럽에서의 음주가 계급이나 리버티 카드의 색깔에 상관없이 모두 금지되었다.[46] 또한 개정 전에는 E-4 이상에게만 지급했던 골드 카드가 이때의 개정으로 E-3부터 지급되게 되었다.[47]

이상에서 살펴보았듯이 미군 병사는 근무시간뿐만 아니라 근무시간 이외의 시간에도, 그리고 기지 밖에서도 군대와 계급에 바탕을 둔 규칙에 따라 생활을 해야 한다.

3.4. 군인 아내의 생활

군인 아내는 일찍이 군대 커뮤니티 안에서 부양가족으로 인식되어 왔으며 늘 그런 의식 속에 생활을 해야 했다. 현재는 아내의 ID 카드에 배우자(Spouse)라고 기재되어 있지만, 예전에는 부양가족(Dependent)으로 기재되어 있었다.[48] 한편, 자녀의 ID 카드[49]에는 지금도 부양가족으로 기재

는 사건이 계속 발생하자, 당시 오키나와 지역조정관 테리 로블링 중장(제3 해병 원정군 및 주일 해병대 기지 사령관)이 2010년 6월에 오키나와에 주둔한 육해공군과 해병대 전체 군인을 대상으로, 오전 0시 이후의 기지 밖의 바나 클럽 출입을 금지하였다. 또한 미군에 의한 순회 지도 지역을 확대하는 사항도 결정되었다(http://www.marines.mil/unit/mcbjapan/Page/2010/100611-liberty.aspx, 2011년 12월 27일 열람).

44 2011년 10월 이후. 주일 미 해병대 기지 사령관으로서의 임무는 미 해병대 태평양 기지 사령관이 맡게 되었다. 상세한 것은 본 장 주 4)를 참조.

45 http://www.marines.mil/unit/mcbjapan/Page/2011/1109021-liberty.aspx, 2011년 12월 27일 열람.

46 http://www.marines.mil/unit/mcbjapan/Page/2011/110909-liberty.aspx, 2011년 12월 27일 열람.

47 http://www.marines.mil/unit/mcbjapan/Page/2011/110923-liberty.aspx, 2011년 12월 27일 열람.

48 캐나다에서는 최근까지 모든 군인 아내의 ID 카드에 D/W(Dependent Wife)로 기재되어 있었다. 그러나 이는 군대 속어로 Dumb Wife(어리석은 아내)를 의미하였다(Harrison and Laliberté 1997: 36).

49 10세가 되면 자녀들도 ID 카드를 소지해야 한다. 미군 관계자의 ID 카드에 대한 상세한 내용은 본 장의 주 15)를 참조.

되어 있다. 주체성이 결여된 아내라는 이미지를 불식시키기 위해 현재는 배우자 혹은 가족이라고 부르도록 하고 있으나, 아직 일반적으로 완전히 자리 잡지는 못하고 있다.[50] 또한 호칭이 바뀌었어도 군인 아내가 처한 상황은 그다지 바뀌지 않았다.

남편이 아내의 신원보증인이어서 아내의 언동은 모두 남편의 책임이 된다. 아내가 군대 커뮤니티나 시설이나 권리를 누릴 수 있는 것은 군인인 남편이 있어서 가능하다. 기지 내의 도서관에서 책을 빌릴 때나 다른 시설을 이용할 때에는 아내의 이름뿐 아니라 신원보증인인 남편의 소속(부대명)이나 계급을 기재해야 한다. 아내가 군의 규율을 위반하는 행동을 한 경우, 그 책임은 스폰서인 남편에게 있으며 남편의 계급이나 승진에 영향을 미친다. 아내는 이런 점에서 말 그대로 남편에 '의존'(dependent)하고 있다고 할 수 있다.

군인 아내는 남편의 계급이 군 커뮤니티 내에서 자신의 지위이며 그 계급에 따른 역할을 다해야만 한다.[51] 남편이 부하 군인을 통솔하듯이 그 아내 역시 군인 아내들을 통솔하게 된다. 사령관의 아내의 경우, 남편 부하의 아내들의 리더로서 훌륭한 군인 아내의 모범이 되도록 행동해야 한다. 이러한 관계는 '이면의(그림자) 지휘명령 체계'[52]라고도 한다

50 spouse에는 여성 병사의 민간인 남편도 포함된다. 민간인 남편과 민간인 아내 모두를 의미하는 말로 spouse라는 말이 애용된 것도 이 말이 일반적으로 사용되게 된 이유 중 하나로 생각된다.

51 계급이 높은 남편을 가진 아내는 양어머니 혹은 젊은 군인 아내를 보살피는 대대나 여단의 '어머니'로서의 역할을 요구받는다(Brancaforte 2000: 156). 주영 미군 기지의 군인 아내는 이와 같은 상황에 만족하고 있었다. Enloe에 따르면, 해외 미군 기지에서 군인을 만족시키기 위해서는 군인 아내를 만족시켜야 한다(Enloe 2000: 71). 그래서 군대는 미국산 세탁기나 전기 제품을 해외 미군 기지에 보내 군인 아내를 만족시키고자 하였다. Enloe는 군인 아내가 이와 같은 특권에 만족하고 또한 남편의 계급이 군인 아내의 계급으로 인식되어, 군대의 적이 곧 자신들의 적이라는 군대의 사고방식에 적응하고 있다고 지적하였다(Enloe 2000: 72).

52 원어로는 chain of command이다. 또한 육군에서는 군대의 가족 지원을 '관심의 연쇄'

(Durand 2000: 80). 그런 의미에서 Enloe는 아내가 두 가지의 가부장적 권위에 종속되어 있다고 지적하였다. 하나는 가정 내에서 남편의 권위, 또 다른 하나는 사령관의 권위이다(Enloe 1983: 46-47).

하지만, 늘 순종적이고 의존적인 여성은 군대에 오히려 무거운 짐이다. 남편이 군 업무로 빈번하게 집을 비우기 때문에 아내는 혼자서 가정을 지키고 자녀를 길러야 하기 때문이다. 남편이 부재중일 때에는 남편의 역할도 아내가 짊어져야 한다.[53] 다시 말해, 군대는 아내에게 상반된 이중의 역할을 하도록 요구하고 있는 것이다. 하나는 여성적인 수용성 및 순종, 남성에게 의존적일 것, 또 다른 하나는 리더로서 결정력을 갖고 한층 남성적으로 행동하는 것이다.[54]

이처럼 군인 아내는 군대와 가족이라는 두 제도 사이에서 생활하도록 강요받고 있다. Segal(1998)은 Coser(1974)를 언급하면서, 이처럼 요구가 많은 제도인 군대와 가족을 '탐욕스러운 제도'라고 지적하였다.[55]

군대 특유의 스타일로 정기적인 근무지 이동을 들 수 있다. 군인인 남편의 근무지 이동 명령이 하달되면 군인 아내는 남편과 함께 새로운 근무지로 이동해 살아야 한다. 남편이 부재중일 때 아내가 혼자서 이사를 도맡아 하는 경우도 드물지 않다. 아내는 이를 불평하지 않고 변화가 많은 생활을 통해 새로운 사람들과의 만남이나 문화를 접할 수 있다고 긍

(chain of concern)라고 한다(Norwood et. al 1996: 181).

53 Nice(1978)는 남편이 부재중일 때에 아버지와 어머니의 역할을 아내가 다 맡아 해야 한다는 점에 주목하여, 남편의 부재중 아내의 의식이 미묘하게 변화한다는 것을 지적하였다. 아내는 처음에는 아버지의 역할을 해야 한다는 점에 거부감을 느끼지만, 부재 기간이 길어질수록 그 역할에 익숙해져, 남편이 돌아온 직후에는 아버지 역할을 다시 남편에게 돌려주는 것에 거부감을 느낀다고 한다. 이는 아내의 시각에서 한층 적극적으로 논하고 있다고 할 수 있다.

54 Brancaforete도 군대가 요구하는 군인 아내상을 이와 같이 기술하였다(Brancaforete 2000: 55). 이 밖에도 이와 같은 군인 아내상을 기술한 의견이 있다(Weinstein 1997: viii－xix).

55 군인의 배우자 고용 문제에 대해 연구한 Russo et al.(2000)도 군대의 특징을 '탐욕스러운 제도'라고 지적하고 분석하였다.

정적인 자세로 받아들여야 한다. 이는 군인인 남편에 대한 내조를 의미한다.[56] 이렇게 군인 아내들은 '밀리터리 패밀리'의 한 구성원이 되어 간다.

군인 아내의 지위는 "군대는 하나의 가족이다"라는 말에 잘 나타나 있는데, 이 말은 20세기 말에 여성을 이상적인 군인 아내의 모델로 만들기 위해 이용되었다고 한다(Enloe 2000: 161). 즉, 군인인 남편은 남자다움을 중요하게 여기는 군대의 제도[57]에서 필요 불가결한 부분을 담당하고 있으며, 또한 국가의 안전을 위해서도 매우 중요한 존재로 자리한다. 이에 반해 군인 아내는 군대를 유지하는 데에 필요 불가결한 존재임에도 불구하고 여성이라는 이유로 고립이나 소외를 강요받으면서 근본적으로 주변인과 같은 위치에 놓여 있다. 그러나 군대를 '하나의 가족'으로 강조함으로써, 군인 아내의 소외감을 줄여 주고 다양한 분야에서 노동력을 제공받을 수 있다. 그리고 자원봉사 활동[58]을 통해 군대에 소속되어 있다는 일체감을 더해 준다고 한다.

'군대는 하나의 가족'이라는 이름 아래 군인 아내는 군대나 군대의 커뮤니티를 위해 봉사 활동을 하고 남편이 소속한 부대의 회합에 적극적으로 참여한다. 남편이 군복무로 집을 비울 때에는 혼자서 가족을 지키는 현모이자 양처인 것이다.[59] 이러한 이상적인 군인 아내상은 하사관

56 이와 같은 군인 아내상이나 어머니상에 대해서 밀리터리 브랫(military brat: 군인의 자녀) 자신이 직접 언급하였다(Wertsch 1996: 82).

57 미군을 남성 중심의 하나의 가족으로 간주하는 실천적 측면에 대해서는 군대의 '통과의례'(ratline)를 고찰한 Adams(1997)를 참조.

58 Lehr(1996)도 봉사 활동에 대해 언급하면서, 군인 아내가 군대 속에 제도화되고 군인 아내라는 존재가 제도 속에 편성되어 보이지 않는 형태로 봉사에 이용되어 왔다는 점, 그리고 이것이 군대의 신속한 활동에 얼마나 공헌해 왔는지에 대해서 지적하였다. 아내를 군대에 통합하는 것을 정당화하는 개념에는 부부간의 애정뿐 아니라 '군대는 하나의 가족'이라는 이데올로기가 자리해 있다. 가족이므로 봉사 활동은 당연한 것으로 받아들여지는 것이다.

59 이와 같은 이상적인 아내를 상정한 매뉴얼 책으로는 Shea(1941); Cline(1998); Starvidis(1997)가 있다.

의 아내보다 장교의 아내에게 강하게 나타나는 것으로 보인다. 장교의 아내들은 장교 아내의 모임[60]에 소속되어 다양한 봉사활동을 하며 하사관 아내들의 모범이 되어야 한다. 이와 같은 군인 아내의 이미지는 지금도 여전한 것으로 보인다.[61]

그러나 아내가 군대 조직 내 활동에 참여하는 것은 군대와의 일체감을 강화한다거나 일반적인 의미에서 부부가 서로 돕는다는 것만으로 다 설명할 수 없는 측면도 있다. 바로 부부 공동 커리어 혹은 부부가 함께 하나의 커리어라는 현상이다(Papanek 1973).[62] 이는 부부 중 어느 한쪽이, 일반적으로 남편이 군대(대학이나 대규모 민간 재단 등 각종 기관의 경우도 마찬가지)와 같은 제도에 고용되면, 그 제도의 요구 사항은 아내에게도 강요된다. 이 때문에 부부는 남편의 커리어를 부부 둘이서 짊어지게 된다. 아내의 협력을 얻음으로써 비로소 남편은 커리어를 쌓을 수 있게 된다.

이상은 기존부터 군인 아내에게 부여해 온 사명이지만, 최근에는 조금씩 이러한 상황에 변화가 나타나고 있다. 오늘날에는 봉사 활동을 하면서 남편의 커리어를 위해 많은 책임을 짊어지는 군인 아내가 줄어들고 있으며, 아내들은 한층 독립적이라고 할 수 있다.[63] 이는 민간인 아내와 마찬가지로 군인 아내들도 가정 밖에서 일을 찾을 수 있는 기회가 증

60 Officers' Wives Club(OWC)에 대해서는 제10장을 참조.

61 Brancaforte(2000: 12) 역시 마찬가지로, 육군 아내의 전통적인 이미지에 대해서 기술하였다. 이 밖에도 구체적인 전통적인 장교 아내의 생활에 대해서는 Duland(2000: 73)가 그녀 자신의 남편이 현역 군인이었던 시절의 생활을 기술하였다.

62 부부 공동 커리어(two-person career)에 대한 사례는 Weinstein and Mederer(1997)가 있다. 또한 Duland는 부부 공동 커리어라는 개념을 언급하면서, Duland 자신의 인생이 군인인 남편의 커리어를 지원하는 데에 얼마나 허비되어 왔는지에 대해서 지적하였다(Duland 2000). 이는 군인인 남편의 커리어만을 고려해 행동해 온 전통적인 군인 아내보다 훨씬 현대적인 아내의 존재를 지적한 언급이라고 할 수 있다.

63 이와 같은 전통적인 아내가 감소하고 있다는 것은 다른 연구에서도 지적하고 있다(Norwood et al. 1996: 169; Russo et al. 2000).

가하고 있기 때문이다(Martin and McClure 2000: 8). 또한 대부분의 군인 아내는 자신들의 행동과 군대는 별개의 것이라고 여기고 있지만,[64] 동시에 군대는 제도 혹은 고용주로서 자신들이나 가족을 지원해야 한다고 여기고 있기도 하다. 다시 말해, 이는 군 복무가 더욱 직업적인 의미를 가지면서, 배우자들에게 자기희생을 동반하는 국방의 사명감이라는 의미가 감소하고 있음을 보여 주는 것이다.[65]

나아가 지금까지는 남편이 군인이고 아내가 민간인 여성인 부부만을 염두에 두었으나, 최근에는 여성의 입대가 늘어[66] 새로운 군인 가족의 형태가 등장하고 있다. 예를 들어, 남편이 민간인 남성이고 아내가 군인인 부부나 편부모인 형태도 등장한 것이다.[67]

4. 군인과 베테랑 병사에 대한 보상

미군 병사와 그 가족은 군대로부터 각종 보상을 받고 있다. 미군 병사나 베테랑(제대자와 퇴역 군인)이 받는 보상이나 수당의 구조를 이해하는 것은 군대 내부의 시각을 통해 미군 병사와의 결혼·가정생활의 기반을 이해하는 데에 도움이 된다. 또한 일본인 여성과 결혼하여 제대 혹은 퇴역한 군인의 오키나와 생활은 군대로부터 받는 보상이나 기지와의 연

64 Kohen에 따르면, 의존적(dependent)이라는 인식에 반감을 가진 군인 아내는 LADYCOM (September, 1977)이라는 잡지에서 다음과 같이 말했다. "분명히 말해, 남편이 내게 의존하고 있다고요!"(If anything my husband is dependent on me!)(Kohen 1984: 403).
65 군인 배우자 고용 우대 제도(Military Spouse Preference: MSP) 등의 군인 배우자의 고용을 지원하는 제도에도 잘 나타나 있다. MSP나 베테랑을 위한 고용 우대 제도에 대해서는 제8장에서 기술하겠다.
66 아프리카계 미국인 여성 병사에 대해서는 Moore(1991)를 참조.
67 여성 병사이자 어머니인 경우에 관한 문제나 상황에 대해서 Thomas and Thomas(1993)를 참조.

결 고리가 잘 연계되어 있는가에 따라 그 결혼 생활이 크게 달라진다.

4.1. 군인의 수당과 보상

미군 병사는 안정적인 급료 외에 수많은 수당을 받는다. 그 대부분이 비과세이다. 앞서 기술하였듯이 현재의 군대는 기혼자를 중심으로 구성되어 있어서 미군 병사나 그 가족을 위한 복리후생이나 퇴역 후의 계획 등도 제공한다. 이는 미군 병사와 그 가족이 퇴역할 때까지 안심하고 생활할 수 있도록 하기 위한 군대의 배려이다.

미군 병사에게 주어지는 주요 보상이나 수당에 대해서 다음과 같은 순서로 기술하겠다. 1) 급료, 2) 수당, 3) 의료보험, 4) 생명보험, 5) 교육비 지원, 6) 퇴역 후의 계획, 7) 주택자금 대출.

수당의 지급액이나 그 밖의 보상에 대한 지불액은 계급과 부양가족에 따라 결정된다. 계급이나 부양가족의 수가 증가할수록 지급액도 증가한다. 보상에 따라서는 현역 미군 병사뿐 아니라 제대 · 퇴역 군인에게도 해당하는 경우가 있다는 점을 밝혀 둔다.

1) 급료

현역 미군 병사에게는 당연히 급여(기본급)가 지급된다. 기본급은 군인의 계급과 근속 연수에 따라 정해진다.[68]

2) 수당

급료 외에 미군 병사에게는 수많은 수당이 지급된다.[69] 이 수당은 비과

68 http://www.dfas.mil/index.html(2012년 2월 1일 열람)을 참조. Defense Finance and Accounting Service(DFAS)(통칭 디파스)에는 군인·군속·예비역이나 정부에 고용된 계약사원의 급료 명세서 외에, 미군 관계자와 관련된 금전에 관한 정보가 있다. 또한 등록하면 개인이라도 급료 명세서의 관리도 할 수 있다(myPay).

69 수당에 대해서는 http://www.defenselink.mil/militarypay/benefits/militaryben.html (2012년 2

세이다. 여기서는 다음 세 가지 사항의 해외 근무 미군 병사와 그 가족과 관련 있는 주요 수당만을 예시해 보겠다. 바로 ① 해외 주택 수당, ② 생활비 조정 수당, ③ 특별수당이 그것이다.

① 해외 주택 수당

해외 주택 수당[70]은 해외 부임지에서 기지 밖에 기거하는 현역 미군 병사에게 지급되는 수당을 말한다. 해외 주택 수당에는 집세, 공익비, 부금이 포함된다. 해외 주택 수당이 지급되면 집세를 자기가 부담하지 않아도 되어 해외 주택 수당이 지급될지 여부는 군인 · 군속의 해외 기지 생활에서 큰 관심사 중 하나이기도 하다.

② 생활비 조정 수당

영문자의 머리글자를 따서 통칭 콜라(COLA)라고 불리는 생활비 조정 수당[71]은 고액의 생활비가 필요한 곳으로 부임하는 미군 병사가 미국에서의 생활수준을 유지할 수 있도록 지원하기 위해 지급된다.[72]

③ 특별수당

이상의 수당 외에도 미군 병사의 군무나 능력에 따라 특별수당이 지급된다. 특별수당은 과세 대상이다. 위험 임무나 해상 근무와 관련한 수당이 여기에 속한다.

월 1일 열람)을 참조.

70 OHA(Overseas Housing Allowance)라고 하며, 미국 본토에서 기지 밖에 사는 경우에는 BHA(Basic Housing Allowance)라고 한다. BHA의 액수는 http://www.military.com/BHA (2012년 2월 1일 열람)를 참조.

71 원어로는 COLA(Cost of Living Allowance). http://perdiem.hqda.pentagon.mil/perdiem/ocform.html(2012년 2월 1일 열람)을 참조. 군속(미국 현지 채용)에게도 생활비 조정 수당이 지급되는데, 명칭이 달라 Post Allowance라고 한다.

72 엄밀하게는 미국 본토용(COLA)과 해외용(Overseas Cost of Living Allowance: O-COLA)으로 분류된다. 해외 기지로 부임해야지만 지급되는 것으로 오해받는 경우가 많은 생활비 조정 수당이지만, 미국 본토용인 COLA도 있다. 또한 해외 기지라도 미국에서의 생활비보다 낮은 곳으로 부임할 경우에는 COLA가 지급되지 않는다.

3) 의료보험

미군 병사와 그 가족은 군대가 제공하는 트라이케어[73]라는 아주 저렴한 의료보험에 가입할 수 있다. 군대는 미군 병사와 그 가족에게 치과 의료보험[74]도 제공한다. 다만 현역 미군 병사는 미군 병원에서 무료로 치과 치료를 받을 수 있어서 보험이 필요 없다.

4) 생명보험

SGLI[75]라는 생명보험이 할인 요금으로 미군 병사에게 판매되고 있으며, 미군 병사가 사망했을 때 남겨진 아내나 자녀에게 지급된다. 월 27달러의 보험료를 지불하고 최고 보상액 400,000달러를 받을 수 있다(Webber and Webber 2008: 88-91).

5) 교육비 지원

미군에게는 몇 가지 교육비 지원이 있는데, 여기에서는 몽고메리 재향군인 원호법(이하 MGIB)[76]에 대해서 기술하겠다. MGIB는 현역 미군 병사와 베테랑에게 지급되는 학비 지원이다. 최고 37,000달러까지 학비를 받을 수 있다. MGIB 희망자는 입대 후 처음 12개월 동안 매달 100달러를 급료에서 공제하여 합계 1,200달러를 선금으로 지불한다. 제대나 퇴역으로 군대를 떠나 10년 이내에 MGIB를 사용하지 않으면 그 권리를

---

73 미군의 의료보험인 트라이케어(TRICARE)에 대해서는 http://www.tricare.mil/mybenefit/(2012년 2월 1일 열람)를 참조. 트라이케어의 전신은 1966년에 설립된 챔푸스(CHAMPUS: Civilian Health and Medical Program for the Uniformed Services)이다.

74 군대가 제공하는 치과 의료보험은 United Condordia라는 민간 보험회사에서 운영하고 있다. 트라이케어의 치과 의료보험에 대해서는 http://www.tricaredentalprogram.com/tdptws/home.jsp(2012년 2월 1일 열람)를 참조.

75 SGLI는 Serviceman's Group Life Insurance의 머리글자를 따온 것이다.

76 Montgomery GI Bill의 약자이다.

상실한다.

MGIB를 대신하여, 2009년 8월 1일부터 Post 9/11 GI Bill[77]이라는 새로운 프로그램이 집행되어, 현역 군인이나 베테랑이 사용하지 않는 경우에는 그 학비 지원을 배우자나 자녀에게 줄 수 있게 되었다.

이 밖에도 TA[78]라는 수업료 지원이 있다. 이는 현역 미군 병사가 지불한 수업료의 전액(연간 4,500달러가 최고)을 군대가 지불해 주는 지원이다. 현역 미군 병사일 경우에 TA를 이용해 수업을 듣고 제대나 퇴역 후에 MGIB를 사용하는 것이 유리하다.[79] 미군 병사의 교육 관련 지원은 잘 마련되어 있다. 이것은 군대 입대 이유와 관련이 있을 것이다.[80]

6) 저축 · 투자 계획

군대가 제공하는 퇴역 후의 생활을 위한 저축 · 투자 계획[81]을 TSP[82]라고 한다.[83] TSP란, 2001년에 시작된 미국 정부의 군인 연금(후술하겠다) 보전을 목적으로 한 저축 · 투자 계획이다.[84] 군인용 TSP에 대해서 간단하

---

77 자세한 내용은 미국 퇴역군인성(VA)의 홈페이지(http://www.gibill.va.gov/post-911/post-911-gi-bill-summary/transfer-of-benefits.html, 2011년 12월 27일 열람)를 참조.

78 Military Tuition Assistance의 약자이다.

79 Michel(2006)을 참조.

80 각 군대에는 리크루터(recruiter)라는 군인이 있다. 그의 임무는 입대 희망자를 찾아 그들의 의문이나 질문에 답을 주어 불안감을 해소해 입대시키는 것이다. 리크루터가 권유할 때에 제시하는 조건은 크게 다섯 가지가 있다. 1) 대학의 학비를 국방성이 부담한다, 2) 마음에 드는 직종을 고를 수 있고 입대 중에 직업훈련도 동시에 받을 수 있다, 3) 신념과 다르다고 느꼈을 경우에는 제대 신청을 할 수 있다('양심적 병역 거부권'을 행사할 수 있다), 4) 전지로 가고 싶지 않을 경우에는 예비역 등록이 가능, 5) 입대하면 병사용 의료보험에 가입할 수 있다. 실제로 군인의 입대 희망 이유의 80%-90%가 학비 면제이다(츠츠미堤 2008: 102). 인터뷰에서도 입대 이유로 대학 진학을 말한 경우가 많았다.

81 미국에서 일반 기업 근무자의 연금 적립 계획 401(k)와 동등하다.

82 Thrift Saving Plan의 약자이다.

83 TSP의 홈페이지(http://www.tsp.gov, 2012년 2월 1일 열람), Michel 2006; Webber and Webber 2008을 참조.

84 군인용 TSP는 1986년에 연방정부 직원(군속)을 위한 저축·투자 계획(TSP)을 바탕으

게 설명하겠다. 미군 병사의 급료(기본급)는 과세 대상이다. TSP는 매달 기본급에서 세금이 부과되기 전에 미리 결정한 거출액이 TSP 안의 개인이 정한 6개 자금 계좌[85] 중 몇 군데로 옮겨진다. TSP의 이점은 이 거출액에 대해 연금을 받을 때까지의 기간(실제로 인출할 때까지의 기간) 동안 과세 대상이 되지 않는다는 점이다. 즉, 수입의 일부를 비과세로 해 둠으로써 통상적으로 과세되는 세금분을 운용하여 늘리고 절세 및 투자할 수 있는 구조인 것이다.

7) 주택 대출

미군의 주택 대출[86]은 현역 미군 병사를 비롯해 제대자나 퇴역 군인 등의 베테랑이나 그 배우자가 은행 등지에서 주택 대출을 쉽게 받을 수 있도록 마련한 제도이다. 다만 이 제도를 이용할 수 있는 것은 미국 본토와 그 속령(괌 등)에 있는 주택뿐이다. 그래서 오키나와 여성과 결혼해 오키나와에서 퇴역하는 대부분의 베테랑은 이 제도를 이용할 수가 없다 (Webber and Webber 2008: 279-285; Michel 1996: 20-28).

4.2. 베테랑 병사에 대한 보상 — 제대자와 퇴역 군인의 차이

넓은 의미에서 베테랑이란 현역 미군 병사나 제대자, 퇴역 군인을 총칭하는 군무 경험자를 말한다. 그러나 군대의 수당이나 보상과 관련해서

로 도입되었다. 군인용과 군속용 TSP의 차이는 군속용의 TSP에 할증 제도(matching)가 있다는 점이다.

85 G, F, C, S, I, L 등 6개 종류의 펀드가 있고, 각각을 다시 나누어 합계 10개의 펀드로 구성된다. 위험도가 가장 낮은 것은 G이며, 가장 높은 것은 L이다. 상세한 것은 TSP의 홈페이지(http://www.tsp.gov, 2012년 2월 1일 열람)를 참조.

86 VA(Veteran Affairs) Home Loan에 대한 상세한 것은 VA의 홈페이지(http://www.homeloans.va.gov/index.html, 2012년 2월 1일 열람), Garrett and Hoppin 2009: 118, 142-143, 314 ; Webber and Webber 2008: 280-285를 참조.

는 협의의 의미에서 제대자와 퇴역 군인으로 한정해 베테랑이라고 부른다. 본절에서는 후자의 제대자와 퇴역 군인을 베테랑으로 부르겠다.

베테랑에 대한 보상은 미국 퇴역 군인성[87]에서 관리하고 있다. 여기에서는 제대자와 퇴역 군인의 보상을 둘러싼 차이에 주목하여 주요 보상에 대해서만 설명을 하고자 한다.

제대자와 퇴역 군인 사이에는 기지를 이용하는 데에 큰 차이가 있다. 앞서 기술하였듯이 제대한 후에도 미군 병사는 도합 8년 동안 군대와의 계약을 완수해야 한다. 이 기간 동안에는 다소의 차이가 있지만 현역 시절과 마찬가지로 기지 내 시설이나 기타 보상이 가족까지 포함해 지급된다. 하지만 8년이 지나면 이러한 보상은 모두 사라진다. 오키나와 여성과 결혼한 후에도 오키나와에 거주하는 제대자의 경우에는 은행이나 백화점 등 기지 내 시설을 전혀 이용할 수 없기 때문에 그 결혼 생활에 큰 변화를 초래한다.

다만 제대자가 군속 등으로 일을 해 미일 지위 협정이 인정하는 신분을 취득한 경우에만 가족을 포함해 현역 시절과 거의 다름없는 기지 내 출입이나 시설 이용이 허락된다. 그러나 퇴역하면 미일 지위 협정 신분을 상실해 시설 이용 등을 전혀 할 수 없다.

퇴역 군인과 그 가족은 퇴역 후에 기지 내에서 직위를 갖든 갖지 않든 ID 카드가 지급되어 현역 시절과 거의 다름없이 기지 내 출입이나 시설을 이용할 수 있다.

퇴역 군인이 현역 시절과 다른 점은 퇴역하면 기지 내 우체국에서 사서함[88]을 이용하거나 Y 넘버의 차량을 소유할 수 없다는 점이다. 다시

87 원어로는 U. S. Department of Veterans Affairs(VA)이다.

88 미군 기지 내의 사서함(PSC Box) 주소는 다음과 같다. PSC 557 Box XXXX, FPO AP, 96379(–XXXX)이다. PSC(Post Service Center) 뒤에는 우체국 번호가 붙는다. Box 뒤의 숫자가 개인의 사서함 번호이다. 주소는 해군과 해병대 기지의 우체국 번호인 FPO(Fleer Post Office)

말해, 미일 지위 협정에 근거한 신분이 있느냐 없느냐에 따라 오키나와에서의 제대자의 생활은 크게 달라지는데, 퇴역 군인은 미일 지위 협정과는 관계없이 현역 시절 때와 거의 마찬가지로 기지 내 시설을 이용할 수 있다.

제대자와 퇴역 군인에 대한 보상을 둘러싼 가장 큰 차이는 퇴역 군인에게는 연금이 매달 지급된다는 점이다. 퇴역 군인이 받는 연금액은 퇴역 마지막 3년 동안의 최고 계급의 평균 급료(기본급)의 50%이다.[89] 다만, 현역 미군 병사로서 몇 년 근무하였는가에 따라서[90] 이 비율은 변동한다. 20년 이후에는 매달 2.5%가 늘어난다.[91] 즉, 20년 복무하고 퇴역한 군인은 기본급의 50%이지만, 40년 복무 후 퇴역하면 현역 시절과 같은 액수의 기본급을 받을 수 있다.[92]

베테랑이 받을 수 있는 주요 보상에 대해서 서술하겠다.[93] 베테랑에 대한 보상으로 일반적인 것은 매월 일정액을 지급하는 보상금[94]이다. 이는 현역 시절의 군 복무로 인해 생긴 부상에 대해 지불하는 것이다. 이 밖에도 의료보험, 학비 지원하는 재향군인 원호법,[95] 주택 대출, 생명보험이나 유족에 대한 보상이나 매장 등의 비용 지원이 있다. 이들 보상을 받

로 시작된다. 육군과 공군의 우체국의 경우에는 모두 APO(Army Post Office / Air Force Post Office)이다. 다음으로 지역으로서 태평양 지구를 의미하는 AP(American Pacific)가 이어진다. 우편번호는 963이 오키나와에 소재하는 기지, 그 다음에 오는 두 개 번호는 특정 캠프를 가리킨다. 79는 캠프 포스터를 의미한다. 마지막 네 개는 사서함 번호가 표시되는 경우도 있다.

89 군속의 경우에는 퇴직 마지막 3년 동안의 평균 계급의 기본급 중 20%가 연금으로 지급된다. 기본급의 50%인 퇴직 군인과 비교하면 큰 차이가 있다.

90 하사관은 30년 근무하면 퇴역해야 했지만, 현재는 40년까지 복무할 수 있다. 장교는 기한 제한이 없다.

91 군속의 경우에는 매년 1%만 오른다. 62세 이후에 퇴직한 경우에는 1.1%이다.

92 통상 장교의 퇴역 평균 연수는 20년에서 35년, 하사관은 20년에서 30년이다.

93 VA의 홈페이지(http://www.vba.va.gov/VBA/, 2012년 2월 12일 열람)와 Michel 2006을 참조.

94 정식으로는 VA Disability Compensation이라고 한다.

95 수업료 지원인 TA는 현역 군인에게는 지급되지만, 베테랑에게는 지급되지 않는다.

기 위해서는 명예제대를 해야 한다는 조건이 있다.

5. 군속과 기지 내 일본인 종업원

미군 기지 내에는 다양한 고용 형태가 존재한다. 기지 내에서 일하는 미국시민을 군속이라고 한다. 이들은 미일 지위 협정에 근거하여 일본에 체류한다. 또한 기지 내에는 일본인도 고용되어 있다. 후술하는 퇴역 군인 남편의 취업이나 군인 아내이면서 기지 내 종업원인 오키나와 여성이 처한 상황을 이해하기 위해서 기지 내 취업에 대해서도 간단하게 기술하고자 한다.

5.1. 군속

기지 내에서 일하는 미국 시민을 일반적으로 군속이라고 부르지만, 급여 체계의 지위 차이로 다음 두 가지 카테고리로 분류할 수 있다. 하나는 APF(Appropriated Fund)이다. 이는 미 의회에서 통상 매년 실시하는 국방세출 권한법(Defense Appropriated Act)을 통해 그 급여가 조달되며, 연방공무원법의 체계 아래에 관리되고 있다. 또 하나는 NAF(Non-Appropriated Fund)[96]이다. 이는 판매 대금, 요금, 수수료를 통해 들어오는 자금으로 급여를 충당한다(小塚 2006: 26-27).

이상의 급여 체계를 바탕으로 일반적으로 기지 내의 군속은 연방 공무원 공통의 인사 관리 제도에 해당하는 일반직 봉급표 기본 급여 시스템인 GS(General Schedule)[97]와 NAF 직원으로 나뉜다. 전자는 APF에서 급

96 NAF는 NAFI(Non-Appropriated Fund Instrumental)라고도 부른다.

97 연방정부 직원의 9가지 고용 형태는 다음과 같다. 1. General Schedule(GS), 2. Postal Services, 3. Prevailing Rate Schedule Wage Grade(WG), 4. Executive Schedule, 5. National Security

료가 지불되어 연방 공무원에 가깝다. 이른바 일본에서 말하는 국가 공무원과 비슷한 처우인 것이다. 후자는 직접 수입을 창출하여 조달해 가야 한다. NAF 직원의 대부분이 클럽, 게스트하우스, 보육원, 공예품점, 볼링장, 수영장, 헬스장 등 생활 관련 시설이나 복리후생과 관련 있는 사무실에서 일한다. 여기에는 기지 내의 백화점(PX 등)을 운영하는 에이피스(Army and Air Force Exchage System: AAFES)[98]도 포함된다.

이 밖에 계약 직원이라는 고용 형태도 군속에 포함된다. 이는 군대와 계약한 민간 회사의 직원이다. 예를 들어, 기지 내 대학의 직원 등은 계약 직원에 해당한다.[99] 이들의 직종은 군속이지만 연방정부 직원은 아닌 것이다.

GS도 NAF도 미군 병사와 마찬가지로 급여 계급에 따라 급여가 정해진다.[100] 그럼 GS에 대해서 간략하게 살펴보겠다. GS는 급여 계급,[101] 직종 번호와 호봉[102]이 할당되어 이에 따라 급여가 정해진다. 호봉이란, 같

Personal System(NSPS), 6. Foreign Service, 7. Special Salary Rates, 8. Non-Appropriated Fund Instrumental(NAFI), 9. Veteran Health Administration(VA). GS에는 미국방성이 운영하는 미군기지 내의 초등학교, 중학교, 고등학교(Department of Defense Dependent School: DoDDS)도 포함된다. 이들 학교에서 일하는 직원은 GS의 직종에 들어가지만, 이들의 급여체계는 별도의 체계이다.

98 AAFES는 기지 내에 있는 백화점의 직원이다. 이들은 군대가 고용주이며 스스로 수익을 창출한다. AAFES의 수익 중 몇 %는 MCCS에 기부된다.

99 계약 직원의 급여 체계는 연방정부의 직원(GS)은 아니지만 급여 계급의 명칭은 GS-11e이다. 계급 뒤에 equivalent(동등)를 의미하는 e가 붙는다.

100 다만 NAF의 경우에는 급여 등급이 아니라 1부터 6까지의 레벨에 따라 최저 시급액과 최고 시급액이 정해져, 그 범위 내에서 급여가 결정된다. 레벨 1이라면, 최저 시급액이 6.55달러이고 최고 시급액이 13.66달러이다. 레벨 6이라면, 최고 시급액이 정해져 있지 않고 최저 시급액이 50.79달러이다. http://www.mccsokinawa.com/jobws/index.asp(2012년 2월 1일 열람)를 참조.

101 GS의 계급은 GS-1에서부터 GS-15까지 있다. NAF의 계급은 NAF-1에서부터 NAF-6까지 있다.

102 호봉은 step1부터 step10까지 있다. step3까지는 1년마다 한 단계씩 오른다. step4부터 step6는 2년마다 한 단계씩 오르고, step7부터 step10은 3년마다 한 단계씩 오른다. 숫자가 높아질수록 급여가 오른다.

은 직종에서 근무한 연수를 말한다. GS의 직종은 441개의 직종으로 구성되어 있고, 직종 번호는 GS-000부터 GS-2100까지 세세하게 구분되어 있다[103].

또한 GS는 2년 동안의 근무 계약을 맺는다. 다시 말해, 2년마다 계약을 연장하거나 혹은 다른 곳으로 이동을 한다.[104] 연장은 통상 1년에서 2년이다. 같은 곳에서의 근무 연수 상한은 통상 5년이 최고이다. 이전에는 15년 정도 같은 곳에서 체재할 수 있었으나, 1998년부터 5년 동안이 기본 최고 연장 연수로 개정되었다. 그러나 직종 등의 상황에 따라서 많은 예외가 존재한다.

앞서 언급한 NAF의 직종에 종사하는 자는 일반적으로 퇴직할 때까지 오키나와에서 계속 살 수 있다.[105] 하지만, 연방정부의 직원인 GS나 계약 직원의 경우에는 언젠가 오키나와를 떠나 다른 기지로 전근할 가능성이 높다. 군속과 결혼한 오키나와 출신의 아내에게 이처럼 직종에 따라서 나타나는 차이는, 뒤에 서술하겠지만, 이후의 결혼 생활에 큰 변화를 낳기 때문에 중요한 문제이다.

GS도 포함해, 이상의 모든 군속 채용에는 오키나와에서의 현지 채용과 미국 본토에서의 채용 등 두 가지 채용 방법이 있다. 이 둘의 큰 차이는 받게 되는 수당의 액수이다.[106] 미국 본토에서 채용된 군속에게는 많

103 예를 들어, GS-510-11(step3)은 계급이 GS-11이고 직종은 510=Accounting Series(회계관계), step이 3년이므로 3년 동안 같은 직종에 종사했다는 의미가 된다.

104 이동을 하게 된 경우에는 Priority Placement Program(PPP)이 적용된다. 이는 연방정부가 같은 계급의 자리를 찾아 주는 시스템이다. 다만, 정부가 제공하는 자리는 단 한 번만 거절할 수 있다. 두 번째로 제공된 자리는 반드시 수락해야 한다. 수락하지 않으면 직을 잃게 된다. 또한 PPP는 NAF에게는 적용되지 않는다.

105 엄밀하게는 채용 방법에 따라 전근 가능성이 달라진다. 전근 가능성이 가장 낮은 자는 현지 채용된 NAF이고, 다음으로 현지 채용된 GS이다. 미국 본토에서 채용된 GS와 NAF는 이들과 비교하면 전근 가능성이 높다고 할 수 있다. 다만, 개개의 채용 조건에 따라 상황은 달라질 수 있다는 점을 밝혀둔다.

106 미국 본토 채용자에게는 해외 주택 수당(Living Quarters Allowance: LQA), 생활비 조정

은 액수의 수당이 붙는다. 특히, 해외 주택 수당이 있느냐 없느냐에 따라서 오키나와에서의 생활이 크게 달라진다. 주택 수당이 있는 미국 본토 채용의 남편이 있는 아내들은 집세가 몇 십만 엔이나 하는 거의 신축에 가까운 고급 아파트나 주택에 살면서 미국에서와 크게 다르지 않은 생활을 할 수 있다. 그러나 현지 채용인 경우에는 주택 수당이 없기 때문에 비좁은 오키나와 양식의 집에 살게 된다. 그래서 미국에서 가져온 가구를 집에 들여 놓을 수 없는 등, 미국에서와 같이 생활을 할 수 없어 이런 저런 고충을 감내하면서 지내야 한다.

5.2. 기지 내 일본인 종업원

오키나와에서는 기지 내 300개의 직에 10,000명이 해마다 지원하고 있어, 기지 내 종업원으로 취직하는 것은 좁은 문을 통과해야 가능하다. 미국의 대학이나 대학원을 졸업한 고학력자도 많이 지원한다. 오키나와에서 영어를 할 수 있고 안정된 급여를 받을 수 있기 때문에 기지 내 업무에 지원하는 사람이 많다. 임신 휴가나 육아 휴직과 같은 제도가 마련되어 있고 여성의 직장 복귀가 용이하다는 것도 큰 매력으로 작용한다.[107]

기지 내 종업원은 '국가 공무원'과 혼동되는 경향이 있는데, 법률상으로는 '주둔군 등 노동자'라는 명칭으로 구별된다. 기지 내 종업원은 일본 정부가 고용하고 미군 측에서 사용하는 '간접 고용'이라는 관계에 있다. 사용주인 미군이 종업원을 직접 사용하여 감독, 지도, 훈련 등을

수당(COLA), 이동할 때에 드는 이사 비용(Transportation Agreement), 1년에 한 번, 부양가족과 함께 미국 본토를 방문할 때 소요되는 여행비(Home Leave)가 지급된다. 이러한 수당은 급여 계급과 부양자의 수에 따라 결정된다. 그러나 현지 채용의 경우에는 생활비 조정 수당만 지급되기 때문에, 받게 되는 수당의 액수는 크게 다르다.

107 미 해군 요코스카(横須賀) 기지 종합인사부 고용과가 작성한《미 해군 요코스카 기지 취업 가이드: 2003년도 개정 1》(http://hro.cnfj.navy.mil/japanese1/shushoku_guide/shushoku_guide_071128.pdf, 2012년 2월 1일 열람)을 참조.

담당하고, 법률상 고용주인 일본 정부는 종업원의 채용, 퇴직 등의 인사 조치, 복리후생, 급여 등의 계산 · 지급 업무를 담당한다.

종업원을 고용할 때 일본과 미국은 주로 다음과 같은 두 가지 고용 계약(협약)을 교환한다. 기본 노동계약(MLC)[108]과 제 기관 노동계약(IHA)[109]이 그것이다.

MLC는 운영 자금을 미국 정부가 조달하는 직장이다. 이 계약에 따라 고용된 종업원을 MLC 종업원이라고 한다. IHA는 개인에게 오락이나 여가, 식사 서비스 등을 제공하여 그 수익으로 운영하는 '독립 채산제' 직장이다. 이곳에 채용된 종업원을 IHA 종업원이라고 한다.

미군 병사와 일본인 여성의 결혼과 관련해 말하자면, 일본인이 미일 지위 협정의 신분을 가진 군인 · 군속과 결혼한 경우에는 MLC의 업무에 지원할 수가 없다. 그러나 MLC로서 취직한 뒤에 미일 지위 협정의 범주 안에 있는 신분의 미국인과 결혼한 경우에는 크게 문제 될 것이 없다. 뒤에 기술하겠지만, 현재 MLC의 직에서 일하는 오키나와 출신 여성이 미군 병사의 이동으로 오키나와를 떠날 때에 MLC의 직을 떠났다가 재취업을 할 경우에는 IHA의 직에만 재취업할 수 있다.

기지 밖의 민간 회사에서 좀처럼 안정된 자리를 찾지 못하기 때문에 기지 내 고용은 매우 인기가 있고 경쟁률도 높다. 이 때문에 기지 내에서 일하는 군인 아내인 오키나와 여성은 기지 내의 일을 그만두고 남편을 따라 함께 오키나와를 떠나야 할 경우에는 이것이 요인이 되어 크게 갈등하게 된다.

108 Master Labor Contract의 약자이다.
109 Indirect Hire Agreement의 약자이다.

6. 미군 기지와 오키나와 사회의 갈등 —반전 반기지 운동의 궤적을 통해

이른바 '기지 문제'(소음, 범죄, 사고, 환경오염 등)는 정도의 차이는 있으나 거의 모든 주일 미군 기지 소재지에서 발생하는 문제이다. 그러나 미국의 군정을 경험한 오키나와는 미군과의 독자적 관계나 일본 본토와는 다른 역사를 가지고 있다. 현재의 오키나와와 미군 기지의 관계를 고찰하기 위해서는 오키나와의 '기지 문제'를 둘러싼 역사를 살펴볼 필요가 있다.

오키나와의 반전 반기지 운동은 여기서 구체적인 사례를 들 수는 없지만, 다음과 같은 7가지 사회문제와 관련이 있다고 할 수 있을 것이다. 1) 소음, 환경 문제 등 기지의 존재 그 자체가 야기하는 사회문제, 2) 여성에 대한 폭력을 중심으로 한 범죄, 3) 강제 토지 접수나 차별(일본에 반환되기 전 미군 지배로 시작된 식민지 지배 문제), 4) 반환 뒤의 오키나와에 대한 구조적인 차별(일본 정부와 미군 정부의 오키나와 사회 들러리화. 미국-일본 본토-오키나와로 서열화. 오키나와에 미군 기지를 집중시킴으로써 일본 본토의 부담을 경감한 일. 기지 의존형 사회 형태에 대한 지원 등), 5) 기지 노동자의 노동쟁의, 6) 이러한 운동의 배경으로 군사적인 동향의 변화(예를 들면 한국전쟁, 베트남 전쟁 등의 영향. 9 · 11 이후의 긴장 관계), 7) 기지의 존속을 둘러싼 오키나와 사회의 대립 등이다.

본 절에서는 미군 관계자가 야기한 중요한 사건 · 범죄의 내용에 대해서도 살펴보면서 오키나와가 일본에 반환된 1972년 전후로 나누어 기술하겠다.[110]

110 이하의 기술은 오키나와 대백과사전 간행 사무국 편 1983; 오키나와 타임즈 사 편 1996; 〈沖縄を知る事典〉 편집 위원회 2000을 참조하였다.

6.1. 반환 이전의 반전 반기지 투쟁

오키나와 전쟁이 종결되고 오키나와에 상륙한 미군의 지배가 진행되는 가운데, 1951년에 샌프란시스코 강화조약과 미일 안전보장조약이 체결되었다. 샌프란시스코 강화조약에 따라 오키나와는 미국의 군정 아래 놓이면서 일본에서 분리되었다. 이후, 일본 본토에서는 주일 미군 기지의 대폭 정리 · 축소가 진행되었으나 오키나와에서는 '미군 기지 오키나와'라는 상황에 아무런 변화가 없었다. 미군이 주민의 토지를 빼앗아 기지를 확장하는 가운데 일본 본토에 있던 미군 부대가 오키나와로 이전해 왔다.

1950년에 한국전쟁이 발발하면서 오키나와의 군사적 가치가 부각되었다. 1953년 4월, 미 정부 포고령 '토지 수용령'이 공포되어 오키나와 각지에서 '총검과 불도저'로 상징되는 강제 토지 접수가 시작되었다.[111] 주민의 연좌 농성과 수천 명의 지원 단체가 벌인 저항이 있었으나,[112] 미군에 의해 강제 진압되었다.

군용 지주의 지대 요구도 높아지는 가운데, 1956년 5월에 주민의 의향을 무시한 보고서인 '프라이스 권고'가 미국에서 발표되었다. 이를 계기로 오키나와 전역에서 미군의 부조리한 토지 접수에 대항해 시작된 토지 투쟁, 이른바 '섬 전체 투쟁'(島ぐるみ闘争)이 일어났다.

1965년 2월부터 베트남 전쟁이 본격화하고 오키나와에서도 많은 미군 병사가 베트남에 파병되었다. 기지 주변의 환락가에는 베트남 출발을 기다리는 미군 병사로 넘쳐났으며 동시에 폭력 사건도 끊임없이 일

111 이하의 기술은 〈沖縄を知る事典〉 편집 위원회 2000: 122-123을 참조하였다.

112 1953년 오키나와 본섬 중부의 기노완 시(宜野灣市)에서 이사하마(伊佐浜) 토지 투쟁이 일어났다. 같은 해, 본섬 북부의 이에지마(伊江島)에서 미군으로부터 토지를 넘기라는 명령을 받은 주민들이 무장 군인과 투쟁, 류큐(琉球) 정부에 대한 장기 연좌 농성이 이어졌다. 강제적으로 토지를 빼앗긴 농민 대부분이 영양실조로 사망하였다. 농민들은 걸식을 할 각오로 오키나와 본섬을 종단하는 '걸식행진'을 하여 미군의 강제적 토지 접수에 반대하였다.

어나 주민의 항의 운동이 잇달았다.

1965년에는 "오키나와의 일본 반환이 실현되지 않는 한 우리나라의 전후는 끝나지 않은 것이다"라고 한 사토 에이사쿠(佐藤榮作) 수상의 오키나와 방문을 시작으로, 1960년대 후반의 베트남 전쟁 격화와 오키나와 반환 교섭이 진행됨과 동시에 오키나와의 미군 기지가 주목을 받기 시작하였다. 그 결과, 기지 반환 운동이 활발해졌다.

미군의 기지 내 종업원을 대량 해고한다는 발표가 있자, 1970년에 전 오키나와 군 노동조합(전군노全軍勞) 투쟁이 시작되었다. 1963년에 결성된 전군노[113]는 이후 반기지 운동의 중심적인 역할을 담당하게 되었다.[114] 기지 주변 지역에서 군 관계자를 대상으로 장사를 하는 주민들이 전군노의 반기지 운동에 반발하면서, 오키나와 사회의 내부에서도 대립이 나타났다. 1972년의 반환 시기가 가까워지면서 1970년의 오키나와는 고양된 분위기와 초조함으로 가득하였다.

그런 가운데, '고자 폭동(소동)'이 1970년 12월 20일 미명에 발생하였다. 고자 시(현재 오키나와 시)의 군도(軍道) 24호선(현재 국도 330호선)을 건너던 주민이 미군 차량에 치이는 사건이 일어났다. 이곳에서 빈번하

---

113 현 미군 기지 내 종업원을 위한 노동조합인 전 주둔군 노동조합(전주노)의 전신. 1960년에 육군과 류큐 열도 미 국민 정부(United States Civil Administration of the Ryukyu Islands: USCAR)의 직장에서 탄생한 조합은 1961년 6월에 전 오키나와 군 노조 연합회(전군노련)를 결성하여, 1963년에 전 오키나와 노동조합(전군노)으로 이어졌다. 현재 오키나와에는 전주노와 오주노(오키나와 주둔군 노동조합)라는 두 개의 일본인 기지 내 종업원의 노동조합이 존재한다. 오주노는 1996년에 전주노에서 나온 약 660명으로 구성된 작은 노동조합이지만, 두 노동조합의 기지에 대한 태도는 크게 다르다. 오주노는 일본인 종업원의 직장인 기지를 인정해야 한다는 태도를 취하고 있다(http://www.okichuro.net/gaiyou.html, 2012년 3월 3일 열람). 한편, 전주노는 기지 내 종업원으로 구성되었지만 기지 철거라는 태도를 취하면서 반기지 운동을 전개하고 있다. 그러나 젊은 구성원이 많아지면서 직장을 잃고 싶지 않은 종업원의 현실적인 요구에 따라 조직 내에 반기지 운동에 대한 반대의 목소리도 나타났다.

114 전군노의 이와 같은 투쟁에 대해서, 기지 반대 노동자가 기지에서 일을 하는 것은 모순된 일이라는 비난도 거세졌다(《沖縄を知る事典》 편집 위원회 2000: 130).

게 발생하던 미군에 의한 사건에 불만을 갖고 있던 주민들은 헌병대가 주민을 향해 위협 발포한 일을 계기로, 반미 감정이 한꺼번에 폭발하였다. 헌병대와 주민들이 대립하여 헌병대나 미군 관계자의 차량이 잇달아 불탔다. 그리고 주민들이 가데나(嘉手納) 기지 제2 게이트로 난입하면서 대사건으로 발전하였다. 그 당시 미군 병사들이 우대를 받고 오키나와 주민들이 부당하게 차별을 받아 왔던 일에 대한 고자 시민들의 분노가 표면화되었다고 할 수 있다.

6.2. 반환 이후의 반전 반기지 투쟁

1972년 5월 15일에 오키나와 현의 시정권(施政權)을 미국이 일본에 반환하면서 오키나와는 일본 본토에 복귀하였다. 그러나 복귀 후에도 오키나와의 미군 기지를 둘러싼 상황에는 변화가 없었다.

오키나와 본섬 중부의 가데나(嘉手納) 항공기지 주변에 사는 주민은 비행기 굉음에 괴로워하면서 생활을 하고 있었다.[115] 반전 지주(反戰地主)[116]는 복귀 전부터 반전 반기지 운동의 주체였다. 그러나 이들의 오랫동안 이어 온 투쟁은 반기지 투쟁의 중심으로 오늘날에도 이어지고 있다. 반전 지주회는 군용지의 임대차 계약을 거부하는 군용 지주로 구성되었다. 반전 지주의 토지 일부를 양도받아 이를 공유하는 한 평 반전 지주 운동도 시작되었다. 일본 정부는 오키나와가 일본에 반환된 후 군용지료를 인상하여 기지 주변 정비 비용(보조금)이나 기지 교부금을 시정

115 1982년 2월에 국가를 상대로 야간 비행 금지를 요구한 재판(가데나 기지 굉음 소송)을 시작하였으나, 1998년 5월에 기각되었다. 이후 2000년 3월에 가데나 기지 주변 6개 시정촌민(5,544명)이 미일 양국 정부에 야간·이른 새벽 비행 금지와 정신적·신체적 피해에 대한 손해배상을 요구한 소송(신 가데나 기지 굉음 소송)을 다시 제기하였다(〈沖縄を知る事典〉 편집 위원회 2000: 197).

116 1971년 12월에 결성된 반전 지주회의 정식 명칭은 '권리와 재산을 지키는 군용 지주회(軍用地主會)'이다.

촌에 주어, 기지 수입이나 보조금에 의존하도록 하는 정책을 잇달아 내놓았다.

1999년 9월 4일에 오키나와 미군 병사의 소녀 성폭행 사건이 발생하였다. 미 해병대원 2명과 미 해군 병사 1명이 기지 내에서 빌린 차량을 이용해 본섬 북부에서 물건을 사고 귀가하는 12살 여자 초등학생을 납치 강간을 한 것이다. 기소되지 않으면 미군 병사의 신병을 일본 측에 인도할 수 없다는 미일 지위 협정의 결정에 따라, 실행범 3명이 일본 측에 인도되지 않은 일이 큰 사회문제로 떠올랐다. 이로 인해 반기지 및 반미 감정이 고조되어 기지의 축소 또는 철거를 주장하는 기지 반대 운동으로 발전하였다. 같은 해 9월 28일에 당시 오키나와 지사였던 오타(大田) 지사가 미 군용지의 사용에 대한 '대리 서명'[117]을 거부한다는 입장을 표명하였다. 그리고 10월에 있었던 항의 운동에는 기지의 정리 축소 · 미일 지위 협정의 개정을 요구하는 85,000명이 참가하였다.

또한 이 사건으로 반기지를 응원하는 여론이 고조되어, 해병대 후텐마(普天間) 비행장의 이전의 합의를 이끌어 냈다. 본섬 중부의 해병대 헬리콥터 부대인 후텐마 비행장을 반환하는 대신에, 본섬 북부의 나고 시(名護市) 동해안의 헤노코(邊野古)에 해상 헬리콥터 기지를 새로이 건설한다는 안을 미일 정부에서 1997년에 제안하였다. 그러나 헤노코 해상 헬리콥터 기지 건설안은 강한 반대 운동에 부딪혔다.

2004년 4월 18일에 나하(那覇) 방위시설국(현, 오키나와 방위국)이 해상 헬리콥터 기지 건설 시굴 조사를 위한 발판을 마련하는 작업을 시작한다고 통고한 다음 날부터 해상 헬리콥터 기지 건설을 반대하는 헤노코의 연좌 투쟁이 전개되었다. 연좌 투쟁에는 헤노코 구 주민들이 1997

117 대리 서명이란, 미군에게 용지 임대를 거부하는 지주를 대신하여 미 군용지 특사법에 근거하여 오키나와 현지사가 대리로 하는 서명을 말한다. 이를 통해 일본 정부는 미 군용지의 사용 권한을 취득해 왔다.

년 1월에 결성한 '헬리콥터 기지 건설 저지 협의회 생명을 지키는 모임'(약칭 '생명을 지키는 모임')을 비롯한 시민 단체와 노동조합이 참가하였다.[118] 이 투쟁에는 오키나와 현 출신자뿐 아니라 다른 현 출신자들도 대거 참여하였다.

건설 반대파는 시굴 조사가 실시되는 헤노코 어항에 연좌 농성을 하면서 해상에 카누를 띄워 시굴 지질 조사를 저지하고자 하였다. 주민들의 격렬한 투쟁으로 시굴 조사는 연기되었다.[119] 시굴 조사의 중지를 요구하며 시민 단체 등은 연좌 농성을 이어 가는 가운데, 헤노코에서 건설 반대 집회도 열려 약 400명이 모여 시굴 조사의 중지를 요구하였다.[120]

시굴 조사가 2004년 9월에 헤노코에서 재개되자, 해상, 육상에서 항의운동을 전개하였다. 그러나 반대파가 예상했던 항구가 아닌 다른 항구에서 작업선이 등장하는 등, 예상 밖의 움직임에 반대파는 작업을 저지하지 못하였다.[121]

이후에도 헤노코 앞바다에서 시굴 조사를 둘러싸고 국내외로부터의 지원을 받은 건설 반대파는 소형 선박이나 카누를 띄워 항의 운동을 계속해 나갔다. 2004년 4월부터 1년 반 동안 연좌 투쟁을 계속하며 시굴 조사 착수를 저지하였다. 그리고 기지 건설 계획의 철회를 목표로 계속 투쟁하였다(가네가에鐘ケ江 2007). 그러나 2009년 2월에 미일 정부가 체결한 '오키나와 주둔 미 해병대의 괌 이전 협정' 안에 후텐마 비행장의

118 헤노코(邊野古)의 연좌 투쟁이나 '생명을 지키는 모임'의 설립에 관한 자세한 설명은 가네가에(鐘ケ江 2007)를 참조.

119 2004년 4월 19일자《오키나와 타임즈(沖縄タイムス)》석간의 기사 〈옥신각신 어항 어수선, 반대파는 연좌 농성, 현지 어민 '일을 못해 걱정'〉을 참조.

120 2004년 4월 23일자《류큐 신보(琉球新報)》의 기사 〈풍요로운 바다에 기지 필요 없다, 강행 저지에 결의 애석, 국가, 현에 대한 분노 드러나〉를 참조.

121 2004년 9월 10일자《오키나와 타임즈》의 기사 〈'비열' 눈물짓는 반대파, '조사 계속 저지' 분함을 삼키며 다시 결의〉를 참조.

헤노코 이전을 포함시키면서 긴장 관계는 한층 더 지속되고 있다.

한편, 2001년 6월 29일 오전 2시에 본섬 중부 자탄초(北谷町) 미하마(美浜)의 '아메리칸 빌리지' 주차장에서 가데나 공군 기지 소속 미군 병사가 20대 여성을 성폭행한 사건[122]이 발생하였다. 이에 항의 운동이 일었고 여성에 대한 성폭력 범죄 방지와 미군 기지, 군대의 철수를 요구하는 항의 성명이 발표되었다.

2004년 8월 13일에 본섬 중부 기노완 시(宜野灣市)의 오키나와 국제대학에 해병대 후텐마 기지 소속 헬리콥터가 추락해 오키나와 사회에 큰 충격을 안겨 주었다. 이 사고로 10월 2일에 약 3,000여 명이 모여 항의 운동에 나섰다.

2008년 2월 10일에는 본섬 중부의 자탄초에서 캠프 코트니 소속 미 해병대원(38세)이 중학교 3학년생인 여학생(14세)을 성폭행한 사건이 발생하였다.[123] 미군은 사건의 재발 방지를 위한 조치로서 '반성 기간'을 정해 외출 금지령을 발표하였다. 미군 병사뿐 아니라 군속과 그 가족도 포함된 조치로, 기지 관계자나 기지 관계자를 상대로 기지 주변에서 장사를 하는 현지 주민에게도 큰 영향을 초래하였다. 이 사건으로 약 6,000여 명이 모여 현민 대회를 개최하여, 미일 지위 협정의 개정과 미군 기지 정리 축소를 호소하였다. 이는 1995년의 오키나와 소녀 성폭행 사건 이래 대규모 항의 운동으로 발전한 것으로, 당시를 떠올리게 하였다.

---

122 사건의 상세한 내용은 이하 참조. 2001년 7월 6일자 《류큐 신보》 〈미, 인도에 동의/미군 병사 부녀자 폭행 사건〉, 2002년 3월 28일자 《류큐 신보》 〈나하 지방법원, 미군 중사에게 징역 2년 8개월 판결/자탄초 여성 폭행 사건〉.

123 사건의 상세한 내용은 2008년 2월 12일자 《류큐 신보》 〈38세 미 해병대원을 검찰 송치: 미군 병사 여중생 성폭행 사건〉을 참조. 2008년 5월 16일자 《류큐 신보》 〈이등 중사에 실형 3년, 미군 병사 중학생 성폭행〉에 따르면 피해자 측이 고소를 취하해 나하(那覇) 지검이 10월 29일에 불기소 처분하여, 이등 중사의 신병은 미군 측에 인도되었고 미군 측이 기소하였다. 2008년 5월 16일에 오키나와 주둔 미 해병대의 고등군법회의에서 3년의 징역이 확정되었다.

이 장에서는 오키나와 주둔 미 해병대 기지를 중심으로 미군 기지와 군인 및 군인 아내를 포함한 미 해병대의 세계를 기술하였다. 또한 지금까지 이어진 반전 반기지 투쟁을 되돌아보고, 오키나와의 미군 기지와 지역사회의 갈등에 대해서 기술하였다.

제2장 미군의 가족 지원 제도

미군에는 미군 병사와 그 가족을 지원하는 알찬 제도가 있다. 육해공, 해병대 4군이 각각의 가족 지원 제도를 가족지원센터[1]를 통해 실시하고 있으며, 미군 병사와 그 가족에게 다양한 강좌, 세미나와 카운슬링을 제공하고 있다. 각 4군에 따라 가족 지원 제도의 제정 시기나 그 역사 등에 약간 차이가 있기는 하지만, 오늘날과 같은 알찬 가족 지원 제도가 전체 미군에 마련된 것은 1980년대이다.

본 장에서는 가족 지원 제도의 설립에 이르기까지의 간단한 개략을 살펴보고, 해병대에서 가족 지원 제도의 근간인 퍼스널 서비스 센터[2]와 해병대 패밀리 팀 빌딩[3]을 중심으로 양자가 제공하는 지원 활동을 다루고자 한다. 그리고 일본인 아내를 비롯해 군인 아내와 가족 지원 제도의 관계에 대해서도 주목하고자 한다.

1 원어로는 Family Service(Support) Center이다.

2 원어로는 Personal Service Center(PSC)이다.

3 원어로는 Marine Corps Family Team Building(MCFTB)이다.

1. 가족 지원 제도의 설립까지

가족 지원 제도의 설립 배경에는 미군의 구성원이 독신 남성에서 기혼자 남녀로 변하면서 군대의 군인 가족에 대한 인식이 변화했다는 점이 자리해 있다.[4] 독립전쟁 당시의 군대는 젊은 독신 남성으로 구성되어 군인 가족에 대한 보상 대책은 마련되어 있지 않았다.[5] 당시 군대는 군인의 결혼을 권장하지 않았다. 그래서 제2차 세계대전까지 군대는 주로 독신 남성으로 구성되었다.

그러나 1960년대에 비로소 군인 가족이 군인의 수를 넘어서면서 군인 가족에 대한 지원 제도 설립을 위한 움직임이 나타나기 시작하였다. 최초의 군대 가족 지원 제도는 1965년에 육군에 설립된 육군 커뮤니티 서비스[6]였다. 뒤에 기술하겠지만, 공군이나 해군의 가족 지원 제도는 1980년대 이후에 설립되었다.

1973년의 징병제 폐지와 전면 지원제 도입으로 군대의 구성원 내용에 커다란 변화가 있었다. 더 많은 군인의 입대를 독려하기 위해 군대는 여성 병사나 기혼 남성의 입대를 허가하였다. 이에 따라 군대 내 군인 가족에 대한 인식도 크게 변화하기 시작한 것이다.[7]

4 Brown 1993을 참조.

5 미국의 개척 시대에는 군인과 함께 이동한 아내나 자녀를 camp follower(비전투 종군자)라고 불렀다. 이것이 육군 규율에 따라 최초로 등장한 정식 군인 가족에 대한 인식이었다. Enloe(2000)는 이 follower라는 말에 군의 일부가 아니라 의존하고 있다(be dependent on)는 의미가 내포되어 있다고 지적하였다. 또한 이 말에는 기생충이라는 속뜻도 있다.

6 원어로는 Army Community Service(ACS)이다.

7 군대의 구성원이나 그 법적인 역사적 배경에 대해서는 Kupshella(1993)를 참조.

2. 가족지원센터의 설립

4군의 가족 지원 제도 설립에 이르기까지의 역사에 대해서 간단하게 서술하겠다. 최초의 가족지원센터는 앞서 기술한 1965년에 설립된 육군 커뮤니티 서비스 혹은 육군 커뮤니티 서비스센터[8]였다. 이는 다른 군보다 앞서 육군이 베트남 등 해외에서 군 복무를 수행하는 데에 군인의 가족이 부정적인 영향을 준다는 인식을 가지고 있었음을 보여 준다(Bell and Ladeluca 1988).

당시 육군 커뮤니티 서비스는 현재와 같은 군인 가족을 지원하는 조직이 아니었으나, 가족과 관련한 각종 문제를 처리하고 있었다. 그래서 1970년대 말부터 1980년대 초에 해군이나 공군이 군인 가족 지원을 위해 움직이기 시작했을 때, 육군은 다른 군보다 발 빠르게 기지 단위로 가족 지원 활동을 전개하고 있었다(Lieberman 1971).

해군은 1980년에 버지니아 주 노포크 해군 기지에 처음으로 해군 가족 서비스 센터를 설립하였다.[9]

공군은 1981년에 가족지원센터를 설립하였다. 그 배경에는 공군의 군인 가족 만족도와 군대와의 관계에 주목한 종군목사가 내놓은 연구(Orthner 1980)[10]의 영향이 있었다.

---

8 현재 육군에는 Army Community Service 또는 United States Army Community and Family Support Center가 있다.

9 해군의 Navy Family Service Center 설립은 1977년 9월 캘리포니아 주 샌디에이고에서 열린 3일간에 걸친 회의에서 시작되었다. 샌디에이고에 있는 Naval Health Research Center와 캘리포니아 주 몬태나에 있는 해군 대학원이 스폰서가 되어, 군인 가족 연구에서의 최근 동향과 방향성에 대해 논의하였다. 이듬해 1978년 11월에 버지니아 주 노포크에서 가족과 관련한 해군 전체 회의가 개최되었다. 이와 같은 일련의 움직임을 통해 해군에 FSC가 설립되었다.

10 1982년에 간행된 〈Families in Blue Phase II : Insights from Air Force Families in the Pacific〉(Orthner and Bowen 1982)은 태평양 지역에 있는 공군 기지에 소속된 군인 가족에 대한 연구 성과이다. 구체적인 연구 지역은 괌, 하와이와 한국에 있는 공군 기지를 비롯해, 일본의 미

현재는 각 군대 내에 군인 가족을 지원하는 알찬 제도가 마련되어 있으며, 다양한 강좌와 세미나가 제공되고 있다.[11]

3. 퍼스널 서비스 센터의 가족 지원 활동

해병대의 가족 지원 제도를 담당하는 중심적 조직인 퍼스널 서비스 센터(PSC)[12]는 1979년 초에 해병대 총사령관이 해외 해병대 기지에 가족 지원센터 설립을 명령하면서부터 시작되었다. 그리고 1980년에 이 계획이 실현되어 해군·해병대 가족지원센터[13]가 오키나와에 설립되었다. 이것이 현재의 PSC의 전신이다. 이후 PSC는 몇 차례 사무소를 이전하였고,[14] 2000년에 현재의 캠프 포스터 안에 설립되어 명칭도 PSC로 바뀌었

사와(三澤), 요코타(横田)와 오키나와의 가데나(嘉手納) 공군 기지로 모두 9개의 공군 기지를 대상으로 하였다. 1980년에 출판된 Families in Blue(Orthner 1980)의 자료를 보완하는 역할을 하였다.

11 군대의 제도적인 지원이 모두 제대로 기능한 것은 아니다. O'Keefe 등은 Family Service Center의 문제점으로, 문제를 안고 있는 사람만이 센터를 이용한다는 편견이 있어서 센터가 효과적으로 활용되지 못하고 있다는 점을 들었다. 또한 가족의 문제를 안고 있는 사람은 주로 하사관으로, 센터는 하사관을 위해 존재한다는 인식이 일반화하면서, 장교의 아내들은 센터를 이용하기 어려워진다는 지적도 하였다(O'Keefe et al. 1984: 266).

12 2012년 2월 16일에 PSC는 Personal & Professional Development-Resources로 명칭이 변경되었다. 뒤에 서술하겠지만, 가족지원과에 속하는 PSC 이외의 사무소 명칭도 변경되었다. 명칭은 두 가지 이유에서 변경되었다. 하나는 가족지원과에 속한 모든 프로그램이나 자금의 흐름을 버지니아 주 해병대 사령부의 프로그램과 맞물려 운영하기 위해서이다. 또 하나의 이유는 특히 PSC에 대한 것인데, PSC라는 명칭의 센터는 오키나와에만 존재하기 때문이다. 명칭을 변경함으로써 해병대원과 그 가족이 어느 기지에서든 가족지원센터에서 제공하는 프로그램에 친숙하게 다가가게 하기 위해서이다.

13 원어로는 Navy and Marine Family Service Center이다.

14 당시는 캠프 포스터 안과 미 육군 병원이었던 캠프 구와에(桑江, 현재의 미 해군 병원인 캠프 레스터) 안, 두 군데에 사무소가 있었다. 지금에 이르기까지의 PSC의 역사는 다음 해병대 기지 내의 신문을 참조. 1981년 1월 15일자 《Okinawa Marine》(〈Family Center opens here〉), 1981년 12월 17일자 《Okinawa Marine》(〈Family Center cares in many ways〉), 1999년 10월 1일자 《Okinawa Marine》(〈New building, new name: Foster Personal Services Center opens〉).

사진 7. 캠프 포스터의 퍼스널 서비스 센터

다.[15](사진7)

군인 · 군속과 그 가족을 지원하는 PSC는 해병대 복리후생 시설(MCCS)의 조직 안에서 가족지원과에 속한다. 가족지원과에는 PSC 외에 도서관이나 대학·대학원 등을 관할하는 평생 학습,[16] 카운슬링이나 가정 내 폭력 등을 처리하는 카운슬링·보호 프로그램,[17] 약물이나 알코올 등의 의존증을 담당하는 약물 남용 카운슬링 센터,[18] 5세 이하의 어린

15 당시의 PSC는 Navy and Marine Corps Family Services Center라고 하여, 미군 병사를 센터장으로 한 해병대 관할의 사무소였다. 이후 해병대에서 MCCS의 관할로 바뀌면서 명칭이 Personal Services Center(PSC)로 변경되었고 센터장도 군인이 아니라 민간인 미국인 남성이 부임하였다. 당시의 PSC의 센터장은 Family Services Center라는 명칭이 가족이 있는 군인만을 대상으로 한 느낌이었기 때문에, 기혼자뿐 아니라 독신인 군인에 대한 지원도 한다는 의미에서 새로이 Personal Services Center로 변경하였다고 말하였다. 2000년 2월 11일자 《Okinawa Marine》(〈Personal Services Center, changes more than its names〉)을 참조.

16 원어로는 Lifelong Learning이다. PSC와 마찬가지로 2012년 2월 16일부터 Personal & Professional Development-Education and Career Services로 변경되었다.

17 원어로는 Counseling & Advocacy Program이다. 2012년 2월 16일부터 Behavioral Health-Family Advocacy로 변경되었다.

18 원어로는 Substance Abuse Counseling Center이다. 2012년 2월 16일부터 Behavioral Health-Substance Abuse로 변경되었다.

이가 있는 부모 지원 프로그램, 생후 6주 이상 된 유아를 포함해 17 · 18세까지의 고등학생을 대상으로 한 청소년 프로그램이 가족지원과에 속해 있다. 뒤에 서술하겠지만, 미군 병사의 배우자를 대상으로 지원 활동을 하는 해병대 패밀리 팀 빌딩은 해병대 복리후생과의 관할하에 있지만 PSC와는 다른 과에 속해 있다.

PSC의 종업원 수는 35명(2012년 4월)이다. 이 가운데 일본인 종업원은 3명이다. 미국인 종업원의 대부분은 군속(GS: 현지 채용)이고, 일본인 종업원은 MLC로 고용된다.

PSC는 후텐마 비행장을 제외한 오키나와 주둔 미 해병대 기지의 주요 캠프 5곳에 설치되어 있다. 미국의 기념일을 제외한 월요일부터 금요일까지 7시 30분부터 16시 30분까지 운영되고 있다.

PSC가 제공하는 프로그램은 주로 두 가지로 나뉜다. 하나는 군인·군속이나 그 가족에게 오키나와에서 원활하게 생활할 수 있도록 지원하는 프로그램[19]이다. 이는 기지 안팎에 대한 정보, 이동의 지원, 재정 관리 등 생활 전반에 대한 지원과 강좌를 제공하는 것을 목적으로 한다.

또 하나의 프로그램은 이력서 작성 방법 등 기지 안팎에서의 취업과 관련한 세미나, 미군 병사의 퇴역 후의 생활을 지원하는 프로그램[20]이다.

PSC에는 매일 오키나와에서의 생활에 직면한 기지 안팎의 다양한 문제에 대한 문의가 들어온다. PSC의 종업원은 이상의 강좌나 세미나 이외에도 많은 정보나 지원을 제공해야 한다. 강좌 세미나의 일정은 매달 일정표를 발행해 정보를 제공하고 있다(자료 1).[21]

---

19 Operational Readiness Support Program(ORSP)이라고 했으나, 2010년 3월부터 4월의 기간에 Family Programs and Resources로 명칭이 변경되었다.

20 Transition Assistance Management Program(TAMP)이라고 한다.

21 PSC의 월간 스케줄은 기지 내 각종 사무소에 배포되고 있다. 스케줄은 MCCS의 홈페이지(http://www.mccsokinawa.com/index.asp, 2012년 2월 12일 열람)를 통해서도 확인할 수 있다.

자료 1. 퍼스널 서비스 센터(PSC)의 월간 스케줄 (2012년 4월)

일	월	화	수
1	2 TRS(1) 0730-1630 HANSEN SMOOTH MOVE 0800-1200 FOSTER BASIC INVESTING 1130-1300 FOSTER	3 TRS(2) 0730-1630 HANSEN CAR BUYING 0830-1030 KINSER SPONSORSHIP 0900-1100 PSC COURTNEY PROF WRITING 1000-1100 SCHWAB CAREER ASSESMENT 1300-1600 COURTNEY	4 NOWA 0720-1400 FOSTER TRS(3) 0730-1630 HANSEN CAREER PORTFOLIO 1000-1100 KINSER BASIC JN LANG Ⅰ(1-4) 1130-1300 KINSER CREDIT REPORT 1130-1300 COURTNEY FED GOVT 1300-1600 FOSTER RESUME 1300-1600 COURTNEY
8	9 TRS(1) 0730-1630 KINSER SMOOTH MOVE 0800-1200 COURTNEY CAREER ASSESMENT 0900-1200 HANSEN SURV JN LANG 1130-1230 FUTENMA	10 TRS(2) 0730-1630 KINSER PRERETIREMENT(1) 0745-1600 FOSTER MONEY MGMT 0830-1130 HANSEN SPONSORSHIP 0900-1100 FOSTER EFMPARTS&CRAFTS 0930-1030 FOSTER CREDIT REPORT 1200-1400 HANSEN IA IN THE MIDST 1300-1530 FOSER	11 NOWA 0720-1400 FOSTER TRS(3) 0730-1630 KINSER PRERETIREMENT(2) 0745-1600 FOSTER MONEY MGMT 0800-1100 COURTNEY ESTATE PLANNING 0830-1030 KADENA RESUME 0900-1200 HANSEN BASIC JN LANG Ⅰ(2-4) 1130-1300 KINSER FED GOVT 1300-1600 SCHWAB
15	16 TRS(1) 0730-1630 SCHWAB SURV JN LANG 1130-1230 HANSEN	17 TRS(2) 0730-1630 SCHWAB MONEY MGMT 0830-1130 FUTENMA SPONSORSHIP 0900-1100 KINSER LINKS 0900-1400 FOSTER FED GOVT 1300-1600 HANSEN CAREER ASSESMENT 1300-1600 FOSTER	18 NOWA 0720-1400 FOSTER TRS(3) 0730-1630 SCHWAB MONEY MGMT 0830-1630 KINSER BASIC JN LANG Ⅰ(3-4) 1130-1300 KINSER MONEY&MARRIAGE 1130-1300 COURTNEY SOCIAL NETWORK 1300-1600 FOSTER SOCIAL NETWORK 1300-1600 HANSEN
22	23 TRS(1) 0730-1630 FOSTER SMOOTH MOVE 0800-1200 HANSEN CAREER ASSESMENT 0900-1200 SCHWAB BASIC JN LANGⅢ(1-4) 1130-1300 FOSTER FED GOVT 1300-1600 COURTNEY	24 TRS(2) 0730-1630 FOSTER MONEY MGMT 0830-1130 SCHWAB LINKS 0830-1430 KINSER SPONSORSHIP 0900-1100 HANSEN BASIC JN LANGⅢ(2-4) 1130-1300 FOSTER CREDIT REPORT 1200-1400 SCHWAB RESUME 1300-1600 SCHWAB CAREER ASSESMENT 1300-1600 KINSER	25 NOWA 0720-1400 FOSTER TRS(3) 0730-1630 FOSTER INTERVIEW 0900-1200 SCHWAB BASIC JN LANG Ⅰ(4-4) 1130-1300 KINSER BASIC JN LANGⅢ(3-4) 1130-1300 FOSTER RETIREMENT PLANNING 1200-1400 SCHWAB RESUME 1300-1600 KINSER
29	30 TRS(1) 0730-1630 HANSEN OBI MAKING 0900-1100 FOSTER SURV JN WRITING 1130-1300 FOSTER DTAP 1300-1600 FOSTER BASIC JN LANG Ⅰ(1-4) 1130- 1300 COURTNEY		

비고 : 강좌명, 시간과 강좌 개최 장소 순으로 기재. 개최 장소에 대해서는 지면 사정상 기지명만을 기재. 또한 일부 MCFTB 주최 강좌도 이 책과 관련
용어 : EFMP(Exceptional Family Member Program)란, 장애를 가진 가족이 군인의 전근 등으로 근무지로 이동해도 필요한 지원을 받을 수 있도록 지원 · IA(Individual Augmentee)란, 부대에 배속되어 있는 보강 인원을 말한다.

(강좌명) ARTS&CRAFTS; 도공(圖工) 세미나 / BASIC INVESTING; 투자 기초 강좌 / BASIC JN LANG; 일본어 기초 강좌 / BOWLING; 볼링 대회 / BUILD 폴리오 작성 강좌 / CREDIT REPORT; 크레디트 리포트 강좌 / DTAP; 상이군인에 대한 직업 지원 강좌 / EFMP&SEMPER FIT FAMILY FUN; 패 학 투어 / HAMBY TOUR; 함비 식료품 견학 투어 / HOME BUYING; 주택 구입 강좌 / IA IN THE MIDST; IA 배비(配備)기간 세미나 / IA PRE- 리 강좌 / JOB FAIR SUCCESS; 취업 설명회 대비 강좌 / JSO; 일본인 배우자를 위한 오리엔테이션 / LINKS; 링크스 / MONEY&MARRIAGE; PREMARITAL; 결혼 전 세미나 / PRERETIREMENT; 퇴직 전 세미나 / PROF WRITING; 비즈니스 관련 쓰기 강좌 / RESUME; 이력서 작성 강좌 / SPONSORSHIP; 전근 지원 담당관 연수 / SURV JN LANG; 생활 일본어 강좌 / SURV JN WRITING; 생활 일본어 쓰기 강좌 / TEA CEREMONY;

(기지명) COURTNEY ; 캠프 코트니 / FOSTER ; 캠프 포스터 / FUTENMA ; 후텐마(普天間) 기지 / HANSEN ; 캠프 핸슨 / KADENA ; 가데나(嘉手納) 기

목	금	토
5 TRS(4) 0730-1630 HANSEN MONEY MGMT 0800-1100 FOSTER JSO(HEALTH) 0900-1200 FOSTER INTERVIEW 0900-1200 COURTNEY BUILD A BETTER BUDGET 1130-1300 FOSTER RESUME 1300-1600 FOSTER RETIREMENT PLANNING 1300-1530 FUTENMA IA PRE-DEPLOYMENT 1430-1600 FOSTER	6 TRS(5) 0730-1630 HANSEN HAMBY TOUR 0900-1100 FOSTER PROF WRITING 1000-1100 FOSTER	7 EFMP FAMILY FUN DAY 1100-1300 FOSTER
12 TRS(4) 0730-1630 KINSER PRERETIREMENT(3) 0745-1600 FOSTER OBI MAKING 0900-1100 COURTNEY INTERVIEW 0900-1200 HANSEN EFMPUNDERSTAND AUTISM 1130-1230 FOSTER SOCIAL NETWORK 1300-1600 SCHWAB	13 TRS(5) 0730-1630 KINSER PRERETIREMENT(4) 0745-1600 FOSTER	14 EFMP&SEMPER FIT FAMILY FUN 0730 FOSTER
19 TRS(4) 0730-1630 SCHWAB FED GOVT 0900-1200 KINSER JN COOKING CLASS 1100-1300 FOSTER HOME BUYING 1100-1300 HANSEN ESTATE PLANNING 1130-1300 FOSTER INTERVIEW 1300-1600 FOSTER JSO(SPACE A) 1300-1600 FOSTER HOME BUYING 1330-1530 FUTENMA IA RETURN&REUNION 1730-1930 FOSTER	20 TRS(5) 0730-1630 SCHWAB PREMARITAL 0830-1530 FOSTER OBI MAKING 0900-1100 KINSER SOCIAL NETWORK 0900-1200 KINSER CAREER PORTFOLIO 1000-1100 HANSEN TEA CEREMONY 1130-1300 FOSTER KINSERFIELD TRIP 1200-1400 KINSER	21
26 TRS(4) 0730-1630 FOSTER BASIC JN LANGⅢ(4-4) 1130-1300 FOSTER INTERVIEW 1300-1600 KINSER SOCIAL NETWORK 1300-1600 COURTNEY	27 TRS(5) 0730-1630 FOSTER JOB FAIR SUCCESS 1000-1100 COURTNEY EFPMBOWLING 1600-1700 FOSTER	28

있는 것은 기재하였다.
조정하는 프로그램.

A BETTER BUDGET; 가계부 강좌 / CAR BUYING; 차 구입 강좌 / CAREER ASSESMENT; 자기분석 세미나 / CAREER PORTFOLIO; 커리어 포트
밀리 대회 / ESTATE PLANNING; 유산상속 강좌 / FAMILY FUN DAY; 패밀리 데이 / FED GOVT; 연방정부직 고용 세미나 / FIELD TRIP; 사회견
DEPLOYMENT; IA 배치 전 세미나 / IA RETURN&REUNION; IA 재회 세미나 / INTERVIEW; 면접 대비 강좌 / JN COOKING CLASS; 일본 요
재정과 결혼 세미나 / MONEY MGMT; 재정 관리 강좌 / NOWA; 신임 부임자 오리엔테이션 / OBI MAKING; 전통 종이 띠 만들기 강좌 /
/ RETIREMENT PLANNING; 정년을 위한 자산 운용 / SMOOTH MOVE; 전근 전 준비 세미나 / SOCIAL NETWORK; 소셜 미디어 활용 취업강좌
다도 강좌 / TRS; 제대 · 퇴직 전 세미나 / UNDERSTAND AUTISM; 자폐증 이해 강좌 / EFPMBOWLING; EFPM 볼링 대회
지 / KINSER ; 캠프 킨저 / SCHWAB ; 캠프 슈와브

4. 해병대 패밀리 팀 빌딩의 가족 지원 활동

해병대 패밀리 팀 빌딩(이하 MCFTB)은 PSC와 마찬가지로, 해병대 복리후생과의 관할에 있는 해병대의 시설이다. 그 활동이나 대상은 PSC와 거의 비슷하지만, 지원 대상을 군인 가족이나 배우자로 특화한 점이 다르다. PSC가 군인·군속이나 그 가족을 폭넓게 대상으로 한 데에 반해, MCFTB가 그 대상으로 한 것은 그중에서도 군인 가족이나 배우자이다.

MCFTB의 종업원은 9명이다. 이 가운데 일본인 종업원은 1명이고, 군속인 민간 미국인 남성[22]이 책임자로 부임한다(2011년 4월 현재). 사무소는 캠프 포스터에 있다.

MCFTB가 제공하는 주된 프로그램은 다음 다섯 가지이다.[23] 1) 링크스, 2) 일본인 배우자를 위한 오리엔테이션, 3) 키 볼런티어, 4) 결혼 전 세미나, 5) 종군목사의 종교적 강화 프로그램. 그럼, 각각의 프로그램에 대해서 간단하게 설명하겠다.

링크스(L, I, N, K, S)[24]란, 선배 군인 아내(MCFTB의 자원봉사자인 해병대원의 아내 미국인 여성 4명)가 후배 군인 아내에게 해병대 조직의 개요, 해병대의 임무 등, 해병대의 아내로서 필요한 기본적인 지식을 제공할 목

22 이전에는 해병대원이 책임자로 있었다.

23 여기서는 자세하게 설명하지 않지만, 배우자 학습 시리즈(Spouses' Learning Series: SLS)라는 프로그램도 있다. 이 프로그램은 군인의 배우자에게 워크샵이나 온라인 코스를 무료로 제공해 개인적 또는 직업상의 성장을 독려하기 위한 것이다.

24 Lifestyle(생활 방식), Insight(식견), Networking(교류), Knowledge(지식), Skills(기술)의 머리글자를 따와서 링크스라고 부른다. 각 머리글자의 의미는 다음과 같다. L은 해병대원과의 새로운 생활 방식을 의미한다. I는 해병대의 생활 방식을 경험해 온 해병대 배우자들의 경험. N은 해병대와의 생활에서 알게 되는 많은 사람들과의 교류를 의미한다. 이러한 교류가 아내들을 지원하는 네트워크가 된다. K는 군대로부터 받는 특권이나 군대 커뮤니티 내에서의 생활에 대한 지식이나 그 이용 방법. S는 지식을 습득해 해병대의 생활 방식에 활용할 수 있는 기술을 의미한다.

적으로 이틀간 진행되는 프로그램이다.[25] 구체적으로는 해병대의 역사, 전통이나 군대 용어, 수당이나 지원, 경제관념, 파병과 별거 생활, 이동 때의 요령이나 부부의 효과적인 소통에 대해서 가르친다. 해병대나 군대의 조직에 대한 이해뿐 아니라, 이 강좌를 통해서 새로운 친구를 만드는 목적도 있다. 즉, 군인 아내로서의 자부심과 책임을 상기시켜, 군대 커뮤니티의 일원으로 이끄는 것도 이 강좌가 가진 중요한 목적이다.

일본인 배우자를 위한 오리엔테이션(Japanese Spouses' Orientation: JSO)은 전 세계에 있는 미 해병대 기지 중에서 오키나와에만 있는 독특한 프로그램이다. 일본인 아내를 대상으로 매달 다른 테마로 아내들이 모여 공부하는 학습 모임이다. 격월로 열리는 3일간의 JSO는 2009년에 폐지되어, 현재는 하루 동안 열리는 JSO가 한 달에 2일 개최되고 있다. 3일간 열리는 JSO를 폐지한 이유는 3일 동안 25-30개 부서에 대해서 설명하기에 시간의 제약으로 대략적인 설명에 그칠 수밖에 없었다는 점, 또한 어린 자녀를 둔 참석자가 3일이라는 시간을 확보하는 일은 어려운 일이었다는 점을 들 수 있다. 참석자들도 개최 시간을 단축하고, 참가하는 부서의 수도 줄여 주기를 희망하였다. 당시까지 3일간 열리는 JSO와 매회 다른 테마로 진행되면서 하루 동안 열리는 강좌 등, 두 종류가 있었다. 하루 동안 열리는 JSO는 3일 동안 JSO가 열리지 않는 월말에 개최되었다. JSO 담당자는 일본인 여성이다.

3일간 열리는 JSO는 중요한 기지 내 부서에서 담당자가 강좌에 나와 군인 아내에게 각 부서에 대해 설명을 하고, 질문이 있는 경우에는 그 자리에서 질문을 해서 대답을 들을 수 있는 형식이었다. 하루 동안 열리는 JSO도 3일 동안 열리는 JSO와 마찬가지 형식으로 진행되지만, 한 사무

25 MCCS의 홈페이지(http://www.usmc-mccs.org/links/index.cfm, 2012년 2월 12일 열람)를 참조.

소의 담당자만 강좌에 나오기 때문에 집중적으로 다루는 사항이 다르다. 테마의 내용을 여기서 자세히 설명하지 않겠지만, 미국 이민 비자나 의료나 교육 프로그램 등 다양하다(자료 2). 배우자 비자나 자녀 출생 등록 강좌에는 많은 군인 아내들이 참석한다.

JSO의 전신은 인터내셔널 스파우스 프로그램(International Spouse Program: ISP)이다. ISP는 MCFTB의 종업원이자 군인 아내인 미국인 여성에 의해 2001년에 개설되었다. 한국, 하와이나 일본 본토에서 찾을 수 있는 유사 강좌를 기반으로 하여, 일본인 여성과 그 남편을 대상으로 2일 동안 세미나를 열었다. 이 세미나에서는 미국이나 군대의 생활 방식이나 습관에 대해서 설명하였다. 그러나 세미나가 개설된 당시에는 세미나에 대한 비판의 목소리도 있었다. 그 대부분은 일본인 여성과 결혼한 군인 남편에게서 나온 비판으로, 아내가 미국화하는 것을 싫어해서 세미나 개설에 대해 비판적이었다고 한다.[26]

이처럼 ISP가 개설되기까지, 기지 내에서도 다양한 반응이 있었다. 이러한 기지 내 외국인 아내를 대상으로 한 강좌 개설에 대한 부정적인 반응은 기지 내에서의 외국인 군인 아내가 처한 상황을 잘 보여 주는 것이라고 할 수 있다. ISP는 참가자 대부분이 일본인 여성이었기 때문에, 2003년에 일본인 배우자를 위한 오리엔테이션으로 명칭이 변경되었다.

---

26 이 밖에도 ISP의 창설자인 미국인 여성은 군인 남성으로부터 많은 비판을 받았다. ISP 창설 때에 참고한 하와이의 Foreign-Born Spouse라는 명칭을 오키나와에서 차용했을 때에도 많은 비판이 있었다고 한다. 한 장교가 이 명칭에 크게 화를 내면서 그녀에게 메일을 보내왔다고 한다. 그 메일에는 "We are the foreigners here!"(여기서는 우리가 외국인이다!)라는 지적이 있었는데, 이 일을 계기로 Foreign-Born Spouse라는 명칭에서 International Spouse라는 명칭으로 변경되었다. 처음에는 아내뿐 아니라 남편도 세미나의 대상이었으나, ISP라는 명칭을 사용하면서부터는 파티 등의 특별한 행사 외에는 군인 아내만을 대상으로 하였다(Forgsh 2004: 345).

자료 2. 일본인 배우자 오리엔테이션 JSO의 연간 스케줄(2012년 1월-6월)

☆ 강좌는 매달 2회, 통상 목요일 9-12시에 개최하고 있습니다.

날짜	내용	시간
1월 5일(목)	육아 지원 프로그램 / 보육원이나 아동 보육 시설 소개 / 알아야 할 영양 보조 프로그램 WIC / 해군 병원, 출생등록사무소	9:00-12:00
1월 19일(목)	기지 내 우체국 이용방법 / 커뮤니티 은행, 금융 상품에 대해서	9:00-12:00
2월 2일(목)	MCCS 교육센터 / 메릴랜드 대학 / MCCS 인사과 / MCCS 퍼스널 서비스 센터	9:00-12:00
2월 16일(목)	육아 지원 프로그램 / 보육원이나 아동 보육 시설 소개 / 알아야 할 영양 보조 프로그램 WIC / 해군 병원, 출생등록사무소	9:00-12:00
3월 1일(목)	해병대 법무국 / 카운슬링 보호 프로그램 업무 소개 / 아메리카 적십자 / 해군 · 해병대 구제 지원 단체	9:00-12:00
3월 15일(목)	TMO 사무소에서 PCS에 대비한 이사 수속 등의 안내 / 가데나(嘉手納) 하우징오피스	9:00-12:00
4월 5일(목)	군에서의 의료보장 제도 트라이케어 안내 / 해군 병원에서 진단 안내 / 치과 의료 PX, BX 안내 / 커미서리	9:00-12:00
4월 19일(목)	무료로 이용할 수 있는 항공 플라이트, 스페이스 A 플라이트(기지 간 정기편)에 대해서	13:00-16:00
5월 2일(목)	MCCS 교육센터 / 메릴랜드 대학 / MCCS 인사과 / MCCS 퍼스널 서비스 센터	9:00-12:00
5월 17일(목)	MCCS 안전 강습 / 해병대 헌병대에서 기지 내 교통 법칙에 대해서, 해병대 수사부에서 블랙 마켓에 대해서	9:00-12:00
6월 7일(목)	해병대 법무국 / 카운슬링 보호 프로그램 업무 소개 / 아메리카 적십자 / 해군 · 해병대 구제 지원 단체	9:00-12:00
6월 21일(목)	TMO 사무소에서 PCS에 대비한 이사 수속 등의 안내 / 가데나 하우징 오피스	9:00-12:00

JSO 강좌는 해병대 패밀리 팀 빌딩(캠프 포스터 내)에서 개최하고 있습니다. 오리엔테이션에 참가하시고자 하는 분은 연락 주십시오. 자녀 동반은 불가능하므로, 양해해 주십시오. (수강을 위한 일시적 보육 등 이용 시에는 비용 환급 있음). 장소나 일정 등은 변경되는 경우도 있으므로 사전에 전화로 확인해 주십시오.
출전: 기지 내 배포 자료

키 볼런티어(Key Volunteer: KV)는 부대와 가족 사이를 이어 주며 정보를 전달하는 가족 지원 담당관을 의미한다.[27] 군대 안에서 생활하면서 궁금한 점이 있으면, 남편이 소속된 부대의 KV에 연락해서 도움을 받을 수 있다. KV가 되려면 MCFTB가 제공하는 강좌를 수강해야 한다. 이 강좌는 KV 기초 강좌(Key Volunteer Basics)라고 하며, 2일간 KV의 기초를

27 해군에서는 옴부즈맨(ombudsman)이라고 하며, KV와 같은 활동을 한다.

배울 수 있다. 강좌 담당자는 MCFTB의 미국인 여성 종업원 1명이다.

현재는 KV를 육성하는 강좌가 폐지되고 대신에 FRO[28] 육성을 위한 강좌가 개설되어 있다. FRO는 KV와 같은 역할을 하지만, 자원봉사자가 아니라 정식 고용되었다는 점이 다르다.

결혼 전 세미나는 주일 미 해병대와 제3 해병 원정군에 배속되어 있는 현역 군인으로 일본에서 결혼 수속을 하는 자, 또는 외국인과 결혼을 하는 자는 의무적으로 수강해야 한다. 따라서 주로 수강자는 해병대원 혹은 해병대에 근무하는 해군 병사이다, 계급에 따라 수강이 면제되는 일 없이, 장교도 수강이 의무화되어 있다. 예외는 사령관이 수강을 면제한 경우인데, 이는 극히 드물다. 그리고 결혼 상대자의 수강은 의무화되어 있지 않지만, 해병대 군 규율에는 이 강좌의 수강을 강하게 권장하고 있다. 또한 종군목사가 이 세미나를 담당하고 있다. 이전에는 PSC 관할이었으나, 2007년 6월부터 PSC에서 MCFTB로 관할이 이전되었다. 상세한 설명은 뒤에서 하겠다.

종교적 강화 발달 프로그램인 CREDO[29]는 종군목사가 기혼 남녀나 개인, 10대 젊은이를 대상으로 결혼 생활이나 정신세계, 개인의 성장을 위한 수양의 장을 제공하는 프로그램이다[30].

이상과 같은 일련의 가족 지원 활동은 미군이 얼마나 군인과 그 가족의 생활의 질(Quality of Life: QOL)이나 Family Readiness(군인 가족을 군대의 지휘명령 체계 안으로 통합하는 것)의 문제를 고려하여, 그 대책을 고심하고 있는지를 잘 보여 준다. 그러나 각종 강좌나 세미나를 군인 아내

28 Family Readiness Officer의 약자이다.

29 Chaplain's Religious Enrichment Development Operation의 약자이다.

30 종군목사가 운영하는 프로그램으로 PREP(Prevention and Relationship Enhancement Program, 예방·관계 강화 프로그램)가 있다. 이 프로그램에서는 기혼이나 약혼 관계에 있는 커플을 대상으로 효과적인 커뮤니케이션 방법이나 문제 해결 방법 등 파트너십을 높이는 데에 필요한 수단을 가르친다.

에게 제공하고 있음에도 불구하고, 일본인 아내가 처한 상황을 제대로 이해한 지원 활동이라고는 할 수 없다.

이제 미국인 군인 아내들이 일본인 군인 아내에게 보이는 비판적인 태도에 대해서 살펴보고자 한다. 어느 날 키 볼런티어 강좌를 담당하는 미국인 여성이, 부대에 일본인 아내가 있으면 MCFTB가 제공하는 일본인 배우자를 위한 오리엔테이션 참가를 독려하도록, 강좌를 수강하는 미국인 아내들에게 의사를 전달하였다. 그러자 17년 베테랑의 군인 아내의 "도움이 필요하다면 자신이 직접 말하지 않는 한 알 수 없잖아요"라는 대답이 그 자리에서 나왔다. 그래서 담당 여성은 "어디에 도움을 청해야 할지 모르는 사람도 있으므로, 일본인 배우자를 위한 오리엔테이션에 먼저 가 보도록 전해 주기 바랍니다"라고 재차 독려하였다.

강좌의 휴식 시간에 미국인 아내들 사이에서 왜 일본인 여성은 자기주장을 하지 않는지, 왜 그저 순종적인지 화제에 올랐다. 그러자 바로 그 17년 베테랑 군인 아내가 "그러니까 많은 미국인 남성이 일본인 여성과 결혼하고 싶어 하는 거야"라고 말했다. 이 사례를 통해 군대 내에서의 일본인 군인 아내에 대한 미국인의 일반적인 고정관념에 바탕을 둔 시각을 엿볼 수 있다. 그러나 더 중요한 것은 이러한 일본인 군인 아내에 대한 편견을 군대와 가족을 잇는 키 볼런티어를 지원하는 여성을 통해 듣게 된다는 점이다. 이는 군대의 군인 가족 지원 활동이 일본인 군인 아내까지 제대로 지원하지 못하고 있다는 점을 보여 주는 한 예로 보인다.

5. 군인과의 결혼 지원 활동 — 결혼 전 세미나를 중심으로

미군 병사의 결혼에는 많은 서류 제출과 절차로 인해 긴 시간이 필요하다. 또한 결혼하는 상대가 외국인이라면 결혼에 이르는 여정은 더욱 엄격해진다. 예전만큼은 아니지만, 현재에도 미군 병사의 결혼에는 인내와 시간이 필요하다. 예를 들어, 해외에서 미군 병사와 결혼할 때에는 결혼 전에 군대가 제공하는 세미나를 반드시 들어야 한다. 이것이 바로 앞서 기술한 결혼 전 세미나(Premarital Seminar)이다. 이 세미나는 군 규율로 규정되어 있다.

필자도 이 세미나에 참석하였다. 여기서 특히 주목한 점은 세미나 첫날 오후부터 결혼 전 세미나와 병행하여 다른 강의실에서 진행되는 일본인 참가자를 위한 일본어 세미나이다. 그럼 현재의 결혼 전 세미나가 개설되기까지의 역사적 배경과 현재의 세미나에 대한 간단한 개요에 이어, 특히 필자가 이 세미나에 직접 참여하여 관찰한 내용을 바탕으로 일본어 세미나에 대해서 기술해 보겠다.

5.1. 결혼 전 세미나의 역사

현재, 군대 측의 가족 지원 활동의 일환으로 결혼 전 세미나가 열리고 있다. 본래 미군은 점령 시대부터 미군 병사와 일본인 여성의 결혼을 호의적으로 받아들이지 않았다. 하지만, 군대가 지원제로 바뀌면서 군대가 다양한 인종과 문화적 배경을 가진 미군 병사와 그 가족으로 구성되기 시작하자, 현지 여성과 군인의 결혼을 인정하고 새로운 군인 가족상을 받아들여야 했다. 현재는 미군 병사가 안심하고 군 복무에 집중할 수 있도록 결혼이나 가족에 대한 지원을 제공하고 있다. 그런 군대의 가족 지원 중 하나가 결혼 전 세미나이다. 이 세미나는 앞서 기술하였듯이, 군대의 공적인 지원 활동으로서 퍼스널 서비스 센터[31]에서 운영하고 있다.

현재와 같이 결혼 전 세미나가 군대의 공적인 가족 지원 활동으로 자리매김하기까지는 오랜 시간을 필요로 하였다. 그 역사에 대해서 간단

31 현재는 MCFTB에서 운영하고 있다.

하게 설명해 보겠다. 1947년 8월 1일자《우루마 신보(うるま新報)》에 오키나와에서 처음으로 거행된 미군 병사와 오키나와 여성의 결혼이 보도되었다. 이후 매달 며칠씩 미국 총영사가 요코하마에서 오키나와로 와서 결혼 절차를 밟았다는 기사를 같은 달 15일자《우루마 신보》에서 보도하였다. 이에 대해 미군은 1948년 4월 1일 '류큐 주민과 점령 군인의 결혼에 관한 특별 포고'를 통고하여 미군 병사와 오키나와 여성의 결혼을 금지하였다. 이는 오키나와에만 한정된 통고가 아니었다. 당시 미 점령군은 피점령지에서 피점령지 주민과 친밀해지는 것을 금지하는 'Non-Fraternization' 정책을 따랐던 것으로 해석할 수 있다. 그러나 이러한 미군의 결혼 금지령은 4개월 만에 취소되었다. 이는 미군 병사와 오키나와 여성의 접촉을 금할 수 없었고, 양자의 결혼이 증가하고 있던 현실을 고려한 결과였다(다쿠시澤岻 2000: 120).

앞서 기술하였듯이, '무국적 아동' 문제가 1970년대 후반부터 1980년대에 사회적인 주목을 모았다. 또한 1980년대 초에 미 4군에서 군인 가족에 대한 회의가 열려 미군 내에서도 미군 병사의 결혼이나 가족에 대해 높은 관심을 갖기 시작하였다.

해병대 기지 내에서 발행되고 있는 신문《Okinawa Marine》(1974년 11월 22일자)의 기사[32]에 따르면, 기지 내에서 실시된 결혼에 관한 최초의 세미나는 1974년 11월 11일부터 13일에 해병대 기지 캠프 핸슨에서 있었던 결혼 가이던스 세미나였던 것으로 보인다. 이 세미나는 해군의 종군목사가 주관하였다. 세미나는 3부로 구성되어, 각각 2시간의 활동 모임이 있었다. 참가자들은 결혼의 정신적 측면에 대해서, 다음으로 결혼생활에 따른 정신적, 경제적, 그리고 성적인 영향에 대해서, 마지막으로 구체적인 측면에 대해서 배웠다. 또한 행복한 결혼 생활을 하고 있는 커

32 《Okinawa Marine》의 기사(〈Marriage seminar held〉)를 참조.

플과 이혼 경험자의 경험담도 들을 수 있었다.

이 결혼 가이던스 세미나가 있은 지 3년 후, 결혼 준비 심포지엄이 개최되었다. 《Okinawa Marine》(1977년 6월 10일자)의 기사[33]에 따르면, 심포지엄은 1977년 6월 14일에 해병대 기지 캠프 포스터의 교회에서 13시부터 16시까지 진행되었다. 내용은 종군목사의 카운슬링이나 법적인 절차에 대한 것이었다. 심포지엄은 영어와 일본어로 진행되었다. 이 심포지엄의 대상자는 해병대원뿐만 아니라, 오키나와에 부임하는 모든 미군 병사였다. 위의 기사에 따르면 종군목사인 비첼(C. W. Bichel)은 다음과 같은 말을 하였다.

> 미군 병사는 미국의 음식을 요리해 본 적도 먹어 본 적도 없고 미국 가정을 본 적도 없는 혹은 미국 가게에서 물건을 사 본 적도 없는 여성을 자신들의 아내로 맞이하고 싶어 한다.

1970년대 후반의 미군 병사와 일본인 여성과의 결혼에 대한 양상을 엿볼 수 있다. 군대 측은 이러한 결혼에 대해 상당히 우려를 표하고 있다는 점도 알 수 있다.[34]

---

33 《Okinawa Marine》의 기사(〈Marriage symposium set for Camp Foster Chapel〉)를 참조.

34 1981년 12월 17일자 《Okinawa Marine》의 기사(〈Family Service Center cares in many ways〉)에 따르면, FSC에서는 신부 학교(Bride School)를 구상하였다. 1982년 3월에 강좌를 개설할 의향이 개재되어 있었다. 한국에서는 미군 병사와 결혼하는 한국인 여성을 대상으로 신부 학교가 열렸다. 해군의 종군목사인 라다스키 대령은 한국의 신부 학교에 대해서 알고 오키나와에서도 이와 같은 신부 학교를 열려는 구상을 갖고 있었다. 그래서 라다스키 대령은 한국의 신부 학교를 운영하는 복리시설인 USO(United States Organization)의 자원봉사자인 준 초이(June Choy)를 오키나와로 초빙해 신부 학교에 대해 배우려는 계획을 세웠다. 이 계획에 캠프 포스터의 USO의 디렉터와 어시스턴트 디렉터는 즉시 찬성하였다. 그리고 신부 학교라는 명칭은 아니지만, 국제결혼 커플을 대상으로 1982년 3월 15일부터 4월24일까지 캠프 포스터의 USO 주최로 국제결혼 강좌(International Couple Workshop)를 개최하였다. 3월 15일부터 6주 동안 월요일과 수요일에 구와에 병원(桑江病院. 현재 캠프 레스터 USO 해군 병원)의 한 공간에서 일본어와 영어로 진행되었다. 이 강좌의 개최에는 USO를 비롯

당시, 미군 병사와의 결혼에는 군 규율에 따라 종군목사와 변호사와의 면담이 의무화되어 있었다. 그러나 개개의 커플과 한 조씩 매번 면담을 하는 것은 비효율적이었다. 그래서 종군목사와 변호사가 동시에 출석하는 결혼 전 세미나를 열면, 결혼 조건인 종군 목사와 변호사와의 면담을 세미나를 통해 충족시킬 수 있다고 판단하였다. 그런데 이와 같은 편의상의 이유로 탄생한 세미나에 불만을 느끼는 종군목사가 등장하였다. 바로 해군의 종군 목사인 라다스키 대령(Captain Radasky)이었다. 1977년의 결혼 준비 심포지엄은 현재의 결혼 전 세미나의 원형이라고 언급했으나, 라다스키 대령이 재편한 세미나는 현재의 세미나에 더 가까운 형태이다. 또한 라다스키 대령의 세미나는 가족 지원 제도의 일환으로서 세미나를 독려하는 등, 1980년대의 군대의 가족지원센터의 선구적인 형태라는 역사적 중요성을 갖고 있다. 라다스키 대령은 해병대 내에서 국제결혼의 문제를 제기하는 데에 커다란 공헌을 하였다.[35]

라다스키 대령은 1979년부터 결혼 전 세미나의 프로그램을 마련하는 보직에 임명되었으나, 당시의 세미나 양상에 불만을 표하였다. 왜냐하면 종군목사나 변호사, 출납관, 게다가 오키나와 국제복지상담소[36]의 대표가 통역으로 들어가 있어서, 설명 후에 통역이 이루어져 세미나의 효율성에 문제가 있었기 때문이다.

이에 라다스키 대령은 1979년부터 1982년까지 세미나 전체의 재편

해 해군의 종군목사, 미군의 법률사무소, 가족지원센터와 홍보부(Public Affairs Office: PAO) 등이 관여하였다. 강좌 내용은 일본과 미국의 문화 차이, 미국의 요리와 에티켓, 침대 정리 방법, 의료 제도, 취업이나 가계 등 결혼 생활에 필요한 모든 사항을 망라해서 정보를 제공하였다(Radasky 1987).

35 라다스키 대령은 Ministry Models: Transcultural Counseling and Couples Program이라는 책자를 1987년에 발행해, 국제결혼 커플의 카운슬링을 하면서 직접 보아 온 문제 외에, 당시 미군의 국제결혼 커플을 파악하는 방법에서부터 현재의 가족지원센터가 주최하는 결혼 전 세미나의 개설에 이르기까지의 경위를 상세하게 기술하였다.

36 원어로는 International Social Assistance Okinawa(ISAO)이다.

성을 시도하였다. 세미나의 내용을 변경함과 동시에, 공적으로 군대의 승인을 받은 세미나로서 그 지위를 확립하였다.

1980년에 군인 가족 지원 제도의 근간으로서 앞서 기술한 해군 · 해병대 가족지원센터[37]가 설립되었다. 라다스키 대령은 먼저 1982년에 결혼 전 세미나 개최 책임자를 종군목사에서 가족지원센터로 이전시키는 데에 성공하였다. 이로써 종군목사는 목사로서의 책무에 집중할 수가 있었다. 다시 말해, 종군목사가 군 복무의 하나로 담당해 왔던 세미나를 정식 군인 가족 지원 제도인 가족지원센터의 업무로 변경할 수 있었던 것이다. 이에 따라 세미나는 군대의 공식 활동으로 인정되어 재정 지원을 계속 받을 수 있게 되었다.

당시 세미나는 매달 두 번째 주 화요일에 캠프 포스터 내 교회의 별관에서 13시부터 16시까지 열렸다. 1981년에는 20쌍의 커플이 세미나에 참석하였다. 세미나의 내용은 1) 법적 사항, 2) 지출에 관한 사항, 3) 종군목사의 설명, 4) 국제결혼 커플만으로 구성된 '당사자 집단'(패널 토론과 그룹 토론) 등 네 가지로 구성되었다. 세미나는 중간에 국제결혼 커플과 미국인끼리 결혼한 커플로 나뉘어, 국제결혼 커플만 패널 토론과 그룹 토론에 참여하였다. 세미나의 발표자는 종군목사, 출납관, 법무지원과와 오키나와 국제복지상담소의 대표와 국제결혼 당사자이다. 세미나를 마친 후에 참가자에게 증명서가 발부되었다. 미군 병사끼리의 결혼인 경우에는 각각의 미군 병사에게 증명서가 발부되었고, 그 밖의 커플에게는 1장 발부되었다. 이 증명서는 종군목사와 변호사 두 사람이 서명을 하며 군대로부터 결혼 승인을 받을 때에 필요하다.

이어서 당시 세미나의 스케줄을 소개하고자 한다(자료 3 참조).

패널 토론에서는 오키나와 출신 여성과 미국인 남성의 국제결혼 커

37 현재의 퍼스널 서비스 센터이다.

자료 3. 결혼 전 세미나의 스케줄(1981년)

12:45-13:00	개회
13:00-13:30	종군목사
13:30-13:50	법무지원과의 담당관
13:50-14:30	출납관(오키나와 여성은 오키나와 국제복지 상담소의 통역을 통해 설명을 듣는다)
14:30-14:45	휴식

국제결혼 커플과 미국인끼리 결혼한 커플로 나뉜다.

국제결혼 커플

14:45-15:30	패널 토론
15:30-16:30	그룹 토론(남성과 여성이 따로)
16:30	종료

미국인끼리 결혼한 커플

14:45-16:00	커뮤니케이션과 스트레스 매니지먼트
16:00	종료

플, 3쌍을 세미나에 초대하였다. 한 쌍은 결혼한 지 2년에서 5년인 신혼의 젊은 커플, 또 한 쌍은 오키나와와 미국에서 생활 경험이 있는 커플, 그리고 또 한 쌍은 남편이 퇴역 군인으로 오키나와에 거주하는 커플이다. 이들 커플과의 대화를 통해 육아, 가계, 양쪽 부모님과의 관계, 자녀 학교 문제나 신앙의 차이 등 결혼 생활을 하는 데에 중요한 문제를 제기하는 형식으로 진행되었다.

그럼, 이제 라다스키 대령의 결혼 전 세미나의 내용에 대해서 정리해 보고자 한다.

당시까지 오키나와 출신의 여성과 결혼하려고 종군목사 및 변호사와 면담하면, 결혼을 저지당하는 경우가 많아서 미군 병사들의 불만이 높았다. 그래서 이러한 불만을 해소하기 위해 유익한 정보 제공의 장으로서 세미나를 마련하였다. 이에 따라 결혼을 결정한 참가자에게 결혼을 포기하도록 경고하는 일도 사라졌다.

국제결혼 커플을 위한 특별한 가이드라인을 마련하여 이들의 결혼에서 나타날 수 있는 문제나 불안을 의제로 다루어 서로 이야기를 나누는 것이다. 이를 위해 패널 토론과 그룹 토론이라는 형식을 취하였다.[38] 일본어로 진행되는 일본인만의 그룹에서는 오키나와 국제복지상담소의 사회복지사가 자신들의 미국인과의 결혼 생활 경험을 토대로 참가자들의 질문에 답하였다.

5.2. 현재의 결혼 전 세미나 — 일본어 세미나를 중심으로

조사를 할 무렵의 결혼 전 세미나는 이틀 동안에 걸쳐 캠프 포스터에 있는 교회의 한 공간에서 진행되고 있었다.[39] 시간은 아침 8시부터 오후 16시 30분까지 이틀 동안이었다. 참가 희망자는 사전에 PSC에 전화를 해서 예약을 한다. 필자가 처음 결혼 전 세미나에 직접 참석한 것은 2005년 9월에 열린 세미나이다. 당시 참가한 일본인 여성은 4명이었다. 전체 참가자 수는 약 30명 정도였다. 결혼 전 세미나의 주최자는 PSC(2007년 6월부터 MCFTB)이지만, 실제로 세미나를 운영하는 것은 종군목사이다.[40]

38 현재의 결혼 세미나에 패널 토론은 없지만, 일본어로 진행되는 일본인 여성을 위한 특별한 그룹 토론은 현재에도 계속되고 있다. 다만, 결혼 전 세미나는 2007년 6월에 퍼스널 서비스 센터에서 해병대 패밀리 팀 빌딩으로 관할이 이전되고 나서 일본어 그룹 토론이 열리고 있는지 여부는 확실하지 않다.

39 2007년에 MCFTB가 관할하게 되면서 세미나는 이틀에서 하루로 단축되었다. 이는 종군목사의 프로그램이 세미나에서 없어졌기 때문이다. 또한 세미나의 개최 장소도 캠프 포스터 내 클럽 오션 브리즈로 바뀌었다.

40 요코스카(横須賀) 미 해군 기지의 결혼 전 세미나에 대해서는 필자의 석사 논문(미야니시宮西 2003)에서 설명하였는데, 해병대 기지에서의 결혼 전 세미나와 다른 점은 요코스카의 경우 세미나를 주최하는 측은 민간 미국인 카운슬러 남성과 일본인 여성 카운슬러였다는 점이다.

세미나의 내용은, 첫째 날 오전 중에는 결혼 수속과 관련한 사무소에서 온 관계자가 세미나에서 간단하게 설명을 하고 참가자의 질문에 답하는 형식으로 진행된다. 세미나에 참가하는 사무소는 MCFTB, PSC, 법무지원과(LSSS),[41] IPAC,[42] 카운슬링 어드버커시, 미국 총영사관 등이다. 또한 커맨드 스폰서십[43]에 관한 사항에 대해서도 설명을 해 준다. 커맨드 스폰서십이란, 군대가 미군 병사의 가족 구성원을 인정하고 그에 따른 각종 부양 수당을 주겠다는 승인이다. 커맨드 스폰서십이 없으면, 미군 병사의 가족에 대한 부양 수당이 지급되지 않기 때문에 이동으로 발생한 가족의 여행비 등을 병사 개인이 부담해야 한다.

첫째 날 오후 1시부터는 종군목사가 PREP라는 프로그램을 활용하여 앞으로 부부가 될 커플에게 커뮤니케이션에 대해 지도한다.[44] 이것은 둘째 날까지 이어진다(자료 4).

일본어로 진행되는 세미나

영어에 대한 이해가 부족한 일본인 참가자를 대상으로 첫째 날 오후 PREP에 들어가기 전에, 일본어 설명 모임이 열린다. 예전에는 PSC의 일본인 종업원이 일본인 참가를 위해 호의적으로 진행되었다. 그러나

41 LSSS(Legal Service Support Sections, 통칭 엘 트리플에스)는 캠프 포스터 내에 있어서, 변호사 자격을 가진 해병대원이 사령관을 비롯해 해병대와 그 가족에 대한 법적 지원을 하는 부서이다. 제3 해병 병참군(3rd Marine Logistics Group)에 소속해 있으며, 오키나와 이외에는 미국 본토 해병대 기지인 캠프 펜들턴과 캠프 레준에 있다. 군법회의도 이 사무소에서 진행한다.

42 IPAC(Installation Personnel Administration Center, 통칭 아이팍)란, 해병대 인사관리과에 해당한다. 군인 아내도 ID 카드의 작성이나 갱신 등으로 방문하는 경우가 많은 중요한 사무소이다.

43 커맨드 스폰서십과 결혼에 대한 상세한 설명은 뒤에 기술하겠다.

44 PREP 강습은 해병대 규정서에는 자유 참가로 규정되어 있으나 세미나 자체의 참가는 의무화되어 있다. 같은 세미나이지만 참가 규정이 일관되지 않기 때문에 종군목사의 PREP는 세미나에서 폐지되었다. 본 장 주 173)도 참조.

자료 4. 결혼 전 세미나의 스케줄(2012년)

시간	내용
08:30-08:45	개회
08:45-09:30	오키나와에서의 결혼 절차
09:30-09:40	마리아나 제도에서의 결혼 절차(해당자만)
09:30-09:40	휴식
09:40-09:50	퍼스널 서비스 센터
09:50-10:15	미군의 관리부(IPAC)와 질의응답
10:15-10:30	미군의 의료보장제도(Tricare)와 질의응답
10:15-10:25	휴식
10:25-10:50	법무지원과(LSSS)와 질의응답
1115-11:45	이민 비자
11:45-13:00	점심 식사
13:00-14:00	재정 관리(퍼스널 서비스 센터)
14:00-14:10	휴식
14:10-15:30	커뮤니케이션

출전 : 기지 내 배포 자료
주 : 발표자 이름, 담당자 이름과 전화번호는 개인정보 보호를 위해 생략하였다.

MCFTB로 세미나 운영이 이전되었을 때에는 MCFTB에 일본인 종업원이 없었기 때문에 일본어로 진행되는 세미나는 자연스럽게 사라졌다. 현재는 MCFTB의 미국인 종업원과 일본인 종업원 2명이 세미나를 운영하고 있다. 이 세미나의 배포 자료는 일본어로 번역되었고, MCFTB의 일본인 종업원은 1일 세미나에 동석해 일본인 참가자의 질문이나 의문점에 답을 한다.

PSC 주최의 일본어로 진행되는 세미나에 대해서 자세히 설명하면, 일본인 참가자는 세미나가 열리는 공간의 바로 옆 작은 공간에서 1시간 30분 정도 일본어로 진행되는 보충 설명 강좌를 받을 수 있다. 이 일본어로 진행되는 세미나는 첫째 날 오전 중에 설명된 내용을 복습함과 동시에, 일본인의 시각에서 일본어로 각종 문화적 차이를 참가자에게 전달하여, 앞으로 군인 아내가 될 여성들의 결혼 생활이 순조롭게 진행되도록 지원하는 것이 목적이다. 이 보충 설명 강좌의 담당자는 PSC의 종업원인 오키나와 여성 시마부쿠로(島袋) 씨와 자원봉사자로 참여하고 있는 오키나와 여성 미야기(宮城) 씨[45]이다. 미야기 씨는 결혼 전 세미나가 열린 초창기부터 세미나에 참여하고 있으며 그녀 자신이 미군 병사와 결혼했다가 이혼한 경험을 갖고 있다.

필자도 일본어로 진행되는 결혼 전 세미나에 2006년 1월부터 관할이 이전되기 직전에 열린 2007년 5월 세미나까지 참가하였다.[46] 시마부쿠로 씨에 따르면 1년에 약 150명의 일본인이 결혼 전 세미나에 참가하였다[47]고 한다.

2006년 5월의 강좌 내용을 참여 관찰한 내용에 기초하여 기술하겠다. 시간은 오후 1시 30분부터 시작되었다. 이날 참가자는 9명이었다. 참가자 9명 전원이 오키나와 출신자였다. 본섬 중부 오키나와 시 출신자가 3명, 본섬 중부 후라소에 시(浦添市) 출신자가 2명, 본섬 중부의 기노완 시(宜野灣市) 출신자가 1명, 본섬 중부의 니시하라(西原) 출신자가 1명, 북부의 긴(金武) 출신자가 1명이었다. 역시 기지가 집중되어 있는 본섬 중부 출신자가 많았다. 북부의 긴은 해병대 기지 캠프 핸슨이 소재

45 미야기 씨는 오키나와에서 미군 병사와의 국제결혼이나 그 결혼과 관련한 자녀 등의 제반 문제에 오랫동안 관심을 갖고 참여해 온 인물이다.

46 2006년 1월, 2월, 5월, 2007년 1월, 2월, 3월, 5월 세미나에 참가하였다. 참가자가 없다는 이유로 열리지 않는 경우도 종종 있었다.

47 결혼 전 세미나에 참가한 Forgash(2004)가 종군목사로부터 받은 자료에 따르면, 2000년 1월부터 2001년 12월까지 합계 387명의 군인이 결혼 전 세미나에 참가하였다. 이 가운데 206명은 일본인 여성과 결혼하였다. 이는 전체의 53%에 해당한다. 32%의 참가자는 미국인끼리의 결혼이었다. 그러나 이 수치는 2명 모두 군인인 것으로 보이므로, 정확한 수치는 아니다. 군인끼리의 결혼일 경우에는 군인 둘 다 세미나에 참가해야 한다. 5%가 필리핀인, 4%가 멕시코인, 1%가 태국인, 그 밖에도 호주, 베네수엘라, 중국, 베트남, 페루, 말레이시아, 루마니아, 아일랜드, 푸에르토리코, 시에라리온, 세네갈, 한국, 콜롬비아 국적의 약혼자들이 참가하였다. 이 종군목사로부터 받은 자료의 수치에 따르면, 평균 월 8명에서 9명은 일본인 여성이었다고 한다. 2000년 당시는 대략 100명 가까운 일본인 여성과 미군 병사의 결혼이 있었으나, 6년 후인 2006년에는 대략 150명 정도 늘어난 것으로 보인다.

해 있기 때문에 남부의 나하(那覇) 등과 비교하면 만남의 기회가 많을 것이다. 참가자 가운데 동거 중인 여성은 1명이고, 2명은 임신 중이었다. 임신한 여성 중 1명은 결혼 상대의 경제적 지원을 받고 있지 않다고 했다.

참가 여성들은 사각 테이블 주위에 놓인 의자에 순서대로 앉았다. 필자는 미야기 씨의 옆자리에 앉았다. 시마부쿠로 씨의 사회로 강좌가 진행되었다. 먼저 시마부쿠로 씨가 참가자에게 영어로 진행된 오전 중 세미나의 내용을 얼마나 이해했는지를 묻는다. 참가자들은 이렇다 할 답변이 없었다. 시마부쿠로 씨는 첫째 날 오전 중에 진행된 결혼 절차에 대해서 일본어로 다시 한 번 참가자들에게 간단하게 설명한다.

이러한 확인 작업은 매번 일본어로 진행되는 강좌에서 이루어졌다. 이후 자기소개(시마부쿠로 씨를 시작으로 미야기 씨, 필자 그리고 참가자)가 이어지고, 강좌 내용에 대한 설명에 들어간다. 강좌에서는 결혼 생활 중에 겪는 문화의 차이에 관한 문제가 다루어진다. 그 내용은 부부 사이의 커뮤니케이션, 식생활, 경제 관리, 말다툼, 부모의 결혼 반대, 종교, 육아에 대한 것이었다. 매 강좌는 거의 이와 비슷한 내용으로 진행된다.

PSC와 MCFTB는 미군의 가족 지원 제도로서 군인 아내에게 다양한 지원을 실시하고 있다. 이는 군인 아내들이 군대 커뮤니티 안에 뿌리내리고 미군 병사의 아내로서 책임을 다해 자립할 수 있도록 교육하는 것을 주요 목적으로 한다. 이와 같은 시도는 미군 병사와 결혼하기 전의 결혼 전 세미나를 통해서도 있었다. 이 세미나에서는 미군 병사와의 결혼 과정이나 미군 병사의 가족에게 주는 특권뿐만 아니라, 미군 병사와의 결혼으로 가져야 하는 책임에 대해서도 가르쳐 준다. 일본인에게는 일본어로 보충 세미나도 제공하였다. 이 보충 세미나에서는 일본인의 시각으로 미군 병사와의 결혼과 관련한 문제나 문화적 차이를 극복하고 공유하고자 하는 자세를 엿볼 수 있다. 다만 이러한 미군의 가족 지원 제도는 KV의 강좌에서 볼 수 있듯이, 일본인 아내가 처한 문화적 배경을 고려한 지원 활동에까지는 이르지 못하였다는 문제점을 발견하였다. 또한 결혼 전 세미나에 대해서도 세미나를 진행하는 종군목사가 빈번하게 이동을 하고 있어 세미나에 일관성이 부족하다는 문제도 있었다.

제3장 미군 기지와 지역사회의 교류

오키나와에서는 미군 기지와 지역사회 사이에 미군 기지라는 존재를 둘러싼 충돌과 갈등이 이어지고 있다. 이는 제1장에서 서술하였듯이, 반전반기지 운동의 역사를 통해서도 확인할 수 있었다. 다른 한편으로, 미군 기지와 지역사회의 교류가 일상생활 속에서 지속적으로 이루어지고 있는 것도 사실이다.

미군 기지와 지역사회의 교류는 다양한 규모와 종류로 이루어진다. 특정 지역 내에서 진행되는 좁은 의미의 교류, 현지 정치가나 자위대 관계자의 교류, 기지 공개 등은 한층 일반적인 의미에서의 교류이다. 그 규모와 특징은 매우 다양하다.

본 장에서 다루는 것은 미군 기지의 자선 활동을 비롯해 그 일환인 기지 공개와 기지 관계자가 참석하는 오키나와 지역사회의 행사이다. 또한 해병대 기지 캠프 슈와브와 본섬 북부 나고 시(名護市) 헤노코(邊野古) 사이에 이루어지는 교류와 이를 통해 알 수 있는 이중적 성격에도 주목하고자 한다.

1. 오키나와의 지역사회와 가족

먼저, 오키나와 지역사회와 가족을 중심으로 해병대원과의 교류의 장인 지역사회의 특징에 대해서 기술하겠다. 여기서는 뒤에 이어지는 헤노코의 미군과의 교류와 오키나와 여성과 미군 병사의 결혼 생활과 관련한 측면을 중심으로 기술하고자 한다.

1.1. '섬'에 대한 개관

오키나와 사람들과의 대화 중에 오키나와 어디 출신이냐 하는 점이 화제에 오르는 경우가 많다. 고향을 '태어난 섬'이라고 한다. 섬이란, 단순히 섬을 의미하는 데 머물지 않고 마을의 의미를 가진다. 섬은 행정단위인 '구(區)' 혹은 '자(字)'와 거의 일치한다. 오키나와 사람들에게 '태어난 섬'은 그들의 존재의 근원이다. 그렇기 때문에 섬을 떠나와 몇 년 지나도 '~사람'이라고 태어난 섬에 따라 명명되는 경우가 많다(다나카田中 1982: 228-229).

섬의 공동체 의식이 강하고 섬의 인간관계는 매우 긴밀하다. 섬은 예전부터 섬 안에서만 결혼을 하는 풍습이 있어서 섬 안에서 배우자를 구하여 매우 폐쇄적인 혼인 형태라는 특징이 있었다. 섬에는 각 섬마다 섬에 얽힌 이야기가 전해지고, 조상신이나 초자연신과 관련한 성역이 있어 각각의 세계관을 갖고 있다.

섬 안이나 근처에 있는 성역 · 신이 있는 숲을 우타키(御嶽)라고 한다. 섬사람들은 우타키 신들의 자손으로 '본래부터 하나'였으며, 섬은 하나의 집이고 섬사람은 가족이기도 하다(沖縄を知る事典 편찬 위원회 편 2000: 256; 다나카 1982: 231; 와타나베渡邊 외 2008: 523).

이들 섬의 가문은 뒤에 기술하는 문중(門中; ムンチュウ)이라는 부계

집단에 속한 남성이 계승하고 있어, 종가나 문중의 다른 집안과의 계보 관계를 추적할 수 있다. 가문을 잇는다는 것은 문중의 지위를 이어 그와 관련된 규범을 지키면서 그 역할을 다하고 조상숭배와 마을의 제사에 종사하는 것을 의미한다(다나카 1986: 235-236).

오키나와의 전통적인 섬 공동체에 외국인이나 오키나와에 사는 일본 본토 출신자에 대한 배타적인 의식이 없다고는 할 수 없다.[1]

1.2. 문중과 조상숭배

조상숭배란, 오키나와 고유 신앙의 핵이며, 대부분의 연간 행사나 제사도 이에 바탕으로 두고 거행된다. 33주기가 지난 사자는 신격화되어 신령이 되며 조상으로서 숭배의 대상이 된다. 또한 33주기가 되지 않은 사자는 위폐로 모셔져 신위를 모신다(沖縄を知る事典 편찬위원회 편 2000: 387).

조상숭배를 거행할 때에 중심이 되는 것이 문중이라고 하는 친족 집단이다. 문중이란, 오키나와의 공통된 시조를 중심으로 부계혈족으로 이어지는 집단이다(와타나베 외 2008: 508). 이 부계(남계) 혈연에 의한 문중에 바탕을 두고 장남에게 위폐와 재산이 계승된다.[2] 또한 문중은 조상숭배를 거행할 뿐만 아니라 오키나와 사람의 일상생활 속에 현실적으

1 일본 본토 출신자인 필자는 오키나와에서 임대 계약을 할 때에 계약과는 별도로 보증금을 지불해야 했다. 이는 임대료를 체납했을 경우 등, 갑작스런 불상사가 발생했을 때에 소속 섬이 없어 달리 체납액을 요구할 수 있는 곳이 없기 때문에 일본 본토 출신자에게 미리 징수해 두는 것이라는 설명을 들었다.

2 위폐 계승에 관한 사회문제를 '도토메 문제'라고 한다. 1980년에 오키나와의 현지 신문 《류큐 신문(琉球新聞)》에 도토메의 계승 문제가 게재된 것을 시작으로, 위폐와 그에 동반하는 재산은 남성뿐만이 아니라 여성에게도 계승될 권리가 있다는 운동이 전개되기 시작하였다. 이와 같은 남계 계승의 이면에 있는 유타라는 오키나와 민간 무당의 존재가 주목을 받으면서, 장남에게 위폐 계승이나 오키나와의 보수적인 가치관을 관장하는 유타가 비판을 받았다. 류큐 신문 편(琉球新報編)(1980); 오키나와 현 부인단체협의회 편(沖縄縣婦人團體協議會編)(1981)을 참조.

로 작용하는 측면도 있다.[3]

초지연적(超地緣的)인 생활을 하는 문중에 의해 오키나와의 가족과 친족은 매우 대규모이면서 다양한 측면을 갖는다. 그 규모의 거대함은 오키나와 결혼식 모습을 떠올리면 바로 알 수 있다. 일반적으로 오키나와의 결혼식 초대 손님은 200명에서부터 300명 정도라고 한다. 일본 본토에서는 가족이나 친구가 참석하는 정도로 결혼식이 거행되어 그 규모가 점점 소규모로 변모하는 것과 비교하면 매우 큰 차이를 보인다.

오키나와 사회에서 볼 수 있는 혈연·혼인 관계로 연결된 농밀한 친족 관계는 오키나와 사회의 특질이며 관혼상제 그리고 일상생활의 구석구석까지 이러한 친족 관계가 깊숙이 자리해 있다(히가比嘉 1987: 34). 다마키(玉城)는 오키나와의 이러한 친족 관계에 대해서 다음과 같이 기술하였다.

> 타자를 감싸 안음과 동시에, 타자에게 휘말리기 쉽다. 감싸 안는 것이 오키나와의 배려이며, 한편으로 휘말리는 것을 성가셔하지 않는다. 오히려 휘말리지 못하고 야닌주(가족공동체), 시만추(지연공동체) 등의 공동체 틀 밖에 놓이는 것에 소외감을 느낀다(다마키 1997: 29).

이와 같은 야닌주의 특징을 다마키(1986)는 '무경계(無境界) 가족'이라고 명명하여 오키나와 가족의 구조적 특징 중 하나로 제시하였다.[4]

---

3 문중에는 다음과 같은 세 가지 측면이 있다. ① 자기 확인으로서의 조상숭배, ② 상호 부조 네트워크, ③ 자산 운용·문화 사업 단체. 오키나와 사회는 미군 점령이나 일본 본토 복귀 등으로 급격한 변화를 겪었다. 그러나 문중을 통해 오키나와 사람들은 자신과 조상을 잇고 자기 확인을 할 수 있었다. 또한 저출산 고령화 사회인 현재, 문중은 육아나 병간호 등의 상호 부조의 측면도 담당하고 있다. 게다가 문중에는 구성원의 자제를 위한 육영 자금 대여·급여의 자산 운용 등도 실시하고 있어, 그 역할은 매우 다양하다(와타나베渡邊 외 2008: 509).

4 이 밖에도 다마키(玉城)는 앞서 기술한 가문이나 위패 계승에서의 남계주의 원리를 오

즉, 오키나와의 야닌주 의식은 핵가족 혹은 핵가족적인 세대(世帶)의 범위를 넘어, 확대된 친족 체계를 염두에 두고 있다. 그렇기 때문에 이혼 등으로 인한 모자 가정이나 미혼모 자녀들에 관련한 문제의 해결을 형제들에게 요청하는 경우가 많다. 또한 자녀를 부모에게 맡겨 버리는 격세대 가정(조부모와 손자녀)을 낳기도 한다. 오키나와에서는 가족의 경계가 불안정하고 불명확하기 때문에, 개인의 문제 해결을 부모나 형제, 타인에게 맡기는 경우가 많다(다마키 1986: 66-67).

다마키는 오키나와 가족의 특징을 '어떻게든 해결하는 가족'이라고도 하였다. 즉, 오키나와의 가족은 강한 연대나 상호 의존성을 특징으로 한 지역사회를 이루고 있기 때문에, 문제가 발생해도 여전히 '어떻게든 된다'는 태도를 보인다고 지적하였다(다마키 1986: 67-68).

경계가 명확하지 않아, '어떻게든 된다'는 태도가 특징인 오키나와의 가족이지만, 한편으로 계보주의가 강하다는 특징도 있다. 즉, 개인은 그 가족 · 친족에 귀속됨으로써 존재한다. 강한 계보주의를 특징으로 한 오키나와의 가족은 가족이나 친족을 떠난, 독신주의와 같은 개인주의적 삶의 방식을 부정하는 경향이 있다(다마키 1986: 65).

이처럼 문중을 중심으로 한 친족 관계는 대부분의 연중행사를 통해 그 관계를 심화 확대해 간다(표 3-1). 이러한 행사를 책임지고 맡아 하는 것은 그 가문의 아내 · 어머니이다. 어머니를 돕는 것은 딸들이다. 이렇게 딸과 어머니 사이에는 강한 유대감이 생긴다. 그리고 이 유대감은 여성이 결혼한 뒤에도 계속된다. 그러나 어머니와 딸의 친밀한 유대감을 비롯해 오키나와 문화의 특질인 친밀한 친족 관계가 때로 미군 병사나 그 결혼 생활에 커다란 짐으로 작용해 군인이라는 직업과 충돌하거나

키나와 가족의 특징 중 하나로서 '남계주의 가족'이라고 명명하였다(다마키 1986: 65-66). 또한 조상과의 강한 연계성을 가진 오키나와의 가족을 '조상숭배 가족'이라고 명명해, 그 특징에 대해서도 언급하였다(다마키 1986: 67).

표 3-1. 오키나와의 연중행사

월	일	행사명	행사 내용
1	음력·양력 1	설(正月)	若水(젊어지는 물)을 마시며 새해 인사.
	음력·양력 2-3	하치우쿠시(初起し)	始務
	2월 13일	툰시비(생일 축하)	12년마다 돌아오는 태어난 해 축하.
	음력 4	화신(火神) 맞이	전년 세모에 승천한 화신의 강림 맞이.
	음력·양력 7	七日絶句(난카누시쿠)	채소 죽(七草雜炊)을 神佛에게 공양.
	음력 14	작은 설(小正月)	소금에 절인 돼지고기를 구워 영전에 공양.
	음력·양력 16	十六日(주루쿠니치)	구소(後世)의 正月에 墓前祭 거행.
	음력·양력 20	二十日正月	正月 끝남.
2	음력·양력 1-10	야시치누우관(屋敷御願)	1월부터 6월까지 상반기를 위한 御願.
	음력 15	2월 후마치	보리의 初穗祭.
	양력 3월 20일 전후	彼岸	불단에 우산미(御三味: 돼지고기, 튀김, 두부, 어묵 등)와 떡 등을 공양, 紙錢을 태운다.
3	음력 3	하마우리(浜下り)	三月御重과 蓮餠을 만들어 바닷가로 나가 부정함을 씻어 건강 기원.
	양력 4월 5일-	시미(淸明祭)	門中 단위로 거행하는 墓前祭.
5	음력 4	윷카누히	풍어 기원하는 하리를 거행, 玩具 위치 세움. 가정에서는 포포와 친빈을 만든다.
	음력 5	군과치구니치	아마가시(오키나와 전통 과자)를 만들어 불단에 공양, 창포 뿌리를 꽂아 나쁜 기운 제거.
	음력 15	5월 우마치	以遠의 初穗祭. 마을·門中·가문의 행사.
6	음력 15	6월 우마치	稻大祭. 벼 收穫祭.
	음력 25	6월 카시치	햅쌀로 밥을 지어 건강을 축하.
7	음력 7	칠석(七夕)	묘지 청소.
	음력 13-15	오봉(お盆)	13일에 정령을 맞이해 15일에 보낼 때까지 조상 혼령에게 제사.
8	음력 8	도카치(米壽)	88세 米壽 축하.
	음력 8-11	요카비(妖怪日)	폭죽을 터뜨려 魔物을 쫓는 神事.
	음력 10	야시치누우관(屋敷御願)·시바사시	하반기의 야시치누우관(屋敷御願).
	음력 15	十五夜	月祭. 후치야기모치를 神佛에 공양.
	양력 9월 23일	彼岸	2월의 彼岸과 같다.
9	음력 7	가지마야	97세 축하. 풍차로 축하.
	음력 9	菊酒	국화 잎을 술잔에 띄워 神佛·火神에게 바치면서 가내 안전을 기원.
10	음력 1	카마마이	불조심을 위해 참배소에서 기원.
11	양력 12월 20일	동지(冬至)	동지죽을 神佛에 바침.
12	음력 8	무치(鬼餠)	겟토(月桃) 잎으로 싼 떡을 바쳐 가족 건강 기원.
	음력 24	야시치누우간(屋敷御願)	1년간의 가내 기원을 집대성.
	음력 24	우간부투치히누칸의 승천	正月에 맞이한 火神의 기원을 푸는 날. 火神 모신 곳을 정화하고 깨끗한 쌀을 공양.
	음력30·양력12월31일	年夜	한 해를 보내는 돼지뼛국을 먹는다.

출전:《沖縄の冠婚喪祭》那覇出版社 편1987년,《よくわかる御願ハンドブック》よくわかる御願ハンドブック 편2006년.

신혼 생활에 장애가 되기도 한다.

1.3. 여성이 결혼 후 갖게 되는 두 가지 지위와 역할

오키나와 사회에서 여성은 결혼 후에도 아버지나 형제 쪽 문중의 조상 제례와 관련한 의무를 다해야 한다(가사하라笠原 1989: 73). 다시 말해, 오키나와 여성은 결혼 후에도 친정 혹은 친정이 속한 문중에서 조상 제례와 관련한 의무를 지며, 그 구성원으로서의 자격을 유지한다.[5]

다나카(田中)는 오키나와의 여성이 결혼 후에도 친정의 행사나 사건 사고에 스스럼없이 관여할 수 있는 이유를, 전통적인 마을에서 내혼이 지배적이어서 결혼 후에도 걸어서 쉽게 왕래할 수 있는 거리에 사는 경우가 많았기 때문이라고 지적하였다. 또한 며느리로 들어온 어머니나 아내보다도 다른 집으로 시집을 간 자매나 딸이 친정에서 우선시된 것은 오키나와 여성이 결혼 후에도 자매·딸로서의 지위를 어머니·아내로서의 지위에 종속시키지 않고 계속 유지했기 때문이다(다나카 1983: 241).

뒤에서 살펴보겠지만, 결혼 후에도 친정에서 자매·딸로서의 지위를 유지하려는 경향은 미군 병사와의 결혼 생활에 영향을 주었다.

이처럼 다양한 전통적인 마을 공동체(시마)의 모습은 어떻게 보면 이념적인 것이어서, 현대의 오키나와 사회나 가족 양상과 합치하지 않는 경우가 많다. 그렇지만 전통적 마을 사회를 기반으로 한 긴밀한 사람과의 교제를 비롯해, 조상숭배에 바탕을 둔 연간행사 등은 현재 오키나와 사회에서 계속될 것이다.

---

5 히가(比嘉)의 의견에 따르면, 출가한 여성은 친정과의 관계에서 주로 자매, 즉 전통적으로는 '오나리가미(おなり神)'로서 제사 의무를 다하는 것으로 해석되어 왔다고 한다(히가 1987: 23). '오나리'란 자매를 가리키며, 형제(에키리, えきり)와 달리 특별한 수호 능력을 가진다고 믿는다.

2. 오키나와 주둔 미 해병대와 지역사회의 교류

본절에서는 오키나와 주둔 미 해병대가 오키나와 사회 속에서 실천하는 자선 활동, 기지 공개와 기지 관계자가 참여하는 지역사회의 행사에 대해서 살펴보겠다. 또한 해병대 기지 캠프 슈와브와 오키나와 본섬 북부 나고 시(名護市) 헤노코(邊野古) 사이에서 찾아볼 수 있는 교류에 주목하면서 그 양의성(兩義性)에 대해서도 고찰하겠다.

2.1. 오키나와 주둔 미 해병대의 '좋은 이웃 활동'

미군 기지가 기지 주변 지역사회에서 실천하는 자선 활동을 일반적으로 굿 네이버 프로그램('좋은 이웃 활동', Good Neighbor Program)이라고 한다. 미군 기지의 '좋은 이웃 활동'이란, 양로원이나 아동 보호시설 등을 방문해 실천하는 청소 등의 다양한 활동을 말한다.[6] 이와 같은 미군 기지와 지역 주민의 교류에 대해서 오키나와 현지의 신문이나 매스 미디어에서 보도하는 경우는 거의 없다.

오키나와 주둔 미 해병대의 활동에 대해서는 본섬 중부에 있는 캠프 버틀러 해병대 기지 종합보도부(Consolidated Public Affairs Office)가 발행하는 기관지 《Big Circle》에 사진과 함께 영어와 일본어로 보도되었다.[7]

6 미군의 이와 같은 자선 활동은 미군의 민군작전(Civil-Military Operations: CMO)의 일환이라고도 한다. 민군작전이란, "군이 문민 조직(정부, NGO, 현지 당국, 주민을 포함)과 관계를 확립하여 유지하고 영향력을 행사하며 또는 이를 이용하는 사령관의 활동"이다. 이러한 활동의 구체적인 목적은 "미국의 국가 목표 추구를 지원하는 것, 군사작전의 효율성을 높이는 것, 군사작전이 문민에게 미치는 마이너스 영향을 지양하는 것" 등 세 가지이다(等 2007: 35). 미군의 CMO에 대해서는 http://www.fas.org/irp/doddir/dod/jp3_57.pdf(2012년 3월 3일 열람)를 참조.

7 캠프 버틀러 해병대기지의 홈페이지를 통해 영어와 일본어로 기사를 다운로드받을 수 있다. http://www.kanji.okinawa.usmc.mil/BigCircle/BigCircle.html(일본어), http://www.okinawa.

《Big Circle》은 연 4회(봄, 여름, 가을, 겨울 호)[8] 발행되며 기지 내뿐만이 아니라 기지 밖에도 비치된다. 각 호 20쪽 정도로 발행되는《Big Circle》은 기지 관계자 이외에 오키나와 주둔 미 해병대나 이들이 기지 밖에서 지역사회를 위해 실천하는 활동에 대해서 알 수 있는 귀중한 정보원이라고 할 수 있다.

예를 들어, 2007년 겨울 호에는〈홀리데이 스피릿 · 연말연시의 다채로운 행사를 함께 축하하는 히카리가오카(光が丘) 양로원과 제7 통신대대〉라는 표제 기사가 게재되었다. 이 기사에서는 캠프 핸슨 제7 통신대대에 소속된 군인들이 크리스마스에 본섬 북부 긴초(金武町)에 있는 히카리가오카 양로원을 방문한 모습을 다루었다.

이 기사에 따르면, 해병대가 이 양로원에서 자선 활동을 시작한 지 15년째라고 한다. 여름에는 월 2회, 겨울에는 월 1회, 이 양로원을 방문해 마당의 풀을 뽑거나 청소를 하고 어르신들과 교류를 하고 있다. 크리스마스 이외에도 11월 하순 미국의 기념일인 추수감사절에 칠면조 요리를 들고 양로원을 방문한다. 크리스마스에는 크리스마스 노래를 부르며 케이크를 선물한다. 이러한 활동에 감명을 받은 양로원 시설의 대표는 1년 동안의 봉사 활동에 대한 감사의 마음을 담아 직원을 위한 송년회에 부대 대표자를 초대한다. 또한 이 시설이 개최하는 새해 떡 메치기 행사나 꽃구경, 달구경 등 계절 행사에도 해병대원이나 그 가족을 초대한다. 이와 마찬가지로, 부대에서도 볼링 대회 등의 기회가 있으면 양로원의 어르신들이나 직원을 초대한다.

---

usmc.mil/BigCircle/BigCircle.html(영어), 2012년 3월 3일 열람.《*Big Circle*》에 게재되는 기사의 대부분은 오키나와 출신 여성(편집장)이 사진 촬영을 비롯해 취재에서부터 기사의 집필(영어와 일본어)까지 담당하고 있다. 또한 2009년 1월부터는 2대 편집장이 간행을 담당하고 있다.

8 2005년에 발행된《*Big Circle*》에는 권과 호가 기재되었지만, 2006년 이후에는 봄, 여름, 가을, 겨울 호로 변경되었다.

그러나 이상과 같은《Big Circle》에서 다루는 해병대의 활동에는 다양한 의도가 있다고 강하게 비판하는 의견도 있다. 요시다(吉田)는 '좋은 이웃 활동'에는 정치적 의도가 있으며, 이 정책은 주민의 마음을 사려는 기만책이라고 신랄하게 비판하였다. 이와 같은 미군의 활동은 미군 기지가 안고 있는 제반 문제를 감추고 미군의 주둔을 '미화'하려는 유치한 사기극이라고 지적하였다. 요시다는 미군 기지로 인한 불편을 감수해 온 사람들에게 미군이 제멋대로 '좋은 이웃'이라고 명명하며 군인·군속들이 '자선의 사자'인 양 행세하는 것은 주민에게 무례한 행동이 아니냐는 지적도 하였다(요시다 2007).

요시다의 지적은 분명 '좋은 이웃 프로그램'의 정치적 의도를 밝혀냈다는 점에서 의미가 있다. 그러나 단순히 정치적 의도만으로 이러한 활동을 해석해 버리는 것도 문제이다. 볼링 대회 등을 주목해 보면, 해병대원들이 양로원에서 실천한 봉사 활동 이외의 기회에도 서로 함께하는 시간을 공유하고 있다는 것을 알 수 있다. 지역사회 속에서 몇 십 년 동안 자원봉사 활동을 해 오는 가운데, 거기에서 정치적 이익으로는 환원할 수 없는 깊은 유대 관계가 구축되는 것은 아닐까? 이는 오키나와의 미군 기지를 둘러싸고 일본과 미국 사이에 벌어지고 있는 정치적인 의도를 넘어선 공간에서, 지역 주민과 해병대원들이 오키나와에서 살고 있는 한 개인으로서 직접 만나 서로를 이해할 수 있는 귀중한 경험을 서로에게 안겨 주고 있는 것이다. 그렇다고 해서 오키나와의 미 해병대원과 지역 주민 사이에 있는 복잡한 감정을 무시할 수는 없다. 이 점에 대해서는 뒤에 기술하겠다.

2.2. 기지의 일반 공개

미군 기지는 연간 수차례 특별 공개를 한다. 그러나 기지 전체를 공개하는 것이 아니라, 기지의 일부만을 공개한다. 지역 주민은 포장마차 등을 통해 미국의 식사나 분위기를 즐길 수 있다. 기지나 행사의 내용에 따라서는 탱크, 전투기나 헬리콥터 등의 무기를 전시하기도 한다(사진 8).

기지 공개는 주로 미국의 행사에 맞추어 열린다. 예를 들면, 7월 4일 독립기념일에는 가데나(嘉手納) 기지가 공개된다. 9·11 이후 중지되었으나, 2008년에 재개되었다. 10월 30일의 할로윈에는 아이들과 함께 어른들도 할로윈 분장을 하고 캠프 포스터 안에서 미국의 명절 분위기를 즐긴다. 크리스마스의 행사나 부활절에도 기지를 일부 공개한다. 필자가 참석한 2006년 10월 30일의 캠프 포스터에서 열린 할로윈에는 자동차를 귀신의 집으로 꾸며 자동차에서 아이들에게 사탕을 나누어 주는 행사를 열었다. 통상의 할로윈에는 "Trick or treat"라고 외치면서 아이들이 집집마다 돌아다니는데, 캠프 포스터에서는 'truck'을 이용했기 때문에 "Truck or treat"라고 외치며 다녔다. 평상시에는 출입할 수 없는 기지 안이므로, 아이들이 미국의 문화를 접해 보기를 바라는 많은 오키나와 부모들이 자신들의 아이들과 참여하였다(사진 9). 오키나와의 어머니들이 아이들에게 "Trick or treat"라고 영어로 말하도록 가르치는 모습은 인상적이었다.

사진 8. 기지 내 페스티벌에서 아이들을 군용차에 태우는 어머니

사진 9. 기지 내 할로윈에서 과자를 받는 오키나와 현지의 아이들

할로윈 행사는 기지 내에서뿐만 아니라, 기지 안팎에 사는 군인 · 군속의 각 가정에서도 열린다. 기지를 할로윈을 위해 일반에게 공개한 날에는 일본인의 자녀도 미국인의 자녀와 함께 각 가정을 돌아다닌다. 기지 밖에 사는 미군 병사와 결혼한 한 일본인 아내에 따르면, 오키나와의 중학생들이 할로윈 날에 기지 관계자들이 사는 주택지를 찾아가면 과자를 받을 수 있다는 것을 알고, 할로윈 분장도 하지 않고 하교 길에 교복을 입은 채로 미국인 주택지를 찾아와 돌아다닌다고 한다. 그래서 자신의 집으로 찾아온 중학생들에게 할로윈 분장을 하고 오도록 주의를 주었다고 한다.

미국의 행사 때가 아니어도 기지는 주말에 공개된다. 즉, 5월 하순 캠프 슈와브의 페스티벌을 시작으로, 7월 하순에는 캠프 핸슨, 8월에는 후텐마(普天間) 비행장이 공개된다. 또한 9월 하순에는 캠프 포스터나 본섬 북부에 있는 미군 휴양지인 오쿠마도 개방된다. 기지가 공개될 때에는 많은 현지 주민이 기지 내로 들어온다. 기지 내에서는 달러와 엔으로 쇼핑을 할 수 있다.

필자는 후텐마 비행장, 캠프 포스터와 캠프 슈와브의 기지 공개에 다녀왔다. 기지 공개에 참여한 곳에서 많은 일본인 가족을 만날 수 있었다. 어른들은 탱크나 헬리콥터를 아이들과 함께 타 보면서 사진을 찍었다. 또한 군복을 입은 미국인과 함께 사진을 찍고 싶어 포즈를 부탁하는 모습도 자주 보았다. 뒤에 기술하겠지만, 기지 공개는 미군 병사와 일본인 여성의 만남의 장이기도 하다.

매주 주말, 오키나와 주둔 미 해병대 기지에서 플리 마켓이 열린다. 첫째 주 토·일(12시부터 15시까지)요일에는 캠프 포스터, 둘째 주, 넷째 주, 다섯째 주 토·일(7시부터 10시까지)요일에는 캠프 코트니, 셋째 주 토·일(12시부터 15시까지)요일에는 캠프 킨저에서 열린다. 미일 지위 협정의 신분을 가진 기지 관계자들이 기지 내에서 사용하지 않는 물건을 판매한다. 플리 마켓에는 많은 지역 주민이 찾아온다. 특히, 근무지 이동(PCS)[9]의 시기인 5월부터 8월, 10월부터 1월에는 사용하지 않는 물건을 처리하기 위해 많은 사람이 참가한다. 이동 때에는 계급이나 가족의 수에 따라 중량 수당이 결정된다. 그러나 수당에 상당하는 중량을 넘은 분량에 대한 비용은 개인이 내야 한다. 그래서 많은 기지 관계자가 필요 없는 물건을 판매하려고 필사적이다. 한편, 오키나와의 지역 주민들에게도 평소에 볼 수 없는 미국 제품을 저렴한 가격에 구입할 수 있는 좋은 기회이다. 플리 마켓에서 필요 없게 된 물건을 판매할 때에 필요한 참가비는 15달러이다. 군대의 이동 명령을 받았다면 5달러에 참가할 수 있다. 구입자는 무료로 참가한다.

2.3. 오키나와의 행사에 참가하는 기지 관계자

오키나와 현내 각지에서 연간 열리는 다양한 행사에서도 많은 기지 관

9 PCS란, Permanent Change of Station의 약자로 이동을 의미한다. 미군 관계자와 이야기를 나누다 보면 자주 듣는 군대 내 용어이다.

계자의 모습을 발견할 수 있다. 보러 온 사람들에 섞여 행사에 참여하는 경우도 있고, 이러한 행사에 직접 관여하는 경우도 있다.

1월 중순 무렵부터 2월 상순에는 오키나와 본섬 북부의 본부에서 야에다케(八重岳) 벚꽃 축제가, 본섬 북부의 나고(名護)에서 벚꽃 축제가 열린다. 일본에서 제일 먼저 피는 벚꽃을 보기 위해 미군 관계자도 북부까지 먼 길을 찾아온다. 3월 초순에서 하순까지는 동부의 히가시손(東村)의 철쭉 축제도 인기가 많다. 4월 하순부터 골든 위크까지는 외딴섬 이에지마(伊江島)에서 열리는 백합 축제에 참가하는 기지 관계자도 많다. 하리(爬龍) 시즌인 5월에는 현지의 하리 참가자와 함께 기지 관계자도 대거 행사에 참가한다. 하리란, 오키나와 현 내 각지의 항구에서 사바니라고 하는 전통 어선을 이용해 열리는 경주대회이다. 나하(那覇) 하리가 특히 유명하다.

본섬 중부 오키나와 시의 여름 행사는 7월 초순에 열리는 피스플러브록페스티벌이 유명하다. 가데나(嘉手納) 항공기지에서도 가까워 많은 기지 관계자가 참가한다. 여름에는 오키나와 현내 각지에서 불꽃놀이 대회가 열리는데, 본섬 북부 본부의 해양박물공원 서머페스티벌에는 기지 관계자가 참석하는 경우도 많다. 축제 시즌인 7월에는 미군 관계자의 모습을 오키나와 현내 각지에서 목격할 수 있다. 7월에 열리는 축제 중에서 인기가 있는 축제는 나고(名護)의 여름 축제와 중부 우라소에(浦添)의 데다코(てだこ) 축제, 차탄(北谷)의 항구도시 자탄 카니발이다.

오키나와의 추석이 다가오면 에이사(조상에게 공양하면서 집단으로 추는 전통 춤) 시기가 도래한다. 8월 초순에는 나하의 국제거리에서 만 명 정도가 참가해 춤을 추는 에이사를 보러 온 기지 관계자도 많다. 하고로모(羽衣) 축제는 중부의 기노완(宜野灣)에서 열리는 유명한 여름 축제이다. 여기서 볼 수 있는 가차시(カチャーシー)[10] 대회에는 현지 참가자와

10 가차시란, 축하연 뒤에 열리는 즉흥 춤. 고전무용의 발놀림은 바닥 면을 스치듯 끌며

함께 기지 관계자도 참가한다. 여름의 최대 축제는 오키나와 시에서 열리는 오키나와 섬 전체 에이사 축제이다. 여기에는 기지 관계자로 구성된 오키나와 시 국제교류협회의 에이사 팀도 참가한다. 또한 이날에는 오리온 비어 페스트도 에이사 대회 옆에서 열려, 현지 맥주를 마시면서 에이사를 보면서 축제를 즐길 수 있다.

10월 중순에는 나하 축제가 국제거리에서 열린다. 이틀 동안 열리는 나하 줄다리기에는 많은 젊은 해병대원들과 오키나와 주둔 미군 관계자가 오키나와 사람들과 함께 줄다리기에 참가한다. 오키나와에서는 연중 마라톤 대회가 개최되는데, 오키나와 시에서 11월 중순에 개최하는 중부 트림 마라톤 대회에는 기지 관계자의 모습도 볼 수 있다. 11월 하순에는 오키나와 시의 게이트 거리에서 오키나와 국제 카니발과 게이트 2 페스타가 열린다. 크리스마스의 일루미네이션은 중부의 오키나와 시 동남식물원(2010년 12월에 폐원)이 인기가 있다. 연말에는 오키나와 사람들과 함께 기지 관계자들이 카운트다운을 하는 광경을 볼 수 있다. 본섬 남부의 이토만(糸滿)에서 열리는 130만 현민 '평화의 빛' 이토만 피스풀 일루미네이션이 바로 그것이다.

이처럼 많은 미군 기지 관계자들은 연중 오키나와의 지역사회 행사를 보는 데에 그치지 않고 그 행사에 적극적으로 참여하고 있다.

3. 헤노코(邊野古)와 캠프 슈와브

앞서 기술했듯이, 미 해병대 기지 캠프 슈와브가 소재한 나고 시(名護市)

옮기는 발동작인 데 반해, 가차시는 바닥 면을 툭툭 가볍게 밟으면서 춤을 추며 두 손은 가볍게 머리 위로 들고 손바닥을 뒤집어 가면서 춤을 춘다(와타나베渡邊 외 2008: 133).

헤노코(邊野古)는 후텐마(普天間) 비행장의 대체 시설로서 이설 예정지이다. 새로운 기지 건설을 둘러싸고 항의 운동이 전개되고 있는 것으로도 알려져 있다. 항의 운동은 장기간 농성이나 해상 저지 행동에도 나서고 있어, 오키나와뿐 아니라 전국적으로 알려져 있다. 그러나 이러한 기지 반대 운동에는 지역 주민 이외에도 많은 사람들이 참여하고 있다. 뒤에 기술하겠지만, 헤노코의 주민과 캠프 슈와브는 '우호적'인 관계를 구축하고 있기 때문이다.

먼저, 헤노코와 캠프 슈와브에 대한 역사를 개관하고, 직접 관찰한 캠프 슈와브와 헤노코 지역 주민의 관계에 대해서 기술하겠다. 필자가 직접 관찰한 당시, 캠프 슈와브가 참가한 헤노코의 행사 중 하나인 제4회 헤노코 구민 운동회에 대해서 이야기 하겠다. 여기서 다루지는 않지만, 캠프 슈와브의 해병대는 구민 운동회 이외에도 스모 대회나 하리(사진 10)에도 참가하며, 현지 초등학교에서 자원봉사로 영어를 가르치는(사진 11) 활동도 하고 있다.

3.1. 헤노코와 캠프 슈와브의 역사

나고 시(名護市) 헤노코 구(邊野古區)는 나하(那覇)에서 67킬로미터 북상해, 오키나와 본섬의 동해안에 위치한 총면적 10.83평방킬로미터의 촌락이다. 2011년 3월, 헤노코 구의 인구와 세대 수는 인구 1,970명이고 1,124세대이며, 1965년을 정점으로 감소하고 있다.[11] 그럼, Inoue(2007)의 연구를 참조하면서 헤노코 구와 캠프 슈와브의 역사에 대해 살펴보겠다.

오키나와 전쟁이 끝나고 오키나와는 류큐 열도 미국 민정부(USCAR)[12]

---

11 헤노코 구 홈페이지(http://www.henoko.uchina.jp/, 2011년 2월 14일 열람)와 나고 시청(名護市役所) 홈페이지(http://www.city.nago.okinawa.jp/4/3565.html, 2011년 12월 27일 열람)를 참조.

의 통치하에 있었다. 1955년 여름에 USCAR은 헤노코에 미군 기지를 건설하기 위해 토지 접수를 실시하겠다는 통고를 하였다. 헤노코 촌장은 류큐 정부에 탄원서를 제출해 도움을 요청하였으나, 토지 접수는 실시를 앞두게 되었다. 헤노코 촌장들은 지역 개발을 위해 USCAR의 제안을 받아들였다. 그러나 USCAR 측에 몇 가지 제안을 하였다. 바로, 헤노코 주민을 퇴거시키지 않고 헤노코에 전기와 물을 제공하며 새로운 기지에 헤노코 주민을 종업원으로 고용할 것, 또한 헤노코의 토지를 이용하는 게 아니라 미군에게 대여해서 그 토지에서 주민이 농사를 짓게 해달라는 조건이었다. 1956년의 크리스마스이브에 군용지 계약을 체결하고 1년 뒤인 1957년에 새로운 기지인 캠프 슈와브의 건설이 시작되었다. 기지 건설 장소는 전후 미군의 수용 캠프가 있던 장소였다. 기지가 헤노코에 건설되면서 헤노코는 크게 변모하였다. 기지 건설로 인해 오키나와의 각지에서 헤노코로 인구가 유입되어, 남성은 기지 건설을 위해 건설에 종사하고 여성은 기지 주변의 레스토랑이나 바에서 일을 하면서 헤노코에 활기가 가득하였다. 헤노코의 상황은 충분한 보상금도 없이 '총검과 불도저'를 통해 강제로 토지가 접수된 오키나와 본섬의 다른 지역과는 상당히 다른 것이었다.

1959년, 마침내 캠프 슈와브가 건설되었다. 헤노코는 '애플 타운'(Apple Town)으로 명명되었다(사진 12). 마을 조성에 크게 협조한 애플 소

---

12 오키나와는 1945년 3월에 오키나와에 상륙한 미 육군·해군에 의한 군정 기구인 류큐 열도 미국 군정부(United States Military Government of the Ryukyu Islands)의 통치를 받았다. 1950년에 미 군정부를 폐지하고 새로이 오키나와 통치를 위한 미국 정부의 현지 기관인 류큐 열도 미국 민정부(United States Civil Administration of the Ryukyu Islands: USCAR)를 설립하였다. 그 배경에는 오키나와 장기 통치를 위해서 당시의 점령 정책으로는 주민의 협력을 얻을 수 없다는 미국의 판단에 따라 형식적이기는 하지만 군정에서 민정으로 이행할 필요가 있었던 것이다. 그러나 명칭이 군정부에서 민정부로 바뀌었을 뿐, 그 실상에는 이렇다 할 변화가 없었다. 그리고 1972년에 일본 본토에 반환이 되면서 USCAR은 폐지되었다(오키나와 타임즈沖縄タイムス 편 1983: 409-413).

사진 10. 헤노코(邊野古)의 하리에 참가한 해병대 정찰부대(RECON)

사진 11. 자원봉사 활동으로 유치원에서 영어를 가르치는 해병대원

사진 12. 헤노코의 입구

령의 이름을 따서 붙여진 마을 이름이다. 당시 150-200개 정도의 미군 관계자용 바나 레스토랑이 자리해 있었다. 1960년대의 베트남 전쟁 때에 헤노코는 기지촌으로 크게 번창하였다. 그러나 베트남 전쟁이 끝나가면서 캠프 슈와브의 미군 병사 수도 줄어, 헤노코의 경제에도 그림자가 드리우기 시작하였다. 1970년대 후반에 이르자, 수백 명의 기지 내 종업원이 해고되었다. 그리고 동시에 헤노코의 인구도 감소하였다. 1990

년대에 헤노코의 경제는 더욱 악화되면서 약 3분의 2의 바나 레스토랑이 문을 닫아, 더 이상 예전의 헤노코의 활기를 찾아볼 수 없었다.

현재 헤노코에서는 연중행사에 캠프 슈와브의 해병대원들을 초대해 기지와 지역사회 간에 '친선'(friendship) 관계를 구축하려고 노력하고 있다. 이러한 행사에는 헤노코의 촌장을 비롯해 기지의 사령관 등도 참가한다. '헤노코 슈와브 친선 위원회'가 연 1회 개최되어 헤노코와 기지의 문제 해결 약속을 하거나 헤노코의 행사 등을 안내한다(Inoue 2007: 117).

3.2. 제4회 헤노코 구민 운동회

헤노코 구민 운동회에는 캠프 슈와브의 해병대원들도 11반으로서 참가한다. 이들은 구의 일원으로서 참가하는 것이다(사진 13). 필자는 헤노코의 주민인 요시미(好美) 씨와 함께 참가하였다. 요시미 씨는 80대 초반의 오키나와 출신 여성으로 미군 병사와 결혼했으나 남편은 이미 사망했다고 한다. 요시미 씨는 현재 헤노코에서 혼자 살고 있다. 요시미 씨와는 인터뷰를 통해 알게 되었다. 그럼, 조사한 내용을 기록해 놓은 자료를 중심으로 운동회의 모습을 기술해 보겠다.

필자는 구민 운동회 당일 아침 7시 30분 무렵에 헤코노에 있는 요시미 씨의 자택에 도착하였다. 요시미 씨와 아침 식사를 하고 9시부터 시작되는 운동회 장소로 향하였다. 운동회 본부의 텐트로 가서 캠프 슈와브의 섭외관[13]인 오키나와 출신 남성, 다나하라(棚原) 씨와 인사를 나누었다.

운동회는 참가자들이 입장하면서 시작된다. 헤노코는 11반까지 나뉘어져 있다. 각 반의 참가자는 반의 깃발을 들고 행진한다. 캠프 슈와브

13 영어로는 community relations specialist라고 하며, 기지 내 일본인 종업원의 직종 중 하나이다. 그 직무는 미군 기지와 기지 소재지의 지역사회 간에 우호 관계를 유지하기 위해 중개자로 활약한다. 기지 사령관의 통역 등도 그 업무에 포함되며 직무가 다양하다.

는 11반이지만 깃발이 없었다. 요시미 씨는 캠프 슈와브가 깃발이 없다는 사실을 지적하였다. 개회식에서는 기미가요가 흐르고 국기 게양이 이어졌다. 히노마루 옆에는 헤노코의 구기(區旗)도 게양되었다.

사진 13. 캠프 슈와브의 구기[區旗(11반)]를 들고 있는 해병대원

경기가 시작되었다. 필자는 요시미 씨와 함께 7구(區)의 텐트로 돌아가 운동회를 관전하였다. 80미터, 50미터 달리기가 시작되어 남녀 초등학생에서부터 60대까지 다양한 연령대별로 달리기 시합이 있었다. 이어서 장애물 경기, 타이어 굴리며 이어달리기가 이어졌다. 요시미 씨는 그랜드 골프에 출전하였다.

무카데(百足) 경주에는 캠프 슈와브의 섭외관 다나하라 씨의 제안으로 캠프 슈와브 11반의 일원으로 필자도 출전하게 되었다. 다나하라 씨가 필자를 데리고 11반 텐트로 가서 함께 경기에 참가할 해병대원들을 소개해 주었다. 그들은 뉴욕 출신의 아프리카계 미국인 남성(19세), 댈러스 출신의 멕시코 계 남성(19세)과 백인 남성(20대 초반)이었다. 여성이 2명 부족하여 7반에 있던 중학생 정도의 '하프'[14]로 보이는 여학생 2명에게 부탁해 11반으로 참가하였다.

14 '하프'(half)란, 국적이 다른 부모 사이에 태어난 아이를 말한다. '하프'는 반은 일본인 반은 외국인으로, 거기에는 결함이나 결여라는 의미가 내포되어 있다. 그래서 최근에는 '더블'(double)이라는, 두 종류의 루트를 가졌다는 긍정적 의미를 가진 표현을 사용하는 경우도 많다. 이 밖에도 '아메라시언'(amerasian)이라는 명칭도 있다. 아메라시언에 대한 연구는머피 시게마쓰(重松 2002)를 참조. 이 책에서는 더 일반적으로 사용되는 '하프'라는 말을 사용한다. 아메라시언에 대해서는 제9장에서 다시 한 번 오키나와 여성과 군인 사이에서 태어난 '하프'인 아이들이 처한 상황을 통해 다루고자 한다.

사진 14. 헤노코(邊野古)의 구민 운동회에서 경품을 받아 든 해병대원

멕시코 계 해병대원이 필자에게 "왼쪽을 일본어로 뭐라고 하나요?"라고 영어로 질문해서 "히타리"라고 답해 주었다. 다시 "오른쪽은?"이라고 물어서 "미기"라고 대답해 주었다. 그는 필자와 여학생 2명에게 "히타리, 미기, 히타리, 미기"라며 즐겁게 말을 건넸다. 필자는 아프리카계 미국인 해병대원과 멕시코계 해병대원 사이의 두 번째에 들어갔다. 멕시코 계 해병대원의 구령과 함께 11반은 달려 나갔다. "히타리, 미기, 히타리, 미기." 결과, 11반은 꼴찌였다.

다음 경기는 가족 이어달리기, 자전거 이어달리기, 여성 이어달리기가 이어졌다. 캠프 슈와브의 대원들은 여홍 릴레이에 참가하였다. 매일 신체를 단련하고 있는 해병대원등은 역시 빨랐다. 해병대원들은 릴레이에 참가한 뒤 경품으로 화장지(12개)를 하나씩 받았다(사진 14). 일본의 화장지를 기뻐하며 들고 있던 모습이 인상적이었다. 경품을 받아 든 그들에게 "기분이 어때요?"하고 묻자, "묘한 기분이지만 화장지는 모두에게 필요한 것이니까"라며 미소를 지어 보였다.

13시가 지나서 점심 식사 시간이 되었다. 요시미 씨가 미리 필자의 도

사진 15. 운동회 폐회식에서 정렬한 헤노코의 아이들과 해병대원들

시락도 주문해 주었다. 점심 식사를 마치고 부인회, 노인회의 여흥으로 봉오도리(盆踊り)를 추었다. 캠프 슈와브의 해병대원들도 봉오도리에 참가해 손을 맞잡았다. 해병대원들도 열심히 눈치껏 따라 추었다.

7반의 여성 응원단장이 눈에 띄어서 요시미 씨에게 "누구냐?"라고 물어보았는데, 헤노코에서 바를 경영하는 여성이라고 답해 주었다. 그녀는 새빨간 기모노 위에 기저귀를 겹친 코스튬을 입고 해병대 텐트로 왔다. 기묘한 의상에 해병대원들은 좀 경계하는 눈치였다.

점심 식사 후, 다종목 릴레이, 초등학생의 삼각 줄다리기, 부부 릴레이, 대표 릴레이, 럭비 볼 돌리며 이어달리기가 있었다. 주스 맛있게 빨리 마시기 경주에는 캠프 슈와브의 해병대원들도 나갔다. 마지막에는 여성 종합 릴레이와 남성 종합 릴레이로 마무리되었다. 폐회식에는 참가자들이 각 반의 깃발을 들고 정렬하였다(사진 15). 운동회 참가자에게 쌀 2킬로그램을 나누어 주면서 운동회가 마무리되었다.

폐회식 후, 각 반은 소감을 나누는 시간을 가졌다. 7반 참가자들은 바비큐 파티를 한다고 한다. 필자는 요시미 씨와 함께 캠프 슈와브에서 저녁 식사를 하게 되었다. 헤노코 입구에 운동회에 참가했던 해병대원들이 도로에 모여 있었다. 그들은 요시미 씨의 차에 타고 있던 필자를 알아보고 손을 흔들어 주었다. 나 역시 차창을 내려 그들에게 손을 흔들었다.

집에 도착하니 현지 신문인 류큐 신보의 1면에는 '인간 띠, 가데나(嘉手納) 포위'라는 기사가 실려 있었다. 기사에는 미 공군 가데나 기지의 기능 강화에 반대하기 위해 1만 5270명(주최 측 발표)이 참가해, '인간 띠'로 가데나 기지를 둘러싸는 가데나 기지 포위 시위는 7년 만에 네 번째라는 내용이 실렸다.

오키나와 본섬 중부의 가데나 기지 주변에서 기지 반대 운동을 위해 오키나와 사람들이 손을 잡고 포위하고 있던 시간에, 같은 오키나와 본섬 북부의 헤노코에서는 캠프 슈와브의 해병대원이 11반으로서 구민 운동회에 참가했다는 것을 생각하면, 오키나와의 미군 기지와 지역사회 사이에 있는 모순을 피부로 느낄 수 있었다. 그럼, 이러한 모순을 뛰어넘은 미군 기지와 지역사회 사이에 형성된 관계성에 대해서 살펴보자.

4. 모순을 넘어서

오키나와에서는 미군 기지와 지역 주민 사이에 다양한 교류가 이루어지고 있다. 이는 해병대의 지역사회 봉사 활동을 비롯해 다양하게 나타난다. 1년에 수차례 기지를 일반에 공개할 때나 오키나와의 전통 행사 등, 오키나와에는 기지 관계자와 지역 주민이 교류를 하는 기회가 많다. 양자의 거리도 가깝다. 이것이 일본 본토의 미군 기지와 지역사회의 관계와 다른 점이기도 한데, 이러한 근접성은 나고 시 헤노코의 현지 행사에 참가하는 캠프 슈와브의 해병대원들의 모습을 통해 잘 알 수 있다. 이와 같은 교류는 기지 관계자가 일으키는 범죄나 기지 반대 운동 등을 통해 드러나는 기지와 지역사회의 긴장 관계와는 상당히 거리가 있었다.

요시다(吉田)는 이러한 해병대의 기지 주변 지역에서의 활동에 정치적 의도가 있으며, 그 정책은 주민의 환심을 사려는 기만책이라고 신랄하게 지적하였다(요시다 2007). 그러나 히카리가오카 양로원에서의 미 해병대원들의 활동을 통해 드러나듯이, 해병대원이 양로원에서 실천하는 봉사 활동 이외에도 양자는 서로를 초대하며 시간을 공유하고 있었다. 정치·군사적인 의도를 넘어 지역 주민과 해병대원이 한 개인으로서 유대를 구축해 가고 있는 것이다.

그렇기는 하지만, Inoue(2007)가 지적했듯이, 오키나와의 미 해병대원과 지역 주민 사이에 있는, 단순히 '친선'이라는 말로 정리할 수 없는 문제가 존재한다는 점에 주목하고자 한다. Inoue는 다음과 같이 지적하였다.

> 이와 같은 행사에 참가하는 해병대원들은 현지의 행사에 참가해 다행이지만 '친선'이라는 명목으로 행사에 참가하고 있어, 대등한 참가자로서가 아니라 거리감이 있는 손님으로서 마련된 자리여서 소외감을 느낀다. 그들은 매우 고독하다고 느끼고 있다(Inoue 2007: 120-121).

또한 Inoue는 헤노코의 '친선'이라는 사고방식에 내재된 냉혹한 특징을 감지하고 있다. 이는 헤노코의 기지 옹호파 주민의 말에 잘 나타나 있다. "내 딸은 미국인과 결혼하지 않았으면 좋겠다" 혹은 "보조금이 사라지면, 친선 활동은 더 이상 없다"(Inoue 2007: 123). 이러한 헤노코 주민의 말은 제1장에서 언급한 일본 정부가 미군 기지 소재지에 지불하는 기지 주변 정비금(보조금)이나 기지 교부금의 존재를 무시하고 헤노코와 캠프 슈와브 사이에 있는 관계를 설명할 수 없다는 점을 보여 준다.

해외에 주둔하는 미군 기지와 주둔국 사이에는 기지의 소재를 둘러싸고 전개되는 정치적인 줄다리기가 분명 존재한다. 그러나 이러한 줄다리기와는 관계없이, 미군 관계자와 기지 소재지에 사는 지역 주민들은 개인으로서 서로를 알게 되는 기회를 가지면서 이해를 다지고 있는 것도 사실이다. 여기서 생겨난 새로운 관계성에 대해 주목을 함으로써, 오키나와 사회의 다양한 측면을 발견할 수 있다. 그 하나가 이 책의 중심 테마인 미군 관계자와 오키나와 여성의 교제·결혼인 것이다.

제2부 만남·결혼·갈등

후덴마(普天間) 비행장 공개 페스티벌에 참가한 미군 병사와 일본인 여성

제2부에서는 미군 병사와 일본인 여성이 만나서 결혼하고 가정생활을 꾸려 가는 모습에 대해서 남녀의 인터뷰를 바탕으로 기술하겠다. 그리고 군대와 오키나와 사회가 점점 가까워지는 과정을 부각하고자 한다. 제2부는 제4장에서 소개하는 미군 병사와 결혼한 일본인 여성 4명과 일본인 여성과 결혼한 미군 병사 5명의 경험을 중심으로 구성하였다. 이 중에는 해병대원이 아닌 사례도 포함되어 있다는 점을 밝혀 둔다.

오키나와에서 미군 병사와의 교제는 부정적인 시각에서 언급되는 경우가 많다. 특히, 미군 병사와 교제하는 일본 본토 출신 여성에 대해서는 성적인 시각에서 다루는 경향이 있다. 그러나 미군 병사와 일본인 여성의 만남에는 다양한 형태가 존재하며, 그 만남은 결코 일시적인 쾌락을 찾는 경우만 있는 것이 아니다. 또한 교제와 결혼까지 이르는 과정에 미군 병사의 부임 기간이나 결혼 전 임신 등의 문제가 생기기도 하지만, 이는 앞으로 시작되는 결혼 세계의 일부에 지나지 않는다.

미군 병사와의 결혼 생활은 오키나와의 가족과 군대라는 두 가지 접점을 중심으로 해 나가게 된다. 오키나와 사회의 특징이라고도 할 수 있는 친밀한 가족 관계가 미군 병사와의 결혼 생활에 장애로 작용하기도 한다. 오키나와의 여성들은 결혼으로 제3자 입장에서 바라보던 군대나 기지라는 세계에 발을 들여놓게 된다. 이를 통해 미군 병사에 대한 부정적인 생각에도 변화가 생긴다. 그러나 미군 병사의 아내가 되었다고 해서 전쟁·기지 반대라는 환경에서 자란 오키나와 여성이 그 즉시 기지를 옹호하는 입장으로 돌변하지는 않는다.

이들 커플은 언어, 특히 자녀의 언어 문제, 미국 생활에 대한 편견, 가계에 대한 가치관의 차이 등 많은 갈등을 안은 채 결혼 생활을 해 나간다. 또한 이들의 결혼 생활을 살펴보면서 부부 사이의 성생활 문제에 대해 고민하는 미군 병사의 모습도 접할 수 있다.

제4장 9명의 남녀 소개

이 장에서는 해병대원과 결혼한 4명의 일본인 여성과 일본인 여성과 결혼한 미군 병사 5명을 소개하면서 각자의 만남에서부터 결혼 생활에까지 그들의 경험에 대해서 기술하겠다(표 4-1, 표 4-2). 출신지나 가족 구성 등 이들의 환경은 다르지만 각자의 입장을 통해 결혼 생활 중의 노력이나 고민하는 모습을 발견할 수 있다.

이 장에서는 한 사람 한 사람의 삶을 가능한 한 전체적으로 보여줄 수 있도록 노력하였다. 왜냐하면 제5장 이후에 군인 아내와 그 남편들의 생활양상을 각 테마별로 기술·분석하기 때문에 그 전체상이 좀처럼 드러나지 않기 때문이다. 따라서 이 장에서 묘사하는 인물의 에피소드는 뒤에서도 반복적으로 등장한다는 점을 미리 밝혀 둔다.

1. 나쓰에(夏江)

"불필요한 전쟁은 하지 않았으면 좋겠다. 특히 오키나와는 평화 운동을 해 오고 있는 곳이므로 직접 와서 보았으면 한다. 보고 배워 자신이 하는 일과 자신의 삶의 방식을 들여다보는 기회가 되기를 바란다"(나쓰에)

표 4-1. 군인과 결혼한 4명의 일본인 여성 프로필

	출생지 연령 학력	자녀	직업	주거지	만난 해 만난 장소 결혼한 해 장거리 연애 유무	부모의 반대	오키나와 행사 참가	일본인 아내의 조직 활동	기지 문제	남편의 출신지 연령 학력 직업·민족
나쓰에 (夏江)	오키나와 30대 초반 대학	없음	기지 내 종업원	기지 내	1999년 기지 내 남편의 직장 2000년 없음	유	무	JWC·JSO	기지 반대	미시시피 주 30대 초반 고졸 해병대(E-5)·백인
가나코 (加奈子)	오키나와 20대 후반 대학	딸 2명 4세 1세	SOHO (Web작업)	기지 밖	1998년(대학 1학년) 살사 클럽 2000년 없음	유	유	JWC	기지 반대	미시시피 주 20대 후반 고졸 해병대(E-5)·백인
요코 (洋子)	오키나와 20대 후반 단대	아들 1명 1세	기지 내 종업원	기지 밖	2004년 기지 내 직장 2005년 없음	유	무	JWC·JSO	기지 옹호	버지니아 주 30대 초반 고졸 해병대(E-5)·백인
미유키 (美由紀)	본토 30대 초반 대학	아들 1명 6개월	전업주부	기지 밖	2002년 살사 클럽 2003년 없음	무	해당 없음	JWC·JSO	기지 옹호	오클라호마 주 30대 초반 고졸 해병대(E-7)·백인

JWC: Japanese Wives Club
JSO: Japanese Spouses' Orientation

표 4-2. 오키나와 여성과 결혼한 5명의 남성 프로필

	출신지 연령 학력	자녀	직업 계급 민족 재대·퇴역 제대·퇴역 때의 계급	주거지	만난 해 만난 장소 결혼한 해 장거리 연애 유무	부모의 반대	오키나와 행사 참가	기지 문제	아내의 출신지 연령 학력 직업
테리	오하이오 주 40대 후반 석사	아들 2명 24세 21세 딸 1명 18세	해병대 E-9 백인 현역 해당 없음	기지 밖	1980년대 여름 기지 내 USO 1981년 없음	유	유	기지 옹호	오키나와 50대 초반 고졸 전업주부
로드니	플로리다 주 30대 후반 석사	아들 2명 2세 6개월	해군 E-7 백인 현역 해당 없음	불분명	1999년 기지 내의 결혼식 2004년 3년간 원거리연애	무	유(종교 문제)	기지 옹호	오키나와 40대 초반 대학 기지 내 종업원
리처드	코네티컷 주 30대 후반	딸 2명 11세 9세	군속 불분명 백인 퇴역 공군(E-8)	기지 밖	1989년 클럽 1993년 2년간 원거리 연애	부친: 부정적 모친: 무	불분명	오키나와에 동정적 의견	오키나와 30대 후반 단대 전업주부
로버트	앨라배마 주 40대 초반 고졸	아들 1명 2세 딸 1명 6개월	군속 불분명 백인 제대 해병대	기지 밖	1996년 기지 내 볼링장 2003년 없음	불분명	유(언어 문제)	기지 옹호	오키나와 30대 초반 고졸 회사원(기지 밖)
찰스	펜실베이니아주 50대 후반 박사	아들 1명 40대 초반	군속 불분명 백인 퇴역 공군(E-9)	기지 밖	1968년 오키나와 시의 바 1970년 없음	모친: 부정적	유	기지 옹호	오키나와 60대 초반 단대 전업주부

표 4-3. 기본급표(단위: 달러)

(2012년 1월 1일 현재)

계급	2년 혹은 2년 이하	2년 이상	3년 이상	4년 이상	6년 이상	8년 이상	10년 이상	12년 이상
대장 O-10								
중장 O-9								
소장 O-8	9683.1	10000.2	10210.8	10,269.60	10,532.40	10,971.00	11,073.30	11,489.70
준장 O-7	8045.7	8419.8	8592.6	8,730.00	8,979.00	9,225.00	9,509.40	9,792.90
대령 O-6	5963.4	6551.7	6981.3	6,981.30	7,008.00	7,308.60	7,348.20	7,348.20
중령 O-5	4971.3	5600.4	5988	6,061.20	6,303.00	6,447.60	6,765.90	6,999.30
소령 O-4	4289.4	4965.9	5296.8	5,370.60	5,678.10	6,007.80	6,418.50	6,738.30
대위 O-3	3771.3	4275.3	4614.6	5,031.00	5,271.90	5,536.50	5,707.80	5,988.90
중위 O-2	3258.6	3711.3	4274.4	4,418.70	4,509.60	4,509.60	4,509.60	4,509.60
소위 O-1	2828.4	2943.9	3558.6	3558.60	3,558.60	3,558.60	3,558.60	3,558.60
1준 WO-1								
2준 CWO-2	3,897.60	4,192.50	4,312.80	4,431.30	4,635.00	4,836.90	5,040.90	5,348.70
3준 CWO-3	3,558.90	3,707.40	3,859.50	3,909.30	4,068.90	4,382.70	4,709.10	4,862.70
4준 CWO-4	3,149.40	3,447.30	3,539.10	3,602.10	3,806.40	4,123.80	4,281.00	4,436.10
5준 CWP-5	2,764.50	3,061.80	3,141.90	3,311.10	3,511.20	3,805.80	3,943.50	4,135.50
상급상사·재선임상급상사·해병대 최선임 상급상사 E-9							4,708.80	4,815.60
상사·선임상사 E-8						3,854.70	4,025.10	4,130.70
1등상사 E-7	2,679.60	2,924.70	3,036.60	3,185.10	3,300.90	3,499.80	3,611.70	3,810.90
2등상사 E-6	2,317.80	2,550.30	2,662.80	2,772.30	2,886.30	3,143.10	3,243.30	3,436.80
3등상사 E-5	2,123.40	2,265.90	2,375.40	2,487.60	2,662.20	2,845.20	2,994.60	3,012.90
하사 E-4	1,946.70	2,046.30	2,157.30	2,266.50	2,363.10	2,363.10	2,363.10	2,363.10
상등병 E-3	1,757.40	1,868.10	1,981.20	1,981.20	1,981.20	1,981.20	1,981.20	1,981.20
이등병 E-2	1,671.30	1,671.30	1,671.30	1,671.30	1,671.30	1,671.30	1,671.30	1,671.30
신병 E-1	1491.00							

계급	14년 이상	16년 이상	18년 이상	20년 이상	22년 이상	24년 이상	26년 이상
대장 O-10				15,647.10	15,723.30	16,050.60	16,620.00
중장 O-9				13,685.10	13,882.50	14,167.20	14,664.00
소장 O-8	11,609.10	11,968.20	12,487.80	12,966.60	13,286.40	13,286.40	13,286.40
준장 O-7	10,077.30	10,971.00	11,725.50	11,725.50	11,725.50	11,725.50	11,785.20
대령 O-6	7,765.80	8,504.10	8,937.60	9,370.50	9,617.10	9,866.70	10,350.60
중령 O-5	7,301.10	7,763.10	7,982.40	8,199.30	8,446.20	8,446.20	8,446.20
소령 O-4	6,960.60	7,088.10	7,161.90	7,161.90	7,161.90	7,161.90	7,161.90
대위 O-3	6,135.60	6,135.60	6,135.60	6,135.60	6,135.60	6,135.60	6,135.60
중위 O-2	4,509.60	4,509.60	4,509.60	4,509.60	4,509.60	4,509.60	4,509.60
소위 O-1	3,558.60	3,558.60	3,558.60	3,558.60	3,558.60	3,558.60	3,558.60
1준 WO-1				6,930.00	7,281.60	7,543.50	7,833.30
2준 CWO-2	5,618.10	5,874.30	6,084.00	6,288.60	6,589.20	6,836.10	7,117.80
3준 CWO-3	5,040.60	5,224.20	5,553.60	5,776.20	5,909.40	6,051.00	6,243.30
4준 CWO-4	4,625.40	4,773.30	4,907.40	5,067.60	5,173.20	5,256.90	5,256.90
5준 CWO-5	4,324.80	4,473.60	4,610.70	4,776.90	4,776.90	4,776.90	4,776.90
상급상사·재선임상급상사·해병대 최선임 상급상사 E-9	4,950.00	5,108.10	5,267.70	5,523.60	5,739.60	5,967.30	6,315.30
상사·선임상사 E-8	4,257.30	4,394.40	4,641.60	4,766.70	4,980.00	5,098.20	5,389.50
1등상사 E-7	3,976.20	4,089.00	4,209.30	4,256.10	4,412.40	4,496.40	4,815.90
2등상사 E-6	3,496.20	3,539.40	3,589.80	3,589.80	3,589.80	3,589.80	3,589.80
3등상사 E-5	3,012.90	3,012.90	3,012.90	3,012.90	3,012.90	3,012.90	3,012.90
하사 E-4	2,363.10	2,363.10	2,363.10	2,363.10	2,363.10	2,363.10	2,363.10
상등병 E-3	1,981.20	1,981.20	1,981.20	1,981.20	1,981.20	1,981.20	1,981.20
이등병 E-2	1,671.30	1,671.30	1,671.30	1,671.30	1,671.30	1,671.30	1,671.30
신병 E-1							

계급	28년 이상	30년 이상	32년 이상	34년 이상	36년 이상	38년 이상	40년 이상
대장 O-10	16,620.00	17,451.00	17,451.00	18,323.40	18,323.40	19,239.90	19,239.90
중장 O-9	14,664.00	15,397.50	15,397.50	16,167.60	16,167.60	16,975.80	16,975.80
소장 O-8	13,286.40	13,618.80	13,618.80	13,959.30	13,959.30	13,959.30	13,959.30
준장 O-7	11,785.20	12,021.00	12,021.00	12,021.00	12,021.00	12,021.00	12,021.00
대령 O-6	10,350.60	10,557.30	10,557.30	10,557.30	10,557.30	10,557.30	10,557.30
중령 O-5	8,446.20	8,446.20	8,446.20	8,446.20	8,446.20	8,446.20	8,446.20
소령 O-4	7,161.90	7,161.90	7,161.90	7,161.90	7,161.90	7,161.90	7,161.90
대위 O-3	6,135.60	6,135.60	6,135.60	6,135.60	6,135.60	6,135.60	6,135.60
중위 O-2	4,509.60	4,509.60	4,509.60	4,509.60	4,509.60	4,509.60	4,509.60
소위 O-1	3,558.60	3,558.60	3,558.60	3,558.60	3,558.60	3,558.60	3,558.60
1준 WO-1	7,833.30	8,225.40	8,225.40	8,636.40	8,636.40	8,636.40	8,636.40
2준 CWO-2	7,117.80	7,260.00	7,260.00	7,260.00	7,260.00	7,260.00	7,260.00
3준 CWO-3	6,243.30	6,243.30	6,243.30	6,243.30	6,243.30	6,243.30	6,243.30
4준 CWO-4	5,256.90	5,256.90	5,256.90	5,256.90	5,256.90	5,256.90	5,256.90
5준 CWO-5	4,776.90	4,776.90	4,776.90	4,776.90	4,776.90	4,776.90	4,776.90
상급상사·재선임상급상사·해병대 최선임 상급상사 E-9	6,315.30	6,630.60	6,630.60	6,962.40	6,962.40	7,311.00	7,311.00
상사·선임상사 E-8	5,389.50	5,497.80	5,497.80	5,497.80	5,497.80	5,497.80	5,497.80
1등상사 E-7	4,815.90	4,815.90	4,815.90	4,815.90	4,815.90	4,815.90	4,815.90
2등상사 E-6	3,589.80	3,589.80	3,589.80	3,589.80	3,589.80	3,589.80	3,589.80
3등상사 E-5	3,012.90	3,012.90	3,012.90	3,012.90	3,012.90	3,012.90	3,012.90
하사 E-4	2,363.10	2,363.10	2,363.10	2,363.10	2,363.10	2,363.10	2,363.10
상등병 E-3	1,981.20	1,981.20	1,981.20	1,981.20	1,981.20	1,981.20	1,981.20
이등병 E-2	1,671.30	1,671.30	1,671.30	1,671.30	1,671.30	1,671.30	1,671.30
신병 E-1							

출전: 국방 재정 회계부(Defense Finance and Accounting Service : DFAS)
http://www.dfas.militarymembers/payentitlements/militarypaytables.html(2012년 4월 10일 열람)을 참조.
주 : 1준 WO-1 = 1등 준위

미야코지마(宮古島)(현재, 히라라 시平良市) 출신의 나쓰에는 기지 내에서 일하는 30대 초반의 여성이다. 남편인 마이클은 해병대 후텐마(普天間) 비행장에 소속된 해병대원(하사관, E-5)이다. 그는 미국 남부 미시시피 주 출신인 백인 남성이다. 두 사람에게는 자녀가 없다. 이들은 해병대 기지 캠프 포스터 내 주택지에서 개 한 마리를 키우면서 살고 있다.

나쓰에는 오키나와 문화나 전통 및 오키나와 남성에 대해 강한 혐오감을 품고 있다. 이러한 혐오감이 미국인 남성에게 끌리는 원인 중 하나가 되었다. 군인 아내로서 강한 의식을 가진 나쓰에이지만, 기지 문제에 대해서는 오키나와 출신답게 평화를 바란다. 바로 여기에, 군인 아내이면서 기지가 없는 평화로운 오키나와를 바라는 나쓰에의 딜레마가 있다.

나쓰에의 부모님은 미야코지마에 살고 있다. 형제는 오빠 1명과 언니 2명이다. 미야코지마에는 조부모님도 함께 살고 있어, 나쓰에는 8식구라는 대가족 속에서 자랐다. 고등학교를 졸업하고 나쓰에는 오키나와 현 본섬의 전문대학에 다니기 위해 나하(那覇)로 나와 살았다. 나쓰에는 대학에서 영어를 전공했지만, 다시 오키나와 국제대학에 2학년으로 편입하였다. 대학을 졸업한 뒤 오키나와 현내에서 취직하였다.

나쓰에는 일본인 남성과 두 번 교제를 하기도 하였다. 이는 나쓰에의 학창 시절의 일이다. 20세 무렵부터 미국인과 교제를 시작한 나쓰에의 관심은 일본인 남성에서 미국인 남성으로 완전히 옮겨 갔다. 그 이유는 미국인의 개인주의 때문이라고 한다. 또한 나쓰에는 일본인 남성에 대해 강한 혐오감을 나타냈다.

일본인 남성에 대한 나쓰에의 혐오감은 미야코지마의 전통적인 문화나 관습으로 강하게 연계된 가정환경에서 자란 것과 관련이 있다. 나쓰에의 부친은 장남이다. 그래서 정월, 추석, 음력 정월 등의 연중행사에는 부친의 형제자매 등 친족 모두가 그녀의 집에 모였다. 나쓰에는 이러한 행사 때마다 부엌에서 모친을 도와야 했다. 대학에 진학해서 본섬에 살고 있어도 행사 때마다 미야코지마에 돌아가야 했다.

나쓰에의 친정은 장남 일가이기 때문에 집 안 곳곳에 신을 모시는 장소가 있어, 각각의 신을 기리는 행사를 책임져야 했다. 이는 장남의 아내인 어머니의 일이었다. 나쓰에는 이러한 일을 하는 어머니의 모습을 보면서 자랐다. 그녀는 미야코지마나 오키나와 본섬의 남성과 결혼하고 싶지 않았다고 한다. 일본 본토의 남성이 더 낫다고도 말했다. 여기에서도 그녀의 미야코지마나 오키나와의 문화 및 전통에 대한 강한 거부감을 느낄 수 있다.

이러한 환경에서 자란 나쓰에는 마침내 미국인 남성과 교제를 시작하였다. 미야코지마에 있는 부모님에게 미국인과의 교제 사실을 들켰다. 부모님은 미국인과의 교제를 강하게 반대하였다. 그러다가 그 미국인 남성과 헤어지게 되었는데, 헤어질 때에 일이 꼬여 미국인 남성이 그

사진 16. 기지 내 주택지

녀의 집 창문을 부수는 일까지 발생하기도 하였다.

그렇기는 하지만 미국인과의 교제는 마음이 편했다고 한다. 그 후에도 나쓰에는 미국인 남성과 교제를 하였다. 그녀의 교제 상대는 멕시코인이나 페루인 등 미국인 남성 이외에도, 푸에르토리코인 등의 히스패닉계가 중심이었다. 이는 그녀가 취미로 즐기는 살사 댄스와 관련이 있다.

나쓰에가 현재의 남편인 마이클을 만난 것은 1999년 11월 말이었다. 당시 나쓰에는 민간 컴퓨터 회사에 근무했는데, 기지 내의 컴퓨터 수리를 위해 기지 내에 들어가는 경우가 많았다. 그때에 마이클과 만났다. 나쓰에의 표현을 빌리면, 마이클이 자신에게 한눈에 반했다고 한다. 마이클은 여성의 기분을 잘 이해해서 나쓰에가 느끼기에 그와는 대화하기도 편하고 함께 있으면 즐거워 서로 금방 의기투합했다고 한다.

두 사람의 교제가 시작되고 약 6개월 뒤에, 나쓰에는 마이클의 프러포즈를 받았다. 금요일 저녁, 그녀는 그가 사는 숙소에서 잠시 눈을 붙이고 클럽에 놀러 나갔다. 그리고 클럽에서 나온 그녀를 데리러 온 마이클은 주차장에서 결혼 프러포즈를 하였다.

그러나 나쓰에의 부모님의 반대가 거셌다. 반년을 기다려 나쓰에는 2000년 10월에 결혼하였다. 결혼 후, 오키나와에 2, 3년 체류 후 미국 캘리포니아 주에 있는 해병대 기지 29팜스(29 Palms)로 이동하게 되었다. 그리고 2003년에 오키나와로 돌아왔다. 두 사람은 아직 결혼식을 올리지 않았는데, 결혼 5주년에 기지 내에서 결혼식을 올릴 계획이다.

나쓰에는 군인 아내로서의 의식이 매우 높다. 미국에서 오키나와로 돌아와, 기지 내의 군인 가족을 지원하는 부서에서 자원봉사 활동을 한 경험도 있다. 이는 해병대원의 아내로서 다른 일본인 아내의 결혼 생활이 원만할 수 있도록 돕고 싶다는 나쓰에의 생각 때문이었다. 또한 나쓰에는 미군 관계자와 결혼하는 일본인 아내들의 상호 부조 조직인 일본인 아내의 모임[1]에도 참여하고 있다.

미군 병사의 아내로서의 강한 자각과 오키나와의 기지 문제에 대한 생각은 서로 대립을 한다. 또한 마이클과도 오키나와 기지 문제와 관련해 의견이 충돌한다. 평소에 오키나와의 기지 문제에 대해 의견이 다른 두 사람이지만, 그녀의 모교인 오키나와 국제대학 안에 미 해병대 소속 헬리콥터가 추락하는 사고가 발생했을 때에, 나쓰에의 모친이 마이클을 걱정해 준 일에 그녀는 크게 감동하였다고 한다. 이는 마이클이 미군 병사가 아니라 나쓰에의 남편으로서 가족의 일원임을 인정한 표현이기 때문이다.

2. 가나코(加奈子)

> "만약 남편이 이라크에 파병되어 사람을 죽여야 한다면, 어떻게 대해 줘야 하지?"(가나코)

오키나와 본섬 북부 오기미(大宜味) 출신인 가나코는 SOHO에서 웹을 제작하는 20대 후반의 여성이다. 그녀의 남편인 알렉스는 해병대 기지 캠프 핸슨에 소속된 해병대원(하사관, E-5)이다. 알렉스는 미시시피 주 출신의 20대 후반의 백인 남성이다. 두 사람에게는 4세와 1세인 딸이 있다. 이들은 본섬 중부의 우루마 시에서 아파트를 빌려 살고 있다.

가나코가 태어나고 자란 오기미 촌은 파초로 짠 섬유(芭蕉布)로 유명한 곳으로 매우 조용하고 한적한 마을이다. 가나코는 동급생이 7명 정

1 Japanese Wives Club(JWC)에 대해서는 제10장에서 자세히 설명하겠다.

도였던 오기미 촌에서 부모님, 여동생 2명과 함께 고등학교 때까지 살았다. 가나코는 고등학교 졸업 후, 삼수를 해서 류큐 대학에 입학하였다. 대학에 입학할 때까지 부모님 말씀 잘 듣는 우등생이었다. 대학 입학 후, 남편인 알렉스를 만나면서 그녀의 인생은 크게 바뀌었다.

가나코가 알렉스를 만난 것은 1998년 12월 살사 파티에서였다. 알렉스의 사랑을 받아서 매우 행복했다고 당시의 교제에 대해 그녀는 말했다. 알렉스가 가나코의 첫 미국인 남자 친구였다.

당시 알렉스는 유학생으로 보였다. 그래서 가나코도 그와의 교제에 그다지 거부감이 없었다. 만약 그가 전형적인 미군 병사였다면 교제하지 않았을 것이라고 가나코는 말했다.

교제를 시작하고 1년 반 후인 2000년 9월에 오기미 촌에 사는 부모님께 그를 소개하였다. 그때는 마침 알렉스가 미국의 기지로 이동하기 전이었다. 가나코의 부모님은 일시적인 교제라고 생각하였다. 그러다가 알렉스를 소개하고 한 달 뒤인 2000년 10월에 가나코의 임신을 부모님이 알게 되었다. 당시 가나코는 대학 3학년 재학 중이었다. 미국에 있던 알렉스는 가나코를 데리러 오키나와로 왔다. 가나코의 모친은 임신중절을 권했다. 가나코는 아이를 지키기 위해 알렉스와 함께 미국으로 사랑의 도피를 하였다.

가나코는 미국에서 부모님 앞으로 편지를 썼지만, 답장은 1통도 없었다. 미국에서 약 2년간 체재하고 남편의 이동 명령에 따라 가나코는 알렉스와 미국에서 태어난 딸과 함께 2002년 10월에 오키나와로 돌아왔다. 그리고 2004년 3월에 가나코는 대학을 졸업하였다.

거세게 결혼을 반대하며 임신중절까지 시키려고 했던 가나코의 부모님도 현재는 손녀를 아끼며 1주일에 한 번 만난다. 가나코는 아이를 지키려는 마음에 필사적이었다고 당시를 회고하였다.

가나코의 미국에서의 생활은 상상 이상으로 어려움이 많았다. 조지아 주에서 2년간 생활했는데, 당시 가나코도 알렉스도 경제 감각이 전혀 없어 생활이 매우 곤궁하였다. 다만 미국으로 가면서 그녀의 어학 능력이 눈에 띄게 향상되었다. 영어 사용이 매우 자연스러워졌다. 그로 인해 알렉스에게 상처를 주기도 하였다. 언어의 장벽이 있는 편이 나을지도 모른다고 가나코는 미소 띤 얼굴로 말했다.

가나코는 오키나와로 돌아와서 미군 병사의 아내로서의 자각을 가지려고 일본인 아내의 모임에 가입해 적극적으로 활동하고 있다. 가나코는 자신도 미국에서 많은 경험을 했으므로 그러한 경험을 살려 다른 일본인 아내를 지원하는 일에 나선 것이다.

알렉스는 매주 교회에 다니는 독실한 기독교인이다. 가나코는 교제할 때 알렉스로부터 성서를 선물로 받았다. 미국에서는 교회에 다녔으나 오키나와로 돌아와서는 교회에 다니지 않는다. 가나코는 종교에 대해 마음을 닫고 싶지는 않다고 한다. 그녀는 종교에 대해 이렇게 말했다. "신과 같은 존재가 있다는 것은 믿지만, 그 신이 왜 예수여야만 하는지는 아직 잘 모르겠다. 기도하고 싶은 마음은 있지만 그것이 예수를 향한 기도는 아닌 것 같다. 이처럼 많은 사람들이 따르는 종교에 흥미가 있다. 하지만 왜 이렇게 많은 종파가 있는지, 그것이 좀 의문스럽다"라고 말이다. 한편, 가나코는 오키나와의 화신(火神)[2]을 믿어 늘 부엌을 청소한다. 오키나와에서는 부엌이 더러우면 나쁜 기운이 생긴다고 믿고 있기 때문이다.

오키나와로 돌아와서 가나코는 적극적으로 오키나와의 행사에 참여하고 있다. 이때 알렉스도 함께 참여한다. 다만 기독교인인 알렉스는 오

2 화신(火神, 히누칸)은 오키나와의 부엌에서 모시며 가정을 지키는 신으로 수호신적인 역할이 강하다. 가족의 건강이나 질병 회복, 여행의 안전·액땜을 기원한다. 화신을 관리하는 것은 그 집안의 아내가 할 역할이다.

키나와의 조상숭배 의식에 참여하면서 기독교에 대한 기도를 잊지 않는다. 알렉스는 가나코의 부모님이 소중하게 여기는 것을 존중하려고 노력한다고 가나코는 전한다. 가나코가 대학을 졸업하고 나서, 가나코의 부모님은 알렉스를 가족의 일원으로 인정하였다.

가나코는 미국에서의 생활을 경험하고 미군 병사에 대한 생각이 바뀌었다고 한다. 그러나 오키나와에 돌아오자, 미군 병사와 만나려는 생각을 하지 않았다. 그녀는 자신의 남편이 미군 병사라는 사실을 주변 사람들에게 알리는 것을 주저하고 있다.

가나코는 오키나와에서 기지를 반대할 수는 없다. 기지가 없으면 좋겠지만 군대는 현재 필요하다고 생각한다. 그녀는 이라크에 남편이 파병된 아내들에게 전쟁 반대라는 말을 하지 못한다. 그녀는 늘 사람들의 마음에 상처 주지 않으려고 노력한다. 가나코는 오키나와에서 오키나와 여성, 군인 아내로서 복잡한 입장을 안고 다른 아내나 미군 관계자의 마음을 살피면서 살아가고 있다.

3. 요코(洋子)

> "나는 웃으면서 '군인 아내입니다'라고 말하지 못한다. 나는 더 중증이다. 군인 아내라고 말하고 싶지 않다. '좋잖아, 돈도 받지, 커미서리(기지 내 식료품점)에 갈 수 있지. PX(기지 내 백화점) 데려가 줄래?' 이런 말이 싫다. 이것이 제일 싫다."(요코)

오키나와 현의 외딴섬 출신인 요코는 해병대 기지 내에서 일하는 20대 후반의 여성이다. 그녀의 남편인 앤서니는 해병대 후텐마 비행장에 소속된 해병대원(하사관, E-5)이다. 앤서니는 미국 동부 버지니아 주 출신

사진 17. 영화관(캠프 포스터)

의 백인 남성이다. 두 사람은 1세인 아들과 함께 본섬 중부에 살고 있다.

요코에게는 부모님과 남동생 2명이 있다. 외딴섬 출신인 요코는 오키나와 본섬으로 이주해 부모님과 떨어져 혼자서 생활하면서 고등학교를 다녔다. 섬의 관습에 순종해 온 요코이지만, 전통 행사 중심의 생활은 못한다고 한다.

요코는 고등학교 졸업 후 본섬의 전문대학에 진학해 영어를 전공하였다. 재학 중에 기지 내 종업원이 되면 영어를 더 잘할 수 있다는 것을 알고 열심히 영어를 공부해 기지 내 종업원으로 취직하려고 하였다.

요코는 재학 중에 파견 회사를 통해 기지 내 웨이트리스 일을 시작하였다. 대학 졸업 후, 오키나와 민간 회사에서 일하게 된 요코는 마침내 가데나(嘉手納) 공군 기지의 피자 가게에서 아르바이트 일을 찾았다. 피자 가게를 시작으로 몇 군데 기지 내 가게에서 일을 해, 현재 후텐마 비행장 내에서 서비스업에 종사하고 있다. 그녀가 꿈꾸던 기지 내 취직이었다. 그러나 후텐마 비행장은 본섬 북부로 이전할 가능성이 있다. 그로 인해 그녀는 장래에 대한 불안도 안고 있다.

요코가 앤서니를 만난 것은 후텐마 비행장 내에서 일하고 있을 때였다. 이들의 만남은 2004년 1월, 요코가 26세이고 앤서니가 23세 때였다.

교제하고 2개월, 앤서니로부터 프러포즈를 받았다. 결혼에 대해 부모님의 강한 반대에 부딪혔다. 어머니는 외국인과 결혼하면 밖을 나갈 수가 없다며 탄식하였다. 그러나 요코의 어머니에게 외국인과의 결혼보다 요코가 외국으로 간다는 것이 문제였던 것 같다고 요코는 분석하였다. 그러던 중 요코의 임신을 부모님이 알게 되었다. 순서가 잘못되었다고 비난도 받았으나, 나하(那覇)의 호텔에서 결혼식을 올렸다. 참석자의 80%가 요코의 고향 섬에서 온 사람들이었다.

요코의 결혼 생활이 시작되었다. 교제 중에 앤서니는 무엇이든 가리지 않고 먹었다고 한다. 오키나와 음식도 잘 먹었는데, 결혼 후 냉동 피자를 먹고 오키나와 요리나 일본 요리를 전혀 먹지 않았다. 앤서니는 인터넷 게임에 몰두해 식사도 들쑥날쑥이었다고 한다. 최근에야 저녁 식사를 함께 하게 되었다고 한다.

오키나와에는 민간 무당인 유타가 있다. 오키나와의 여성은 유타를 찾아가는 경우가 많다. 요코에게는 미군 병사와 국제결혼을 한 숙모가 있는데, 그녀도 유타를 찾아갔다. 요코도 뭔가 일이 잘되지 않을 때에는 유타를 찾아가고 싶은 생각이 든다. 그러나 요코는 유타를 찾아갔다고 해서 생활이 나아지리라는 생각은 하지 않는다. '자기가 어떻게 생각하느냐에 따라 달라지는 것이고 자신이 노력하지 않으면 변하지 않는다'고 현실적으로 생각하고 있다.

요코는 오키나와에 계속 살고 싶은 의지가 강하며, 앤서니와 교제하면서도 기지 내에서 하던 일도 그만두지 않겠다는 것과 미국에는 가지 않겠다는 뜻을 전했다. 요코는 그가 퇴역을 하고 앞으로 오키나와에 돌아와 생활할 때의 연금이나 보험 등을 고려해, 자신은 기지 내 종업원으로서 퇴직하고 싶다고 한다. 또한 이혼이라도 했을 때를 생각해 오키나와에 있는 것이 장래를 위해서도 좋을 것으로 여긴다. 그러나 아들을 생각하면 마음이 복잡해진다. 미군 병사의 근무지 이동이라는 문제를 안고 있기는 하지만 요코는 앤서니가 미군 병사로서 퇴역을 했으면 한다. 이는 퇴역 후에 군대로부터 지급받는 연금이나 보상 등을 통해 안정된 생활을 할 수 있기 때문이다.

외국인과 결혼은 하지만 미국에 가는 것은 고려하지 않았다고 요코는 말했다. 결혼 상대는 오키나와를 좋아하거나 오키나와에 있고 싶어 하는 사람이 그 조건이었다. 결혼 전, 앤서니는 미국에 가지 않겠다고 그녀에게 단언하였다. 그래서 그녀는 결혼을 결정했고 부모님도 허락해 주었다고 한다.

요코는 자녀를 일본어를 할 줄 아는 일본인으로 키우고 싶어 한다. 많은 일본인 아내가 자녀를 미군 기지 내 학교나 미션 스쿨 등 영어 학습 능력을 갖춘 학교에 보내는 데 반해, 요코는 자녀를 영어 환경에 노출시키고 싶어 하지 않는다. 또한 그녀는 앞으로 아들이 군대에 입대하는 게 싫어서 아이는 일본인으로 키우기로 했다고 한다.

미군 병사의 아내는 고독하다. 친구를 사귀기가 어렵다고 요코는 말한다. 그러나 요코는 친구에 그다지 의존하는 편도 아니다. 그녀 자신의 마음을 잘 이해하는 것은 그녀 자신뿐이라는 것도 잘 알고 있다. 또한 일과 가정의 양립 문제로 고민하는 요코는 전업주부인 아내들에 대한 초조함을 감추지 않는다. 대부분의 일본인 아내는 전업주부가 많다. 그중에서 요코와 같은 고민을 공유할 수 있는 일본인 아내는 많지 않다.

요코는 일본인 아내의 모임 회원이지만, 일을 가진 요코는 자주 참석하지 못한다. 또한 이미 이 모임 안에는 몇 개의 그룹이 형성되어 좀처럼 어울리기가 쉽지 않다고 불만을 토로한다. "결혼 후, 남편과 관계가 나빠지면 큰일이다. 어쨌든 내가 땅에 발을 확실히 딛고 서 있으면 잘될 거예요". 이것이 그녀가 기지 내에서 일을 계속하는 이유 중 하나이다.

기지 내에서 일을 계속하고 싶어 하는 요코는 기지 옹호파이다. 기지가 없어지면 남편도 오키나와를 떠나야 한다. 앤서니는 후텐마 비행장 소속이기 때문에 남편이 퇴역할 때까지는 기지가 계속 있기를 바라는 요코이다. 또한 남편이 미국 본토로 이동하게 되더라도 오키나와에 남고 싶어 한다. 그러나 그렇게 되면 아버지가 없어서 아이가 외로워할 것이다.

미군 병사와 결혼하고 오키나와에서 결혼 생활을 보내고 있는 요코. 오키나와 여성으로서의 그녀의 깊은 고민과 방황이 느껴진다. 또한 전업주부가 아닌 일하는 군인 아내로서, 결혼 생활 속에서 흔들리는 그녀의 생각들을 엿볼 수 있다.

4. 미유키(美由紀)

> "한 발을 들여놓으면 빠져나올 수 없는 세계라는 생각이 든다. 모두 국제결혼이라고 하면 매우 글로벌한 인상을 받을 것이다. 와, 세계로 눈을 돌리고 있구나 하고 생각할지 모르겠지만, 실제로는 세계가 정말 좁구나 하는 생각을 하게 된다. 군인 사회, 미군 병사의 아내 집단은 정말 좁은 곳에서 움직이고 있어 만나면 남 얘기하기 바쁘다"(미유키)

일본 본토 출신인 미유키는 30대 초반인 전업주부이다. 미유키의 남편인 대니얼은 해병대 기지 캠프 핸슨에 소속된 해병대원(하사관, E-7)이다. 대니얼은 미국 중부 오클라호마 주 출신인 백인 남성이다. 두 사람에게는 6개월 된 아들이 있고 오키나와 본섬 중부의 아파트에서 살고 있다. 대니얼은 2005년 9월부터 1년 반 동안 아프가니스칸에 파병 중이다.

미유키의 가족 구성은 부모님과 여동생 2명으로 그녀는 장녀이다. 미유키의 아버지는 국가 공무원이어서 3년마다 부임지를 이동하는 생활을 하였다. 그녀의 출신지에는 미군 기지도 없었고, 그녀는 미국인에게도 영어에도 전혀 관심이 없었다. 왜냐하면 미유키의 아버지가 미국인을 싫어했기 때문이다. 그녀의 조부가 오키나와 전쟁에서 전사한 것이다. 그 때문에 미유키의 아버지는 조부가 미국인에게 살해당했다고 여기고 있다. 그녀의 가족은 모두 같은 생각을 가지고 있었다고 한다.

미유키는 출신지의 국립대학을 졸업한 뒤, 일본 본토에서 학원 강사로 일하고 있었는데 오키나와로 파견을 가게 되었다. 미유키는 오키나와에서 처음으로 미군 기지의 존재를 알았다. 미유키는 미국인 자체에 관심은 없지만, 〈탑 건〉 등의 전쟁 영화는 좋아했다. 하지만 미유키에게 당시, 기지나 미국인은 두려운 존재였다.

미유키는 오키나와 출신인 종업원들의 시간이나 마감 날짜에 대한 느슨한 의식 등에 당황하는 경우가 많았다. 그런 생활은 미유키에게 전혀 즐거움을 주지 못했다. 어느 날, 그녀는 영어를 배우고 싶어 해병대 후텐마 비행장 근처의 당구장 '앨라배마'에 다니기 시작하였다. 이곳에는 미군 관계자들이 자주 방문하였다. 점차 지인도 늘었고 미유키는 살사도 배웠다. 그곳에서 미국인 남성과의 접촉도 늘었다. 미유키가 클럽에 다니기 시작한 것은 30세가 되었을 때였다. 살사를 추기 위해 클럽에 다니던 미유키였기에 오직 댄스가 그 목적이었다고 한다. 주위의 일본인 여성이 잘 차려입고 교제 상대를 찾았던 반면, 미유키는 티셔츠에 스니커 차림이었다. 미국인과의 교제만을 찾는 이른바 '아메조'(アメ女)[3] 와는 달랐다고 강조한다.

미유키는 2002년 10월 20일에 오키나와 본섬 중부 자탄(北谷)에 있는 '서드 플로어'라는 클럽에서 대니얼을 만났다. 미유키와 대니얼은

3 제5장에서 기술하겠다.

31세였다. 미유키는 교제하고 4개월 정도 되었을 때 결혼을 결심하였다.

미유키의 아버지는 결혼에 대해 전혀 이야기를 들으려고도 하지 않았다. 아버지는 "그런 결혼은 있을 수 없다. 미국인이잖아. 내 아버지를 죽인 자이다"라는 말까지 했으나, 결국 포기하고 결혼을 승낙하였다.

대니얼은 앞으로 8년 뒤에 퇴역한다. 미유키는 그에게 죽을 때까지 마린(해병대원)으로 있기를 바란다는 말을 하였다. 대니얼은 미유키가 자신이 군인으로 복무하는 것을 싫어하는 줄 알았다고 한다. 그의 성격을 잘 이해하고 있는 미유키는 그가 미군 병사인 것을 응원하고 있다. 미유키에게 잦은 이동이나 출장을 가는 미군 병사의 생활 방식은 그다지 문제가 되지 않는다.

2003년 9월에 결혼해서 1년 후인 2004년 9월에 임신을 했는데 그와 동시에 대니얼의 아프가니스탄 파병 명령이 내려졌다. 이는 2001년 9월의 미국 동시 다발 테러로 시작된 미군의 일련의 움직임에 따른 것이다. 미유키는 임신중절도 고려했으나 아이를 낳기로 결심하였다. 그 후 2005년 10월에 대니얼은 아프가니스탄으로 1년 반 복무를 위해 파병되었다.

대니얼이 파병된 뒤, 미유키는 아이 양육을 혼자서 해야 했다. 또한 오키나와 출신의 아내와는 달리, 가족이나 친족 등의 사회적 지원이 전혀 없는 상태였다. 신혼인 그녀에게 미군 병사의 아내로서 잘 모르는 점도 많았다. 이러한 상황에 처한 미유키는 필요한 정보를 제대로 얻을 수 있는 환경을 만들어야 했다. 그러한 가운데 그녀는 자신과 같은 상황에 있는 일본인 군인 아내와의 접촉을 시도하였다.

미유키는 해병대 기지 안에서 진행되는 일본인 아내 대상 강좌, 일본인 배우자를 위한 오리엔테이션[4]이나 앞서 기술한 일본인 아내들이 기지 밖에 설립한 일본인 아내의 모임에도 가입해, 군인 아내로서 필요한 정보를 모았다. 그러나 일본인 아내의 모임 안에서의 복잡한 인간관계나 남편의 계급 차이 등의 원인 때문에 활동에 참가하는 것이 고통이 되었다.

미유키는 기지 옹호의 입장이다. 오키나와에서 미군이 철수하면 오키나와의 경제는 커다란 타격을 받을 것으로 생각하고 있다. 미유키는 오키나와에서의 기지 반대 운동이 진행되는 한편에서, 오키나와의 부동산업자가 미군 관계자에게 지급되는 주거 수당을 이용해 고액의 임대료를 요구하는 모순된 상황을 지적하였다. 또한 오키나와에서는 부모님과 함께 사는 자녀들이 많아, 부모도 자녀도 서로에게 의존하고 있다고 비판한다. 또한 이는 기지와 오키나와의 관계와 유사하다는 지적도 하였다.

미군 병사와 결혼하고 나서 미유키는 새삼 미군 병사와의 결혼의 의미를 생각하게 되었다. 국제결혼이란 글로벌한 세계를 의미하는 것으로 여겼던 미유키였으나, 실제로는 매우 작은 세계로 인간관계가 무서운 세계라는 인식을 갖게 되었다. 미유키는 하루빨리 오키나와를 벗어나고 싶어 한다. 오키나와의 좁은 일본인 군인 아내의 사회 속에서 어려움이 있지만 그녀 나름의 생활을 해 나가면서 대니얼이 무사히 귀환해 오키나와를 떠날 수 있기를 바라고 있다.

4 Japanese Spouses' Orientation(JSO)라고 부른다. 앞의 장을 참조.

5. 테리

"최고의 반려자를 만났다. 그 이상 무엇을 더 바라겠는가"(테리)

40대 후반의 오하이오 주 출신인 테리는 해병대 기지 캠프 포스터에 소속된 백인 해병대원(하사관, E-9)이다. 50대 초반의 오키나와 현 중부 우루마 시 출신인 아내 세쓰코(節子)는 테리보다 5살 연상의 전업주부이다. 두 사람에게는 24세와 21세의 아들 2명과 18세인 딸 1명이 있다. 21세인 아들과 18세인 딸은 미국에서 대학을 다니고 있다. 장남은 해병대에 입대했으나 그 후 제대해 현재 가데나 공군 기지 내에서 기지 내 종업원으로 일하고 있다.

테리의 삼촌이 베트남 전쟁 때 종군하기도 했으나, 가족 중에 달리 테리를 제외하고 미군에 입대한 사람은 없다. 테리는 규율이 엄격한 군대 조직을 좋아해 입대를 결심하였다. 테리가 입대한 곳은 미 공군 사관학교[5]였으나 이곳을 그만두고 해병대로 입대하였다. 테리가 부트 캠프(신병 입대 훈련)[6]에 참가한 것은 1978년 9월이었다. 1979년 5월에 오키나와에 배속되었고 그 후 4개월 만에 세쓰코를 만났다.

당시 세쓰코는 고등학교를 졸업하고 캠프 핸슨 내 USO[7]에서 기지 내

5 미 공군 사관학교(United States Air Force Academy)는 미국 콜로라도 주 콜로라도스프링스에 있다. 해군(해병대)은 메릴랜드 주 아나폴리스의 미 해군병학교(United States Naval Academy), 육군은 뉴욕 주 웨스트포인트에 있는 미 육군 사관학교(United States Military Academy)이다. 이들 사관학교는 군대의 엘리트 학교에 해당하는 국립 4년제 대학이다. 입학은 일반 대학과 달리, 성적 우수는 물론, 실력자나 국회의원 등의 추천장이 있어야만 입학을 할 수 있다. 사관학교에서는 군인으로서 필요한 지식을 배우는 군사 과목과 전공과목의 양립과 더불어 신체 단련을 한다. 사관학교 졸업자는 엘리트 장교로서 군인으로 성장할 수 있다.

6 해병대원이 되기 위해서는 13주간 신병 입대 훈련인 부트 캠프를 거쳐야 한다.

7 USO란, United Service Organizations의 약자로, 프랭클린 D. 루즈벨트 대통령의 명령에 따

종업원으로 일하고 있었다. 테리는 이곳에서 몇 차례 세쓰코와 스쳤다. 세쓰코는 테리에게 첫 일본인 여자 친구였다.

사진 18. 후텐마 비행장 공개 페스티벌

세쓰코는 테리가 미국인이자 미군 병사이기도 해서 그와 결혼하는 것이 불안했다고 한다. 한편 테리는 세쓰코와의 결혼에 전혀 주저함이 없었다고 한다.

두 사람은 결혼 전에 한 달 동안 동거를 하고 1981년 7월에 결혼을 하였다. 결혼식은 올리지 않고 미국 총영사관 앞에서 사진을 찍는 것으로 대신하였다. 결혼하면서 두 사람은 오키나와 본섬 중부 오키나와 시에 있는 아파트에 살았다.

결혼 후, 테리는 약 4년마다 근무지 이동을 해서 온 세계를 세쓰코와 함께 움직였다. 미국에서의 생활은 세쓰코에게 힘든 시간이었다고 테리가 말했다. 그는 군 복무를 위해 집을 비우는 경우가 많았다. 아내는 영어를 배우면서 혼자서 아이들을 키웠다. 미국에서의 생활에 익숙해진 세쓰코는 미국인 친구를 사귀고 미국 생활에 잘 적응하였다. 그가 결혼한 당시, 해병대에는 지금과 같은 군인 가족을 지원하는 제도가 마련

라 1941년에 설립된 비영리단체이다. 그 목적은 사기를 높이고 전 세계에 있는 군인과 그 가족에 대한 복리후생과 오락을 제공하는 것이다. USO는 쿠웨이트와 아프가니스탄을 포함한 전 세계 130개 이상의 장소에 설치되어 있다. 오키나와에는 해병대 기지 캠프 포스터, 캠프 핸슨, 캠프 슈와브, 후텐마 비행장과 가데나 공군 기지 내에 설치되어 있다. 무료 인터넷, TV와 독서실을 제공할 뿐 아니라 공항 등지에서는 군인과 그 가족의 휴식 공간의 기능 혹은 현지의 정보 제공 기능도 담당하고 있다.

되어 있지 않았다.[8] 그런 어려운 환경 속에서 세쓰코는 잘해 왔다고 아내를 칭찬하였다.

첫아이가 태어나자, 결혼 생활은 아이 중심으로 바뀌었다. 그 때문에 아내와 언쟁이 발생하였다. 테리는 당시 세쓰코에게 무시를 당하는 느낌을 받았다고 한다.

테리는 군인으로서의 경력에 집중해서 살아왔다. 미군 병사는 훈련과 출장 등 이동이 많은 직업이어서 집에서 여유 있게 육아에 참여할 수가 없다. 현재 테리는 그때 육아에 참여했어야 했다고 후회하고 있다.

가사는 세쓰코가 대부분 맡았다. 젊었을 때에는 그녀가 모든 것을 했으나, 최근에는 테리도 돕는다고 한다. 가계는 아내가 관리하고 있다.

테리와 세쓰코는 오키나와 기지 문제에 대해서 같은 의견을 가지고 있다. 그래서 이들 사이에 기지 문제를 둘러싼 언쟁은 없다. 2004년 오키나와 국제대학 본관에 해병대 후텐마 비행장 소속 헬리콥터가 추락한 사건에 대해서, 테리는 "파일럿은 더 큰 참사를 피할 수 있게 훌륭하게 행동했다"라고 칭찬을 하였다. 테리는 "기지가 거기에 있어서 소음으로 시끄럽다는 것을 알면서도 많은 사람들이 그곳에 살고 있다. 나라면, 소음이 심하니까 기지 주변에는 살지 않을 것이다"라고 말한다. 테리는 파일럿의 위기 대처 능력을 칭찬하였다.

테리는 오키나와의 행사에 참여해 세쓰코의 가족이나 친족과의 교류에 적극적이다. 미국에 있을 때보다 오키나와에 사는 것이 더 마음 편하다고 테리는 말한다.

테리는 퇴역 후에도 오키나와에서 계속 살기로 마음을 먹었다. 살 집도 이미 오키나와에 구입해 두었다. 그가 퇴역 후 오키나와에 거주하겠다는 결심은 아내 세쓰코에 대한 고마움에서 직접 내린 결단이었다. 결

8 군대의 가족 지원 제도에 대한 상세한 내용은 제2장에서 기술하였다.

혼해서 26년이 되는 지금도 테리는 세쓰코가 자신을 잘 참아 주면서 함께해 준 것에 대해 감사한다고 한다.

그는 세쓰코와의 결혼이 단순히 서로 다른 문화의 결합 정도가 아니라고 몇 번이나 강조하였다. 서로 다른 문화이기에 결혼 생활에서 간혹 장애물을 하나 더 안겨 주기도 하지만, 결혼은 바로 두 사람의 선택이라는 것이다. 테리는 퇴역이 가까워졌다. 퇴역 후에는 오키나와와 미군 기지 사이에서 가교 역할을 할 수 있는 일을 하고 싶다는 포부를 밝히기도 하였다.

6. 로드니

"걱정되는 것은 (아들이) 미국인으로서의 성향을 잃어버리는 것이 아닐까 하는 것이다"(로드니)

미국 플로리다 주 출신인 로드니는 30대 후반의 해군 기지 캠프 레스터에 소속된 백인의 해군 병사(하사관, E-7)이다. 오키나와 출신의 아내 시오리(詩織)는 기지 내에서 일하는 40대 초반의 여성이다. 두 사람에게는 2세와 6개월 된 아들 2명이 있다.

고등학교를 졸업한 로드니는 1990년에 해군에 입대하였다. 입대 이유는 전 세계를 옮겨 다닐 수 있는 해군의 생활 방식과 대학 수업료 지원에 끌렸기 때문이라고 한다. 로드니가 오키나와에 처음 부임한 것은 1998년 11월이었다.

시오리를 만난 것은 해병대 기지 캠프 킨저에서 열린 결혼식에 참석했을 때였다. 당시 그는 28세, 그녀는 34세였다.

이후 로드니는 남아 있던 오키나와 부임 기간인 4개월을 마치고 미국으로 근무지를 이동하게 되었다. 그러나 그는 2003년 2월에 다시 오키나와로 부임해 왔다. 그리고 시오리에게 프러포즈를 하였다. 그녀의 가족도 별 반대 없이 결혼을 승낙하였다.

결혼을 하면서 로드니가 매우 중요하게 생각하는 것 하나가 있었다. 바로, 부부가 같은 종교를 갖는 것이다. 결혼식 전에 시오리는 기독교인이 되었다. 그녀가 '예수'를 받아들였다고 그는 말한다. 로드니에게 시오리가 기독교인이 되는 일은 매우 중요한 일이었다. 그녀가 기독교인이 됨으로써 로드니가 가장 우선시하고 중요하게 여기는 조건인 종교라는 것을 잘 이해할 수 있게 될 것이기 때문이라고 그는 생각하였다. 로드니 부부는 매주 일요일에 기지 밖에 있는 교회에 다닌다.

오키나와의 조상숭배나 행사는 기독교인인 로드니에게 오키나와의 가족 행사이기도 하지만, 때로는 장애나 갈등이 되기도 한다. 로드니는 정월이나 오봉(추석) 등 오키나와의 행사에 적극적으로 참가한다. 하지만 불단 앞에서 절을 하지는 않는다. 또한 그의 자녀들도 절을 하지 않는다. 시오리는 오봉에 언제나처럼 불단 앞에서 절을 한다. 시오리는 조상과 인사를 나누는 것일 뿐, 예배를 드리는 것은 아니라고 로드니에게

사진 19. 미 해군 병원(캠프 레스터)

이야기를 한다. 그러나 로드니는 납득을 하지 못한다. 로드니는 시오리에게 왜 조상숭배를 계속하느냐고 묻는다. 그러면 시오리는 "조상숭배는 아무것도 구하지 않는다. 다만 조상과 대화를 하는 것일 뿐"이라고 대답한다. 이것은 로드니가 만족할 만한 대답이 아니다. 그렇지만 로드니는 이러한 오키나와의 문화를 좀 더 배워야 할 것 같다고도 느끼고 있다. 시오리 입장에서는 불공평하게 느낄 수 있다고 여기기 때문이다.

육아는 어느 부부에게나 힘든 일이다. 로드니는 장남의 가정교육을 두고 시오리와 말다툼을 하였다. 해군 병사인 로드니는 해상 근무에 나가면 6개월이나 집을 비운다. 그동안 시오리는 아들의 응석을 다 받아준다. 로드니는 이 점을 불만스럽게 여겨 시오리와 충돌한다.

로드니는 2세가 되는 장남의 언어에 대해서 걱정을 한다. 로드니의 자녀는 일본 보육원에 다니고 있다. 그는 자녀가 영어를 할 수 있도록 자녀들에게 영어로 말을 해야 한다. 그러나 6개월이나 해상 근무를 하는 동안, 아들은 영어를 전혀 사용하지 않는 환경에 놓인다. 2년 후에 그는 미국으로 이동해야만 한다. 미국으로 돌아가면 아이들은 미국의 학교에 다녀야 한다. 그렇기 때문에 로드니는 아이들을 기지 내 학교로 통학시키고 싶어 한다. 그러나 여기에는 아이들이 언어뿐 아니라 미국적인 요소를 잃게 되지 않을까 염려하는 로드니의 복잡한 심경이 반영되어 있다. 집에 있을 때에는 아이들과 더욱 밀접한 관계를 가지려고 자신을 독려한다. 미군 병사로서, 아버지로서 살아가는 그의 심중에는 복잡한 생각이 자리해 있다.

현역 미군 병사인 로드니는 다른 군인 아내처럼 시오리가 부대의 군인 아내들과 교류를 갖기를 바라고 있으나, 시오리에게 스트레스가 되면 무리하게 강요할 수 없다고도 한다.

로드니는 시오리와의 성생활에 대해서 불만을 느끼고 있다. 교제 기간 중에는 성생활에 문제가 전혀 없었다. 로드니는 시오리에게 성생활을 더 갖기를 재촉하지만, 시오리는 그가 성생활을 필요로 하는 것을 이해하지 못한다. 아이들에게는 아이들의 방이 있다. 그러나 그가 해상 근무로 집을 비우면, 시오리와 아이들은 함께 잠을 잔다. 이를 본 로드니는 불만이다. 많은 에너지가 아이들에게로 가서, 남편에 대한 애정이 사라졌다고 지적한다. 군 복무를 위해 집을 오랫동안 비우는 미군 병사의 생활과 성생활의 밸런스를 취하는 일이 정말 어렵다고 로드니는 고민한다.

또한 로드니는 퇴역 후의 거주지에 대해서 고심하고 있다. 시오리는 오키나와에 살고 싶어 할 것이라고 그는 생각한다. 아들의 대학이나 그 자신의 퇴역 후의 일도 고심 중이다. 시오리처럼 직업을 가진 아내, 특히 기지 내 종업원인 경우에는 이동을 하는 미군 병사의 생활 방식이 큰 스트레스로 작용한다. 로드니는 2009년 3월에 미국으로 이동해야 한다. 이제 결단을 해야만 한다.

7. 리처드

> "현명하게 살아라. 임신하지 마라. 그저 단순히 오키나와를 떠나야 한다는 이유로 결혼하지 마라. 자녀는 바로 갖지 말고 기다려라"(리처드)

미국 코네티컷 주 출신인 리처드는 해병대 기지 캠프 핸슨에서 군속으로 일하는 30대 후반의 백인 미국인 남성이다. 오키나와 출신인 30대 후반의 아내 유이(優衣)는 전업주부이다. 리처드는 미 공군 퇴역 군인이다. 퇴역 후에 토건업자로 일하기 시작하였다. 이들에게는 11세와 9세가 된 딸이 있고 오키나와 본섬 중부의 자탄초(北谷町)에 살고 있다.

고등학교를 졸업한 리처드는 1년간 대학을 다닌 뒤, 1987년에 공군에 입대하였다. 그의 입대 이유는 자란 곳을 벗어나고 싶다는 이유였다. 리처드의 부친은 베트남 전쟁 때 해병대원으로 오키나와에 왔던 적도 있다. 리처드는 입대하고 1년 뒤인 1988년 7월에 오키나와로 배속되었다.

유이와의 만남은 오키나와로 부임하고 1년 뒤였다. 만난 장소는 에이트 비트(8 Beat)라는 오키나와 시에 있는 클럽이었다. 두 사람의 연령은 20세였다. 당시 리처드의 계급은 E-4인가 E-3였다고 한다. 만난 지 1년 7개월 만인 1990년 12월에 그는 다음 부임지로 이동을 하였다. 그래서 이들은 편지와 전화로 2년 동안 장거리 연애를 시작하였다.

2년 후인 1993년 1월에 두 사람은 라스베이거스에서 결혼을 하였다. 결혼 전에 두 사람은 리처드가 퇴역할 때까지 15년 동안 유이가 리처드와 함께 부임지로 이동할 것, 향수병을 견딜 것을 약속하는 각서를 작성했다고 한다. 2년 동안의 장거리 연애에 대해서 리처드는 이동을 한다는 이유로 결혼을 서두르고 싶지 않았다고 한다.

결혼 생활은 미국 애리조나 주에서 시작하였다. 당시는 군인 가족을 지원하는 제도가 마련되지 않아 리처드는 유이가 향수병에 걸리지 않도록 일본인 친구를 찾아 주기 위해 아시아계가 운영하는 상점에 안내문까지 붙였다. 몇 번의 이동을 거쳐 2007년 8월부터 오키나와로 다시 왔다. 공군으로 퇴역하고 군속으로 그의 제2의 인생이 오키나와에서 시작된 것이다.

리처드는 퇴역한 이후의 생활을 '희생'이라는 말로 설명하였다. 첫 번째 희생은 퇴직 후의 재취업이었다. 오키나와가 아니라 미국에서 퇴역했으면 그의 인생은 달라졌을 것이라고 말한다. 그 자신은 일본 본토에 원하는 일이 있었으나 유이는 이를 이해하지 못했다. 그는 미사와(三澤)나 홋카이도(北海道)에 가서 일하고 싶었다고 한다.

두 번째 희생은 주거지였다. 현재 리처드는 가족과 함께 오키나와 본섬 중부의 자탄에 살고 있다. 그러나 딸은 본섬 남부의 하에바루(南風原)에 있는 학교에 다니고 있기 때문에 가족과 함께하는 시간이 없어서 그로서는 슬프다고 한다. 리처드는 유이가 오키나와에 사는 것만으로도 만족하지 못하는 모습이 불만이다. 그는 유이의 희망대로 오키나와에서 일을 찾았다. 그녀는 오키나와, 그것도 자탄에 살아야만 한다고 주장한다.

퇴역 군인인 그는 미국에서 집을 구입하는 일이 어려운 일이 아니었다. 바로, VA Home Loan[9]이라는 군 복무 경험자인 베테랑이 주택을 구입할 때 필요한 주택 론을 받을 수 있기 때문이다. 그러나 미국에서 주택을 구입할 때에만 적용되는 제도이다. 그는 자신의 출신지인 코네티컷 주로 돌아가는 것도 고려하였다. 그러나 두 딸에게는 컬처 쇼크일 것 같았다. 그의 딸은 일본인에 가깝다. 이를 고려하면, 그가 일본에 적응하는 쪽이 나았다. 이것이 세 번째 희생이다.

또한 리처드 가족은 오키나와에 살고 있어서 그의 조모나 부모는 손녀를 자주 만날 수가 없다. 이것이 네 번째 희생이다. 다만 리처드는 자신이 행복하지 않다는 것이 아니라고 강조하였다.

미군 병사와 일본인 여성의 결혼은 임신으로 인한 경우가 많은데, 리처드와 유이는 결혼 후 3년 반을 기다렸다가 두 사람이 28세가 되었을 때 아이를 가졌다. 그러나 대부분의 부부가 직면하듯이, 리처드 부부에게도 아이가 태어남과 동시에 성생활에 문제가 생겼다. 첫아이의 경우

9 미국 퇴역군인성(U. S. Department of Veteran Affairs)에서 운영하고 있다. 이 시스템을 통해 베테랑은 계약금 없이 주택 론을 요청해 지원을 받을 수 있다. 퇴역 군인 등의 베테랑에 대한 지원에 대해서는 제1장을 참조.

에는 특별히 문제가 없었으나 둘째 아이를 낳았을 때에는 많은 충돌이 있었다고 한다. 유이는 육아에 쫓겨 성생활을 가질 시간이 없었다. 리처드는 일본인 어머니가 미국인 어머니보다 훨씬 좋은 어머니라는 것을 인정한다. 어머니로서는 일본인 여성이 좋다고 말한다. 어머니와 아내(여성)로서의 역할과 관련해, 아버지·남편으로서 흔들리는 그의 갈등과 곤혹스러움이 눈에 보이는 듯하다.

리처드는 기지 반대 운동을 지지한다. 오키나와 사람은 기지 반대 운동을 할 권리가 있다고 리처드는 말한다. 동시에 리처드는 미군 병사와 오키나와 여성들이 원하지 않는 임신이나 이동이라는 상황에서 결혼을 서두르지 않으면서 책임 있는 행동을 하기를 바라고 있다.

8. 로버트

> "대부분의 미군인 남성은 아내가 원하니까 오키나와에 있는데, 나는 그런 선택을 하지 않는다. 오키나와 여성은 자기 자신만 생각한다"(로버트)

전 해병대원인 로버트는 미국 남부 앨라배마 주 출신인 40대 초반의 백인 남성이다. 로버트는 현재 해병대 기지 캠프 포스터에서 군속으로 근무하고 있다. 현재의 아내인 아야(綾, 30대 초반)는 민간 회사원이다. 두 사람에게는 2세가 되는 아들과 6개월 된 딸이 있다. 로버트는 오키나와 본섬 중부 기노완 시(宜野灣市)의 아파트에 산다. 로버트는 재혼이다.

고등학교를 졸업한 로버트는 1981년에 해병대에 입대하였다. 입대 이유는 그의 친구가 해병대에 입대한 일이 큰 동기로 작용하였다고 한다. 입대하고 2년 후인 1983년에 오키나와로 부임해 왔다.

로버트는 부임해서 처음 6개월 동안 향수병으로 힘들었으나 점차 오키나와에서의 생활에 익숙해지면서 클럽에 다니기 시작하였다. 그곳에서 많은 오키나와 여성과 만났다. 데이트에서 로버트가 가장 머리 아팠던 것은 '오키나와 시간'이었다. 오키나와 여성은 약속 시간에 늦는다. 로버트는 도저히 이해가 되지 않았다. 밤 8시에 만나기로 약속했는데 밤 10시에 온 여성도 있었다.

로버트가 첫 번째 아내인 에미(繪美)와 만난 곳은 나카노마치(中の町)에 있는 '뉴욕 뉴욕'에서였다. 그가 22세, 그녀가 20세. 1985년이었다. 데이트는 주로 클럽에서 하였다. 1년 반 동안 교제를 하고 그녀가 임신을 하였다. 그래서 1987년, 로버트가 24세, 그녀가 22세였을 때 결혼을 하였다. 그는 그녀가 임신했기 때문에 결혼하는 것은 의무라고 생각하였다.

결혼 후, 미국 캘리포니아 주의 해병대 기지 29팜스로 이동 명령이 내려졌다. 로버트는 에미와 아이와 함께 이동하였다. 그러나 새로운 근무지에서 아내와 아이로 인한 스트레스가 컸다. 로버트는 1989년에 불명예제대를 하게 되었다. 그 이유에 대해서 그는 자세히 설명하지 않았다.

미국에서 에미는 창가학회(創價學會)에 가입하였다. 에미는 경전을 읽고 회합에도 참석하는 등 적극적으로 활동하였다. 그는 에미가 무슨 일을 하는지 이해하지 못했다. 불명예제대를 하게 된 로버트는 1989년 10월에 에미와 아이와 함께 다시 오키나와로 돌아왔다.

오키나와로 돌아온 로버트는 더 이상 미일 지위 협정으로 보호를 받는 미군 병사가 아니었다. 제대한 그는 기지 내로 들어가는 것조차 쉽게 허락되지 않았다. 가족을 부양하기 위해 로버트는 오키나와의 이사 센터에서 일했다. 일본어를 못하는 그는 좀처럼 원하는 일을 찾지 못했다. 5년 동안 오키나와 사회에서 일을 하던 중, 1994년 2월에 마침내 기지 내의 일을 찾았다.

오키나와에서의 생활은 에미의 가족과 자주 부딪혔다. 오키나와의 행사에 참가하는 일은 로버트에게 매우 고통스러운 일이었다. 로버트가 가장 힘들어했던 것은 에미의 자매들과의 문제였다. 늦은 밤, 에미의 자매들에게 걸려 오는 전화는 로버트에게 사생활 침해였다. 당시 로버트 가족은 에미의 자매와 가까운 곳에 살고 있어서 자매가 집에도 자주 왔다. 로버트는 에미와 1994년에 이혼하였다.

현재의 아내인 아야(綾)와는 1996년에 해병대 기지인 캠프 포스터 안에 있는 볼링장에서 만났다. 당시 아야는 20세, 로버트는 33세였다. 8년의 교제를 하고 2003년에 로버트는 재혼을 하였다.

결혼을 하면서 로버트는 아야와 약속을 하였다. 로버트는 평소에 오키나와에서 일생 동안 살 생각이 없고 언젠가는 미국으로 돌아갈 것이며 그 때가 오면 아야와 아이와 함께 미국으로 가고 싶다는 생각하고 있었다. 그래서 결혼 전에 아야에게 미국에서 살 생각이 없다면 결혼은 하지 않겠다는 의사를 분명히 전했다. 이에 아야가 미국에 가는 것에 동의했기 때문에 두 사람은 결혼을 하게 되었다. 그러나 로버트는 아내의 말을 의심하고 있다.

로버트는 1989년부터 지금까지 계속 오키나와에 살고 있다. 그래서 일본어도 잘 구사할 수 있다. 아야에게는 일본어로, 아이들에게는 영어로 대화한다. 그러나 그의 일본어 실력은 아야의 가족이나 친족이 행사에 모여 나누는 대화를 이해할 수 있는 수준은 아니다. 로버트는 가족의 모임에 참가는 하지만 말을 다 이해하지 못하기 때문에 지루하게 느끼고 불만도 느끼고 있다.

기지 반대 운동이 전개되고 있는 한편으로, 기지를 개방하는 날에는 많은 오키나와 사람들이 기지를 방문한다. 이러한 모순에 로버트는 화가 난다고 한다. 또한 그는 미국인에 대한 오키나와 사람들의 차별에도 민감하다. 로버트는 오키나와 사람들이 서로의 문화가 다르다는 것을 인지하고 변해야 한다고 주장한다. 1989년에 미국에서 오키나와로 다시 와 생활한 지 약 20년이 되었다. 그는 미국에 돌아갈 날을 학수고대하고 있다.

9. 찰스

"(아내와) 함께할 수 있어 정말 멋진 시간이었다. 이상. (다시 태어난다면) 역시 다시 아내를 만나 함께하고 싶다"(찰스)

미국 북동부 펜실베이니아 주 출신인 찰스는 기지 내에서 일하는 군속이다. 50대 후반의 백인 남성인 찰스는 공군 퇴역 군인(하사관, E-9)이기도 하다. 60대 초반의 아내인 다에(多惠)[10]는 미야코지마[宮古島, 현재 히라라 시(平良市)] 출신의 여성으로, 현재 전업주부이다. 이들에게는 40대 초반의 아들이 한 명 있다. 현재, 두 사람은 본섬 중부에 집을 구입해 둘이서 평온한 생활을 하고 있다.

찰스는 1965년 6월에 고등학교를 졸업하고 같은 해 9월에 공군에 입대하였다. 입대 후, 2년 뒤에 첫 부임지로 가데나(嘉手納) 공군 기지에 배속되었다. 그리고 4개월 뒤인 1967년 8월에 오키나와의 가데나 공군 기지에 부임하였다. 요코타(横田)에 사는 일본인들에 비해 영어를 할 줄 아는 오키나와 사람이 많아 놀랐다고 한다. 오키나와는 1972년에 일본에 반환되었는데, 반환 전인 1967년의 오키나와는 영어가 공용어에 가까

10 다에(多惠)도 필자와 인터뷰를 하였다.

웠다.

찰스가 다에를 만난 것은 1968년 2월 14일이었다. 이 날은 공교롭게도 밸런타인데이였다. 그리고 블라인드 데이트였다. 두 사람은 바에서 만났다. 다에는 친구와 함께 바에 왔다. 다에와 그 친구는 낮에 바에서 일하는 바텐더였다.

찰스는 다에의 멋진 미소에 첫눈에 반했다고 한다. 다에가 주크박스 옆에 서서 곡을 고르고 있을 때, 다에를 따라 주크박스 쪽으로 온 찰스는 우연히 다에와 같은 곡을 골랐다. 이는 우연이었지만 운명이기도 하였다. 그리고 일어나야 할 일이 일어났다고 그는 말했다. 찰스는 다에와 그 날 아침 5시까지 춤을 췄다고 한다. 당시 그는 20세, 그녀는 21세였다. 그는 당시 계급이 E-3였다.

다에와 교제를 시작하고 3, 4개월 뒤인 어느 날, 찰스는 그녀에게 아들 하나가 있다는 것을 알게 되었다. 그는 믿을 수가 없었다. 그녀가 예전에 교제했던 미국인 남성과의 사이에서 태어난 아이였다. 그러나 그녀에 대한 찰스의 마음은 변하지 않았다. 찰스는 그녀에게 아이와 함께 같이 살자고 제안하였다. 그는 그녀의 아이를 자신의 아들로 키웠다. 찰스는 2년 동안 그녀와 동거를 하였다.

찰스가 그녀에게 프러포즈를 한 것은 1969년 12월 미국으로 출장을 갈 때였다. 그는 비행기에서 그녀에게 편지를 써서 결혼 의사를 전했다. 펜의 잉크가 다 되어 빨간색 잉크로 주소를 적어 보냈기 때문에, 다에는 그가 그녀와 이별하고자 보낸 편지로 오해를 하기도 하였다.

두 사람의 결혼에 대해서 그녀의 어머니는 긍정적으로 보지 않았다. 이유는 결혼을 하면 그녀가 다시는 오키나와로 돌아오지 않을 것 같았기 때문이다. 그러나 훗날 오키나와로 전근을 하면서 다시 돌아오게 되었을 때 그녀의 어머니는 찰스에 대한 신뢰를 보여 주었다.

찰스의 부모는 다에를 매우 아꼈다. 만약 두 사람이 이혼을 할 경우, 다에는 찰스의 부모와 함께 살면 된다고 말할 정도였다고 한다. 또한 찰스의 조부는 예전에 '자프'(Jap, 일본인을 멸시해 부르는 말)와 결혼하지 말라고 찰스에게 경고를 했으나 이제는 다에의 좋은 친구가 되었다고 한다. 찰스의 가족은 다에와의 결혼을 인정하였다.

결혼해서 3개월 뒤인 1970년 4월에 찰스의 미국 이동이 결정되었다. 이동 근무지는 텍사스 주였다. 텍사스에서의 생활은 다에에게 매우 힘든 시간이었다. 당시 텍사스 주와 같은 미국의 남부는 여전히 인종차별 사건이 자주 발생했던 곳이다. 당시는 군대의 가족 지원 제도가 마련되어 있지 않아서 외국인 배우자를 위한 영어 강좌 등도 전혀 없었다. 그렇기 때문에 다에는 아들과 함께 '세서미 스트리트'라는 텔레비전 프로그램을 통해 영어를 배웠다.

텍사스 주에 살 때에 찰스는 왜 아시아 여성과 결혼했느냐는 질문을 자주 받았다. 미국인 여성에게 문제가 있느냐는 질문도 들었다. 때로는 다에가 있는 앞에서 이러한 질문을 듣기도 하였다. 그럴 때마다 다에는 큰 충격을 받았다.

1979년 1월에 가데나 공군 기지로 소속이 바뀌면서 찰스는 오키나와로 돌아왔다. 그리고 다에의 어머니가 암에 걸렸다는 사실을 알게 되었다. 다에는 어머니가 돌아가실 때까지 5년 동안 어머니와 함께 생활하였다. 1983년에 다에의 어머니가 돌아가셨다. 찰스는 장모에 대해 이야기를 하면서 눈물을 글썽이면서 추억을 들려주었다. 그는 장모의 장례식에 군복을 입고 참석하였다. 다에의 어머니가 돌아가시고 3년 후인 1986년 8월에 찰스는 공군을 퇴역하였다.

오키나와로 돌아와서 찰스는 가데나 공군 기지 내에서 군속으로 일하기 시작하였다. 찰스와 다에는 오키나와 문화와 행사에 관심을 갖고 오키나와의 행사에 적극적으로 참여하고 있다.

이상, 일본인 여성 4명과 미군 남성 5명의 만남에서부터 결혼까지의 스토리를 기술해 보았다. 다음 장에서는 이상의 9명의 남녀와 관련한 사례를 중심으로 미군 병사와 오키나와 여성의 결혼과 가정생활에 대해서 기술·고찰해 보고자 한다.

제5장 독신 시절부터 만남까지

본 장에서는 미군 병사와 일본인 여성의 독신 시절부터 미래의 배우자와의 만남까지에 대해서 기술하겠다. 먼저, 전후부터 현재까지 많은 미군 관계자와 오키나와 여성에게 만남의 장을 제공해 온 고자(현재, 오키나와 시)와 게이트 2의 클럽에 대해 개관해 보겠다. 다음으로, 남녀의 인터뷰를 통해 독신 시절의 교제, 연애의 계기와 서로 끌린 이유, 마지막으로 결혼 전에 나타난 여러 가지 문제에 대해서도 기술하겠다. 인터뷰에서 미국인 남편들이 말한 내용은 필자가 번역한 것이라는 점을 미리 밝혀 둔다.[1]

1. 만남의 장 — 기지의 도시 '고자'

'전후 오키나와의 축소판'이라고 불리는 고자(본섬 중부, 현재의 오키나와 시)에는 전후, 기지 경제를 꿈꾸며 많은 사람들이 모여들었다. 전쟁으로 남편을 잃어 과부가 된 오키나와 여성들은 생계를 위해 일을 찾아서

1 다른 장에서도 미국인 남편이나 영어 사용자의 인터뷰는 필자가 번역한 내용이다.

가데나(嘉手納) 공군 기지 앞의 고자로 이동해 왔다. 그중에는 '팡팡'[2]이나 '온리'[3]라고 불리던 미군 병사를 상대로 한 매춘부나 미군 병사의 현지처인 '허니'[4] 등도 있었다. 미군이 공인한 A 사인 바[5]로 총칭되는 바에서 미군 병사를 상대로 일하는 여성들도 있었다. 나중에는 주둔 미군 병사와 결혼해 미국으로 들어가는 여성도 등장하였다. 이 여성들을 '전쟁 신부'라고 부른다.

1960년대에는 베트남 전쟁의 영향으로 센터 거리[6]의 A 사인 바는 베트남행을 기다리는 미군 병사들로 넘쳤다. 1972년, 오키나와는 일본에 반환되었고 고자 주민은 미군 병사와 밀착했던 생활에서 벗어나 일본 본토의 생활 습관에 적응해야 했다. 일본 복귀와 함께 A 사인 바는 종언을 고했고 1974년에 고자 시는 오키나와 시로 명칭이 변경되었다.

2 '팡팡'이란, 패전 후 거리에 등장한 사창을 말한다. 팡팡걸, 팡스케(パン助)라고도 한다. 밤의 여자, 어둠의 여자, 거리의 여자, 스트리트 걸 등도 동의어. 미군 병사를 상대로 하는 팡팡이 사용하는 영어를 팡글리시라고 한다(오기야扇谷 외 1983: 3). 팡팡의 파생어에 대한 자세한 것은 미야니시(宮西 2003)를 참조.

3 '온리'란, 한 달이든 석 달이든 미군 병사 1명의 군속처럼 다른 손님을 받지 않는 여성을 의미한다. 미군 병사는 그 대가로 그 기간 동안 여성의 생활비 일체를 부담한다. 온리가 되면 경제적인 안정을 얻게 되면서 또한 국민의 비난을 피해 갈 수 있어 "나는 창부가 아니다"라고 자신을 위로할 수 있었다. 한편, 여러 손님을 받는 여성을 '버터플라이'라고 불렀다(다케시타竹下 2000: 91).

4 '허니'란, 영어의 honey(애인이나 부부에 대한 애칭)에서 파생된 말이며, 한 명의 남성과 특별한 관계인 오키나와의 여성을 의미한다(가요嘉陽 1986).

5 1953년에 생긴 A 사인이란, 미군이 제정한 영업 허가서를 의미한다. 당시, A 사인을 보유한 가게 외에는 미군·군속을 상대로 영업을 할 수 없었으며, 허가서를 얻기 위해서는 미군이 정한 위생 검사에 통과해야 했다. 고자의 전후사에 대해서는 沖縄國際大學 文學部 社會學科 石原ゼミナール(1994); 고자 시 편コザ市編(1974)을 참조. A 사인 바에서 일하던 여성에 대해서는 오노자와小野澤(2005, 2006)를 참조.

6 센터 거리(B. C. 스트리트라고도 한다)란, 현재의 중앙 파크 애비뉴 거리를 말한다. 게이트 2 스트리트와 나란히 동서로 뻗은 이 거리에는 베트남 전쟁 때에 베트남으로 떠나는 미군 병사들을 위로하기 위한 A 사인 바가 즐비해, 1964년부터 1968년까지 전성기를 구가하였다. 그 후, 오키나와가 일본에 반환되고 달러가 쇠퇴하자 센터 거리의 가게들은 하나둘 문을 닫았다. 그리고 1985년에 현지 혹은 관광객을 주요 대상으로 한 상점가로서 중앙 파크 애비뉴로 다시 태어났다(沖縄國際大學 文學部 社會學科 石原ゼミナール 1994).

오키나와는 일본 복귀로 27년 동안의 미군 통치가 끝나고 일본의 일부가 되었으나, 광대한 미군 기지는 오키나와에 남아 있어, 미군 병사와 오키나와 여성의 만남은 계속되었다. 일본 복귀 이후에는 센터 거리에 있던 미군 병사를 위한 바가 쇠락하고, 1980년대부터 2000년대 초까지는 고자의 나카노마치(中の町, 현재 오키나와 시 우에치上地)에 많은 디스코텍이 생겼다. 이곳은 많은 미군 병사와 오키나와 여성으로 붐볐으며 수많은 만남이 있었다. 2000년 초에는 나카노마치에 있던 디스코텍이 사라지고 통칭 게이트 2(공항로라고도 한다)에 많은 클럽이 들어섰다. 현재 게이트 2의 클럽이 미군 병사와 오키나와 여성의 주된 만남의 장소이다.

1980년대부터 2000년대까지 많은 오키나와 여성과 미군 병사가 나카노마치에 있는 디스코텍에서 만났다. 지금도 당시의 모습을 생생하게 기억하는 미군 관계자나 오키나와 여성이 많다. 일반적으로 나카노마치라고 불리고 있으나, 실제로는 나카노마치라는 지명은 존재하지 않는다. 본래의 지명은 오키나와 시 우에치이다. 하지만 현지에서는 지금도 나카노마치라고 부른다. 예전 모습의 나카노마치의 디스코텍은 사라졌다. 현재는 관광객과 현지 손님으로 붐비는 약 300여 개의 스낵바, 선술집, 민속 술집 등으로 바뀌어, 당시의 분위기를 찾아볼 수 없다.

사진 20. 게이트 2에 있는 스트립 클럽

나카노마치의 디스코텍은 가데나(嘉手納) 공군 기지의 게이트 2를 나와 야주지로(屋十字路)를 나하(那覇) 방면으로 진행한 국도 330호 변이나 그 근처에 즐비하였다. 맨해튼 맨해튼, 애플 하우스, 에이트 비트, 피라미드 등이 특히 유명하였다.

현재 미군 병사와 오키나와 여성이 만나는 장소 대부분은 오키나와 본섬 중부 오키나와 시(고자)의 게이트 2에 있는 클럽에 집중해 있다(지

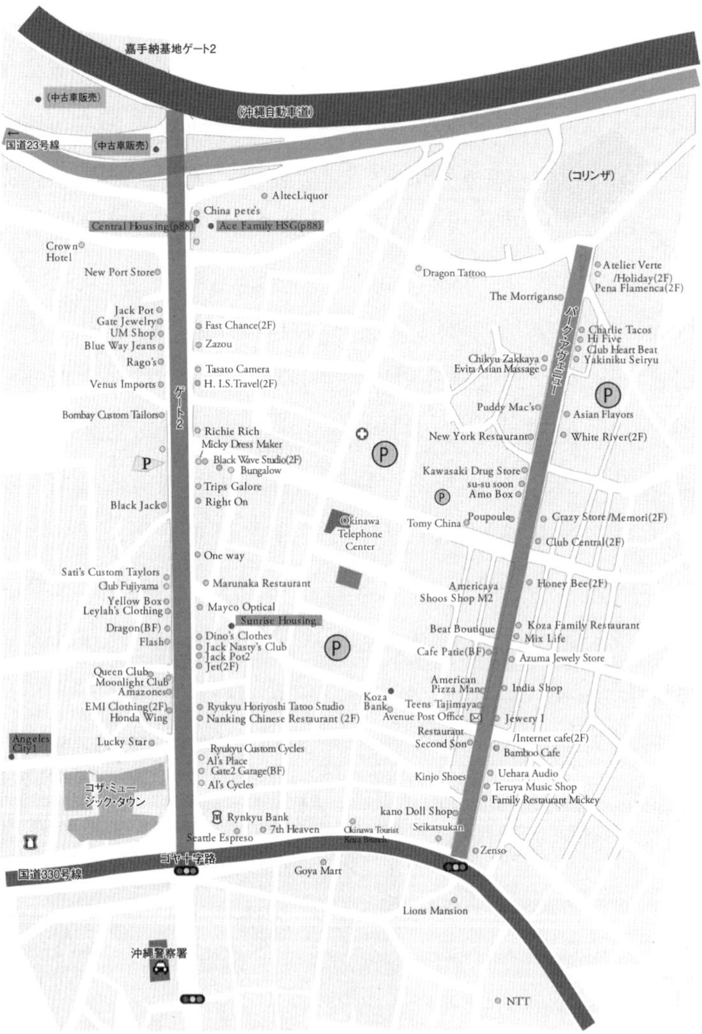

지도 5-1. 게이트 2의 지도

사진 21. 가데나(嘉手納) 공군 기지 앞 환락가 게이트 2

사진 22. 게이트 2에 있는 클럽 레드

도 5-1). 가데나 공군 기지의 제2 게이트에서부터 고야주지로(胡屋十字路)까지 약 400미터 거리의 양쪽에는 많은 클럽 바, 스트립 클럽(사진 20)과 미군 관계자를 위한 토산품점이나 전당포가 즐비하다. 일본어와 영어로 된 간판이 줄지어 있고 이곳을 오가는 사람도 미국인, 인도인, 필리핀인 등 다양하다. 현재 게이트 2에는 예전의 기지 도시 고자의 풍광은 사라졌지만, 주말이 되면 미군 병사와 오키나와 여성들의 모습을 자주 볼 수 있다. 특히, 미군 병사의 월급날인 1일과 15일 주말에는 미군 병사와 오키나와 여성들로 게이트 2 주변의 클럽이 붐빈다. 기지 주변에 있는 바나 클럽도 만남의 장소이기는 하지만, 게이트 2에 비하면 규모가 작다. 예를 들어, 후텐마(普天間) 비행장 근처의 기노완 시(宜野灣市)에 있는 풀 바, 캠프 포스터 근처의 본섬 중부의 자탄초(北谷町)나 나하에 있는 클럽 등이다.

게이트 2에는 현재 27곳(2009년 1월 현재)의 클럽과 바가 존재한다(표 5-1). 클럽 레드(사진 22)와 후지야마가 인기 있는 클럽이다. 그럼, 게이트 2의 클럽에 대해서 직접 참관한 내용을 바탕으로 기술하겠다.

고야주지로(胡屋十字路) 근처에 클럽 레드가 있다. 비교적 젊은 미군 병사나 오키나와 여성이 출입하는 클럽이다. 이들은 미군 병사의 월급

표 5-1. 게이트 2의 점포 일람

점포명	사업내용
우측-가데나(嘉手納) 기지를 등지고	
1. Hotel Crown	호텔
2. Goya Pawn Shop	전당포
3. Victor TV Repair Shop	TV 수리점
4. Newport Store	전당포
5. Fo' Real	양복점(남녀)
6. Silver Bullet Game Store	잡화 · 코믹 본점
7. Café Spice	커피숍 · 레스토랑
8. Jackpot	양복점(남녀)
9. Gate Collections	전당포
10. Tax-Free UM Shop	전자 제품점
11. Respect	양복점(남녀)
12. Reflex	양복점(남녀)
13. Chi-Town	양복점(남녀)
14. Rago's	양복점(남녀)
15. Playground	양복점(남녀)
16. Uptight	양복점(남녀)
17. Fukuya	일본 오키나와풍 양복점
18. Miracle	양복점(남녀)
19. Bombay Tailor	양복점(남녀)
20. Nakama Pharmacy	약국
21. Elsons	속옷 가게(남녀)
22. Chance.com	레스토랑(테이크아웃 가능)
23. Kiyuna Gift Shop	일본 오키나와 토산품 가게
24. Cocktail Lounge PRINCE	가라오케 바
25. Chicago	양복점(남녀)
26. Miekawa Pawn Shop	전당포
27. Tomcat Embroidery	미군 관련 용품 · 자수 가게
28. Black Jack	양복점(남녀)
29. Shanti Shanti	양복점(남녀)
30. Riga's	양복점(남녀)
31. Sati's	양복점(남녀)
32. Club Fujiyama	바 · 라이브하우스 클럽
33. Nine	양복점(남녀)
34. Destiny's Tailor	양복점(남녀)
35. Yellow Box	양복점(남녀)
36. Gate 2	식품 매점(테이크아웃 가능)
37. Playaz	양복점(남녀)
38. Dragons	클럽
39. Flash	양복점(남녀)
40. Manila Bay Café	레스토랑(테이크아웃 가능)
41. 4 Play	스트립 클럽
42. Show Club Moonlight	스트립 클럽
43. Club Queen	스트립 클럽
44. Amazonesu Show	스트립 클럽
45. Okinawa Motor Center	바이크 수리점
46. EMI Military Look	미군 관련 용품 · 자수 가게
47. Tatoo Parlor	문신 가게
48. PEG	바 · 레스토랑(테이크아웃 가능)
49. Bar	바
50. Smitty's	바 · 레스토랑(테이크아웃 가능)
51. Lucky Star	바
52. Snake	바
53. Hawaiian Night	라이브하우스 · 바
54. Koza Music Town	쇼핑센터 · 레스토랑 · 스튜디오

좌측-가데나(嘉手納) 기지를 등지고	
55. China Pete's	일본 · 오키나와 토산품 가게
56. Okinawa Liquor Shop	술집
57. Pitsters Sports Bar & Grill	바 · 레스토랑
58. Deluxe	양복점(남녀)
59. Orbit Travel	여행 대리점
60. 1st Chance Custom Cycles	바이크 가게
61. 1st Chance Saloon	바
62. Café Ocean	레스토랑(테이크아웃 가능)
63. Zazou Bakery	빵가게
64. Tasato Camera Shop	카메라 가게
65. HIS Travel / Okinawa Tourist Service	여행 대리점
66. Café Subic	레스토랑(테이크아웃 가능)
67. DV	양복점(남녀)
68. Hotel Nikko	호텔
69. Knockout	양복점(남녀)
70. Richie Rich	양복점(남녀)
71. Club President	바 · 스테이지
72. Top Embroidery Shop	미군 관련 용품 · 자수 가게
73. Micky Dress Maker Tailor	재봉소
74. Trips Galore Co	토산품 가게
75. Ippon-Do	무술 용품점
76. Indian Tailor	양복점(남녀)
77. Ron	양복점(남녀)
78. Giorgio's	양복점(남녀)
79. M+M Gift Center	일본 오키나와 토산품 가게
80. The Side Door	바
81. Anup	양복점(남녀)
82. Rendezous Grille	레스토랑(테이크아웃 가능)
83. Club 29 Palms	바
84. Check It Out	양복점(남녀)
85. Asian Import Store & Café	아시안 스타일 토산품 가게
86. Karaoke Bar Keystone	바 · 가라오케
87. Mayo Optical	안경점
88. Karaoke Club X	바 · 가라오케 클럽
89. Charles Tailor & Gifts	양복점(남녀)
90. Phase 02	바
91. Dino's	양복점(남녀)
92. Jack Nasty's	라이브하우스 바
93. Envy	양복점(남녀)
94. Fabulous	양복점(남녀)
95. Tropical Joy	양복점(여성)
96. Tempura / Bento Shop Uema	튀김 · 도시락 가게
97. Jet	라이브하우스
98. Ryukyu Horiyoshi Tattoo Studio	문신 가게
99. Seven	클럽
100. Zen's Bar	바
101. Zen's Town Grill	레스토랑 (테이크아웃 가능)
102. Club Red	클럽 · 바
103. Al's Place	바
104. Al's Cycle	바이크 가게
105. Good Times	바
106. Ocean View Pool & Bar	당구 · 바
107. Tower Parking for Bank of Ryukyus	류큐 은행(琉球銀行)의 주차장
108. Bank of Ryukyus	류큐 은행

* 비고 : 2009년 1월 현재 (필자의 조사에 따라 작성)

날 주말 23시가 넘어 클럽에 간다. 클럽에 들어가기 위해서는 1인당 5달러를 입구에서 지불한다. 입장료를 지불하면 입구에서 지불했다는 의미로 검은색 도장을 손등에 찍어 준다. 들어가 정면에는 바 카운터가 있다. 필자는 출입구 바로 옆에 있는 둥근 테이블에 앉았다. 카운터에는 아프리카계 미국인 남성 1명과 일본인 여성 2명이 앉아 있었다. 아프리카계 미국인 남성 옆에 앉아 있는 여성이 그의 여자 친구인 듯했다. 다른 1명은 단순한 친구로 보였다. 2명의 여성은 20대 초반의 일본 본토 출신 여성으로 보였다. 아프리카계 미국인 남성도 20대 초반으로 보였다. 연중 따뜻한 오키나와에서 드물게도 갈색 롱코트를 입고 있는 그는 클럽 안에서 다소 튀는 존재였다.

이들 뒤에 있는 테이블에는 아프리카계 미국인 남성과 일본인 여성이 앉아 있었다. 이들은 클럽에서 즐기는 데 익숙한 듯했다. 여성은 일본 본토 출신으로 보였다. 가슴이 보일 정도로 노출이 심했다. 그녀는 일본인 여성이 옆을 지날 때마다 위협적인 표정을 지었다. 남성은 어두운 클럽 안에서 선글라스를 끼고 있었다.

이들 테이블의 바로 왼쪽에 큰 테이블이 있었는데, 여기에는 오키나와 여성 4, 5명이 앉아 있었다. 이 여성들은 20대 후반 혹은 30대 초반으로 보였다. 다른 여성들보다 나이가 있어 보였고 차분한 분위기였다. 또한 그 테이블에는 젊은 미국인 백인 남성이 함께 자리해 있었다.

안쪽에도 테이블과 의자가 있어서 일본인 여성 몇 명이 보였다. 여러 명의 바텐더가 일을 하고 있었는데, '하프'인 듯한 남성과 일본인 여성과 남성이 일을 하고 있었다. 일본인 남성 손님도 몇 명 있었으나, 대부분의 손님은 미국 남성 혹은 일본인 여성이었다.

잠시 뒤에 필자의 옆에 오키나와 여성 2명이 앉았다. 클럽 레드에 들어오기 전에 클럽 밖에서 봤던 여성들이었다. 두 사람은 클럽에 익숙하지 않은 듯했다. 그리고 0시가 지나자 사람들이 더욱 많아졌다. 클럽에 들어왔던 23시 30분에는 100명 정도의 손님이었으나, 1시 30분경에는 200명 가까이 되었다. 대부분의 손님은 20대 초반이었다. 클럽 밖에 있던 안내문에는 0시부터 배꼽에 술을 따라 그 술을 남성이 마시는 'belly shot'이라는 이벤트가 있다는 안내가 붙어 있었다. 이 이벤트를 보고 싶어서 필자는 계속 남아 있었다. 그러나 1시 30분이 지나도 좀처럼 이벤트는 시작되지 않았기 때문에 할 수 없이 발길을 돌려 클럽을 나왔다. 좁고 어두운 클럽 안에 수백 명이 모여 있어 숨이 막힐 듯하였다. 또한 담배 냄새와 연기로 가득하였다. 클럽을 나온 시간은 1시 30분이 지났으나 많은 미군 병사와 여성들이 밖에 모여 있었다.

미군 병사와 교제하는 것에 대해 오키나와 사회의 시선은 차갑다. 전후 고자에서 본 미군 병사와 거리를 활보하는 '허니'나 '온리'와 같은 미군 병사를 상대로 한 매춘 여성들의 모습을 떠올리게 하기 때문일 것이다. 그럼, 이어서 오키나와 여성들의 독신 시절에 대해서 그들의 이야기를 들어보자.

2. 독신 시절

본 절에서는 미군 병사와 일본인 여성의 독신 시절부터 미래 배우자와의 만남까지를 중심으로 기술하겠다. 이와 함께 미군 병사와 교제하는 여성에 대한 비판적인 시선과 남녀의 독신 시절을 둘러싼 문제에 대해서도 기술하겠다. 전반부에는 미군 병사와 교제하는 여성들에 대한 시선, 후반부에는 인터뷰를 통해 알게 된 남녀의 만남에 대해서 기술하고자 한다.

2.1. 미군 병사와의 교제를 둘러싼 비판적인 시선

독신의 미 해병대원은 보통 2년간 홀로 임무를 위해 오키나와에 부임해 온다. 그들의 연령은 대부분 20대 초반으로 매우 젊다. 부트 캠프(신병 입대 훈련)를 마친 뒤, 오키나와가 첫 부임지인 경우도 많다. 이들은 오키나와의 여성과 만나 새로운 관계를 형성하더라도 곧 다음 부임지로 이동을 해야 한다. 그런 미군 병사의 특수한 사정으로 인해 이별을 결심하는 여성도 있는 반면, 이를 이해하고 교제를 시작하는 여성도 있다.

후자의 여성은 오키나와에서 '아메조(アメ女)'라고 불리며 비판적인 시선을 받고 있다. 아메조란, '아메리카 조구(アメリカじょーぐ)'에서 파생된 말이다. '조구'란 오키나와의 방언으로 '잘 즐기는 사람'이라는 의미이다. 즉, 미국인과 즐기기를 좋아하는 사람을 가리킨다. 그러나 '미국인이라면 누구나 상대하는 가벼운 여자'라는 부정적인 멸시의 의미로 사용되는 경우가 많다. 아메조들은 기지 내를 출입하면서 게이트 2 등지에 위치한 미군 병사가 주로 출입하는 클럽에 가서 끊임없이 미국인 남성과 교제를 하는 여성이라는 부정적인 이미지로 비치는 경향이 매우 강하다. 이어서 아메조와 관련한 서술과 여기서 발견할 수 있는 일본 본토 출신 여성에 대한 시선에 대해서도 서술하고자 한다.

아메조들은 1) 뚱뚱녀, 2) 못난이, 3) 음침한 성격녀 등 세 종류 중 하나로 분류된다고 한다(이마나카今中 2002: 30).[7] 이마나카에 따르면, 이와 같은 여성은 일본인 남성과 연애를 할 기회가 없어, 멀리 고국을 떠나와

7 세 종류의 아메조 분류는 일러스트와 함께 다음과 같이 기술되어 있다. 1. 뚱뚱녀: "일본 남자들이 싫어한다(본인들에게는 반대). 섹시한 옷을 입어도 전혀 섹시하지 않다. 여자로 느껴지지 않는다. 그러지 말아야 하는데 몸매가 강조되는 옷을 입는다. 일종의 희롱. 싸움에 강해 보인다(울면 강한 타입)." 2. 못난이: "동성의, 특히 귀여운 사람을 아주 싫어한다. 과거 따돌림 경험이 있다. 외국인과 사귀는 것에 자부심을 갖고 있어서 일본 남자를 멸시한다. 냄새가 강해 보인다." 3. 음침한 성격녀: "오래전에 산 원피스를 중요한 날인 오늘 밤, 오늘이야말로 하는 마음으로 입는 여자. 좀 동정이 갈 정도이다."[이마나카(今中) 2002 : 30]

있는 외로운 미군 병사만이 접근해 온다. 그리고 인기 없는 여자와 외로운 남자의 유효기간이 빤한 연애가 성립된다고 한다. 또한 미군 병사가 이동이 결정되어 오키나와를 떠나 버리면, 다시 다른 외로운 미군 병사의 접근을 반복해서 기다린다고 한다. 이러한 연애에 대해서, "찰나의 행복을 좇는 아메조"라고 기술하고 있다(이마나카 2002: 30-31).

이상과 같이 미군 병사는 오키나와에서의 임기를 마치면 다음 부임지로 이동 명령을 받고 오키나와를 떠난다. 미군 병사의 이동과 동시에 아메조와의 연애도 자연스럽게 끝이 나는, 그런 일시적인 연애로 다루어지고 있다. 임기를 연장해서 결혼에 이른 경우도 있지만, 그 연애는 단기간으로 끝나는 것으로 보고 있다.

앞서 기술했지만, 1995년 9월에 여자 초등학생을 미군 병사 3명이 성폭행한 참혹한 사건이 오키나와에서 발생하였다. 이 사건으로 8만 5천명이나 모인 항의 집회가 오키나와에서 있었다. 그러나 그해 5월에 24세의 여성이 미 해병대원에게 살해된 사건에 대해서는 항의 운동과 같은 움직임은 전혀 일어나지 않았다. 살해된 24세의 여성은 살해되기 전에 미 해병대원과 교제를 하고 있었다고 한다. 다시 말해, 이 여성은 아메조로 간주되어, 스스로의 의사에 따라 미군 병사와 교제하던 경멸해야 할 여성이라는 시각에서 피해자로 여겨지지 않았던 것이다. 경찰에 피해자로 호소해도 "본인이 유혹한 것이겠지" 혹은 "자업자득"이라고 하며 진지하게 받아들여지지 않아 오히려 더 많은 상처를 입게 된다(이마나카 2002: 31). 본인의 의사로 '적국의 남성'인 미국인과 관계를 맺은 여성들, 아메조는 '배신자' 취급을 받는 것이다(시마부쿠로島袋 2000).

또한 아메조라는 용어는 종종 성적으로 방종한 일본 본토 출신 여성을 의미하는 경우가 많다. 미군 병사와의 국제결혼에 대해서 오랫동안 다루어 온 오키나와 출신의 사회복지사 여성을 통해, 미군 병사를 만나러 여름에 오키나와를 방문한 일본 본토 출신 여성이 그해 크리스마스 전에 임신해 낳은 아이를 '비치 베이비'라고 한다는 것을 들었다.

이 여성의 말에 따르면, 오키나와 여성의 경우에는 생활을 위해 미군 병사와 교제를 한다. 일본 본토 출신의 여성은 미군 병사와의 교제를 한때의 불장난과 같은 것으로 여긴다고 한다. 미군 병사와의 결혼으로 기지 내에 출입하면서 기지 내에서 쇼핑 등의 특권을 누리고 싶어 결혼하는 여성도 있다. 이러한 결혼을 'ID 카드 메리지'라고 한다고 가르쳐 주었다.

오키나와 출신의 사회복지사 여성이 지적했듯이, 일본 본토 출신 여성과 미군 병사의 교제에는 성적인 의미가 매우 강하게 깔려 있다. 게다가 이는 미군 병사의 민족성에 따라서도 크게 다르다. 아프리카계 미국인 남성과의 교제는 성적인 관점에서 언급되는 경우가 많다. 게이트 2 근처에서 장사를 하는 오키나와 남성은 일본 본토 출신 여성으로부터 아프리카계 미국인을 소개해 달라는 부탁을 받기도 한다. 그는 아프리카계 미국인과의 섹스에 대해서 다음과 같이 말한다.

> (아프리카계 미국인은) 섹스를 잘하는 듯하다. 그렇게밖에 생각할 수가 없다. 오키나와 사람과 흑인, 모두와 섹스를 해 보면, 흑인과의 '섹스'는 천국 같다고 한다. 느낌이 있다는 것이다. 반면 오키나와 사람과의 섹스는 느낌이 없다는 것이다. 머리에서부터 발까지 애무해 준다고 한다. 부티크에서 만난 여성의 말이다. 오키나와 여성이 그렇게 말할 정도이니, 일본 본토 여성은 멈출 수가 없는 것이다. 소개해 주면, 그 답례로 케이크를 사 오기도 한다. 일본 본토 사람이 흑인을 만나기 위해 찾아왔었다. 일본 본토 사람은 섹스를 원해 오키나와에 온다. 스테이크 하우스인 사계(四季)[8]에 가면, 일본 본토 여성이 흑인에게 밥을 사 주곤 한다. 자탄

8 오키나와 현에 있는 철판구이 가게. 미군 관계자에게도 인기가 있는 가게로, Four Seasons(사계)로 불리며 인기가 좋다.

(北谷)의 민박집에 가면, 본토 사람이 머물고 있다. 1주일간 머물면서 교제할 흑인을 찾는다. (2005년 4월 5일 수록)

교제하는 남성의 출신 민족에 따라 아메조를 구별한다. 일반적으로 백인 미국인 남성과 교제하는 여성을 좁은 의미에서 아메조라고 하며, 아프리카계 미국인 남성과 교제하는 여성을 '고쿠조(黑女)'라고 한다. 고쿠조 중에서도 일본 본토 출신 여성은 미군 병사를 놓고 여성들끼리 대립할 정도로 거친 면이 있다는 오키나와 출신인 후미코(文子, 30대 초반)의 전언이다.

이처럼 미군 병사와 본인 의사에 따라 교제하는 여성은 아메조라는 딱지가 붙어 사회로부터 차가운 시선을 받는다. 이들의 교제는 미군 병사의 이동과 동시에 아메조와의 연애도 자연스럽게 끝이 나는 일시적인 연애로 간주된다. 또한 성이 강조되는 교제이기 때문에 결혼까지 생각하기는 힘들다. 그러나 아메조라고 불리는 여성들 중에도 그 출신지에 따라 차이가 있으며 일본 본토 출신 여성은 성적인 방종자로 간주되기도 한다는 점을 알게 되었다.

그럼 이어서 이러한 아메조라는 딱지를 얻으면서도 미군 병사와 교제를 하고 결혼을 한 오키나와 여성의 생각에 대해서 기술해 보고자 한다. 오키나와 출신의 마미(麻實, 30대 초반)는 독신 시절을 나카노마치(中の町)에 있는 클럽에서 보내며 미군 병사와 교제를 한 경험이 있다. 그러나 마미는 미군 병사와 교제하는 여성들이 단순히 놀기만 하는 것이 아니라, 자신에게 맞는 남성을 찾고 있는 것일 뿐이라고 주장한다. "여자들은 그저 놀기만 하고 있는 것이 아니라, 좋은 사람을 아직 만나지 못한 것일 뿐이다. 국제결혼을 한 사람은 상대 남성이 좋은 사람이고 배려해 줄 줄 아는 사람이기에 가능했을 뿐이다"라고 마미는 말한다.

마미의 주장을 통해서, 아메조라고 불리는 여성들은 미군 병사를 성적인 대상으로만 보고 찾아다니며 놀고 있는 것이 아니라, 진지하게 교제하고 있다는 점을 알게 되었다. 이는 미군 병사와의 교제를 일시적인 것으로 간주하는 시각이나 아메조라는 부정적인 딱지에 대한 비판이기도 하다.

여성들은 미군 병사와 교제를 하면서 군대 내에 존재하는 민간 사회와의 차이를 인지해 다른 미군 병사와의 교제에 활용하기도 한다. 예를 들어, 차를 소유할 수 없는 젊은 해병대원보다는 차를 소유할 수 있는 가데나(嘉手納) 공군 기지에 소속된 미군 병사와의 교제가 더 인기가 있다.[9] 또한 생활관에 사는 해병대원보다 사생활이 보장되는 기숙사에 사는 공군 군인과의 교제를 더 선호한다.

이러한 의미에서, 이들의 교제가 임기가 끝난 미군 병사에게 일방적으로 버림을 받는 수동적인 연애가 아니라는 점을 알 수 있다. 여기에는 단기간에 끝난 연애라고 해도 그 나름의 방법으로 미군 병사와 교제를 하는 여성들의 모습이 자리해 있다. 이미 정해진 기간이라고 해도 그 기간 동안 열심히 연애를 즐기는 이 여성들의 주체적인 삶의 모습이라고도 할 수 있다. 여기에서 여성들 나름의 '전략'과 군대에 관한 '정보'를 활용해 자유연애를 즐기면서 살아가는 모습을 엿볼 수 있다.

2.2. 타협의 결혼

미군 병사가 오키나와에 부임한 기간 동안의 짧은 연애에는 미래가 없다고 여기고 미군 병사와의 교제를 그만둔 오키나와 여성, 히토미(仁美)가 있다. 히토미는 미군 병사와의 결혼을 '타협의 결혼'이라고 부른다.

---

9 해병대는 젊은 하사관의 자동차 소유를 계급에 따라 제한하고 있지만, 공군은 E-1부터 누구나 차를 소유할 수 있다.

사진 23. PX(캠프 포스터)

히토미는 22세이고 일본 본토 출신이다. 히토미의 어머니는 오키나와 출신이고 아버지는 일본 본토 출신이다. 히토미의 고등학교 입학시험에 즈음해 아버지가 회사를 창업하면서 가족 모두가 오키나와로 이주해 왔다. 그 이후, 히토미는 오키나와에서 '우치난추(ウチナンチュ, 오키나와 출신자)'로 생활하였다. 히토미가 처음 게이트 2에 있는 클럽에 간 것은 20세 무렵이었다. 이후 히토미는 여러 미군 병사들과 교제를 이어 왔다. 히토미는 약 10명 정도의 미군 병사와 교제를 하였다고 한다. 20세 이후에는 일본인과 교제한 일이 없다. 미군 병사와 교제를 시작해 3개월 정도 지나면 그 관계가 끝난다고 히토미는 말한다. 여러 미군 병사와 지속적으로 교제를 해 온 히토미는 남성을 보면 상대가 어떤 사람인지 알게 되었다고 한다.

미군 병사와의 교제를 더 이상 하지 않기로 했을 때에 친구의 소개로 만난 사람이 현재 교제하고 있는 아프리카계 미국인 해병대원(E-4)이다. 히토미는 22세, 교제하는 미군 병사는 21세. 그를 만나 자신이 변했다고 히토미는 말한다. 미군 병사는 그저 놀이 상대이므로 교제는 하지 않겠다고 결심한 히토미였으나, 그는 지금까지와 달리 진지한 사람이었다고 한다.

히토미는 교제하고 1년이 되자 어머니에게 그를 소개하였다. 그러나 어머니는 이들의 교제를 크게 반대하였다. 어머니의 반대 이유는 그가 미군 병사여서, 그리고 군대를 이동해 결국 오키나와를 떠나게 될 것이기 때문이었다.

히토미는 필자에게 어머니가 자신을 어떻게 생각하고 있는지에 대해서 말해 주었다. 이는 오키나와에서만 느낄 수 있는 어머니와 딸의 끈끈한 관계를 보여 준다.[10]

> 우선, 엄마가 특히 그런데요, 엄마는 내가 없으면 살지 못하는 사람이에요. 아이가 옆에 없으면 사는 의미가 없다고 생각하는 사람이에요. … 엄마는 내가 없으면 남편과 함께 사는 의미가 없다고 해요. 어떻게 해요, 심각한 일이 되고 말았어요. 그 정도로 엄마에게 나란 존재가 크다는 것을 알았어요. 속박하려는 의도는 없지만 정말 강력해요. 그러니까 내가 미국이라도 가면 안 된다고 해요. 그런 부모님이어서, 내가 미국으로 가기라도 하면 자신은 살지 못한다고 해요. (2006년 7월 15일 수록)

또한 딸의 남편의 민족성도 부모에게는 문제가 된다. 이는 태어날 아이와 관계가 있기 때문이다. 어머니는 히토미가 곱슬머리를 얼마나 싫어하는지를 지적하면서, 만약 아프리카계 미국인과의 사이에 아이가 태어나면 그 아이의 머리카락이 곱슬머리일 텐데 그럼 어떻게 할 것이냐고 히토미를 몰아세웠다.

히토미의 어머니는 히토미가 미군 병사와 결혼해 미국으로 간다면 분명 그에게 버림을 받을 것이라고 여긴다. 더구나 아프리카계 미국인

10 히토미와 그녀의 어머니에게서 발견되는 어머니와 딸의 친밀한 관계가 미군 병사와의 결혼에 미치는 영향에 대해서는 제6장에서 설명하겠다.

과의 사이에 태어난 아이가 있는 데다가 버림을 받으면 더 참담할 것이라고 생각하고 있다. 어머니에게는 미국인과 결혼했다가 미국에서 버림을 받고 오키나와로 돌아온 친구가 있다. 친척 중에도 '하프'가 있어서 오키나와 사회에 적응하지 못해 괴로워하는 모습을 목격하기도 하였다. 어머니는 그 아이가 피부가 '까만 아이'라면 얼마나 큰일일지 그녀를 책망하였다.

히토미는 어머니의 생각을 듣고 그와 교제하지 않기로 결심하였다. 많은 여성이 미군 병사가 이동해 갈 때까지 교제를 지속하다가 결혼을 결심하는 것에 반해, 히토미는 전혀 다른 결심을 한 것이다.

> 보고도 못 본 척하는 것보다 일단 결심을 했으니 다행이다. 결국 장래성이 없으니까. (나중에 헤어지게 되면) 오히려 충격이 더 클 것이다. 결혼해 아이가 태어나면 일을 버리고 좋아하는 사람과 함께하려는 사람이 많을 것이다. 그러나 나는 다르다. 만약 지금 아이가 생긴다면 아이를 지울 것이다. 아이가 생겼다고 결혼에 타협해 아이를 기르고 싶지 않다. 후회하게 되면 아이에게 미안해진다. 친구 중에도 그런 사람이 있는데, 그저 자기 하고 싶은 대로 하는 것일 뿐이다. 2년 후 (그가 제대해 미국으로 돌아간다면) 충격이 클 것이다. (2006년 7월 15일 수록)

히토미는 어머니의 반대로 아프리카계 미국인 남성과의 교제를 그만두었다. 그리고 더 이상 미군 병사와 교제하지 않았다. 여기에는 그녀의 어머니의 의견이 크게 반영되었다. 이는 오키나와 여성과 그 어머니와의 사이에 있는 강한 유대감의 결과라고도 할 수 있다.

히토미와 달리, 많은 오키나와 여성들은 미군 병사와의 교제·결혼을 선택한다. 그 만남에서는 아메조라는 일시적인 놀이 관계가 아니라, 미군 병사와 만나 진지하게 연애를 하는 여성들의 모습도 발견할 수 있다.

3. 남편과의 만남

46명의 사례를 통해 살펴보면, 남편과의 만남이 클럽이나 바에서 이루어진 경우(39%)가 가장 많았다. 이어서 기타(22%), 지인이나 친구를 통한 소개(17%), 기지 내 직장에서의 만남(11%), 기지 내 직장 이외의 곳에서의 만남(9%), 마지막이 해외에서의 만남(4%)이었다(표 5-2). 이 수치는 현재 결혼의 첫 만남만을 기초로 수치화한 것이다. 그 이전 결혼의 첫 만남이나 현재 독신(이혼 경험자)인 경우는 이 계산에 포함되어 있지 않지만, 하나의 사례로서 소개하는 것임을 미리 밝혀 둔다.

표 5-2. 조사 대상자(아내)와 배우자의 만남

	사람 수	(%)
클럽이나 바	18	39
친구나 지인의 소개	8	17
기지 내의 직장	5	11
기지 내의 직장 이외	4	9
해외에서의 만남	2	4
기타	9	20
합계	46	100

3.1. 클럽이나 바에서의 만남

대부분의 만남이 클럽이나 바인 이유는 기지에 들어갈 수 없는 여성들에게 이곳이 젊은 독신 미군 병사와 쉽게 만날 수 있는 최적의 장소이기 때문일 것이다. 그러나 이들의 교제가 반드시 일시적인 놀이로 끝난다고는 단언할 수 없다. 또한 외국인 남성에만 국한된 교제도 아니다. 여기서 제4장에서 소개한 가나코(加奈子)의 사례를 다시 한 번 살펴보겠다.

오키나와 출신인 20대 후반의 가나코는 살사 댄스파티에서 알렉스를 만났다. 가나코가 21세로 대학 1학년, 알렉스는 20세였다. 가나코는 유학생인 친구들과 함께 파티에 참석했지만, 처음 가 본 살사 파티였기 때문에 자리에 가만히 앉아 있었다. 알렉스도 살사를 추지 못해 주위를 둘러보다가, 자리에 앉아 있는 가나코를 발견하고 그녀에게 말을 걸면서 서로 알게 되었다.

처음에는 영어에 관심 있는 친구인 리사(理沙)와 함께 알렉스와 만났으나, 만난 지 한 달 정도 뒤부터 둘이서만 만나기 시작하였다. 가나코는 점차 알렉스의 친절함에 끌렸다. 알렉스는 가나코의 첫 미국인 남자 친구였다.

이들의 교제는 순조로웠으며 교제한 지 1년 반 뒤인 2000년 9월에 가나코는 알렉스를 부모님에게 소개하였다. 당시는 알렉스가 미국으로의 이동 결정이 났을 때였다. 부모님은 잠시 스쳐 가는 관계로 여겨 결혼에 대해서는 전혀 고려하지 않았다. 그러나 알렉스가 미국으로 돌아가고 한 달 뒤인 2000년 10월에 가나코의 임신을 알게 되었다. 알렉스는 가나코의 임신 소식을 듣고 미국에서 오키나와로 잠시 돌아왔다. 그러나 가나코의 어머니는 임신중절을 위해 병원까지 예약해 둔 상태였다.

> 임신했다는 사실을 알고 남편에게 먼저 이야기를 하였다. 괜찮아 반드시 대학 졸업은 시킬 거니까(라고 남편은 말하였다). 엄마에게 임신 사실을 알리자 매우 화를 냈다. 거센 반대에 부딪혔다. 처음으로 따귀까지 맞았다. 찾아뵙겠다고 하자 오지 말라는 대답이 돌아왔다. 그때는 마침 류큐 대학(琉球大學) 축제 기간이어서 학교도 쉬는 기간이었고 우리 동아리에서는 가게를 내어 장사를 하였다. … 11월 초. 10월 말에(임신한 사실을) 알고 남편이 와서 부모님을 찾아뵙겠다고 하였으나 부모님은 만나주지 않았다. 그리고 학교 축제에도 오지 않겠다고 하더니 결국 왔어요, 우리 엄마. 남편도 엄마에게 맞았다. 축제 현장에서. 텐트 뒤에서 맞았다. 엄마는 굉장히 화를 냈다. 그렇게 화를 내는 것은 처음이었다. 아이를 낳겠다고 하였다. 부모님은 임신중절을 위해 병원까지 예약해 두었

다. 그대로 오키나와에 있으면 아이를 잃을 것 같았다. 그로부터 3일 뒤에 미국으로 도피하였다. 기숙사에서도 나왔고 바이크도 컴퓨터도 모두 여동생에게 주었다. 남편과 함께 미국으로 건너갔다. (2005년 12월 15일 수록)

가나코의 어머니는 임신중절을 시키려고 병원까지 예약해 두었다. 그대로 오키나와에 있으면 강제로 중절을 하게 될 것 같았던 가나코는 대학 축제 3일 뒤에 알렉스와 함께 미국으로 도피를 하였다. 가나코는 미국에서 부모님에게 편지를 썼으나 답장은 없었다. 이후, 미국에 약 2년간 체류하다가 복학하기 위해 가나코는 알렉스와 딸과 함께 2002년 10월에 오키나와로 돌아왔다. 그리고 2004년 3월에 대학을 졸업하였다. 현재 가나코의 부모님은 손녀딸을 무척 아끼고 있다.

미군 병사는 부임 기간이 끝나면 다음 부임지로 이동한다. 이러한 미군 병사의 생활 방식을 잘 알고 신중하게 교제하는 여성도 있다. 30대 초반의 오키나와 출신의 후미코(文子)는 1999년에 푸에르토리코인인 남편 호세와 기지 내 하사관 전용 클럽(Globe and Anchor)[11]에서 만났다. 그날 밤은 살사의 밤이어서 살사를 좋아하는 많은 남녀가 모여 있었다.

호세와 만나기 전에도 미군 병사와의 교제 경험이 있는 후미코는 미군 병사에 대해 강한 경계심을 갖고 있었다. 미군 병사는 오키나와에 단기간 배속된다는 것을 아는 후미코는 호세를 만나자마자 바로 부임 기간이 얼마나 되는지를 물었다. 부임 기간이 짧은 미군 병사라면 놀이 상대로만 끝날 것이라는 것을 그녀는 알고 있었다. 그러자 호세는 마침 부

11 현재는 2009년 12월에 캠프 포스터 안에 건설된 오션 브리즈의 1층으로 옮겨와 E-1에서부터 E-5의 하사관 전용 클럽이 되었다. 2층에는 예전의 체스티즈가 옮겨 와 Staff NCO(E-6에서부터 E-9) 전용이 되었다. 장교 전용 클럽(Officers' Club)은 다른 시설(플라자 하우스) 안에 있다.

임 기간을 막 연장한 상태라는 말을 하였다. 후미코는 호세에게 언제 미국으로 돌아가느냐고 물었다. 이에 호세는 미국에 돌아가고 싶지 않았다고 대답하였다. 후미코가 그때까지 만났던 미군 병사들은 미국에 돌아갈 날을 학수고대하였다. 이에 후미코는 호세가 자신이 만났던 미군 병사들과는 다르다는 느낌을 받았다. 또한 호세도 후미코도 섬에서 태어나 자랐다는 공통점이 있어서 서로 통하는 점이 많았다고 후미코는 말하였다.

클럽에서의 미군 병사와의 만남은 성적이자 일시적인 교제로 인식되어 왔다. 그러나 이들의 교제는 여성뿐 아니라 남성에게도 일시적인 유희가 아니라는 것을 알았다.[12]

3.2. 친구나 지인을 통한 소개

친구나 지인을 통한 소개인 경우에는 친구가 미군 병사와 이미 교제 중이어서 그의 친구를 소개해 주는 경우가 많다.[13] 기미에(君江: 30대 초반, 오키나와 출신)는 친구의 권유로 함께 갔던 기지 내 파티에서 지금의 남편을 만났다. 그 친구도 미군 병사와 결혼하였다.

---

12 이 밖에도 클럽에서의 만남이 결혼으로 발전한 예를 들어 보겠다. 20대 후반의 오키나와 출신인 지카(千佳)는 대학 4학년 때에 오키나와 본섬 중부의 기노완 시(宜野灣市) 미해병대 후텐마 비행장 근처에 있는 당구장 '앨라배마'에서 지금의 남편 니콜라스를 만났다. 20대 후반의 오키나와 출신 레이코(玲子)도 대학을 졸업하고 일을 하고 있을 때에 클럽에서 지금의 남편 루크를 만났다. 30대 후반의 오키나와 출신 사유리(小百合)도 오키나와 시(고자)의 나카노마치(中の町)에 있던 클럽 '에이트 비트'에서 남편 메이슨을 만났다. 20대 후반인 본섬 중부의 자탄초(北谷町) 출신인 유코(裕子)도 남편 조너선과 기지 앞의 바에서 만났다.

13 미카(美香: 30대 후반, 일본 본토 출신)는 친척이 미 해병대원과 교제하고 있어서 그 여성의 권유로 함께 갔던 기지 내 파티에서 지금의 남편을 만났다. 준코(順子: 50대 후반, 오키나와 출신)도 친구의 소개로 남편을 만났다. 데루미(照美: 50대 초반, 일본 본토 출신)는 지인을 통한 선이라는 형태로 소개를 받았다. 미치코(美智子: 30대 후반, 일본 본토 출신)도 친구의 소개로 지금의 남편을 만났다. 친구는 그녀의 남편의 룸메이트와 교제 중이었다. 그 친구를 통해 남편을 소개받은 것이다.

3.3. 기지 내 직장에서의 만남

기지 내에서 일한다는 것은 미군 관계자와의 접촉이 당연하게 이루어진다는 것이어서 여기서 자연스럽게 만남이 이루어지곤 한다.

오키나와 현의 작은 섬 출신인 요코(洋子)는 미 해병대 기지 내에서 일하는 20대 후반의 여성이다. 남편인 앤서니와 만난 것은 그녀가 기지 내에서 일할 때였다. 그는 파트타임으로 그녀와 같은 직장에서 일을 하였다. 요코가 26세, 앤서니가 23세 때였다. 이들의 교제는 만나고 2개월 뒤인 3월부터 시작되어 그로부터 2개월 뒤인 5월의 요코의 생일에는 결혼 이야기가 나왔다. 앤서니의 프러포즈를 받은 것은 교제한 지 2개월 때였다. 그녀의 부모님은 강하게 반대하였다. 그런 가운데 그녀의 부모님은 더 놀라운 소식을 들었다. 바로 요코의 임신 소식이다. 순서가 잘못되었다고 부모님의 꾸중을 들었으나 이들은 나하(那覇)의 한 호텔에서 결혼식을 올리고 현재 오키나와 본섬 중부에 살고 있다.[14]

3.4. 기지 내 직장 이외의 곳에서의 만남

직장이 아니더라도 기지 내에서의 만남이 있다.[15] 기지 내 종업원인 오키나와 출신의 마미(麻美: 30대 초반)는 기지 내 대학에서 심리학 수업을 듣고 있을 때에 남편인 진을 만났다. 당시 진도 같은 수업을 들었다.[16]

---

14 이와 같은 예의 만남은 다음과 같다. 기지 내에서 일하는 30대 초반의 오키나와 출신인 나쓰에(夏江)도 남편 마이클과 기지 내 직장에서 만났다. 일본 본토 출신인 미호(美穗: 30대 초반)는 기지 내의 잡화점에서 일할 때에 가게에 손님으로 온 남편 스티브와 알고 지내게 되었다. 역시 오키나와 출신인 도모에(知惠: 40대 초반)도 기지 내의 클럽에서 일할 때에 지금의 남편 벤과 만났다. 남편도 당시 같은 곳에서 일하고 있었다. 오키나와 출신인 아야코(綾子: 30대 후반)와 남편 토니도 기지 내의 직장에서 만났다.

15 일본 본토 출신인 기미코(公子: 30대 후반)는 요코다(横田) 공군 기지 내의 관계자로 구성된 서핑 클럽에 들어가 남편 앨프리드를 만났다.

16 마미는 이 수업에서 진에 대해 그리 좋은 인상을 받지는 못하였다. 그녀가 보기에 진은 자신감 과잉으로 보였다. 그런데 어느 날 마미와 진은 우연히 같이 수업에 늦었는데 진은 이때에 마미를 좋아하게 되었다고 한다. 데이트를 할 때에도 그의 자신감 과잉인 태도가

기지 개방 때에는 노점이 열리기 때문에 많은 일본인이 기지 안으로 들어와 미국 분위기를 만끽한다. 이는 미군 관계자와 일본인이 자연스럽게 만날 수 있는 좋은 기회가 된다. 동시에 이는 미군 병사와 일본인 여성의 만남의 장을 제공하기도 한다. 일본 본토 출신의 쇼코(祥子: 40대 초반)는 1985년 11월에 가나가와 현(神奈川縣) 요코스카(橫須賀) 기지의 기지 공개 날에 기지 내에서 부하의 여자 친구를 찾는 병사들이 말을 걸어오면서 랜던을 만났다. 쇼코는 21세, 랜던은 23세였다.

3.5. 기지 밖 직장에서의 만남

기지 밖에서 일을 할 때에도 만남은 이루어진다. 특히 기지 주변이나 미군 관계자를 상대로 하는 회사에서 일하는 경우, 그 만남의 확률은 높아진다.

오키나와 출신의 에이코(榮子: 50대 초반)는 미국인을 대상으로 한 법률사무소에서 일할 때에 고객으로 찾아온 남편 브루스[17]와 만났다. 그는 당시 오키나와의 여성과 결혼한 상태였고 당시 아내와의 이혼을 위해 법률사무소를 찾았던 것이다.

또한 기지와 관계없는 장소에서 일하더라도 영어 등의 어학을 공부하려는 여성은 만남의 가능성이 더 높다.[18]

이 밖에도 일본 본토 출신의 게이코(啓子: 30대 초반)처럼 길 안내를 하

마음에 걸렸으나 대화는 재미있었다. 그래서 마미는 두 번째 데이트에도 나갔다. 그때 진은 그림을 사고 싶어 하였다. 마미는 나카 보쿠넨(名嘉睦稔 : 오키나와 현 이제나 도伊是名島 출신의 판화가)의 그림을 좋아하였다. 진도 그림에 관심이 있었다. 마미는 처음으로 가족 이외의 타인과 취미를 공유할 수 있었다. 이때부터 마미는 그에게 호의를 갖게 되었다. 마미는 사람에게는 두 가지 타입이 있다고 말한다. 껌처럼 씹으면 씹을수록 맛이 없어지는 타입과 오징어처럼 씹으면 씹을수록 좋은 맛을 내는 타입이 있다는 것이다. 진은 후자였다고 한다.

17 자세한 내용은 본 장의 주 26)을 참조.

18 워싱턴 주 출신의 조지(50대 초반, 백인)는 후텐마 비행장 내의 교회에서 아내인 가나(香奈)를 만났다. 가나는 기지 내 교회에서 자원봉사 활동을 하면서 영어를 공부해 일을 찾고 있었다. 조지는 영어를 가르쳐 달라는 가나의 부탁을 받았다.

면서 남편과 만난 사례도 있다.

3.6. 해외에서의 만남

소수이기는 하지만, 해외에서의 만남도 있다. 일본 본토 출신의 사토코(聰子: 40대 초반)는 미국의 대학에 유학할 때에 남편인 저스틴과 만났다. 당시 그녀가 21세, 그가 18세였다. 미국 체재 중에는 저스틴의 가족과도 함께 지내기도 하였다. 대학을 졸업한 뒤에도 그녀는 미국에 계속 체류하면서 저스틴의 집에서 살았다. 저스틴은 대학 졸업 후, 3년간 독일에 미군 병사로 부임하였다. 그 뒤에 그의 부임지인 독일에 사토코도 함께 갔고 덴마크에서 결혼을 하였다. 일반적인 일본인과 미군 병사의 교제는 일본에 미군 병사가 단기간 부임했을 때에 만나 제한된 환경과 기간 속에서 결혼을 결정하는 여성이 많은 가운데, 사토코는 여유를 갖고 교제를 하다가 결혼을 하였다. 저스틴의 가족이나 친척과 만나서, 남편 가족과의 관계를 오랫동안 지속할 수 있었던 것은 미군 병사와 일본인의 결혼에서는 매우 드문 일이다. 남편의 가족이나 친척과 시간을 함께 보냄으로써 여성은 남편이 자란 환경이나 남편에 대해 더 잘 알 수가 있다.

3.7. 기타

미군 병사와 일본인 여성과의 만남은 다양하다. 오키나와 출신인 아키(亜樹: 30대 후반)는 다이빙을 통해 남편인 케빈을 만났다. 오키나와에는 다이빙을 하는 미군 관계자가 많아서 다이빙도 만남의 창구 중 하나로 볼 수 있다. 당시 아키는 전남편과 헤어져 상처를 입은 상태였다. 케빈 역시 마찬가지로 오키나와 여성과 막 이혼한 상태였다. 아키가 33세, 케빈이 34세였다. 두 사람은 2002년 8월에 다이빙을 하면서 만나 2005년 3월에 결혼하였다.[19]

---

19 케빈에 대해서는 본 장 주 26)을 참조. 오키나와에서 음악 활동을 하기 위해 이주해 온

4. 아내와의 만남

이어서 남성의 입장에서 그들의 만남을 살펴보자. 미국인 남성 22명의 만남은 기지 내에서의 만남(32%)과 친구나 지인을 통한 소개(32%)가 가장 많았다. 이어서 클럽에서의 만남(23%)과 기타(13%)가 많았다(표 5-3). 앞에서 기술한 남편과의 만남과 마찬가지로 이 수치는 현재 결혼의 첫 만남만을 수치화한 것이다. 이전 결혼의 첫 만남이나 현재 독신(이혼 경험자)인 경우는 이 계산에 포함되어 있지 않지만, 몇 가지 사례를 소개하겠다.

표 5-3. 조사 대상자(남편)의 배우자와의 만남

	사람 수	(%)
기지 내에서의 만남	7	32
친구나 지인을 통한 소개	7	32
클럽	5	23
기타	3	13
합계	22	100

일본 본토 출신의 료코(良子: 30대 후반)는 남편 에이드리언이 라이브를 들으러 오면서 서로 알게 되었다. 오키나와 출신인 도모미(知美: 30대 후반)는 자탄초(北谷町) 스나베(砂辺)의 방파제에서 남편 헌터를 만났다. 1990년대 자탄초 스나베의 방파제는 당시 클럽과 함께, 많은 연인들이 만남의 기회를 얻는 만남의 장소였다. 차를 방파제에 주차하고 여성이 앉아 이야기를 나누고 있으면, 여기에 미국인이 말을 걸면서 교제의 계기가 되어, 미군 병사와의 만남의 장으로 인기가 있었다. 다만, 22시 이후 주차가 금지되면서 그 인기가 완전히 식었다. 이곳은 1990년대에 교제 혹은 결혼을 한 오키나와의 여성이나 미국인 남성에게 매우 유명한 만남의 장소였으며, 클럽에 이어 수많은 커플을 탄생시킨 장소였다. 또한 오키나와 출신의 마사요(正代: 50대 후반)는 하네다(羽田)에서 나하(那覇)로 가는 비행기 안에서 옆 좌석에 앉았던 남편 티머시와 알고 지내는 사이가 되었다. 오키나와와 일본 본토의 미군 기지 소재지 근교 공항과 비행기 안에서도 군인이나 군속과의 만남이 종종 있었다. 또한 여름이 되면 바닷가에서의 만남이 많다. 특히 본섬 중부의 자탄초에 있는 캠프 포스터 근교의 아라하 비치나 기노완(宜野灣)의 트로피컬 비치 등이 유명하다. 대개 군인이 여성에게 말을 걸어왔다.

4.1. 기지 내에서의 만남

미군 병사는 대부분의 시간을 기지 내에서 보낸다. 대개 여성이 기지 내에서 일하는 경우나 친구의 안내로 기지 내로 들어갔을 때에 만남이 이루어진다.[20] 기지 내에서의 만남은 여성이 기지 내에서 일하는 경우가 많았다.[21] 특히 복리후생 시설인 USO에서의 만남이 많다.[236]

40대 후반의 테리는 아내 세쓰코(節子)가 캠프 핸슨의 USO에서 일하던 때에 만났다. 바로 1979년 5월에 오키나와에 배속된 4개월 후에 본섬 북부에 있는 미 해병대 기지 캠프 핸슨에서 훈련을 받고 있을 때였다. 당시 테리는 21세(하사관, E-3)였다. 테리는 세쓰코에게 데이트를 신청했으나 거절당하였다.

> 세쓰코와 데이트를 하기까지 몇 개월이 걸렸다. 당시 5천 명이나 되는 미 해병대원들이 그녀에게 데이트를 신청하였다. 세쓰코는 매번 자신을 다른 이름으로 소개하였다. 세쓰코는 나오미라는 이름을 썼다. 나는 나

---

20 로버트의 사례에서는 그의 아내의 경우 기지 내에서 일하지 않았지만, 두 사람은 기지 내의 오락 시설에서 만났다.

21 뉴욕 출신의 에릭(60대 초반, 백인)도 아내인 사키코(咲子)가 병영에서 일할 때에 만났다. 사키코는 기지 내 종업원이었던 필리핀인과의 사이에 아들이 있었다. 에릭은 이 아들을 양자로 받아들였다. 에릭처럼 오키나와의 여성이 이전 결혼이나 교제 상대와의 사이에서 낳은 아이를 양자로 받아들여 결혼하는 미국인 남성이 많다. 캘리포니아 주 출신의 피터(40대 후반, 아프리카계 미국인)는 본섬 북부에 있는 미군 전용 리조트인 오쿠마 리조트(Okuma Resort)에서 아내인 아키코(明子)를 만났다. 아키코는 당시 리조트 내에서 일하고 있었다.

22 USO에서의 만남은 많다. 버지니아 주 출신의 스콧(60대 초반, 백인)도 캠프 핸슨의 USO에서 아내인 치요(千代)와 알게 되어 만났다. 치요와 교제를 시작했을 무렵, 스콧은 미국인 여성과 결혼한 상태였다. 스콧의 미국인 아내는 스콧이 베트남에 부임해 근무하던 사이에 다른 남성과의 사이에 아들을 임신해 결국 두 사람은 이혼을 하였다. 뉴욕 출신의 헨리(60대 후반, 백인)도 전처인 하루미(晴美)와 가데나(嘉手納) 공군 기지의 USO에서 만났다. 헨리는 1958년 7월에 공군 군인으로서 오키나와에 부임하였다. 당시 하루미는 USO에서 일하고 있었다. 헨리는 1966년에 군대를 제대하고 1966년 11월에 결혼해 지금 두 명의 아들을 두고 있다.

오미가 그녀의 진짜 이름이라고 믿었다. 세쓰코가 내 얼굴을 기억해 주기를 바라면서 USO에 여러 번 가서 같은 메뉴를 주문하였다. 그렇게 하면 그녀가 내 얼굴을 기억해 줄 것이라고 여겼다.(2007년 3월 18일 수록)

수차례 세쓰코에게 데이트를 신청해 2개월 정도 지난 1980년 9월에 테리는 그렇게 바라던 세쓰코와의 데이트에 성공하였다. 그러나 세쓰코는 학교를 오고 갈 교통수단이 필요했기 때문에 그와의 데이트를 받아들였을 뿐이었다.

교제 기간 중에는 테리와 세쓰코 모두 서로 사전을 들고 다녔다. 테리는 결혼 전에 기지 내에 있는 메릴랜드 대학에서 일본어 강좌를 수강하였다. 세쓰코는 테리와의 교제 중에 늘 그녀의 가족이나 주변 사람들의 눈을 의식해 교제 사실을 숨겼다. 그러나 이는 그녀뿐 아니라 당시 대부분의 여성이 그랬다고 테리가 말해 주었다. 1개월 동안의 동거 기간을 거쳐 1981년 7월에 두 사람은 결혼을 하였다. 당시 테리가 22세, 세쓰코가 25세였다. 결혼식은 올리지 않고 두 사람은 미국 총영사관 앞에서 사진을 찍는 것으로 대신하였다.

4.2. 친구나 지인을 통한 소개

기지 내에서의 만남과 같은 수치를 보인 것은 친구나 지인을 통한 소개이다.[23] 로드니가 아내인 시오리를 만난 것은 오키나와로 부임해 와서 약 1년 뒤인 1999년 9월이었다. 두 사람은 미 해병대 기지 캠프 킨저에서

23 그 밖의 사례로서, 2007년 5월에 세상을 떠난 워싱턴 D.C. 출신의 고 윌리엄(백인), 텍사스 출신의 프랭크(40대 후반, 백인)와 캘리포니아 출신의 마크(60대 후반, 백인)는 친구·지인을 통해 현재의 아내를 만났다. 노스캐롤라이나 출신의 폴(40대 후반, 백인)은 기지 내 교회에서 기지 밖에 있는 오키나와 교회의 목사를 통해 지금의 아내 마오(眞央)를 소개받았다.

거행된 지인의 결혼식에 참석하였다.[24] 시오리는 로드니를 발견하지 못했으나 로드니는 그녀를 본 순간 빠져들었다. 로드니는 시오리와의 만남을 다음과 같이 회고하였다.

> 캠프 킨저에서 열린 결혼식에 참석하였다. 주변을 둘러보다가 그녀가 바로 눈에 들어왔다. 그녀는 매우 매력적이었다. 피로연에서 그녀와 이야기를 나눌 수 있었다.(2007년 3월 5일 수록)

당시 그가 28세(E-5), 그녀가 34세였다. 하지만 로드니는 2000년 1월에 미국으로 돌아가야 하는 명령을 받은 상태였다. 오키나와에서의 남은 부임 기간은 금방 지나가 그는 미국으로 이동하였다.

떨어져 지내는 동안 로드니는 매일 이메일을 그녀에게 보냈고 주말에는 전화로 대화를 나누었다. 3년 동안의 장거리 연애를 거쳐 로드니는 2003년 2월에 오키나와로 돌아왔다. 그리고 그는 네이비 볼(미 해군 창립 기념일 무도회)에서 그녀에게 프러포즈를 하였다. 그녀는 오랫동안 결혼을 기다려 왔다. 그녀의 가족도 반대 없이 결혼을 승낙하였다.

4.3. 클럽

클럽에서의 만남도 있다.[25] 앞에서 기술했듯이, 나카노마치(中の町)의 클럽이나 게이트 2의 클럽, 본섬 북부의 킨(金武) 등의 기지 거리에 있는 클럽이 대부분이다.

코네티컷 주 출신의 리처드(30대 후반, 백인)는 오키나와 출신의 유이

---

24 오하이오 출신의 제이컵(40대 후반, 백인)도 로드니와 마찬가지로 친구의 결혼식에서 아내 유리코(瑠璃子)를 만났다.

25 이 밖에도 글렉(40대 초반, 백인), 찰스(50대 후반, 백인), 앨라배마 주 출신의 로버트(40대 초반, 백인)나 루빈(30대 초반, 카리브계)도 클럽에서 만남을 가졌다.

(優衣)와 클럽 '에이트 비트'에서 만났다. 당시 두 사람은 20세였다. 유이가 대학을 막 졸업한 무렵이었다. 유이는 미션 스쿨을 졸업해서 영어 구사에는 문제가 없었다. 그리고 리처드는 유이와 만난 지 1년 7개월 뒤인 1990년 12월에 다음 부임지로 이동하였다. 그러나 리처드와 유이는 이동을 한다고 해서 결혼을 서두르지는 않았다. 두 사람은 편지와 전화로 관계를 유지하였고 2년 동안 장거리 연애를 하였다. 결혼 전에는 유이가 리처드의 퇴역 때까지 15년 동안 리처드와 함께 부임지로 이동하겠다는 것과 향수병을 견디겠다는 서약서를 교환하였다. 유이의 부모님을 만나 3개월 뒤인 1993년 1월에 라스베이거스에서 결혼을 하였다.

4.4. 기타

기타로는 스쿠버 다이빙을 하면서 알게 된 앨라배마 출신의 케빈(30대 후반, 백인), 빵집에서 만난 매사추세츠 주 출신의 프레드(60대 후반, 백인)나 기지 밖의 법률사무소에서 만난 뉴햄프셔 출신의 브루스(70대 초반, 백인)의 사례가 있다.[26]

---

26 케빈은 1992년에 해병대에 입대하였다. 그는 공장에서 일을 했지만 그런 환경과 도시에서 탈출하고 싶었다고 한다. 리쿠르팅 오피스에 가 보니, 해군의 오피스에서 뚱뚱한 군인이 식사를 하는 중이었다. 케빈은 저렇게 되고 싶지 않다는 생각이 들었다. 해병대 오피스로 가자, 해병대원이 팔굽혀펴기를 하고 있었다. 그런 남성이 되고 싶다고 생각한 그는 해병대에 입대하였다. 그리고 1993년에 오키나와로 부임하였다. 그는 이곳에서 첫 번째 아내인 히토미(瞳)를 만났다. 그녀와는 게이트 2의 클럽에서 만났다. 1997년에 결혼해 이듬해 아들이 태어났고 미국으로 이동하였다. 그리고 1999년에 오키나와로 다시 부임하였다. 그러나 2001년에 이혼하였다(후술). 이혼 후 케빈은 독신 생활을 즐겼다. 그가 교제한 여성들은 모두 오키나와 여성들이었다. 오키나와로 부임하고 나서 미국인 여성과는 교제하지 않게 되었다. 그는 아시아 여성이 더 아름답다고 생각하였고 미국인 여성에게서는 성적 매력이 느껴지지 않는다고 한다. 그는 오키나와 여성과 함께 다이빙을 하러 갔다. 다이빙을 하러 갔을 때에 지금의 아내인 아키(亜樹)를 만났다(본 장 3.7.을 참조). 케빈은 매일 아키에게 전화를 하였다. 아키는 기지 내에서 일하고 있었다. 그녀는 그가 많은 여성을 자신의 집으로 데려갔다는 것을 알고 있었다. 이 때문에 그녀는 그의 집에서 한 번도 잠을 자지 않았다. 그녀에게 그것은 오점과도 같은 일이었다. 아키는 자신이 그가 관계를 맺어 온 여성들처럼 보이는 것이 싫었기 때문이다. 케빈은 본섬 북부의 히가시손(東村)으로 캠프

5. 상대방에게 끌리는 이유

'전쟁 신부' 연구[27] 외에, 미군 병사와 일본인 여성의 결혼을 대상으로 결혼의 동기를 명확하게 논증한 연구는 거의 없다. 미군 병사와의 결혼은 아니지만, 일반적으로 외국인과 결혼하는 일본인 남녀의 국제결혼을 대상으로 한 결혼 동기로 다케시타(竹下)는 다음 네 가지를 들었다. 1) 내혼(內婚) 규범성의 약화, 2) 인구의 남녀비 불균형, 3) 다른 인종·이민족에 대한 매력,[28] 4) 물리적·사회적 접근(다케시타 2000: 119-126).

를 갔을 때에 아키에게 프러포즈를 하였다. 마침 둘이서 아이스크림을 사러 갈 때였다. 두 사람 모두 자연스럽게 결혼을 결정하였다. 두 사람은 2005년 3월 5일에 결혼을 하였다. 프레드(60대 후반, 백인)는 요코스카 미 해군 기지에서 군속으로 일하고 있을 때에 지금의 아내인 마이(麻衣)를 만났다. 마이는 당시 24세, 그는 57세였다. 그녀는 하야마(葉山)에 있는 빵집에서 일하고 있었다. 그는 이 빵집에 손님으로 오는 단골이었다. 마이가 먼저 그에게 영어를 가르쳐 달라고 부탁하였다. 그가 승낙하였다. 두 사람은 캘리포니아에서 2005년에 결혼하였다. 브루스(70대 초반, 백인)는 1951년 8월에 공군으로 입대하였다. 1955년에 독일에 부임했을 때에 독일인 여성과 결혼하였다. 1961년에 그는 오키나와에 부임하였다. 독일인 여성과는 1970년에 이혼하였다. 그리고 1971년에 오키나와 여성과 만나 결혼했지만 1977년에 헤어졌다. 지금의 아내인 에이코(榮子)를 만난 것은 두 번째 오키나와 여성과 이혼을 하기 위해 기지 밖의 법률사무소를 찾았을 때였다. 에이코는 그 법률사무소에서 일하고 있었다. 그는 44세, 에이코는 22세였다. 두 사람은 만난 지 1개월 뒤에 동거를 시작하였다. 에이코의 가족은 22세의 나이 차가 있는 결혼에 대해 반기지 않았다. 그러나 아이가 태어나면서 관계가 변했다고 한다. 현재는 오키나와의 행사에도 스스로 참가하고 있다. 이들의 외동딸은 현재 뉴욕에서 일하고 있다. 브루스는 1961년에 오키나와에 부임해와 오키나와에 산 지 이미 47년이나 된다.

27 다케시타(竹下)에 따르면, 전후 '전쟁 신부'라고 불린 일본인 여성이 미군 병사와 결혼한 동기로 '경제적 요인', '인구학적 요인', '다른 인종에 대한 매력' 등 세 가지 요소를 들 수 있다. 다시 말해, 일본인 여성이 살아가기 위해 필요한 것(경제적 요인), 일본인 남성이 대부분인 전사해 결혼 적령기 남성이 부족했다는 상황과 젊고 독신인 미국인 남성의 대부분이 멀리 고향을 떠나와 미국인 여성이 없는 일본에서 생활하고 있었다는 점(인구학적 요인), 마지막으로 외견이 다른 상대에 대한 성심리적 매력이나 언어적·사회적·문화적인 눈에 보이지 않는 것에 대한 매력(다른 인종에 대한 매력)이었다. 다케시타는 이상의 세 가지 요인 이외에도 직장(기지)이라는 물리적·사회적 접근의 중요성도 지적하였다(다케시타 2000: 98-101).

28 니타(新田 1995)도 일본 농촌에서의 일본인 남성과 아시아 여성의 국제결혼 연구를 통해, 외국인은 일본인과 달리 특정 집단이나 국가에 속하기 때문에 결혼 상대로 매력이

다케시타는 '다른 인종·이민족에 대한 매력'에 대해서, "인종·민족이 다르다는 타자성으로 자신의 이상적인 이미지를 상대에게 투영하는 것이다"라고 하였다(다케시타 2000: 125). 이 '이상적인 이미지'란 양자가 서로에게 품고 있는 상대에 대한 기대나 고정관념과 같은 생각과 크게 관련되어 있을 것이다. 이러한 '이상적인 이미지'가 미군 병사와 일본인 여성의 교제 · 결혼의 동기가 된다는 것을 인터뷰를 통해 알 수 있었다. 그러나 필자가 여기서 일본인 여성상과 미국인 남성상을 언급하는 이유는 결코 이러한 이미지를 이유로 그들이 결혼한다는 것을 말하고 싶지 않기 때문이다. 오히려 이들의 고정관념과 같은 시각을 다룸으로써 미군 병사와 일본인 여성의 결혼 생활에서 나타나는 문제나 특징을 기술하고자 하는 것임을 지적하고 싶다. 본 절에서는 '다른 인종에 대한 매력'에 대해서 파헤쳐 보고자 한다. 먼저 다케시타가 언급한 '이상적 이미지'로서의 일본인 여성상이나 미국인 남성상(서구인 남성상)에 대해 고찰하겠다.

5.1. 일본인 여성상과 미국인 남성상

일본인 여성상과 미국인 남성상에 대한 고정관념은 영화나 매스 미디어 등의 영향으로 전후부터 오늘날까지 이어져 '다른 인종에 대한 매력'의 근본적인 토대를 형성하였다.

일본인 여성상에 대해 두 가지를 들 수 있다. 하나는 수동적이면서 힘이 없고 순종적이라는 것이다. 또 하나는 성적으로 방종한 여성이라는 것이다. Constable은 아시아 여성 전반에 대한 이와 같은 일본인 여성상을 다음과 같이 지적하였다. 첫째, 순진무구하고 로맨틱한 '동양 인형' 혹은 '연꽃'이라고 하였다. 둘째, 빈틈없는 '드래건 레이디'라고 하였

있다고 지적하였다.

다. '연꽃'처럼 아시아 여성은 여성적이고 섬세하다고 보는 한편으로, '드래건 레이디'처럼 매춘부 혹은 부정을 행하는 침략자로 보고 있다(Constable 2003: 13). 이처럼 상반되는 두 가지 이미지가 일본인 여성에 투영되어 있는 것이다.

Ma도 이러한 일본인 여성상에 대해서 언급하면서 이를 '마담 버터플라이 신화'[29]라고 불렀다(Ma 1996: 9). Ma는 이러한 일본인 여성상이 형성되는 과정에서 미국 할리우드 영화를 비롯해 많은 영화나 소설의 영향을 받았다는 점을 지적하였다.[30] 아름답고 헌신적인 일본인 여성이지만 가난하면서 억압을 받고 있다. 이 때문에 강하고 용감한 서구의 연인을 통해 그녀들은 자신들이 처한 운명에서 구원을 받아야 한다는 메시지가 담겨 있다(Ma 1996: 22-23).

한편, 일본인 여성이 서구인 남성에 대해서 품는 남성상은 배려심이 깊은 '페미니스트'이며 여성을 먼저 생각한다는 이미지이다(Ma 1996: 137). 예의 바르고 여성을 소중히 대하는 백마 탄 왕자님과 같은 존재는 다정하다는 표현으로도 나타난다. 이 밖에도 일본인 남성은 표현력이 떨어지는 데 반해, 서구인 남성은 표현력이 좋다는 것도 그 이미지로 들 수 있다(Ma 1996: 91).[31]

이와 같은 아시아인 여성상(일본인 여성상)에 따르면, 일본인 여성은 용감한 서구인 남성에 의해 구원되어야 한다. 이러한 아시아인 여성상은 일본인 여성이 찾는, 배려심이 있고 다정한 기사와 같은 외국인 남성(서구인 남성)상과 공교롭게도 대응하고 있다. 이러한 점들이 '이상적인

29 '마담 버터플라이'란 푸치니의 오페라《나비부인》을 말한다.《나비부인》은 미국인 해군 장교와 결혼한 게이샤의 이야기이다.

30 Prasso(2005)도 영화 속에 등장하는 아시아 여성상에 대해서 고찰하였다.

31 Kelsky도 일본인 여성이 외국인 남성을 찾는 이유로, 외국인 남성상이 친절하고 온화하며 기사도가 넘치는 것으로 설명되는 '다정함'에 있다고 기술하였다(Kelsky 2006: 128).

이미지'라는 점에는 달라진 것이 없다. 그렇지만 이는 일본인 여성과 미국인 남성을 서로 끌어당기는 요인이 되고 있다. 다만, 이상과 같은 이미지에 바탕을 둔 표면적인 이유만으로 커플이 서로 끌렸다고는 할 수 없을 것이다.

5.2. 미국인 남성에 끌린 이유

일본인 여성이 미국인 남성에 끌린 이유를 다음의 세 가지 점을 통해 기술하겠다. (1) 오키나와 문화에 대한 비판·거부, (2) 오키나와·일본인 남성에 대한 비판, (3) '하프'인 아이들.

(1) 오키나와 문화에 대한 비판·거부

오키나와에서는 장남이 도토메(위폐)를 이어받아 모시기 때문에 장남의 아내는 이와 관련한 행사로 1년 내내 몹시 바쁘다. 분명 오키나와 본섬과 외딴섬, 출신지나 가족에 따라 그 정도에는 차이가 있다. 최근에는 전통 요리를 만들지 않고 현지의 슈퍼나 백화점의 가벼운 식사거리를 구입하는 가정도 증가하고 있다. 그러나 주요 행사를 담당하는 것이 주로 여성의 몫이라는 생각에는 큰 변화가 없다. 미국인과의 결혼으로 줄곧 자라 온 오키나와의 문화·관습이나 젠더 규범에서 벗어나 자유롭고 편안한 생활을 원하는 여성들의 모습을 발견할 수 있다.

미야코지마(宮古島) 출신인 나쓰에(夏江)의 아버지는 장남이다. 그래서 오봉, 신정, 추석, 구정 등 연간행사에 아버지의 형제자매 등 친족 모두가 그녀의 생가로 모인다. 그녀는 이러한 행사 때에는 부엌에서 어머니를 도와야 했다. 그녀의 아버지는 8형제의 장남이었기 때문에 20명 정도의 친척이 모인다. 나쓰에는 친척이나 가족이 올 때마다 차나 밥을 준비해 대접해야만 하였다. 집을 비우지도 못하였다. 대학에 진학해서 본섬에 살고 있는 동안에도 집안 행사 때마다 미야코지마로 돌아가야 했다.

> 아버지가 장남이어서 아버지의 형제자매가 모두 와서 먹고 우토토(손을 모아 하는 절)를 한다. 그러는 동안에 나는 줄곧 부엌에서 일을 해야 한다. 내가 고등학교를 들어갔을 무렵에도 TV의 홍백 노래대전을 겨우 1시간밖에 시청하지 못하였다. 요리를 하거나 설음식을 준비해야 했기 때문이다. 일이 끝나는 것도 12시가 다 되어서이다. 목욕을 하면서 새해를 맞이하거나 새해가 되어서 목욕을 하거나. … 백중 때의 선물과 연말연시 때 준비해야 할 선물의 양이 어마어마했다. 초등학교 때 철이 좀 들면서부터 아버지가 정년을 할 때까지. 그 양은 정말 엄청났다. 장남이라서. 친척 및 가족이 올 때마다 차를 내거나 식사를 준비해 대접해야 했다. 집을 비울 수도 없었다. 많은 사람이 집에 찾아왔다.(2005년 10월 8일 수록)

외딴섬 출신인 요코(洋子)도 마찬가지로, 섬에서의 전통 행사에 드는 교제비나 젠더 규범에 대해 부정적 의견이었다.

> 오키나와의 장남의 아내와 어머니의 관계는 버거운 점이 있다. 오봉 때에 양쪽의 관계라든가. 어머니는 결혼을 가족과 가족의 만남이라고 말했다. 귀찮게 느껴진다. 절대로 섬사람과는 결혼하지 않겠다. 나는 그렇다. 고작 제사인데 몇 백 명 분량의 요리를 만들어야 한다. 섬 전체가. 오늘 저 집이 뭐라더라. 준비하는 쪽도 가 봐야 하는 쪽도 큰일. 한 사람이 세상을 떠나면 1년 동안 네 번의 제사가 있다. 정말 큰일. 교제 비용이 너무 많이 든다. 교제비는 적게 잡아도 50만 엔 이상. 축의금으로 5만 엔 이상. 솔직히 내가 받은 액수만큼 부모도 하고 있다. 이런 것이 정말 싫다. 오키나와 사람과는 사귀고 싶지 않다. 단지 핑계가 아니다. 섬은 섬대로 힘들다. 하지만 섬사람들은 말을 하지 못한다. 목소리를 높일 수 없다.

불편함만이 아니다. 고등학교 합격하고 같은 반이 20명 정도. 또 축하. 모두가 서로 알고 지내는 관계. 나는 섬을 떠난 지 10년이 되어서 잘 모르겠지만, 어머니는 안다. 말은 이렇게 하지만, 섬을 좋아하기는 좋아한다. 다만 나는 그렇게 못한다.(2007년 1월 27일 수록)

나쓰에도 요코도 섬 문화나 관습을 거부하고 섬의 남성과는 결혼하고 싶지 않았다고 한다.[32]

(2) 오키나와·일본인 남성에 대한 비판

오키나와의 전통문화나 젠더 규범에 대한 비판은 그 전통 안에서 살아가는 오키나와 남성에게도 향한다. 오키나와 출신의 다카요(貴代: 30대 초반)는 오키나와 남성과는 맞지 않는다고 말한다. 다카요는 미군 기지 내 종업원으로 일하고 있다. 일상적으로 영어를 사용하는 다카요는 고교 시절부터 영어를 열심히 공부하였다. 그러나 고등학교 때 교제하던 오키나와 남성은 반미·반기지를 지지하였다. 영어를 공부하는 다카요로서는 그와의 교제가 고통스러웠다. 그는 오키나와의 여성이 미국인과 결혼했다가 이혼해 고생한다는 이야기를 들었던 터라 비판적인 눈으로 미군 기지나 미국을 바라보았다. 그런 그와 교제하던 다카요는 영어를 공부하는 일에 죄책감을 느꼈다. 오키나와의 기지에 부임해 온 미군 병사들은 세계 각지에서 근무하면서 세계를 경험하기 때문에, 그런

32 본섬 출신의 마사요(正代, 50대 후반)는 지금의 미국인 남편과 결혼하기 전에 오키나와 남성과 결혼했었다. 그는 장남이었기 때문에 도토메를 이어받고 있었다. 남편의 본가는 오키나와 본섬 북부에 있었다. 그녀와 결혼 생활을 할 때에는 대등한 관계였으나, 본가로 돌아간 남편은 가장이 되어 마사요에게 매번 식사를 가져오라고 명령하였다. 사람이 변했다고 마사요는 말했다. 이처럼 오키나와의 혈연에 바탕을 둔 전통문화나 젠더 규범이 크게 작용하지 않기 때문에 미국인과의 결혼이 더 편안하다고 마사요는 지적하였다.

의미에서 시야가 넓다고 다카요는 평가하였다.[33]

또한 그녀들이 오키나와나 일본인 남성을 거부하는 이유로는 애정 표현의 차이도 생각해 볼 수 있다.[34] 오키나와 출신의 마미(麻美: 30대 초반)는 미국인이 좋은 것이 아니라 애정 표현이 풍부한 남성이 좋다고 한다. 마미는 애정 표현이 적은 오키나와 남성보다 다정한 일본 본토 남성을 좋아한다. 그리고 오키나와 남성은 남존여비 사상을 갖고 있다고 비판하였다.

(3) '하프'인 아이들

여성 중에는 '하프'인 아이를 낳고 싶은 이유에서 미국인과의 결혼을 원하는 여성도 있었다.

오키나와 출신의 지카(千佳: 20대 후반)는 중학생 때부터 '하프'인 아이를 낳고 싶다는 생각을 하였다. 이는 지카가 일본인 남성과 교제하던 때에도 결혼은 외국인과 하겠다고 생각한 것에도 잘 나타나 있다. 지카는 외국에 대한 동경이 강했다고 한다. 그녀는 남편과의 결혼을 어머니가 반대하자 결혼 전에 아이를 임신하기로 결심하였다. 오키나와 출신의 이즈미(泉: 30대 후반)는 할리우드 배우인 톰 크루즈를 동경하였다. 그녀도 마찬가지로 하프인 아이에 관심이 있었다.

이상의 세 가지 요인에는 미국인 남성(외국인 남성)상에 대한 고정관념과 몇 가지 측면에서 중첩되는 부분이 있었다. 특히 오키나와·일본인 남성에 대한 비판이라는 점에서 애정 표현의 차이에 대해 지적한 마미

33 오키나와 출신의 아야코(綾子: 30대 후반)와 오키나와 출신의 교코(京子: 20대 후반)도 다카요처럼 미국인 남성은 시야가 넓다고 지적하였다. 시야가 넓다는 것은 서로의 의견을 자유롭게 나눌 수 있는 환경이라고도 할 수 있다. 오키나와 출신의 아야미(文美: 50대 후반)는 미국인 남성과 있을 때에 자유롭게 자신을 표출할 수 있다고 한다.

34 오키나와 출신의 아야코도 애정 표현의 차이를 지적하였다.

의 사례는 일본인 남성의 표현력 부족에 비해, 외국인 남성은 애정 표현을 분명하게 한다는 Ma의 지적과 중첩된다. 그러나 여기서 주목하고자 하는 점은 마미가 미국인을 좋아하는 것이 아니라 애정 표현이 풍부한 남성을 좋아한다고 언급한 점이다. 이러한 의미에서, 미국인 남성이나 외국인 남성상에서 찾을 수 있는 이상적인 이미지를 쫓는 것이 아니라 그러한 애정 표현이 풍부한 남성이 마미의 이상적인 남성상이었다는 점을 지적하고자 한다.

5.3. 일본인 여성에 끌린 이유

인터뷰를 통해 남성이 일본인 여성에게 끌린 이유를 크게 두 가지로 정리할 수 있었다. 하나는 수동적이고 조신하며 순종적이면서 여자답다는 전형적인 일본 여성상에 대한 매료였다. 이는 앞서 Constable이 언급한, 순진무구하고 로맨틱한 '동양 인형' 혹은 '연꽃'이라고 한 일본인 여성상과 중첩된다. 또 하나는 미국인 여성에 대한 혐오감이었다. 이는 첫 번째 이유와 표리 관계에 있다고 할 수 있다. 전형적인 일본인 여성상을 쫓는 남성은 결과적으로 일본인 여성상과는 극단적으로 다른 미국인 여성을 혐오하게 된다. 여기에는 미국에서 확산되고 있는 페미니즘에 대한 불만의 감정이 포함되어 있기도 하다.

미국에서의 아시아인(일본인과 한국인 여성) '전쟁 신부' 연구를 한 Kim(1977)에 따르면, 일본인 여성과 결혼하는 미군 병사는 그들 자신이 군대 및 미국 사회의 주변적 존재로, 이러한 결혼의 배후에 미국인 여성에 대한 혐오감이 자리해 있다고 한다.

Stone과 Alt는 미군 병사가 아시아계 여성과 결혼하는 이유가 그들이 권력과 지배를 좋아하기 때문이라고 지적하였다. 그 밖의 이유로, 하사관은 군대 안에서 상관의 명령을 받기만 할 뿐, 명령을 하는 경우는 없어서 자존심이 낮다. 그래서 가정 내에서 자신이 리더가 되고 싶어 한다. 그런 점에서 아시아계 여성은 순종적이기 때문에 이러한 남성에게 딱 맞는 상대로 인식되고 있다고 지적하였다. 아시아계 여성과 미군 병사 사이에 발생하는 문제로 가정 내 폭력이 언급되는데(Stone and Alt 1990: 140), 이는 남편의 지위 확립을 증명하려는 폭력으로 볼 수 있을 것이다. 폭력에 기대더라도 가정 내에서 가부장적 지위를 유지하는 것은 자립심 강한 미국인 여성과의 결혼에서는 어려울 것이다(Stone and Alt 1990: 130).

Stone과 Alt(1990)의 미군 병사와 아시아계 여성의 결혼에 관한 기술에는 많은 문제점이 있다. 가부장적 권력을 과시하려는 남편과 이에 반발하지 않고 따르는 아시아 출신의 여성이라는 도식은 오키나와의 경우 반드시 사실이라고 단언할 수 없다.

Druss는 해외 기지에서 근무하게 된 미군 병사와 외국인 여성의 결혼 전 상황을 다음과 같이 기술하였다. 해외 기지에서 근무하게 된 미군 병사는 자유와 자신감을 느낀다. 연인이나 아내가 없는 해외 기지에서 근무하는 동안, 다른 여성과 함께 하고 싶어진다. 미군 병사들은, 미국인 여성을 밀어붙이는 경향이 있고 지나치게 공격적이라고 비판하며, 일본인 여성이나 독일인 여성이 정말 여자답고 남성에게 경의를 표하는 방법을 잘 알고 있다고 기술을 하였다(Druss 1965: 223). Druss는 일본 및 독일의 문화와 미국의 문화에는 분명한 차이가 있지만, 이들 여성이 지닌 외국성이야말로 미군 병사들이 외국인 여성에게 끌리는 결정적인 요인이라고 보고, 그러한 외국성이 적극적인 성 행동을 용인하고 있다고 지적하였다(Druss 1965). 여기서 Druss가 외국인 여성의 문화적 배경과 결혼 생활의 지역성에 대해 전혀 고려하지 않고 있다는 점을 분명히 알 수 있다.

Stone and Alt 역시, 아시아계 여성의 출신지의 차이 및 거주 장소 등의 차이에 대한 고찰 없이 편향된 기술을 했다고 할 수 있다. 뒤에 기술하겠지만, 본 조사를 통해 살펴보면 결혼 후 오키나와에 사는 미군 병사들은 어떤 의미에서 종속적인 입장에 놓여 있다고 할 수 있다. 이 책에서 다룬 미군 병사와 오키나와 여성의 결혼 생활은 아내의 주도로 이루어졌다고 해도 과언이 아닌 측면이 있다. 그럼 이어서 인터뷰를 통해 드러난 미군 병사들이 일본인 여성에게 끌린 이유에 대해 기술하겠다.

(1) 일본인 여성상의 매력

브레드(60대 후반)는 미국인 여성과 비교해 일본인 여성이 더 성적으로 매력적이라고 한다. 일본인 여성과 교제하면서 미국인 여성에 대한 관심이 사라졌다고 말하는 남성이 많다.

스콧(60대 초반, 백인)은 대부분의 미국 남성이 게이샤의 이미지로 일본인 여성과의 결혼을 바라보는 점을 비판하였다. 스콧의 비판은 앞서 기술한 아시아 여성에 대한 고정관념 중 하나인 '동양 인형'으로 대표되는 순종적이고 섬세한 아시아 여성상을 대상으로 하고 있다.

(2) 미국인 여성에 대한 혐오감과 일본인 여성상에 대한 칭찬

인터뷰에서는 미국인 여성에 대한 혐오감을 감지할 수 있었다. 대부분의 미국인 여성은 요구가 많고 자기중심적이어서 사귀기 힘들다고 비판을 하였다.[35] 이는 페미니즘에 대한 비판이기도 하다.[36]

찰스(50대 후반)는 일본인 여성과 비교해 미국인 여성이 더 권리를 주

35 제임스(30대 후반, 백인)는 미국인 여성은 남편을 자기 생각대로 바꾸려고 한다고 지적하였다.

36 Ma도 일본인 여성과 결혼한 서구인 남성은 서구인 여성이 공격적이고 경쟁심에 사로잡혀 자신의 커리어나 라이프스타일을 확립하고 싶어 한다고 기술하고, 비판적으로 서구인 여성에 대해 말하는 경우가 많다고 지적하였다. 또한 여기에는 페미니즘에 대한 숨겨진 불만이 존재한다고도 기술하였다(Ma 1996: 261).

장하고 요구가 많다고 말했다.[37] 로버트(40대 초반, 백인)는 일본인 여성은 미국인 여성만큼 고자세로 고집부리지 않는다고 말했다.

일본인 여성과 교제·결혼한 미국인 남성은 미국인 여성이나 페미니즘에 강한 비판과 거부감을 보이고 있는 것이 특징적이었다. 그러나 이들의 미국인 여성에 대한 비판은 고정관념과 같은 미국인 여성상을 만들어 내고 있다고 할 수 있다. 뒤에 기술하겠지만, 교제나 결혼 생활을 통해 개인으로서의 상대를 받아들인 남성들은 고정관념에 근거한 주변의 험담에 민감해진다.

6. 미군 병사와의 결혼 전 여러 가지 문제
— 해외에서의 임신·결혼과 군대와의 관계

미군 병사와의 결혼 전 교제에서 발생하는 몇 가지 문제점을 고찰해 보겠다. 해외에 있는 미군 기지에 소속된 미군 병사와 일본인 여성이 결혼을 할 때에는 많은 서류를 제출해야 하고 시간도 많이 걸린다. 결혼 전에 임신을 알게 되는 경우도 많다. 이러한 경우에는 태어날 아이의 문제나 미국으로 이동했을 때에 배우자로서 미국에서 살기 위한 비자의 수속 등 새로운 문제가 현실로 닥친다. 오키나와 출신의 여성에게서 많이 발견되는 특징은 오키나와에서 계속 살고 싶어 하는 강한 의지이다. 여성이 안정된 수입을 얻을 수 있는 미군 기지 내에서 일하는 경우에는 이런 의지가 더욱 강하다.

37 케빈(30대 후반, 백인)도 마찬가지로, 미국인 여성은 특정한 요구가 지나치게 많다고 말했다. 그는 아시아인 여성이 자신을 더 잘 이해해 주었다고 했다.

6.1. 미군 병사와 일본인 여성의 결혼 과정

기지 내에서 배포되는《오키나와에서의 결혼 가이드》에 기초하여 오키나와에서의 미군 병사와 일본인 여성의 결혼 절차에 대해서 기술하겠다.[38]

미군 병사와의 결혼을 위해서는 3단계를 거쳐야 한다. 제1단계에서는 혈액검사(HIV, 에이즈, 결핵과 매독 검사)를 받는다. 제1단계에서 필요한 서류는 다음과 같다. 미군 병사는 출생증명서, 귀화 증명서, 미국 여권이 필요하다. 일본인 여성은 호적등본과 그 영문 번역이 필요하다. 미군 병사는 기지 내에서 실시하는 결혼 전 세미나[39]의 수강 증명서가 필요하다. 미군 병사는 이 세미나 수강이 필수이지만 배우자가 될 여성의 수강은 의무가 아니다.

제2단계에서는 결혼 허가 신청서의 모든 사항을 기입하고, 제1단계에서 준비한 필요 서류를 첨부해 사령부에 이를 제출한다.

제3단계에서는 미군 병사는 결혼 허가 신청서의 승인을 얻은 뒤, 기지 내의 법무지원과(LSSS)[40]에서 혼인 요건 구비 증명서를 취득한다. 이 혼인 요건 구비 증명서와 그 일본어 번역, 혼인신고를 시청에 제출해 수리되면 일본에서의 혼인이 성립한다.

그리고, 군대 내에서 미군 병사의 배우자로 인정받고 몇 가지 부양 수당을 미군 병사가 받기 위해 필요한 절차이다. 시청에서 혼인신고를 한 뒤 결혼 증명서를 받는다. 영문 번역된 것을 소속 부대의 총무부(S-1)[41]에 제출한다. 이로써 미군 병사의 군 경력에 결혼이라는 사실이 보고된다.

---

38 오키나와 여성재단 편(2004)도 참조하였다. 또한 미군 병사가 미국인 여성과 미국 본토에서 결혼하는 경우에는 군대 내부의 절차는 전혀 없다. 일본에서 결혼하는 경우에는 혈액검사가 면제된다.

39 결혼 전 세미나에 대한 상세한 내용은 제2장에서 기술하였다.

40 상세한 것은 제2장을 참조.

41 정보부(S-2), 작전·훈련부(S-3), 병참부(S-4)로 나뉜다.

미군 병사는 디어스[42]라고 불리는 등록 시스템에 새로운 부양가족의 정보를 넣어 갱신한다.

이어서 미군 병사의 배우자로서의 ID 카드와 커맨드 스폰서십의 절차를 IPAC[43](해병대 인사관리과)에서 한다. 커맨드 스폰서십이란, 군대가 아내나 아이들을 미군 병사의 가족이라는 것을 인정하고 이에 따른 각종 부양 수당을 제공하는 것이다. 뒤에 기술하겠지만, 커맨드 스폰서십이 없으면 부양 수당이 지급되지 않기 때문에, 제반 경비를 개인이 부담해야 한다.

미군 병사의 외국 국적인 배우자는 미군 병사의 본국 전근이 결정되면 6개월부터 7개월 사이에 미국 총영사관에서 이민 비자 절차도 밟아야 한다. 이민 비자의 취득에도 많은 서류 제출이 요구되며 시간도 많이 걸린다.

이처럼 미군 병사와의 결혼 절차는 번잡하고 시간도 많이 걸린다.

6.2. 결혼 전 임신과 부임 기간

미군 병사와 일본인 여성의 결혼 전에 발견되는 문제로, 결혼 전 여성의 임신과 미군 병사의 부임 기간 사이의 관계에 대해서 살펴보겠다. 외국인인 일본인 여성은 결혼에 필요한 군대 제출 서류나 미국에서 살기 위한 비자와 태어날 아이의 문제 등 미국인 여성보다 복잡한 문제에 직면하게 된다. 그런 의미에서 미국인 여성과는 다른 상황에 놓인다. 여기서는 군대나 미군 병사의 시각에 주목해 기술하겠다.

캘리포니아 주 출신의 루빈(30대 초반)은 일본 본토 출신인 아내와 게이트 2 근처의 클럽에서 만났다. 입대하고 6개월 뒤에, 1년간의 부임지

42 DEERS(Defense Enrollment Eligibility Reporting Syatem)란, 통칭 디어스라고 불리며, 현역 군인, 퇴역 군인, 예비역이나 그 가족의 정보를 등록하는 시스템이다.

43 IPAC(Installation Personnel Administration Center), 통칭 아이팩에 대해서는 제2장을 참조.

사진 24. 독신 병사 전용 숙소

인 오키나와에 1994년 2월에 왔다. 부임 기간이 끝나는 1995년 2월이 다가온 1994년 11월에 아내인 유이(優衣)를 만난 것이다. 당시 루빈은 E-3로 21세였다. 그리고 유이가 임신했다는 것을 알게 되었다. 원하지 않은 임신이었다고 한다. 루빈은 부임 기간이 종료되어 오키나와를 떠날 예정이었으나 임신을 알고 부임 기간을 연장하였다. 그러나 얼마 뒤에 임신이 아닌 것으로 밝혀졌다. 부임 기간 연장 후, 1995년 3월에 유이의 임신을 알고 1995년 5월에 결혼을 하였다. 당시 루빈은 22세, 유이는 23세였다.

앨라배마 주 출신의 로버트(40대 초반, 백인)는 클럽에서 첫 번째 아내인 에미(繪美)를 만났다. 로버트가 22세, 그녀가 20세였다. 그러나 교제 중에 에미가 임신을 하였다. 로버트는 그녀가 임신하자 책임감을 느껴 2년 후에 결혼을 했다고 한다.

로버트나 루빈과 같이, 교제 중에 일본인 여성이 임신을 하고 부임 기간의 연장이나 결혼을 결심하는 커플이 드물지 않다. 독신인 미 해병대원은 통상 1년에서 2년의 부임 기간으로 오키나와에 온다. 미군 병사의 계급도 낮고 군대 내에서의 일도 고되다. 이러한 시기에 오키나와의 여성을 만나 교제, 임신, 나아가 결혼으로 이어지는 상황은 미군 병사에게도 오키나와 여성에게도 스트레스임을 알 수 있다. 해외 기지에서 미군 병사가 결혼을 하는 요인으로 미군 병사의 부임 기간과 여성의 임신과의 관계를 무시할 수 없다. 이러한 사례는 처자식을 버리고 본국으로 돌아가는 무책임한 미군 남성상에 대한 재고나, 실제로 도망해 버리는 남성이 직면한 곤란한 상황을 이해하는 데에도 참고가 된다. 그렇다고 해서 이러한 행위가 용서되는 일이라고 말하는 것은 아니라는 점을 강조하고 싶다.

6.3. 일과 결혼

미군 병사와 결혼을 하면 부임지 이동이라는 상황이 따라온다. 그 때문에 일을 가진 여성은 미군 병사의 부임지가 바뀌면 일을 그만두어야 한다. 게다가 정기적인 부임지 이동이 미군 병사의 생활 방식이어서 안정된 일을 찾는 것이 더욱 어렵다. 이는 일본인 여성뿐 아니라 미군 병사나 군속과 결혼한 민간인 여성 모두에게 닥치는 일이다.

오키나와 여성의 경우를 보면, 남편의 퇴역 후에 오키나와로 돌아온다는 것을 상정하는 경우가 많다. 그럴 경우 현재 일을 가진 여성의 고민은 더욱 깊어진다.

다카요(貴代)의 사례는 일하는 여성과 이동이 많은 생활을 하는 미군 병사의 교제나 결혼과 관련한 중요한 문제를 제기하고 있어서 여기서 자세하게 살펴보고자 한다. 다카요(30대 초반, 오키나와 출신)는 2006년 11월에 공군 군인(장교, O-5)인 잭과 결혼하였다.

지인의 소개로 2005년 8월에 잭을 만났으나, 같은 해 11월에 잭은 부임지가 바뀌어 오키나와를 떠났다. 당시 그녀와 그는 31세였다.

다카요는 기지 내에서 일하는 종업원으로 전문직이었다. 여성 중에는 결혼을 간단하게 결정하는 사람도 있으나, 다카요는 매우 이성적으로 생각하였다. 이는 그녀가 기지 내에서 미군 병사와 함께 일을 하고 있어 군대에 대해서 잘 알고 있다는 것을 보여 준다. 미군 병사와 결혼함으로써 그녀 자신의 인생에 어떠한 영향을 미칠 것인지 다카요는 깊이 이해하고 있었다. 다카요는 미군 병사들과의 교제에 대해서 다음과 같이 말했다.

> 군인과의 연애는 늘 즐거웠다. 가는 걸까, 지금 가는 걸까, 그런 군인과의 연애에는 즐거움이 있었다. 당장 가지 않더라도 곧 데드라인(기한)이 있었고. 이런 것에 대해 잘 알고 있었기 때문에 지금까지 프러포즈를 받아도 기뻐할 수만은 없었지만.(2007년 6월 13일 수록)

다카요는 장거리 연애 중에 그의 부임지를 직접 방문해 그 환경 등을 확인하기도 하였다. 그 후 두 사람은 장거리 연애를 거쳐 2006년에 결혼하였다. 뒤에 기술하겠지만, 오키나와의 아내들은 대부분 오키나와에 남고 싶어 하거나 남편이 퇴역하면 오키나와로 돌아오는 것을 전제로 일을 그만두지 않고 오키나와에 남는 선택을 하는 가운데, 다카요는 기지 내의 일인 전문직을 그만두려는 결심을 하였다.

그녀가 훌륭한 남편을 만난 것은 분명하지만, 그의 군대 내에서의 계급에 대해서도 관심을 기울였다. 왜냐하면 미군 병사의 급료는 계급에 따라 결정되기 때문이다. 만약 그의 계급이 장교(O-5)가 아니라 하사관인 E-3였다면 그녀는 오키나와에 남았을 것이다. 혹은 쉽게 기지 내 일을 그만둘 결심을 하지 못했을 것이다.

E-3가 되어 6년차인 미군 병사의 한 달 급료는 1,981.20달러(2012년 1월 1일 현재)이다.[44] 이에 반해 같은 조건으로 O-5가 되어 6년차인 미군 병사의 한 달 급료는 6,303.00달러(2012년 1월 1일 현재)이다. 약 3배의 급료

44 기본급 표는 제4장 <표 4-3> 참조.

차이가 있는 것이다.

그녀의 결혼을 통해 미군 병사와의 교제 및 결혼과 관련한 다양하고도 중요한 문제까지 들여다볼 수 있다. 하나는 이동 명령이 떨어져도 그 즉시 약혼이나 결혼 약속을 하지 않았다는 점이다.[45] 대부분의 일본인 여성과 미군 병사는 제한된 시간과 환경 속에서 서로를 이해하려고 한다. 미군 병사의 이동으로 헤어질지도 모른다는 초조함이 두 사람을 압박한다. 그러나 문화나 생활환경, 나아가 군대에 대해서 그렇게 짧은 시간에 이해할 수는 없다. 두말할 것도 없이 서로를 잘 모른 채 하는 결혼은 위험하다.

다카요의 사례에서 중요한 점은 그녀가 기지 내에서 전문직으로 일을 했기 때문에 조직으로서의 군대, 미군 병사의 생활에 대해서 깊이 알 수 있었다는 점이다. 또한 그녀에게는 영어라는 언어의 문제도 없었다. 그녀는 미국인과 결혼한다기보다 미군 병사와 결혼한다는 것을 분명히 인식하고 있었다. 그럼으로써 그녀는 많은 제약이나 아내로서의 입장이나 책임을 고려해 자신의 일에 대해서도 숙고를 했던 것이다. 그리고 또 하나의 중요한 점은 남편이 공군 장교였다는 점이다. 젊은 미군 병사와 비교해 보면, 급료의 차이도 크지만 그에게는 많은 자유가 있었다. 다시 말해 경제적으로도 정신적으로도 여유가 있었다. 젊은 미군 병사는 병영 숙소에서 생활해야 하지만 그녀의 남편인 잭은 기지 밖에 자신의 공간을 마련할 수 있다. 미군 병사의 계급이 교제에 큰 영향을 주는 것이다. 그리고 이후의 결혼 생활에도 크게 영향을 미친다.

45 2년 동안의 장거리 연애를 거쳐 결혼을 한 리처드(30대 후반, 백인)도 군인의 이동으로 인해 쉽게 결혼을 결심하는 문제에 대해 지적하였다.

6.4. 결혼의 조건 — 오키나와 출신 여성과 일본 본토 출신 여성의 차이

오키나와 여성은 오키나와에 대한 애착이 매우 강하다.[46] 이러한 애착은 미군 병사를 괴롭히는 요인이 되기도 한다. 특히 퇴역이나 제대 후 취직을 할 때에 아내의 오키나와에 대한 강한 집착이 큰 문제로 떠오른다.

기지 내에서 일하는 오키나와 현의 외딴섬 출신인 요코(洋子: 20대 후반)의 경우, 오키나와를 떠나지 않는다는 것이 결혼의 조건이었다. 부모님도 오키나와를 떠나지 않는다는 조건으로 결혼을 승낙하였다.

> (기지 내의 일을) 그만두면서까지 미국으로 가고 싶지 않았다. 결혼을 결심했을 때, 결혼을 하겠다고 말했을 때, 외국인과 결혼한다고는 생각했지만 미국으로 간다는 것은 생각하지 않았다. 상대방이 오키나와를 좋아하거나 오키나와에 살고 싶어 하는 사람. 앞으로 은퇴를 해도 오키나와에 살고 싶어 하는 그런 사람과 결혼하고 싶었다. 이것이 조건. 최소한의 조건. 남편은 오키나와에 있고 싶다고 하였다. 평화로우니까. 어려움도 있었겠지만 그렇게 말해 주었다. 나는 미국에는 가지 않겠다고 말해 두었다. 그렇게 결혼을 결정하였고 부모님도 허락해 주었다. 부모님은 외국인이라서보다 딸이 멀리 떠나 버리는 것을 우려했던 것이다. 그래서 일단 허락을 받을 수 있었다. (2007년 1월 27일 수록)

하지만 군인인 이상 오키나와를 떠나지 않겠다는 확약은 불가능하다. 요코와 달리, 일본 본토 출신의 미유키(美由紀: 30대 초반)는 일반적으로 오키나와 여성에게서 나타나는 오키나와나 일본에서 계속 살고 싶어 하는 강한 집착은 없었다. 그녀는 남편이 퇴역할 때까지 군인이기를 바랐다. 남편의 천직은 군인이라는 것을 이해하고 있었기 때문이다. 미

46 요코스카(横須賀)의 미 해군 기지에서 조사한 내용을 보면, 일본을 떠나지 않는다는 조건으로 군인과 결혼한 여성은 찾을 수 없었다.

유키의 남편은 현재 언제 퇴역을 할지 고민 중이다.

> (퇴역까지) 앞으로 8년 남았다. 8년 뒤에 은퇴를 하면 퇴역 당시 급료의 50%를 받으면서 생활할 수 있다. 43세이니까 새로운 일을 찾을 수도 있다. 18년 뒤에 퇴역하면 급료의 70%를 받을 수 있지만 50이 넘어서 일을 찾기란 매우 어려우니까. 어떻게 할지 서로 이야기를 나누고 있는 중이다. 남편은 내게 어느 쪽이 좋을지 물어보았다. 나는 죽을 때까지 남편이 마린(해병대)이었으면 좋겠다. 그 사람의 성격을 보아도 영업과 같은 일은 무리이다. 융통성 없는 공무원과 그리 다르지 않다. 사람을 상대하는 일은 무리. 말투도 거칠고. (남편은 계속 해병대에 남는 것을 내가) 반대할 것으로 생각했던 것 같다.(2005년 12월 21일 수록)

미유키는 오키나와의 아내에 대해서 다음과 같이 말했다.

> 오키나와의 아내들은 (군대를 제대·퇴역하고) 시빌리언(군속: 기지 내에서 일하는 민간인 미국인)이 되어 계속 오키나와에 있었으면 한다고 말하는 사람이 많은데, 나는 남편이 좋아하는 것을 했으면 좋겠다. 다만 먹고사는 데에 지장이 없는 한.(2005년 12월 21일 수록)

게다가 미유키는 오키나와 여성들 대부분은 혼자서 사는 경우가 드물어 부모에 기대어 자립하지 않는 점에 대해서도 비판하면서 일본 본토의 생활과 다른 삶의 방식을 지적하였다.

> 혼자서 사는 사람이 드물다. 일을 하면서 결혼 안 한 독신인데도 부모와 살고 있다. (일본 본토에서는) 취직해서 집에서 다니는 사람이 드물다. 부모와 함께 사는 것을 창피해한다. 여기(오키나와)에서는 서로가 서로를

의존하고 있다. 따라서 수입이 없어서는 안 된다는 점을 진지하게 생각하지 않는다. 일본 본토에 살 때에는 공부도 제대로 하고 수준도 비슷해서. 돈을 쉽게 빌린다거나, 저런 곳에서 유흥비를 인출한다거나, 부모와 살면서 빈둥거리는 사람도 없었고. 이직도 어렵고. 그런데 여기(오키나와)에 와서 보니, 댄스를 통해 친구가 된 사람이 쉽게 돈을 빌리고, 부모와 같이 살고. 돈을 빌린다는 것. 빚이란 말은 텔레비전에서나 듣던 말이다. 이자가 빌린 돈보다 많기도 하니. 감각이 참 다르다.(2006년 1월 8일 수록)

미유키와 마찬가지로, 일본 본토 출신인 메구미(惠: 30대 초반)도 오키나와 아내들의 오키나와에 대한 집착과 부모에 대한 의존에 대해서 지적하였다.

오키나와 사람들은 친구나 가족이 있어서 외롭지 않은 것 같다. 내가 아는 친구는 과연 오키나와 출신이구나 싶은 친구이다. 오키나와 출신은 오키나와를 절대 떠나지 않겠다고 말한다. 부모도 있고. 내지(일본 본토) 사람과 감각이 다르다는 생각이 든다. … 미국에 가면 오키나와 사람만 있는 것이 아니다. 오키나와 사람은 시야가 좁다.(2006년 6월 14일 수록)

이처럼, 오키나와 출신 여성과 달리, 일본 본토 출신 여성은 일본에서 계속 사는 것에 대한 강한 집착이 없다. 오키나와 출신 군인 아내들이 오키나와나 부모에 대해 보이는 집착이나 의존을 일본 본토 출신 여성들은 강하게 비판하고 있다는 것을 알 수 있다.

앞서 오키나와 출신 여성들이 미국인 남성에게 끌린 이유로, 오키나와 문화에 대한 비판·거부, 오키나와·일본인 남성에 대한 비판이나 '하프'인 아이를 갖고 싶어 한다는 이유를 들었다. 오키나와 출신 군인 아내들의 아버지나 어머니는 오키나와 문화와 전통을 담당하는 오키나와의 상징이기도 하다. 여기서 딸은 오키나와의 상징인 부모를 거부하고 남편을 선택하는 것이다. 미국인 남편과 함께함으로써 오키나와의 속박에서 벗어나 자유로운 세계에서 생활하기를 바란다. 부모는 딸이 오키나와의 전통문화 속에서 부모와 함께 오키나와의 전통을 지키며 오키나와에서 생활하기를 바라고, 딸이 결혼을 해도 섬을 떠나지 않기를 강하게 바란다. 이는 오키나와의 전통적 가치관의 존속을 둘러싼 부모 자식 간의 분쟁이기도 하다. 다음 장에서 서술하겠지만, 어머니와 딸의 관계가 친밀하기는 하지만 미국인 남성과의 결혼을 결정할 때에 딸은 어머니의 마음과 달리, 남편과의 혼인 관계를 우선시한다는 것을 알 수 있다.

한편으로, 이 여성들에게는 오키나와에 계속 살고 싶어 하는 의지가 혼재한다. 일본 본토 출신자의 시각에서는 오키나와 아내들이 품고 있는 이와 같은 오키나와에 대한 강한 집착을 이해하기 어려울 것이다. 속박에서 해방되고 싶어 하는 생각과 오키나와에서 계속 살고 싶어 하는 생각이 함께 존재하는 것이다. 여기서 오키나와 출신 여성의 모순을 발견할 수 있을 것이다. 그러나 이러한 점을 들어 앞뒤가 다른 존재라고 이 여성들을 몰아세우거나 비판하는 것이 아니라, 이를 그 여성들이 안고 있는 고민의 표출이라고 이해하고자 한다. 이러한 고민에 주목하면서 다음 논의로 넘어가겠다.

6.5. 부모의 반대

미군 병사와의 결혼으로 부모의 결혼 반대에 부딪힌 여성이 많다.[47] 미

47 다케시타(竹下 1998)는 외국인 남편과 일본인 아내의 국제결혼에 대한 사회의 관용도에 대해서, 남편이 아시아인인 경우와 구미인인 경우로 비교해 보았다. 다케시타에 따르

국인 혐오라는 시각에서 딸의 미군 병사와의 결혼을 반대하는 경우도 있다. 30대 초반의 일본 본토 출신인 미유키의 아버지는 미유키의 결혼을 강하게 반대하였다. "그런 결혼은 있을 수 없다. 미국인 아닌가. 내 아버지를 죽인 상대이다"라고 하면서.

오키나와 출신의 여성인 경우, 그 여성이 오키나와를 떠나게 될까 봐 반대하는 경우가 많다.[48] 이때 어머니의 반대가 가장 강력하다. 그러나 한편으로 손자녀가 생기면 반대하는 태도가 약해지면서 그 결혼을 허락하는 경우가 많다.

오키나와 출신의 가나코(加奈子: 20대 후반)는 결혼 전에 임신 사실이 알려져 어머니가 강제로 중절을 시키려고 해 미국으로 몸을 피했다. 아이가 태어나고 부모의 결혼에 대한 반대는 약해져, 현재는 어머니가 가나코의 딸들의 옷을 모두 만들어 줄 정도이다. 가나코의 사례는 결혼 초기에는 부모의 반대에 부딪혔다가 아이를 낳고 화해를 한 좋은 예이다.[49]

면, 남편이 구미 출신이면 일본인 여성과의 결혼과 관련한 관용도가 높지만, 남편이 고학력이면 관용도는 낮아진다. 그 이유는 구미 국가는 일본인에 대한 우월감이 있기 때문에 고학력자의 우월감은 더 강화되어 일본인 여성과의 결혼이 반대에 부딪히기 때문이다. 한편, 아시아 출신 남성은 일본인 여성과의 결혼에 대한 관용도가 낮지만, 남편이 고학력자라면 관용도는 높아진다. 그 이유는 일본인에 대한 열등감을 가진 아시아인 남성은 높은 학력을 가짐으로써 열등감을 극복할 수 있기 때문이라고 한다. 역시 부모가 반대하는 이유는 매우 복잡하다.

48 오키나와 출신인 유코(裕子: 20대 후반)는 대학 때 교육실습 중에 임신을 알게 되었다. 어머니가 결혼을 반대했으나 오키나와에서 계속 산다는 조건으로 결혼을 허락받았다. 오키나와 출신의 후미코(文子: 30대 초반)의 경우는 아버지가 결혼을 반대하였다. 반대 이유는 딸이 오키나와를 떠나게 될까 봐 두려워서였다. 아버지는 자신이 태어난 고향에서 줄곧 살아 친척들이 어떻게 생각할지를 신경 쓰는 것이라고 후미코는 지적하였다. 여기에는 오키나와가 섬이기 때문에 나타나는 강한 공동체로서의 결속과 함께, 그 공동체를 나가려고 하는 자에 대한 비판이 자리해 있다. 오키나와 출신인 지카(千佳: 20대 후반)의 어머니도 마찬가지로, 지카가 오키나와를 떠나지 않았으면 한다는 마음과 기지 반대라는 입장에서 지카의 결혼을 강하게 반대하였다. 하지만 지카의 경우에는 의도적으로 아이를 가짐으로써 어머니의 결혼 승낙을 받는 데 성공하였다.

49 대학을 졸업하고 바로 임신을 한 오키나와 출신의 교코(京子: 20대 후반)도 반대하는 결혼을 하고 미국인 남편과 함께 이동하였다. 3년 후에 오키나와로 돌아와 아이를 통한 가

부모의 미군 병사와의 결혼 반대는 그 출신지에 따라서도 차이가 보인다. 오키나와 본섬 중부의 자탄초(北谷町), 오키나와 시, 가데나초(嘉手納町), 우루마 시(うるま市) 등 미군 기지 소재지에서는 미군 관계자와의 일상적인 접촉이 많아서, 처음에 반대를 하더라도 그 결혼을 조금 더 쉽게 받아들인다. 그에 비해 앞서 서술한 가나코의 출신지인 본섬 북부인 오기미손(大宜味村)이나 본섬 남부의 하에바루(南風原)[50] 등은 외국인 수도 적고 미군 기지도 없어서 미군 병사와의 결혼에 반대하는 부모가 많다.

이처럼 오키나와 본섬 안에서도 미군 병사와의 결혼에 대해 온도 차가 있다. 게다가 미야코지마 등 외딴섬의 경우, 미군 기지와의 접점이 없기 때문에 그 결혼에 대한 거부 반응은 한층 강하다. 같은 오키나와 현 안에서도 미군 병사와의 결혼을 둘러싼 부모의 반대에는 차이가 있는 것이다.

이어서 미군 병사와 일본인 여성의 교제 및 결혼에 이르기까지 나타나는 특징이나 문제점에 대해서 간단하게 살펴보고자 한다.

(1) 오키나와 여성의 미국인 남성과의 교제 및 결혼의 요인

오키나와의 전통적 문화나 규범에 대한 혐오감은 여성들이 미국인 남성과 교제 및 결혼을 하는 요인으로 작용한다. 여성이 태어나고 자란 환경과는 전혀 달라, 개인주의를 표방하는 미국인 남성과 교제 및 결혼을

족(조모)과의 관계를 다져 지금은 가족과의 관계를 회복하였다.

50 오키나와 출신의 히로코(博子: 20대 후반)는 출신지와 부모의 결혼 반대에 대해서 다음과 같이 말했다. "하에바루에는 외국인 자체가 없어서 자탄초와는 다르다. … 아직 기지가 하나도 없는 곳이므로. 하에바루는 평화롭다. 우리 지역은 국제결혼을 반대하는 곳이다. 오키나와 남부 지역은 외국인과, 특히 군인과 결혼하는 것은 수준 낮은 여자가 하는 것이라고 해서 이미지가 나쁘다. 중부 지역은 조금은 쉽게 받아들인다."

하는 데에 동기 부여가 되었다. 오키나와의 전통문화나 젠더 규범에 대한 비판은 그러한 전통 속에서 살아가는 오키나와 남성에게 향하기도 한다. 이와 같은 오키나와 전통적 가치관에 대한 비판은 '하프'인 아이를 갖고 싶어 하는 여성들의 바람으로까지 이어진다.

(2) 남녀 서로에게서 발견되는 교제 및 결혼의 동기 부여
남녀 모두 서로에 대한 고정관념에서 결코 자유롭지 않다. 오히려 이를 전제로 교제가 시작되는 경우도 있다.

(3) 오키나와 출신 아내의 오키나와에 대한 집착
오키나와 출신의 아내는 오키나와를 떠나기를 주저하며 오키나와에 대해 강한 집착을 가지고 있다는 특징을 발견할 수 있다. 남편이 군인이기에 오키나와를 떠나 다음 부임지로 전출되는 것은 분명한 사실이다. 그런 의미에서 오키나와를 떠나지 않겠다는 약속은 불가능하다. 가령 남편이 제대를 해 군속(기지 내에서 일하는 미국인)으로 일한다고 해도 평생 오키나와에서 산다는 보장은 없다. 남편이 오키나와를 떠나게 되었을 경우에는 별거 생활을 결심하는 아내도 있다.

이에 반해 일본 본토 출신의 아내는 오키나와 여성에게서 발견되는 양상과 같은 오키나와나 일본에서 계속 살고 싶어 하는 집착을 보이지 않는다.

(4) 일과 결혼 생활
일을 가진 여성이 이동이 많은 미군 병사와 결혼한다는 것은 그녀 자신의 커리어에 지장이 있어 큰 부담으로 다가온다. 일본인 아내 대부분은 전업주부인 경우가 많기 때문에, 일을 가진 아내는 이런 고민을 상의할

만한 친구가 주변에 없어 고립되는 경향이 있다.

(5) 미군 병사와의 결혼 전에 나타나는 문제

일반적으로 미군 병사와 일본인 여성의 결혼 과정에서는 임신이나 남성의 부임지 이동 시기가 중요한 문제였다.

제6장 결혼 생활

본 장에서는 미군 병사와 일본인 여성들이 오키나와 사회나 미군 기지와의 관계 속에서 어떠한 결혼 생활을 기지 안팎에서 보내고 있는지를 중심으로 기술하겠다. 구체적으로는 오키나와의 가족·친족과 군대 사이에서 흔들리는 부부의 모습을 중심으로, 여기서 발견되는 문제에 대해서 다루어 보겠다.

1. 오키나와의 가족·친족과의 관계

오키나와에서는 조상숭배에 근거한 많은 연간행사가 문중을 중심으로 열린다. 그 행사의 참가를 둘러싸고 오키나와 여성과 미군 병사 사이에 입장 차이도 나타난다. 오키나와 출신의 아내는 결혼해서도 친정과의 관계, 특히 어머니와의 친밀한 관계를 유지한다. 이는 남편까지 깊게 휘말릴 정도로 강한 유대이다. 한편으로 이러한 오키나와 출신의 아내와 어머니와의 사이에 존재하는 친밀한 관계는 남편과의 결혼 생활을 방해하기도 한다.

1.1. 오키나와의 행사와 가족

오키나와의 행사와 관련한 부부의 참여 방식에 대해서 알아보겠다. 여기서, 오키나와의 행사에 적극적으로 참여하는 사례와 그렇지 않은 사례를 나누어 기술하겠다.

(1) 적극적으로 참여하는 사례

사진 25. 귀갑묘(龜甲墓)

오키나와 출신인 에이코(榮子: 50대 초반)의 남편 브루스(70대 후반)는 결혼 초부터 에이코가 행사에 참석하지 못할 때에도 혼자서라도 오키나와의 행사에 참석하였다. 그는 젊었을 때에는 청명제(淸明祭)[1]를 위해 묘소를 청소하기도 하였다. 그는 정월이나 오봉[2]의 행사에도 참석하였다.[3]

1 청명제(시미: シーミー)는 24절기의 청명일(양력 4월 5일 무렵)부터 2주일 동안 진행되는 조상 공양 행사이다. 문중 단위로 조상의 묘(귀갑묘龜甲墓: 여성의 자궁을 상징적으로 표현해, 인간은 여성에게서 태어나고 사후에 다시 그 태내로 돌아간다고 믿고 있다)를 청소하고 참배를 하며 묘소 앞에 음식을 담은 찬합을 차려 성대하게 함께 먹는다. 오키나와에서는 오봉이나 정월과 아울러 성대한 행사이다. 기혼 여성은 남편 쪽 조상의 청명제와 친정아버지 쪽 조상의 청명제 양쪽에 참석해야 한다.(<사진 25>와 <사진 26>을 참조)

2 음력 7월 13일부터 15일인 오봉(시치구와치: シチグワチ)은 조상이 저세상에서 돌아와 자손이나 가족과 지내는 조상 공양 행사이다. 오키나와의 집에 불단이 있는 가정의 며느리는 오봉인 3일 동안 공양물이나 대접할 요리를 준비하느라고 바쁘다. 불단이 없는 가정의 며느리도 백중날에 친척들을 방문해야 해서, 청명제와 정월 못지않은 오키나와의 3대 행사이다.

3 오키나와 출신인 마미(麻實: 30대 초반)의 남편 진도 오키나와의 행사에 참석한다. 결혼 전에 아내는 주 1회 친정을 다녀왔다. 한 달에 한 번은 결혼해서도 부모를 만났다. 진은 이탈리아계 미국인이기 때문에 일요일은 가족 모두가 모이는 날이라고 여겨 청명제 등 마미가 친정에 돌아갈 때에는 함께 참석하였다. 또한 청명제 때 묘소 청소도 진 스스로 하였다.

사진 26. 청명제 때에 묘소 앞에 모인 오키나와의 가족

필자도 에이코 가족의 청명제 모임에 2007년 4월 29일에 브루스와 함께 참석하였다. 에이코는 4남매 중 막내로 언니가 2명, 오빠가 1명 있었다. 부모님 모두 세상을 떠났다고 한다. 장남인 오빠가 도토메(トートーメ: 위패)를 이어받았기 때문에 언니 2명, 에이코와 브루스는 나하(那覇)에 살고 있는 오빠의 집으로 모였다. 오빠는 일본 본토 출신의 아내와 아들과 딸 1명씩을 두고 있었다.

그녀의 오빠가 사는 나하 시 시키나(識名)는 '묘의 단지'라고 불리며 많은 묘지가 밀집해 있다. 도토메를 모시는 장남의 집은 바쁘다. 장남의 딸도 마찬가지로, 숙모들을 위해 차를 내오고 식사 준비를 돕는 등 매우 바쁘다.[4] 이는 에이코나 그녀의 언니들처럼 출가를 한 여성들의 지위가 집안 호주의 아내보다 훨씬 높다는 것을 보여 주는 예이다(다나카田中 1986: 241).[5]

다른 남편에게서도 오키나와 행사에 적극적으로 참석한다는 이야기를 많이 들었다. 테리(40대 후반, 백인)도 그런 사람 중 한 사람이다. 테리에게 오키나와의 행사에 참석하는지 물어보았다[6].

4 아버지가 장남인 나쓰에(夏江)도 장남 가정의 딸로서 마찬가지의 의무를 수행해야 했다. 나쓰에는 장남의 딸에게 맡겨지는 이와 같은 역할과 오키나와의 전통과 젠더 규범을 비판하였다.

5 이런 경우, 장남의 아내가 일본 본토 출신이라는 것을 고려하면 오키나와 사회의 배타적인 측면이라고 할 수 있는 '야마토 요메(ヤマト嫁)' 문제와도 관련이 있다. 야마토 요메에 대해서는 이시즈키(石附 2002)를 참조.

6 텍사스 출신의 프랭크(40대 후반, 백인)는 일본어 실력이 좋고 일본 요리도 잘 먹는 '이

물론 참석한다. 정월, 오봉, 청명제 등 전부. 다 좋다. 조카의 생일날에도 참석했는데. 미국인 남편 중에는 이러한 행사를 꺼리는 사람도 있다. 나는 행사에 참석하는 것이 즐겁다. 모든 내용을 이해하고 있는 것은 아니지만, 커뮤니케이션은 잘하고 있다. 정치 얘기가 나오면 잘 모르겠지만. (결혼 후에 몇 차례 이동을 하다가) 처음 세쓰코(節子)와 오키나와로 돌아왔을 때에는 '이 외국인은 누구?' 하는 느낌을 받았으나, 지금은 모두들 나를 인정해 주고 있다. 미국에 있을 때보다 오키나와에서의 생활이 마음에 든다.(2007년 3월 18일 수록)

(2) 소극적인 사례

대부분의 오키나와 여성이 결혼 후에도 오키나와 행사에 참석한다. 그러나 오키나와의 전통문화나 젠더 규범에 대해 비판적인 생각을 갖고 있는 여성은 오키나와의 행사에 자주 참석하지 않거나 행사를 자주 접하지 않는다. 이는 아버지가 장남이고 어려서부터 전통 행사에 참석해 온 미야코지마(宮古島) 출신의 나쓰에(夏江)나 외딴섬 출신의 요코(洋子)에게서 발견할 수 있는 예이다.

로버트(40대 초반, 백인)처럼 언어 소통에 문제가 있는 경우나 글렉(40대 초반, 백인)처럼 행사에 참석하기 위한 비용에 의문을 가진 경우, 남편의 행사 참석은 부정적이다.

대부분의 오키나와 행사는 조상숭배와 관련되어 있다. 이 때문에 다

상한 외국인'이라는 애정 담긴 말을 가족들로부터 듣는다. 또한 아내가 행사에 불참하더라도 혼자서 참석하기도 하는 오하이오 주 출신의 브라이언(20대 후반, 백인)과 같은 남편도 있다. 그는 오키나와의 방언도 잘 알아듣는다. 그의 아들도 방언을 잘 알아듣는다. 뉴욕 출신의 에릭(60대 초반, 백인)이나 캘리포니아 출신의 마크(60대 후반, 백인)도 모든 행사에 참석한다. 마크는 미국 요리를 만들어 행사에 참석한다. 워싱턴 주 출신의 피터(40대 후반, 아프리카계 미국인)는 이전에는 행사에 자주 참석했으나 아이들이 성장하고 생활이 바빠지면서 자주 참석하지 못하고 있다고 한다. 그러나 오봉과 신년에는 반드시 참석한다고 한다.

른 신앙을 가진 남편의 경우에는 행사 참석에 곤란함을 느낀다.[7] 로드니(30대 후반, 백인)는 프로테스탄트로, 결혼 당시에는 아내 시오리(詩織)가 크리스천이 되는 것이 중요한 결혼 요건이었다. 그의 가족은 매주 일요일에 기지 밖에 있는 교회에 간다. 시오리는 크리스천이 되었으나 그녀의 친정에서는 조상숭배에 근거한 다양한 행사를 한다. 로드니는 조상숭배를 이해하지 못하고 있다.

> 내가 생각하기에 불단과 조상숭배는, 예를 들자면 조부와 같은 조상에게 도움을 청하는 것이다. 나의 문화에서는 신에게 기도하고 신이 나를 지켜 준다고 믿는다. 아버지나 조부가 아니다. 아내에게 왜 조상숭배를 하는지 물어 보았다. 그러자 아내는 조상에게 아무것도 기원하지 않는다. 다만 조상과 커뮤니케이션을 하고 있는 것이라고 한다.(2007년 3월 5일 수록)

그는 행사에 참석은 하지만 불단에 합장하지는 않는다. 자녀에게도 합장을 하지 못하게 한다. 시오리는 합장을 하지만 기도는 하지 않는다. 그는 조상숭배에 대해 이해해야 한다고 생각하지만, 그에게 이러한 행사에 참석하는 일은 그리 마음 편한 일이 아니라는 것을 알 수 있다.

1.2. 종교와 유타(ユタ)

오키나와의 여성과 미군 병사의 종교에 대한 문제를 살펴보겠다. 특히,

7 반면 유연하게 대응하는 남편도 있다. 오하이오 출신의 제이컵(40대 후반, 백인)은 조상숭배 행사에서 유연하게 대처하고 있다. 제이컵은 프로테스탄트 신자이고 오키나와 출신의 아내 하루카(晴香: 40대 초반)는 가톨릭 신자이다. 두 사람 사이에는 3명의 자녀가 있다. 그녀와 그녀의 가족은 모두 가톨릭 신자이다. 가톨릭 신자임에도, 하루카의 친정에서는 조상숭배를 위한 행사를 거행한다. 제이컵은 이러한 조상숭배 행사에 참석해 합장을 하지만, 그때에는 자신의 신에게 기도를 하면서 견딘다.

유타에 주목하겠다. 유타란, 오키나와 민간의 무녀로, 공동체 내 개개의 가정이나 가족에 관한 운세 및 건강·복·기원, 위폐·묘·조상 제사 관련 및 불행한 일 해결 등 민간의 사적인 영역에 관여를 한다(사쿠라이櫻井 1973: 1).[8] 오키나와의 여성과 결혼한 미군 병사 중에는 자신이 믿는 종교를 초월해 유타를 믿는 사람도 있고 자신이 믿는 종교와의 관계 때문에 곤혹스러워하는 사람도 있다.

(1) 종교

인터뷰를 한 일본인 여성(46명 중 31명이 오키나와 출신, 15명이 일본 본토 출신)의 종교는 무교(74%)가 대부분이었다(표 6-1). 그녀들의 남편도 무교(46%)가 가장 많았으나, 기독교(43%)도 거의 비슷한 수를 차지한다(표 6-2). 여성은 불교도가 다수를 차지한다(17%). 다만, 표에서는 SGI(창가학회 인터내셔널)와 기타 불교를 구별해 놓았다.

인터뷰를 한 남편의 대부분은 기독교 신자(프로테스탄트: 41%, 가톨릭: 22%)였다(표 6-3). 한편, 아내 대부분은 무교(54%)였다. 그들의 아내는

표 6-1. 조사 대상자(아내)의 신앙 종교

	사람 수	(%)
무교	34	74
SGI	5	10
불교	3	7
기독교	3	7
기독교와 조상숭배	1	2
합계	46	100

8 공적인 제사의 사제는 누루(祝女: ヌル)라고 부른다. 유타와는 달리, 우타키(御獄: ウタキ), 구스쿠(城: グスク) 등 성지나 기도원 등의 종교 행사를 집전하는 존재이며, 부락·촌락의 공적 제사나 공동체의 기원 행사를 주관한다.

표 6-2. 조사 대상자(아내)의 배우자의 신앙 종교

	사람 수	(%)
무교	21	46
SGI	3	7
불교	1	2
기독교	20	43
불분명	1	2
합계	46	100

표 6-3. 조사 대상자(남편)의 신앙 종교

	사람 수	(%)
프로테스탄트	9	41
가톨릭	5	22
가톨릭과 신도(神道)	1	5
SGI	1	5
불분명·무교	6	27
계	22	100

표 6-4. 조사 대상자(남편)의 배우자의 신앙 종교

	사람 수	(%)
프로테스탄트	4	18
가톨릭	1	4
SGI	1	4
신도	1	4
무교	12	55
불분명	3	15
계	22	100

20명이 오키나와 출신, 2명이 일본 본토 출신이다(표 6-4).

대부분의 남편은 기독교 환경에서 자랐음에도 불구하고 자녀에게는 종교를 강요하고 싶어 하지 않았다.[9] 이처럼 자녀에게 종교를 강요하고 싶지 않다는 남편으로는 프로테스탄트인 로버트(40대 초반, 백인)와 가톨릭 신자인 테리(40대 후반, 백인)가 있었다.

9 오하이오 출신의 브라이언(20대 후반, 백인)은 오키나와 출신의 아내 아오이(葵: 20대 후반)와 결혼해서 2명의 자녀를 두고 있다. 그는 조상숭배든 신이든 같다고 생각한다. 그의 아버지가 신부였기 때문에 가족 모두 매주 일요일 교회에 가야 했다. 그는 자녀에게 종교를 강요하고 싶지 않다고 한다.

신앙이 다른 두 사람이 생활을 할 때에 서로의 종교를 존중하는 자세도 발견되는 한편, 자녀의 신앙과 관련해서는 충돌을 하는 경우도 있었다. 이는 부부와 자녀가 다른 종교를 가진 경우에 현저하게 나타났다.[10]

노스캐롤라이나 출신의 폴(40대 후반, 원주민)은 퇴역 군인(해군)이다. 그는 오키나와 출신의 아내 마오(眞央: 30대 후반)와 교회를 통해 만났다. 두 사람 모두 프로테스탄트(침례교도)이다. 폴은 일본어를 못하기 때문에 가족과 어울리지 못해 외로움을 느낀다고 한다. 이러한 상황이 그와 교회의 관계를 더욱 끈끈하게 만들어 주었다.

신앙심뿐만이 아니라 폴 자신이 처한 어려운 처지나 결혼 생활에서 갈 곳이 없는 고독한 마음이 그를 더욱 교회와 밀착하게 만들었다고도 할 수 있을 것이다. 또한 그의 상황은 가족뿐 아니라, 뒤에 기술하겠지만, 아내와의 커뮤니케이션 문제나 다음 장에서 기술할 퇴역 후의 재취직 문제와도 관련이 있는 중요한 문제를 제기하고 있다.

(2) 유타(ユタ)

오키나와의 여성들은 유타를 미군 병사와의 교제나 결혼 생활 속에 잘 녹여 내고 있다. 어머니가 유타를 이용하는 경우에는 그 딸 역시 유타를 이용하는 경우가 많다.

유타를 이용하는 여성들의 주요 목적은 결혼식 택일이나 교제를 계속할지 여부에 대한 결정(다카요貴代: 30대 초반), 결혼 결정(다혜多惠: 60대 초반) 등에 있다. 또한 유타 덕분에 어머니로부터 남편과의 결혼 허락을 받을 수 있었던 여성(아이愛: 20대 후반), 남편의 불륜을 포착한 경우(에이코榮子: 50대 초반)도 있다.

10 제10장에서 SGI의 신자인 오키나와 출신의 후미코(文子: 30대 초반)가 가톨릭 신자인 남편 호세와의 사이에서 자녀의 신앙을 둘러싸고 고민하는 모습을 다룰 것이다.

오키나와 출신의 히로코(博子: 20대 후반)도 교제 전부터 유타를 이용하면서 다툼이 많은 남편 미겔에 대해서 상담하였다. 결혼 후 히로코는 어머니와 함께 유타를 만나러 갔다. 그리고 유타로부터 미겔과는 경제적 문제로 인해 싸움을 자주 할 것이라는 말을 들었다. 당시 미겔은 제대를 준비하고 있었다. 히로코는 유타를 찾아간 이유를 다음과 같이 말했다.

> 안도감을 얻고 싶었다. 좋지 않은 말을 듣더라도 충고를 들을 수 있으므로. 두 번 찾아갔다. 마음의 안정. 친구에게 이야기하는 것보다 스스로 해결책을 찾을 수 있다. 그가 전쟁터로 가야 하는데 그는 괜찮다고 걱정하지 말라고 말하기는 하지만. 그런데 유타로부터 괜찮다는 말을 들으면 정말 괜찮을 것 같은 느낌이 든다. 안심.(2005년 10월 19일 수록)

히로코에게는 유타가 결혼 생활 속에서 느끼는 다양한 혼란이나 문제를 해결해 주는 도우미와 같은 중요한 존재이다. 또한 미군 병사인 남편을 둔 그녀는 미군 병사인 남편을 두지 않은 오키나와의 친구로부터 얻을 수 있는 사회적 지원에 한계를 느끼고 있어서, 히로코에게 유타는 중요한 상담 상대라는 것을 알 수 있다. 히로코는 남편과의 신혼집 방향을 결정하기 위해서도 유타를 찾아갔다.

히로코와 달리, 외딴섬 출신인 요코(洋子: 20대 후반)는 유타의 한계도 인식하면서 다음과 같이 말했다.

> 유타를 믿지만, 유타를 찾아갔다고 해서 생활이 나아지지는 않는다. 자신의 마음가짐에 달린 것이다. 자신이 노력하지 않으면 달라지는 것은 없다. 아직 찾아가 본 적은 없다.(2007년 1월 27일 수록)

요코의 말은 유타의 능력은 믿고 있지만, 한편으로 유타의 한계를 인식하고 유타에게 의존해서는 안 된다는 스스로의 의지를 보여 주었다.

대부분의 남편은 유타나 애니미즘을 이해할 수 없다고 여긴다. 로드니(30대 후반, 백인)와 아내 시오리(識織)는 크리스천이다. 그러나 시오리는 유타를 믿는다.

> 나로서는 영(靈)이라는 것을 이해할 수 없다. 아내는 유타를 찾아가지는 않지만 (유타를) 믿고 있다. 어젯밤 가족과 식사하러 마카로니 그릴(기지 내에 있는 이탈리안 레스토랑)에 갔다. 아들이 차에서 내리고 싶어 하지 않았다. 그러자 아내는 무슨 나쁜 일이라도 일어날지 모른다고 말하는 것이다. 그녀는 아들에게는 특별한 힘이 있어 때로 그런 것을 느낀다고 믿고 있다. 이해할 수 없지만, 그냥 그대로 받아들이고 있다.(2007년 3월 5일 수록)

가톨릭의 엄격한 환경에서 자란 찰스(50대 후반, 백인)이지만, 로드니와는 달리 그는 유타뿐 아니라 아내 다에(多惠)의 영적 능력까지도 믿고 있다. 다에는 젊었을 때 유령을 보는 능력이 있었다고 그는 말한다. 다에가 영을 느낄 때 심한 두통이 엄습해 오기 때문에, 두 사람은 오키나와 본섬 남부에 있는 오키나와 평화자료관에 가지 못한다고 한다.

사진 27. 교회(캠프 포스터)

어느 날 찰스가 크게 놀라는 일이 발생하였다. 그날부터 그는 유타나 영적 세계를 믿기 시작하였다.

> 다에가 한밤중에 나를 깨워 나의 조모가 돌아가셨다는 것이다. 나는 아내에게 "머리가 어떻게 된 거 아니야" 하고 말했다. 그러자 전화벨이 울렸고 어머니가 조모의 사망 소식을 전해 주었다. 나는 아내에게 만약 내 꿈을 꾸게 되면 알려 달라고 부탁하였다.(2007년 7월 19일 수록)

1.3. 오키나와의 가족을 둘러싼 문제

오키나와의 아내들은 결혼 후에도 어머니나 친정과 강한 유대를 유지한다. 미국인 남편들 중에는 장모를 통해 오키나와의 전통문화나 행사를 배우면서 강한 유대를 형성하는 모습도 발견되었다. 한편으로 아내와 그 가족과의 강한 유대감이나 그 관계가 미국인 남편에게는 결혼 생활의 장애물로 비춰지기도 한다.

(1) 오키나와의 여성과 어머니

오키나와 여성의 대부분은 고등학교를 졸업하고 진학하거나 취업을 한 뒤에도 부모님 집에서 계속 사는 경우가 많다. 결혼하면서 비로소 친정을 떠나는 여성이 드물지 않다. 한편, 결혼 후에도 오키나와에 사는 동안에는 부모와 함께 사는 오키나와의 여성도 종종 만날 수 있었다. 그럼 이어서 오키나와 여성들의 결혼 생활에서 찾아볼 수 있는 어머니와의 강한 유대에 대해서 살펴보겠다.[11]

---

11 오키나와 출신의 유코(裕子: 20대 후반)는 본섬 중부에 살고 있다. 유코는 지금 살고 있는 곳에서 태어나서 자랐으며 같은 곳에서 결혼 생활을 하고 있다. 유코는 고향을 떠나고 싶지 않다고 한다. 부모님도 같은 동네에 살고 있으며, 유코는 거의 매일 어머니를 만난다. 또한 일주일에 한 번은 조부모 집에 갈 정도로 가족과의 관계가 매우 밀접하다.

오키나와 출신의 아이(愛: 20대 후반)는 어머니와의 친밀한 관계를 결혼 후에도 유지하고 있다. 그녀의 어머니는 현재 기지 내에서 일하고 있지만, 3년 후에는 퇴직을 한다. 그녀는 둘째 아이를 미국에서 낳아 어머니가 미국으로 와서 양육을 도와주기를 바라고 있다. 그리고 그녀는 해병대원인 남편 하비에르가 유학할 때의 생활이나 기지 내에서의 따돌림, 남편의 계급에 따른 차이나 자녀에 대한 후원 등의 문제 등등, 미국에서의 생활에 불안감을 느끼고 있다.[12]

현재 아이는 어머니, 남편 하비에르와 아들과 함께 기지 밖에서 살고 있다. 하비에르는 오키나와의 주택이 기지 내 주택이나 미국의 주택에 비해 작고 좁아서 힘들어한다. 그러나 아내의 어머니가 자녀의 양육을 맡아 주고 있어서 어머니와 계속 함께 살고 있다.

오키나와의 집은 어머니의 명의이지만, 하비에르가 대출금을 지불하고 있다. 아이의 어머니와 하비에르는 때로 사소한 일로 부딪치기도 한다. 하비에르와 어머니의 틈에서 아이는 입장이 매우 난처하다. 아이도 하비에르도 거주지를 마련해 지금의 집에서 나가고 싶지만, 자녀 양육이나 부부 동반 외출이 가능한 지금의 상황을 고려하면, 어머니와 함께 사는 것도 나쁘지 않다고 여겨 타협점을 찾게 된다.

아이의 경우처럼 친정의 부모가 아이를 돌봐 주는 것은 오키나와에서 드문 일이 아니다. 마찬가지로 하비에르도 자녀의 육아를 도움 받을 수 있다는 이유로 지금의 결혼 생활에 기대어 타협한 면도 없지 않다. 그러나 앞으로 미국에서는 이와 같은 생활을 할 수 없다는 것도 염두에 두어야 할 것이다.

이처럼 오키나와의 여성과 그 가족, 특히 어머니와의 유대는 매우 강하다. 이와 같은 강한 어머니와의 관계는 자녀의 탄생으로 더욱 강화된

12 미야니시(宮西 2003)에서도 같은 사례를 발견할 수 있다.

다. 이러한 유대가 반드시 나쁜 것은 아니지만, 남편을 잊어서는 안 된다. 또한 결혼 후에도 어머니나 오키나와의 가족, 친척이나 친구에 의존하는 생활을 계속하는 것은 남편에게 이동 명령이 내려와 오키나와를 떠나게 될 때에 격한 저항을 초래할 가능성이 있다. 당연하겠지만, 미군 병사인 남편과의 결혼 생활을 유지해 가는 데에 지장을 주기 때문이다.

(2) 오키나와의 가족들의 개입

앞서 기술했듯이, 오키나와 가족의 유대는 매우 긴밀하며 결혼 후에도 그 관계는 지속된다. 예를 들자면 이것은 아내와 어머니·자매·형제 사이의 친밀한 관계이다. 이는 부부라는 단위를 전제로 결혼 생활이 성립한다고 보는 미국인 남편의 시각에서 보면, 결혼 생활의 방해 요소로 비춰지기도 한다. 이로 인해 부부 사이에 충돌이 발생한다.

로버트(40대 초반, 백인)는 첫 번째 아내 에미(繪美)와의 결혼 생활에 대해서 다음과 같이 말했다. 에미의 언니가 에미에게 밤늦게 전화를 건다.[13] 거의 매일 밤 11시에 전화벨이 울렸다고 한다. 밤 11시는 그에게 매우 늦은 시간이었다. 그는 에미의 언니에게 전화 문제로 화를 냈는데, 오히려 아내인 에미가 더 화를 냈다고 한다.

> 에미의 언니에게 화를 내자 에미가 내게 화를 냈다. 나는 그녀의 남편이다. 아이도 있고 가족이 되었는데. 때로 에미의 언니는 집에도 온다. 에미에게 프라이버시를 지켜 주었으면 한다고 말했으나, 에미는 그녀의 언니에게 사과를 하라는 것이다.[14] 에미는 나를 나쁜 놈으로 만들었다.

13 마크(60대 후반, 백인)도 아내 마키(眞樹)에게 그녀의 친정에서 늦은 밤에 전화를 하는 것에 불만을 느끼고 있다고 한다.

14 제이컵(40대 후반, 백인)의 경우에도 로버트와 마찬가지로, 아내 유리코(瑠璃子)의 어머니나 언니의 집이 매우 가까이 있다. 제이컵은 유리코가 어머니의 집에 수시로 가는 것에 불만을 느낀다. "그녀에게는 어머니라는 존재가 있지만 내게는 그런 존재가 없다"라며 그

왜 오키나와의 여성과 결혼했는지 모르겠다.(2006년 12월 7일 수록)

로버트는 언니의 집과 가까운 곳에 사는 것이 잘못이었다고 말한다. 이처럼 오키나와 여성의 부모나 자매나 친척과 가까운 곳에서 결혼 생활을 하는 것은 오키나와 여성과 미군 병사의 결혼의 전형적인 모습이다.

조지(50대 초반, 백인)는 오키나와 출신의 아내 가나(香奈)를 위해 오키나와에서 살기로 했다. 아내의 부탁대로 오키나와에 살아 보았으나, 아내 친정 가족과의 관계에서 많은 타협이 강요되었다. 조지에 따르면, 가나의 우선순위는 그녀의 어머니가 1위, 다음은 자녀, 마지막이 그라는 것이다. 오키나와의 부모는 자녀에게 노후의 보살핌을 기대한다. 그는 자신의 자녀에게 그와 같은 기대를 갖고 있지 않다. 오히려 자녀에게는 결혼 상대와 행복한 가정을 꾸리기를 바란다고 한다. 바로 여기에 큰 차이가 있다.

조지의 말에 따르면, 가나는 결혼을 하고 나서 크게 변했다는 것이다. 그녀의 어머니는 조지 가족이 캠프 레스터의 기지 내 주택 단지에 살고 있었을 때에 빈번하게 그의 집을 방문하였다. 이유는 세탁기를 쓰기 위해서였다. 그는 어머니가 집에 있는 것이 불쾌했지만 그런 기분을 입 밖으로 낼 수는 없었다. 장모이기 때문이다. 가정 내의 평화를 유지하기 위해 자신의 불만을 마음속에만 담아 두었다. 지금도 그의 장모는 매주 일요일마다 그의 집으로 찾아온다.

오키나와의 가족 시스템은 미국인 남편까지 가족 구성원으로 받아들여 남편들에게 가족이라는 것을 느낄 수 있게 해 준다. 하지만 한편으로 이는 남편에게 프라이버시 침해이자 결혼 생활의 방해나 장애로 받아들여지기도 한다.

는 화가 나 있었다.

아내의 가족 관계에서 오는 문제는 친구 관계에서도 같은 양상이다. 오키나와 아내의 친구 관계는 매우 넓다. 밤에 전화가 오기도 하고 친구끼리 외출을 하기도 한다. 이러한 만남에는 대부분의 경우 알코올이 빠지지 않는다. 미국인의 결혼 생활은 부부를 최우선으로 한다. 이러한 사고와 오키나와 출신의 여성들의 행동은 크게 차이를 보인다. 친밀한 가족·친구 관계가 결혼 생활의 장애가 되는 것이다. 여기에는 오키나와의 가족 구성이 대가족이라는 것만으로는 다 설명할 수 없는 무엇인가가 있다. 아내의 친구 관계로 인해 혼란을 겪고 고민하고 있는 미국인 남편이 있다.[15]

(3) 미국인 남성과 장모

오키나와의 행사는 아내의 어머니, 즉 남편의 장모가 행사를 주관하는 경우가 많아 결혼 생활에서도 그녀의 영향력은 막강하다. 남편 입장에서는 때로 아내와 자신 사이에 일일이 간섭하며 끼어드는 여성이라고도 할 수 있을 것이다. 그러나 장모를 통해 오키나와의 문화를 배우는 기회가 많아서 미국인 남편에게 장모의 존재는 크며, 때로 장모와 남편 사이

15 이 책에서는 오키나와 여성의 가족·친족 관계를 중심으로 기술하였다. 그러나 수는 적지만 히스패닉계 미국인 남편을 둔 오키나와 출신의 아내들이 남편과 그 어머니와의 사이의 친밀한 관계에 대해서 불만을 토로하였다. 오키나와 출신인 20대 후반의 아이는 멕시코 계 미국인으로 해병대원인 남편 하비에르(20대 후반)와 그 가족, 특히 어머니와의 친밀한 관계에 대해서 다음과 같이 말한다. "남편은 가부장적이다. 그는 가족에게 매주 전화를 한다. 술을 마시거나 하면 바로 전화한다. 가족 모두에게. 걱정을 한다. 그리고 건강한지 전화를 한다. 나도 가족인데 하는 생각이 든다. 떨어져 있으면 우리를 그리워하고. 여기(오키나와)에 있으면 (미국에 있는 가족을) 그리워하고. 욕심인 것 같다" (2005년 12월 8일 수록). 마찬가지로 오키나와 출신인 30대 후반의 미도리도 멕시코계 미국인으로 해군 병사인 남편(20대 후반)으로부터 "엄마는 0번이고 미도리는 1번"(2006년 7월 4일 수록)이라는 말을 들었다. 미도리의 말에 따르면, 1번 이후는 노력하면 바뀔 수 있는 관계이지만, 0번은 특등석과 같은 것으로 바뀔 수 없다는 것이다. 이는 남편과 그 어머니 사이에 얼마나 강한 유대감이 존재하는 지를 보여 준다. 남편의 가족·친족은 오키나와에 살고 있지 않지만, 부부 관계에 어떤 형태로든 영향을 주고 있는 것으로 보인다.

에 친밀한 관계를 형성하기도 한다.

헨리는 뉴욕 출신의 60대 후반 백인 남성이다. 공군을 제대하고 현재 오키나와에서 자영업을 하고 있다. 오키나와 출신의 여성(하루미晴美)과 첫 결혼, 두 명의 아들이 있다. 이혼한 지금도 전처인 하루미의 가족, 특히 장모와의 사이에 형성된 관계를 중요하게 여기고 있다.

그럼, 그와 장모 사이에 형성된 깊은 애정으로 가득한 관계를 살펴보겠다. 헨리는 결혼 생활을 하면서 오키나와의 행사에 적극적으로 참가해 왔다. 청명제에 참석한 그는 떨어져 있는 재를 쓰레기로 여겼다. 그러나 오키나와에서 이 재는 우치카비(ウチカビ: 打紙)라고 해서, 저세상의 돈으로 여겨진다. 엽전 모양의 도장을 가로 5열, 세로 10열로 찍은 황토색 종이로, 청명제 등에서 불태워 조상 공양에 사용한다. 우치카비의 재를 잘못 알고 버려 버린 그에게 장모는 신경 쓰지 말라고 하면서 웃어넘겨 준 일을 그는 지금도 선명하게 기억하고 있다.

그리고 헨리가 인터뷰에서 눈물을 흘리며 들려준 장모와의 관계에 대해서 좀 더 기술해 보고자 한다. 장모는 어느 날 알츠하이머에 걸리고 말았다. 그러나 알츠하이머가 발병했어도 헨리와 장모의 관계는 변하지 않았다. 또한 헨리는 신체장애자인 하루미의 여동생도 돌보았다. 헨리는 장모의 알츠하이머가 진행하면서 가족이 그녀를 냉대하는 가운데, 유일하게 그녀와 대화가 가능한 사람이었다. 헨리는 장모를 할머니라고 부르며 다음과 같이 말했다.

> 가족은 할머니에게 매우 화가 나 있었다. 그녀(전처인 하루미)의 아버지는 "방에 들여보내서 열쇠로 걸어 잠가라"라고까지 말했다. 할머니는 헛간에서 울면서 문을 열려고 하였다. 나는 아무것도 할 수 없었다. 오봉 때에 할머니는 (요양 시설에서) 집으로 돌아왔다. 모두 큰 테이블 주위에

앉아 있었다. 할머니가 다른 사람의 맥주와 차를 마셨다. 할머니는 자신이 무엇을 하는지 모른다. 하루미의 언니 유미(由美)가 화를 내면서 "왜 남의 차를 마시는 거에요"라고 소리쳤다. 그리고 유미는 할머니를 손바닥으로 쳤다. 나는 유미에게 "만약 또 어머니를 치는 일이 있으면 너부터 두들겨 맞을 줄 알아라. 절대 내 앞에서 어머니를 때리지 마라. 절대로 때리지 마라. 만약 그러면 내가 따끔한 맛을 보게 해 줄 테니까"라고 주의를 줬다. 같은 말을 아내에게도 하였다. 나는 "할머니, 그거 내 음료수인데요"라고 말했다. 그러자 할머니는 "헨리, 미안해요. 맥주 따라 줄게요"라고 말하는 것이다. 할머니는 내가 하는 말을 알아들을 수 있었던 것이다. 모든 친척들이 모였을 때, 할머니 옆에 앉는 사람은 나였다. 왜냐하면 나는 할머니의 행동을 이해했고 친척들도 그것을 잘 알고 있었기 때문이다.(2007년 4월 26일 수록)

또한 헨리는 눈에 눈물이 가득 고인 상태로, 장인과 장모의 장례식에 대해 다음과 같이 말했다.

장인이 먼저 돌아가시고 이어서 장모가 돌아가셨다. 장인이 돌아가셨을 때, 하루미와 별거 중이었다. 하루미는 내게 "장례식에 오지 말라"라고 하였다. 나는 가지 않았다. 오지 말라고 했으니까. 하루미의 어머니가 돌아가셨을 때, 하루미는 내게 전화를 하였다. "장례식은 어디서 하느냐?"라고 물으니, 그녀는 "오지 말라"라고 하며 전화를 끊었다. 어느 아주머니께 들었는데, 장례식 때 모두가 헨리는 어디에 있느냐고 물었다고 한다. 그들은 내가 장례식에 없어서 놀랐던 것이다. 할머니가 돌아가셨다. 나는 장례식에 가고 싶었다. 하지만 하루미는 내가 가는 걸 바라지 않았다.(2007년 4월 16일 수록)

헨리는 장례식에 가지 못했으나 장인과 장모가 돌아가시고 나서 지금도 혼자서 성묘하러 간다. 헨리는 묘소에 대해 다음과 같이 말한다.

> 그녀의 아버지와 어머니가 돌아가시고 나서 혼자서 묘소에 가 보았다. 나하(那覇)에 있다. 전처의 언니가 세상을 떠났을 때에 묘가 있는 곳을 알았다. 그녀의 가족은 누군가 묘에 다녀간다는 것을 알고 있다. 왜냐하면 캔 맥주 2개와 아버지가 좋아하던 치즈가 묘소 앞에 놓여 있으니까. 그때부터 나는 언제나 백중날과 연말에 선물을 보내고 있다. 아버지가 돌아가시고 13년, 어머니가 돌아가시고 11년. 제사 때에는 그들의 우편함에 돈을 넣어놓는다. 내 생각에 그녀의 가족 대부분은 나를 좋아한다.(2007년 4월 26일 수록)

2. 군대와의 관계

미군 병사와의 결혼은 군대와 밀접한 생활을 하게 된다는 것을 의미한다.[16] 미군 병사와 결혼한 여성들은 줄곧 울타리 밖에서 바라보던 군대나 기지라는 세계에 발을 들여놓게 되는 것이다. 이는 마음속에 품고만 있던 미군 병사에 대한 부정적 사고에도 변화를 가져오는 한편, 새로운 갈등을 유발하기도 한다.

2.1. 군대 용어와 공식 행사

미군 병사와 결혼하면, 수많은 군대 특유의 약어와 공식 행사를 접하게 된다. 미군 관계자가 자주 사용하는 약어 중 하나로 PCS라는 용어가 있

16 하와이의 오키나와 출신 이민자들에게서 발견되는 오키나와 예술(에이사: エイサー)을 통한 유대에 주목하여, 이들의 아이덴티티에 대해서 연구한 시로타(城田)는 하와이에 사는 오키나와 여성과 미군 병사 부부, 그리고 그 가족의 이민 기록을 연구해 이들의 일상생활 중심에 미군 기지라는 존재가 있음을 지적하였다(시로타 2006: 162-165).

다. 이것은 Permanent Change of Station의 머리글자를 취한 것으로, 이동을 의미한다. 이 밖에도 미군 기지 내에 있는 시설의 명칭이나 부대명 등, 대부분은 약어를 사용한다. 예를 들어, 해병 원정군[17]을 의미하는 Marine Expeditionary Force는 머리글자를 취해 메프(MEF)라고 부른다. 군대 특유의 용어를 이해하지 못하면 미군 관계자와의 대화를 이해하지 못하는 경우도 많다.

일본 본토 출신인 미유키(美由紀: 30대 초반)는 남편인 대니얼과 퇴역 후의 생활에 대해서 대화를 할 때에 남편으로부터 GS(General Schedule)라는 군대의 직을 앞으로 미유키가 가져 보는 것이 좋을 것 같다는 말을 들었다. 미유키는 GS를 주유소를 축약한 영어라고 오해하였다. 국립대학을 졸업한 미유키가 아무리 영어를 못한다고 해도 주유소에서 일하고 싶지는 않다고 대니얼에게 말하자 대니얼은 박장대소를 하였다.

군대의 시간은 24시간 단위로 표시되기 때문에 아내들도 군대 특유의 말투를 알아 두어야 한다. 예를 들어, 오후 4시는 four p.m.이 아니라 sixteen hundred(1600)로 표현해야 한다.

군대 용어와 더불어, 군대의 공식 행사나 군대 내의 규칙에도 일본인 아내들은 직면하게 된다.[18] 11월 10일의 해병대 창립기념일[19]은 해병대

---

17 해병원정군(MEF)이란, 보병, 항공기, 병참을 통합한 해병 공육 임무 부대를 구성하는 '마그타프'(Marine Air-Ground Task Force: MAGTF)의 최대 규모를 구성한다. '마그타프'의 규모와 구성은 임무와 전투력으로 결정되어 다음 세 가지로 이루어진다. 최대 규모(1개 사단, 즉 3개 연대 기간)의 해병 원정군, 중규모(1개 연재, 즉 3개 대대 기간)의 해병 원정 여단(Marine Expeditionary Brigade: MEB)과 최소 규모(1개 대대 기간)의 해병 원정 부대(Marine Expeditionary Unit: MEU)이다(오나카野中 2007: 141-145). MEF와 마찬가지로 해병 원정 여단(MEB)은 '메브', 해병 원정 부대(MEU)는 '뮤'라고 단축해 부른다.

18 해병대의 공식 행사에 대해서는 Marine Corps Family Team Building(MCFTB)에서 실시하는 해병대원의 배우자를 대상으로 한 강좌인 링크스에서 배포한 자료를 참조하였다. 링크스나 MCFTB에 대한 자세한 것은 제2장을 참조.

19 해병대 창립기념일에 진행되는 케이크 커팅에서는 주빈이 가장 먼저 케이크 맛을 보고, 두 번째는 참석자 중 최연장자 해병대원, 세 번째는 최연소 해병대원이 케이크 맛을 보

와 그 가족에게 중요한 공식 행사이다. 이 밖에도 메스 나이트[20]라고 불리는 해병대원 부대에서만 가지는 저녁 식사, 그리고 해병대원의 배우자도 참석할 수 있는 저녁 식사인 다이닝 인[21]이라는 행사도 있다. 또한 해병대원의 승진 파티는 웨팅 다운[22]이라고 한다. 이 밖에도 헤일즈 페어웰이라는 환영회·환송회. 사령관의 이·취임식, 퇴역식이나 부대의 파티 등이 있다.

미군 병사와 결혼함으로써 일본인 아내들은 이상과 같은 공식 행사와 더불어, 미군 기지 내에서의 규칙에 대해서도 알아 두어야 한다. 예를 들어, 미군 기지 내에서의 국기 게양·하강 때에는 차의 운전이나 보행을 멈추고 국기 게양·하강이 진행되는 방향을 향해 정지해야 하는 의무가 있다.[23] 또한 미군 기지 내에서는 차량의 속도 제한이 엄격하기 때문에 기지 내의 보행 속도에 대해서도 숙지해 두어야 한다.

이상과 같은 군대와 관련한 사항에 대해서 관심이 없는 여성도 많다. 그러나 군인 아내로서 군대 용어나 군대에 친숙해질 필요는 있다. 왜냐하면 남편이 파병이나 이동으로 부재중일 때에 가족을 책임지게 될 아내가 맡아야 할 일들이 많기 때문이다. 또한 아내가 군대의 규칙을 위반하는 행동을 했을 때에는 군인인 남편의 커리어에도 영향을 미치기 때문이다. 그런 의미에서 아내에게는 남편의 미군 병사로서의 임무나 남

는 의식이 거행된다.

20 Mess Night의 시작은 영국 해병대였다. 메스 나이트의 목적은 해병대원의 단결력을 고양하기 위한 것이다.

21 Dining In은 규칙에 따라 진행된다. 그렇기 때문에 화장실을 갈 때에도 해병대원인 남편이 전체 참석자 앞에서 책임자의 허락을 받아야 한다. 허락이 떨어지지 않으면 자리를 떠날 수 없다. 규칙을 위반하면 벌금을 지불해야 한다.

22 Wetting Down은 본래 승진한 해병대원이 새 계급장을 술이 들어 있는 컵에 넣고 이 잔의 술을 다 비우는 것에서 시작되었다. 현재는 가정이나 기지 내 클럽 등에서 친구·지인을 초대해 해병대원의 승진을 축하하는 파티를 의미한다.

23 미군 기지 내의 국기 게양·하강(colors)에 대한 것은 제1장을 참조.

편의 직장인 군대에 대한 최소한의 이해가 필요하다.

2.2. 미군 병사와 미국인에 대한 의식의 변화와 갈등

미군 병사와 결혼해 군대나 미군 병사와 직접 접촉하는 기회가 늘어나면, 미군 병사나 미국인에 대한 아내들의 의식에도 변화가 나타난다. 오키나와 출신의 아내들 대부분은 미군 병사와 결혼하기 전까지는 미군 병사나 미국인에 대해 부정적인 이미지를 갖고 있었다. 그러나 결혼해 실제로 기지 내 또는 그들의 세계와 접촉하게 되자 그 시각에 변화가 나타났다.

오키나와 출신의 가나코(20대 후반)는 군대나 미군 병사에 대해 부정적인 생각을 하고 있었으나, 미국에서 생활을 하면서 이러한 생각에 변화가 있었다. 그렇지만 오키나와로 돌아오자 미군 병사와 결혼했다는 것을 감추고 싶었다고 가나코는 말한다. 그렇기 때문에 그녀는 미군 관계자라는 것을 알 수 있는 Y 넘버(미군 관계자의 차량을 의미하는 차량 번호판)를 단 차를 타지 않는다. 대부분의 미군 병사와 결혼한 아내들은 Y 넘버의 차를 등록한다. 그 이유는 기지 내에서 저가의 휘발유를 주유할 수 있다는 점과 미일 지위 협정에 근거한 아주 저렴한 중량세가 적용되기 때문이다.

> 미국?에 가서 (군인이라는 직업이) 모두가 자랑스럽게 여기는 굉장한 일이라는 것을 알았다. 군인은 중요한 일을 하는 존재라는 생각이 들었다. 오키나와에서 생각하던 것과 전혀 달랐다. 하지만 오키나와에 돌아오자, 별로 관계를 맺고 싶지 않다는 생각이 들었다. 남편이 군인이라는 것을 알리고 싶지 않았다. 지금도 여전히 좀 그런 부분이 있다. 그래서 내 차는 Y 넘버를 달지 않았다. Y 넘버를 달면 휘발유도 저렴하고. Y 넘버를 달지 않으면 기지 안에 있는 주유소를 이용할 수 없고, 탱크를 사서 넣을

수는 있지만. 나는 일반 주유소에서 휘발유를 넣는다. 나는 드문 예이다. (군인 아내로서의) ID는 갖고 있지만. 그래서 왠지 좀 그렇다. 나만 그러니까. 오기미 촌(大宜味村: 오키나와 본섬 북부의 가나코의 친정)이나, 친정집에 Y 넘버 차량이 주차되어 있는 것을 부모님이 싫어할 것이다. 놀러갈 때에는 내 차로 간다. 모두 미국인과 결혼했다는 것은 알고 있지만, 군인이라는 것은 모른다.(2005년 12월 15일 수록)

이처럼 미군 병사와 결혼함으로써 여성이 생각하는 미군 병사나 미국인에 대한 이미지에 변화가 찾아온다. 그러나 그 생각은 가나코의 경우처럼 복잡하다. 전쟁·기지 반대라는 환경에서 자란 오키나와 출신의 여성은 미군 병사의 아내이면서 기지를 드러내 놓고 옹호할 수도 없는 모순된 삶을 살아야 한다.

2.3. 미군 기지 내 시설에 대한 불신감

미군 병사와의 결혼으로 미군이나 미국인에 대한 의식이 변화했음을 앞에서 기술하였다. 그러나 일본인 아내는 미군 기지나 기지 내 시설에 대해 대부분 좋은 인상을 갖고 있지 않아, 대체로 기지 내 시설에 불신감을 갖고 있는 것도 사실이다. 오키나와 출신의 지에(知惠: 40대 초반)는 "군은 미국인과 미군 병사를 위한 시설. 군대는 냉정하다. 군대는 미국인을 편드는 느낌. 나는 덤"이라는 느낌이 들어 기지 내 시설을 믿지 않는다고 한다.

레이코(玲子: 20대 후반)는 미국인 여성이 아시아 여성에 대해 좋은 인상을 갖고 있지 않다고 지적하였다. 이유는 미국인 여성은 일본인 여성에게 미국인 남성을 빼앗겼다고 생각하기 때문이라고 한다.[24] 그뿐만이

24 이와 같은 시각은 제2장에서 기술한 KV의 강좌에서 17년 동안 베테랑 미국인 군인 아내의 일본인 아내에 대한 의식과 맥을 같이한다.

아니다. 영주권을 얻기 위해 미군 병사와 결혼했다고까지 생각하고 있다고 비판하였다.[25] 레이코가 꼭 필요한 경우가 아닌 이상 기지 안에는 가지 않는 것은 바로 이러한 일본인 아내를 바라보는 부정적인 시선이 있기 때문이다.

레이코는 해병대 기지인 캠프 킨저 내의 레스토랑에서 일을 했을 때에 점심 뷔페를 먹으러 많은 일본인 손님이 온 것을 본 미국인 손님이 "여기는 미국의 영토인데 왜 이렇게 일본인이 많은 거야. 미국의 기지인데 일본인이 이렇게 미국 시설을 이용하는 것은 이상하다"라고 하는 말을 들었다. 감독자인 레이코는 그 미국인 손님에게 응대해 이렇게 대답하였다. "일본인(미군 병사의) 아내도 많이 있고, 당장 이들을 내보내라고 하는데 당신들도 기지 밖에 나가지 않는가. 기지 안에 일본인이 있는 것이 이상하다면 기지 밖에 미국인이 있는 것도 이상하다. 나가 본 적 없는가?" 그러자 미국인은 불만스러워했으나 더 이상 말을 하지 않았다고 한다.

이처럼 일본인 아내들은 기지 내 시설이나 미국인에 대해 불신감을 갖고 있어서 기지 내 시설을 이용하는 경우가 적다. 미군 병사와 결혼하는 일본인 여성에 대한 편견이 없다고 할 수도 없다. 그러나 일본인 아내들은 미군 병사의 아내로서 필요하다면 기지 내 시설을 이용하고, 아내로서의 책임을 다해야 하는 것이다.

2.4. 군인과 군속의 결혼 — 'ID 카드 매리지'

미군 병사와 결혼함으로써 아내로서의 ID 카드가 지급된다. 즉, 일본인이지만 미군 병사나 군속 등의 미군 관계자와 마찬가지로 미일 지위 협정의 해당자로서 신분을 취득하게 되는 것이다. 결혼 전에는 가족이 결

25 이러한 아시아 여성에 대한 부정적인 시선은 Stone and Alt(1990)의 연구에서 언급되었다.

혼을 반대했으나 결혼 후 ID 카드를 지급받으면 PX(기지 내의 백화점)에 데려가 달라는 부탁도 받는다. 앞서 기술했듯이, ID 카드를 목적으로 한 결혼을 'ID 카드 매리지'라고도 부른다.

일본 본토 출신인 마이(麻衣: 30대 초반)의 남편은 미군 병사가 아니라 기지 내에서 전문직으로 일하는 군속이다. 마이는 오키나와의 여성이 이러한 특권에 끌려 경제적인 이유로 미국인과의 결혼을 바라고 있다고 지적하였다. 예를 들어, 그녀의 오키나와 출신 친구는 결혼하기 전까지 미국에 가 본 적이 없었고, 결혼해서 ID 카드를 받고 기지에 들어갈 수 있게 되자 아주 기뻐했다는 이야기를 해 주었다. 마이의 말에서는 물질적 이익을 바라고 미군 병사와의 결혼을 꿈꾸는 오키나와 출신 여성에 대한 멸시가 종종 느껴졌다.

마이에 따르면, 미군 병사의 아내는 남편의 승진이나 승진을 위한 수단 등을 열심히 궁리하고 있다. 이에 반해 군속의 아내인 경우에는 남편의 일이나 동료 혹은 상사의 아내 등에 대해서 궁리할 필요가 없다. 군속의 아내는 군대와 직접 관계가 없는 생활을 하기 때문이다. 마이의 말을 통해서 계급이나 기지 출입에 신경 쓰는 오키나와 출신 여성에 대해 비판적인 시선이 있음을 알 수 있었다. 이는 동시에, 일본 본토 출신 여성은 미군 병사와 사귀기 위해 오키나와에 온다는 편견에 대한 그녀의 강한 반발이기도 하다.

2.5. 이라크 파병

2001년 9월 11일, 동시다발 테러 공격을 받은 미국은 아프가니스탄을 침공하였다. 그리고 2003년 3월부터 이라크 전쟁이 시작되었다. 이러한 움직임에 따라 많은 미군 병사가 이라크나 아프가니스탄으로 파병되었다. 군인 아내는 언제 자신의 남편 차례가 올지 걱정으로 애를 태운다. 오키나와 출신인 가나코는 개인적으로 기지가 없었으면 하면서도 가족이 파병되는 사람을 생각해 미군 병사인 남편을 염려하고 있다.

(미군 기지를) 반대하지 못한다. 반대 운동에는 참여하지 않지만 기지가 없었으면 하는 생각은 든다. 세계 평화가 온다면 좋겠지만, (기지는) 필요악이라고 생각한다. 군대를 자랑스럽게 여기지만, 사실 없는 것이 좋다. 전쟁이 없으면 군대는 필요 없다. 필요악. 지금 필요한 것. 누군가가 해야 하는 일. 기지는 반대한다. 개인적으로 기지가 없었으면 한다. 하지만 그것을 말로 할 수는 없다. 주변 사람들은 자랑스럽게 여기고 있으니까. 그래서 그런 사람들과 이야기를 할 때에는 그 사람들이 생각하듯 자부심을 가진 사람에게 상처 주지 않도록 조심한다. 이라크에 남편이 파병되어 있는 사람에게 전쟁 반대라는 말을 할 수는 없지 않은가. 그렇기 때문에 그런 사람들의 마음에 상처를 주지 않도록 조심하고 있다. 늘 생각한다. 만약 남편이 이라크에 파병되어 사람을 죽여야 할 때 내가 무엇을 해 줄 수 있을까를. 당분간은 파병될 일이 없겠지만. 만약 남편도 파병이 되어야 하는 날이 오면, 미국이 상당히 어려운 상황에 부딪혔다는 의미일 것이다.(2005년 12월 15일 수록)

오키나와 출신의 마미(麻實: 30대 초반)는 2004년에 20대 초반의 해병대원(E-5)인 진과 결혼하였다. 그녀는 진이 파병되는 것에 매우 불안을 느꼈다. 걱정하는 마미와는 대조적으로 진은 이라크 파병을 희망하였다. 진뿐만 아니라 해병대원들 대부분은 파병을 희망하였다.[26]

여성들은 상대가 미군 병사라는 것을 의식하면서 교제나 결혼을 하

26 오키나와 출신의 아이(愛: 20대 후반)는 2003년에 20대 후반의 해병대원(E-5)과 결혼하였다. 아이의 남편 하비에르도 파병을 희망하였다. 그러나 마침 오키나와로 이동이 결정되어 이라크로 가지 않게 되었다. 아이는 이라크로 파병 가게 된 남편을 둔 부인에게는 이런 이야기를 못한다고 한다. 아내들은 서로의 마음을 살피면서 만나고 있음을 알 수 있다.

는 것은 아니다. 대부분의 여성은 미국인으로 상대를 보고 있다. 직업이 마침 군인인 미군 병사라는 것이다. 그러나 결혼해서 비로소 미군 병사라는 의미의 중요성을 이해하게 된다.

결혼해서 남편이 파병이 되면 친정 가족이 오키나와에 없는 일본 본토 출신인 아내의 생활은 매우 고독하고 힘들어진다. 여기에 임신이나 육아까지 겹치면 더욱 힘들어진다.

일본 본토 출신의 미유키는 해병대원인 대니얼과 결혼해서 1년 뒤인 2004년 9월에 임신을 하였다. 시즈오카 현(靜岡縣)의 캠프 후지에서 돌아온 그에게 미유키는 임신 사실을 알렸다. 그러자 대니얼은 2005년 3월부터 이라크에 가게 되었다는 말을 털어놓았다.

> 임신이라는 것을 알게 된 당시 그는 (캠프) 후지에 있었다. 오키나와로 돌아왔을 때 임신 사실을 알렸다. (남편은) 자신은 나쁜 소식이 있다고 하였다. 임신을 알고 이라크에 (2005년) 3월부터 가게 되었다는 소식을 듣고서 처음에는 중절수술을 할까 하는 이야기도 나왔다. 이라크에 가면 분명 죽음뿐이라고 생각했으니까. 혼자서 아이를 키울 자신이 없었다. 늦기 전에 중절수술을. 어머니에게도 말했다. 어머니는 전화를 통해 "아이를 중절하면 벌을 받을지도 모른다. 아이라도 있으면 (대니얼이) 반드시 살아 돌아오려고 하지 않을까?" (하는 말을 하였다.)(2006년 1월 8일 수록)

대니얼은 2005년 3월에 파병될 예정이었으나, 미유키가 조산하게 되어 입원하자 출발이 늦춰졌다. 미유키는 예정대로 다녀오라고 몇 번이나 권했다. 그러나 그를 대신해 일본인 아내를 둔 다른 미군 병사가 파병되게 되었다. 더구나 그 미군 병사에게는 자녀가 3명이나 있었다. 미유키는 책임을 느껴 고통스러워하였다.

파병 시기를 연기함으로써 대니얼의 파병 기간이 1년 반으로 늘었다.

2003년 9월에 결혼해 2005년 10월 1일에 파병되었다.

미유키는 그가 전사할지도 모른다는 생각에 불안에 휩싸였다. 미군 병사가 사망했을 경우에 받을 수 있는 배우자에 대한 보험에 대해 알고 싶어졌다. 대니얼에게 물어보니, "죽음을 전제로 하지 말아 달라"라며 화를 냈다. 그러나 미유키로서는 그것이 가장 걱정되는 일이었다.

그가 파병된 뒤, 미유키는 육아를 온전히 혼자서 해내고 있다. 오키나와 출신이라면 가족이나 친척의 충분한 도움을 받을 수 있을 것이다. 그러나 일본 본토 출신인 미유키의 경우에는 그럴 수가 없다. 즉, 오키나와에서 혼자서 아이를 키워야 하는 것이다.[27] 이러한 의미에서 일본 본토 출신 아내의 파병에 대한 생각은 오키나와 출신인 아내들의 생각과는 크게 다르다.

이상, 남편의 파병으로 아내들이 직면하는 문제를 살펴보았다. 미유키와 같이 오키나와 출신이 아닌 군인 아내는 남편의 파병에 중압감을 느낀다. 이어서 다루는 언어를 둘러싼 문제는 아내의 출신지와 관계없이 미군 병사와의 결혼 생활 속에서 나타나는 중요한 문제이다.

3. 언어를 둘러싼 문제

본 절에서는 미군 병사와 일본인 아내의 부부 사이에 나타나는 언어에 대한 생각에 주목하였다. 자녀의 언어나 학교는 부부에게 중요한 문제이다. 특히, 군인 가족과 같이, 언젠가는 미국으로 이주할 경우에 자녀가 미국의 학교에 다닐 수 있도록 오키나와에서 영어 교육을 해 두어야 한

27 뒤에 기술하겠지만, 미군 병사와 결혼한 일본인 여성들로 구성된 일본인 아내의 모임(JWC)으로부터 도움을 받을 수도 있으나, 가족이나 친척보다 나은 지원은 없을 것이다.

다. 또한 동시에 가능한 한 자녀에게 일본어를 집중해서 가르칠 수 있는 시간을 마련하고 싶어 하는 어머니의 생각도 엿볼 수 있다.

3.1. 영어를 둘러싼 부부간의 차이

부부간의 대화에서는 영어를 공통 언어로 사용하는 부부가 많다. 남편들 중에는 일본어를 유창하게 구사하는 사람도 있으나, 통상적으로는 영어가 부부의 공통 언어이다. 아내들의 영어 실력은 제각각이기 때문에, 때로는 하고 싶은 말을 다 표현하지 못해 고민하는 아내도 있다.[28] 한편, 오키나와 출신의 가나코(20대 후반)는 영어를 못하던 결혼 초에 부부싸움이 적었다고 지적하였다.[29]

여성들은 영어를 필사적으로 공부한다.[30] 영어를 이해하려고 하는 여성이 많기는 하지만, 아내의 영어를 이해하려고 하는 남편의 태도는 결혼 생활에서 아내의 영어 공부만큼 혹은 그 이상으로 중요하다. 또한 군인 아내들의 영어에 대한 생각은 자녀들의 언어 학습으로 이어진다. 그럼, 이 점에 대해 살펴보겠다.

아내들은 자신의 영어 구사력에 대해 부정적인 의견이 많았지만, 미국인 남편들은 아내의 영어 구사력이나 부부 사이의 커뮤니케이션에 아

28 국제결혼을 한 부부간의 커뮤니케이션에 대해서 연구한 세(施)는 국제결혼 부부의 언어 능력을 4단계로 구분하였다. 1) 실물이나 사전에 의존해야 하는 단계, 2) 일상생활 수준의 회화가 가능한 단계, 3) 감정이나 문화적 설명에 어려움을 느끼는 단계, 4) 자유롭게 회화가 가능한 단계. 세(施)는 대부분이 3)의 단계에 머무는 경우가 많다고 지적하였다.

29 상황은 다르지만, 세(施)는 일본에 사는 일본인 남성과 중국인 여성의 사례를 통해, 일본인 남편이 중국어를 전혀 못하기 때문에 아내가 그녀의 세계를 유지할 수 있었다고 지적하였다(세 1999: 111). 언어 능력이 부족하다고 부정적으로 평가하는 것이 아니라 중국인 여성의 자립에 효과적이었다고 긍정적으로 파악하고 있는 것이다.

30 오키나와 출신의 유카(由香: 20대 후반)는 독학으로 영어를 공부하였다. 유카는 결혼 초 영어를 못했다. 그녀는 일영, 영일, 영영 사전 등 세 종류를 들고 다녔다. 유카와 마찬가지로, 미야코지마 출신인 다에(多惠: 60대 초반)나 오키나와 시 출신인 사유리(小百合: 30대 후반)도 사전을 휴대하고 다녔다.

주 긍정적이었다. 젊은 세대의 경우에는 미국인 남편이 일본어를 유창하게 구사하는 모습도 발견할 수 있다.

3.2. 자녀 육아와 교육

부부 공통의 문제는 역시 자녀의 육아와 교육이다. 특히, 자녀의 언어에 대한 열정은 일본인 아내 자신의 영어에 대한 열정 못지않게 크다. 또한 언어와 마찬가지로, 자녀의 학교 등 교육에 대해서도 관심이 높다. 여기서 부부 사이에 충돌이 발생한다. 이어서 (1) 자녀의 언어, (2) 자녀의 학교, (3) 자녀의 예의범절 교육에 대해서 살펴보겠다.

(1) 자녀의 언어

자녀에게 일본어와 영어 모두 가르치고 싶어 하는 군인 아내들이 많다. 이른바 '바이링걸(bilingual)'이다. 바이링걸인 자녀를 키우기 위해 어머니는 가능한 한 일본어로 자녀에게 말을 걸고[31] 아버지는 영어로 자녀들과 대화를 한다.

그러나 여기에서도 문제가 생긴다. 일본 본토 출신의 사토코(聰子: 40대 초반)는 12세의 딸과 8세의 아들을 두고 있다. 남편 저스틴은 육군(장교, O-4)인 미군 병사이다. 사토코는 미국에서 살던 때부터 자녀에게 일본어를 가르쳤다. 그래서 아이들은 히라가나와 가타카나를 쓸 줄 안다. 현재, 아이들은 일본어를 공부하고 있다. 일본에 체류 중일 때에만 일본어를 공부할 수 있다. 그렇기 때문에 사토코는 진지하게 임한다.[32]

---

31 일본인 아내가 자녀에게 어느 언어를 선택하게 할지는 어디를 거점으로 살고 있는가에 따라 다른 양상을 보인다. 예를 들어, 요시다(吉田)는, 자카르타에서 인도네시아인과 결혼해 살고 있는 일본인 여성이 인도네시아에서 자녀가 자립할 수 있도록 인도네시아어를 자녀와 대화할 때 선택한다. 그러나 자카르타에 체류하는 구미에서 온 어머니들 대부분은 어머니의 모국어로 자녀들과 대화를 하고 있다고, 그 차이를 지적하였다(요시다 2001:143).

32 오키나와 출신의 에이코(榮子: 50대 초반)의 딸은 현재 뉴욕의 증권회사에서 일하고 있다. 에

사토코도 저스틴도 자녀가 2개 국어로 말할 수 있기를 바란다. 다만, 미국인인 남편의 일본어가 어느 정도 유창하지 않으면 아이들과 아내의 일본어 대화에 함께할 수가 없다. 이 지점에서 부부 사이에 충돌이 일어난다. 사토코는 아이들에게 일본어로 말한다. 저스틴도 아이들이 일본어와 영어 2개 국어로 말할 수 있다는 것을 자랑스러워한다. 그러나 가족이 함께 식사를 할 때에 사토코가 일본어로 아이들과 대화를 하면, 일본어를 잘 못하는 저스틴은 기분이 나빠진다. 이전에는 이로 인해 말다툼을 하였다. 사토코는 철저하게 일본어로 아이들과 이야기를 하고 싶지만, 남편 저스틴은 대화에 끼지 못해 버려진 느낌을 갖는다. 사토코는 저스틴이 체념해 주기를 바라는데, 이로 인해 남편과 말다툼을 하는 것도 싫다고 한다. 그래서 가능한 한 영어로 아이들과 이야기를 하고 일본어로 반복하는 방법을 쓰고 있다. 여기에 그녀의 딜레마가 있다.

사토코가 이렇게까지 자녀의 일본어 교육에 힘을 쏟는 것은 그녀 자신이 아이들과 자신의 모국어로 이야기를 나누고 싶은 생각이 강하기 때문이다.[33] 일본어로 "멍청하긴"이라는 말과 영어로 "You are silly"라는 말은 전혀 다른 뉘앙스를 풍긴다.

자녀의 영어 교육에 힘을 쏟는 여성이 많은 가운데, 자녀를 일본인으로 키우고 싶어 하는 바람이 남보다 강한 여성 요코(20대 후반)가 있다.

나는 아이를 일본인으로 키우고 싶다. 내 경우에는 미국으로 갈 계획이

이코는 매우 철저하게 영어와 일본어 교육을 했다고 한다. 에이코의 딸은 집에서는 영어를 쓰면서 오키나와에서 학교를 고등학교까지 다녔다. 집에서 영어를 공부한 것이다. 남편인 브루스도 집에서 영어교육을 하였다. 그는 딸이 잠들기 전에 영어책을 읽어 주었다.

33 같은 문제로, 자카르타에서 인도네시아인과 결혼해 사는 일본인 여성은 인도네시아어로 자녀와 대화를 나누는 경우가 않은데, 이로 인해 자녀에게 일본어로 뉘앙스가 전달되지 않아 답답함과 외로움을 느끼고 있다. 또한 일본의 친정에 오면 조부모와 대화를 나누지 못하는 문제가 있다(요시다 2001: 143-144).

없으므로 하프로 키우고 싶지 않다. (하프는) 일본어도 영어도 가능하지만 쓰지를 못한다. 영어도 완벽한 영어가 아니다. 하프이지만 오키나와를 벗어나 본 적이 없다. 일본인이라면 일본인으로, 미국인이라면 미국인으로 키우고 싶다. 아이는 일본에서 보통 아이로 키우고 싶다. 그래서 (오키나와의) 미션 스쿨에는 보내고 싶지 않다. 하지만 아빠와의 대화를 위해서는 영어가 필요하므로 초등학교까지는 영어를 가르쳐서, 바이링걸로 키우고 싶다. 기지 안의 학교에 가면 영어만 쓰게 된다. 나는 대학을 졸업하고 (기지 내에서) 일하면서 영어로 말할 수 있게 되었다. 영어의 일상 회화는 그럴 것이라고 생각한다. 텔레비전을 통해 접하는 영어로도 어느 정도는 가능해진다. 한자를 쓸 줄 모르는 일본인이 되지 않기를 바란다. 커서 미국, 미국인이 되어서 군대에 들어가면 안 된다. 나는 일본인으로 키우고 싶다.(2007년 1월 27일 수록)

요코는 남편의 부임지 이동이 있더라도 오키나와를 떠날 생각은 없다. 자녀를 일본인으로 키우고 싶다는 요코의 생각은 오키나와를 떠나고 싶지 않다는 생각과도 관련이 있다. 자녀의 제1 언어가 영어이면 역시 주거지도 영어권이 되리라는 것은 쉽게 상상할 수 있기 때문이다. 자녀의 언어 선택 배후에 어머니의 생각이 강하게 작용하고 있다는 것을 알 수 있다.

아내와 마찬가지로 많은 남편들이 자녀는 일본어와 영어가 모두 가능한 바이링걸이 되기를 바라고 있다. 특히, 자녀의 영어 능력이 떨어지면 걱정을 드러내는 남편이 많아진다(뒤에 기술). 루빈(30대 초반)처럼 일본어와 영어, 2개 국어가 유창한 남편은 일본어로 대화를 나눌 때에도 함께 할 수 있어서, 아이의 바이링걸 교육에도 열심이다.[34]

34 마찬가지로, 일본어가 유창한 프랭크(40대 후반)는 기지 내의 학교에 다니는 자녀가 영어를 접하는 시간이 많기 때문에 일본어로 대화를 나누는 방법을 취하고 있다. 이와 반대로, 일본 학교에 다니는 자녀에게는 영어로 대화를 나눈다. 아이들은 기지 밖의 학원에

이혼한 경우에는 아이가 바이링걸이 될 가능성이 낮다. 이는 영어로 말하는 아버지와 지내는 시간이 적어서, 아이들이 영어를 접할 기회가 사라지기 때문이다.

(2) 자녀의 학교

자녀의 학교에 대해서는 부부가 다양한 고민을 갖고 있다. 기지 내의 학교[35]는 미 국방성이 운영하며 초등학교부터 고등학교까지 갖추어져 있다. 현역 미군 병사라면 그 자녀는 무료로 기지 내 학교를 다닐 수 있다. 제대나 퇴역을 하면 수업료를 내야 한다. 기지 내에서 일하는 미국인(군속)의 자녀도 기지 내 학교에 다닐 수 있지만, 현역 군인의 자녀가 우선시된다. 미군 관계자가 아니더라도 자녀를 이 학교에 다니게 할 수 있으나, 수업료를 내야 한다. 연간 수업료는 5,000달러에서 12,000달러로 비싸다.[36] 수업료는 자녀의 학교에 따라 다르며 매년 지불해야 한다. 미군 기지 관계자가 아닌 사람의 자녀도 빈자리가 있고 수업료를 낼 수 있으면 기지 내 학교에 다닐 수 있다.

일본어가 유창하지 않은 남편에게 자녀가 영어로 말을 하는 것은 매우 중요한 일이다. 만약 자녀가 영어를 하지 못하면 그와 자녀는 대화를 나눌 수 없다. 그런 의미에서 남편에게 자녀의 언어는 매우 중요하다. 또한 언어는 대부분의 경우 학교에서 습득하기 때문에 남편의 학교 선택은 일본인 아내보다도 훨씬 열정적이라고도 할 수 있다.

기지 내 직장에서 일하지 않는 퇴역 군인 폴(40 후반)은 수업료가 비싸

보내 한자를 배우게 하고 있다. 대부분의 미국인과 일본인의 자녀는 학원을 다니며 일본어를 공부하고 있다.

35 Department of Defense Dependents School(DoDDS)이라고 한다. '도즈 스쿨'이라고 부른다.

36 가데나(嘉手納) 공군 기지의 홈페이지(http://www.kadena.af.mil/library/factsheets/factsheet.asp?id=7286, 2012년 2월 11일 열람)를 참조

사진 28. 즈케란 초등학교 (캠프 포스터)

기 때문에 기지 내 학교에 아들을 보낼 수가 없다. 그렇기 때문에 그는 기지 밖의 학교에서 영어 교육을 실시하는 학교를 찾았다. 그는 아메라시안 스쿨[37]이나 오키나와 크리스천 스쿨 인터내셔널[38]을 견학하기도 하였다. 폴은 아들의 영어 능력 저하를 걱정한다. 그는 일본어를 못해서 아들이 영어를 잊어버리면 서로 대화를 나눌 수 없다. 그러나 그의 아내는 아들의 언어에 대해 그다지 걱정하지 않는다. 아내는 영어를 잊어 가는 아들에게 재촉이라도 하듯 일본어로만 대화를 한다. 아내가 일본어로 아들과 대화를 하면, 아들이 그를 위해 통역을 해 준다. 폴은 나하에서 영어 교사가 되려고 한다. 그렇게 하면 그가 일본어를 할 수 있게 될지도 모른다.

미군 병사는 파병 기간 중에 가족과 몇 개월 혹은 몇 년이나 떨어져 생활해야 한다. 해군 병사인 로드니(30대 후반)도 해상 근무를 하는 동안에

37 2004년 7월 8일에 특정 비영리활동 법인(NPO 법인)으로서 오키나와 현으로부터 인증을 받았다. 정식 학교명은 아메라시안 스쿨 인 오키나와(AmerAsian School in Okinawa)로 본섬 중부의 기노완 시(宜野灣市)에 있다.

38 오키나와 크리스천 스쿨 인터내셔널에 대한 상세한 것은 홈페이지 http://www.ocsi.org/#(2011년 12월 1일 열람)을 참조.

는 가족과 떨어져 생활을 하였다. 해군의 경우에는 해상 근무 때에 6개월 정도 집을 비우는 경우도 있다. 그동안에 그의 아들은 영어를 들을 기회가 전혀 없다. 2년 이내에 로드니가 미국으로 이동하게 될 텐데, 그러면 그의 아들은 미국의 학교에 다녀야 한다. 로드니는 아들의 영어 실력이 걱정이다. 또한 자녀의 학교에 대해서도 걱정을 하고 있다. 현재, 로드니의 자녀는 기지 밖의 일본 보육원에 다니고 있는데, 로드니는 이를 납득하지 못하고 있다.

> 아들들은 기지 내 영어 학교에 다니는 것이 낫다. 지금은 일본 보육원에 다니고 있다. 아들들은 6년 동안 계속 일본어로 소통을 해야 한다. 6년은 길다.(2007년 3월 5일 수록)

로드니의 고민은 학교나 언어 이상으로 자신이 전해 주는 미국적인 요소를 아이들이 잃어버리는 것이다.

> 아들은 미국인으로 보이지만, 내실은 일본인. 이는 아마 (다른) 미국인 남편도 화날 만한 일일 것이다. 이들은 아내들이 오키나와의 문화 행사에 참여하지 않기를 바란다. 다시 말해, 아이들이 일본식으로 행동하게 되니까. 어떻게 생각하는가? 우리는 집에 있을 때에 좀 더 활동적으로 아이들과 접할 필요가 있다. 넓은 시야로 상황을 생각해 가야 한다. 미국에 체류 중인 것도 아니고, 어머니는 일본인이지 … 장남은 '응, 응' 하는 말이나 신발을 벗는 등의 행동이 일본식이다. 아들이 미국인으로서의 개성을 잃어버릴까 걱정이 된다.(2007년 3월 5일 수록)

로버트(40대 초반)도 역시, 이동을 생각하면 자녀의 영어 능력이 걱정된다. 그렇기 때문에 그는 자녀에게 영어로 말을 건다. 아이가 영어를 사용했으면 한다. 그러나 현재 그의 아이는 일본의 보육원에 다니고 있기 때문에 영어보다 일본어를 더 잘한다.

리처드(30대 후반)의 자녀는 일본의 환경 속에서 오랫동안 자랐다. 그렇기 때문에 아이들의 학교 선택에 남편의 의향이 반영되지 못한다.

(3) 자녀의 예의범절 교육

미국인은 대체로 자녀를 엄격하게 키운다. 미국적인 시각에서는 일본인의 육아가 엄격하지 않아 보인다. 그래서 부부 사이에 충돌이 생긴다. 또한 부모가 같은 태도로 예의범절을 교육해야 한다고 생각하는 남편[39]도 있다. 이처럼 부부 사이에 자녀의 예의범절 교육을 둘러싼 의견 충돌이 빈번하게 일어난다.[40]

해상 근무나 파병을 위해 오랫동안 가족과 떨어져 지내는 미군 병사에게는 자녀의 예의범절 교육을 둘러싸고 갈등이 많다.

로드니는 해상 근무이기 때문에 2세 된 아들의 예의범절 교육을 할 수 없다는 것을 불만스러워하였다.

해상 근무를 마치고 오랜만에 집으로 돌아오면, 장남이 테이블 위에 올

39 제임스는 자녀에게 예의범절 교육을 할 때 부부가 같은 의견으로 임해야 한다고 보고 있다. 그러나 그가 예의범절을 가르치고 있을 때 그의 전처는 아이를 지나치게 귀여워해 어리광을 다 받아 준다. 그렇기 때문에 아이는 그를 악당처럼 여긴다고 불만을 토로하였다.

40 외국인 남편과 일본인 아내의 부부로서 결혼 만족도에 대해서 연구한 다케시타(竹下)에 따르면, 자녀의 예의범절 교육 방법에 차이가 있는 경우, 남편의 결혼 만족도가 낮아지고, 이러한 경향은 남편이 서구인인 경우에 더 강하게 나타난다. 구체적으로는 영유아를 부부와 따로 재울 것인가, 같은 방에서 재울 것인가에 대한 차이, 자녀의 자기주장을 중시할 것인가, 협조성을 중시할 것인가, 학원에 보낼 것인가, 보내지 않을 것인가 등 다양한 부분을 연구하였다. 이러한 차이는 일본식 예의범절 교육과 일본의 교육제도와 관련한 문제로 크게 나누어 볼 수 있다고 다케시타는 기술하였다. 그리고 자녀의 예의범절 교육 방법의 차이는 부부간의 문제뿐 아니라 남편이 얼마나 일본식 예의범절 교육 방법이나 일본의 교육제도에 동화할 수 있는가하는 문제이기도 하다고 지적하였다(다케시타 2000: 166).

라가 멋대로 행동한다. 시오리는 아들의 어리광을 다 받아 준다. 해상 근무를 위해 아이와 떨어져 지내야 한다. 불공평하다. 아들들의 예의범절 교육을 하기에 너무 지쳐 버렸다. 시오리가 아들에게 예의범절을 가르치지 않아 화가 난다.(2007년 3월 5일 수록)

로드니 자신은 파병에서 귀환하면 곧바로 아버지와 남편의 역할로 돌아가야 하는데, 그러기 위해 1주일은 걸린다고 한다. 아내는 그에게 남편과 아버지의 완벽한 역할을 기대한다. 이 문제는 미군 병사라는 생활 방식이 자녀 양육뿐 아니라 부부 관계에도 커다란 부담으로 작용하고 있다는 것을 보여 준다.

4. 미국에서의 결혼 생활

오키나와에서 만나 결혼한 두 사람에게 결국 오키나와를 떠나야 하는 날이 온다. 부부는 오키나와와 달리, 미국 본토에서 다양한 편견에 직면한다.[41] 젊은 남편은 경제적인 문제까지도 극복해야 한다.

4.1. 아내의 미국 생활

유카(由香: 20대 후반)는 군대와 함께하는 생활을 미국에서 보냈다. 캘리포니아 주의 사막에 있는 해병대 기지 29팜스의 기지 내에서 살던 유카는 총소리에 아침에 눈을 뜨는 경우도 있었다. 처음에는 시계 알람이라고 생각했으나, 아침에 일어난 유카는 집 앞에서 군인들이 사격을 하는

41 Druss(1965)는 외국인 여성과 결혼한 퇴역 군인의 거주지에 관한 문제로, 미군 병사와 외국인 여성 간의 결혼에 익숙한 군대 커뮤니티와는 달리, 미군 병사의 출신지가 남서부나 남부인 경우, 아직 편견이 많기 때문에, 이들 부부가 이러한 지역에서 생활하는 데에는 많은 어려움이 있다고 지적하였다.

광경을 목격하였다. 기지 내에 살던 유카의 주택 마당에는 실탄이 종종 떨어져 있었다.

유카는 영어를 못해 고생하였다. 처음에는 "땡큐" "하이" "바이" 세 마디밖에 하지 못했으나 남편을 연습 상대로 삼아 영어를 습득하였다. 그녀의 발음을 잘 알아듣지 못하는 상대에게는 내용을 써서 전달하였다. 치과의사가 거액의 치료비를 요구해 이에 항의하자 상대는 유카의 영어가 미숙하다고 지적하기도 하였다. 그러나 이러한 일이 있을 때마다 화를 내면 견디지 못한다고 그녀는 말한다.

오키나와 출신인 아미(雅美: 30대 후반)는 유카와 마찬가지로 29팜스에서 살았다. 쇼펫(생활용품점)에서 음료수를 구입하면, 계산원이 잔돈을 던져 주면서 계산대 아래에 떨어진 동전을 주우라고 한다. 아미가 계산원에게 지배인을 불러오라고 해 보지만, 지배인은 자리에 없다고 한다. 그녀에게 잔돈을 던진 계산원 남성이 바로 지배인이었던 것이다.

아미는 구입한 호스에 구멍이 있어서 영수증을 들고 가게로 가면, 그녀가 구멍을 낸 것이라고 책임을 물었다. 아미는 그런 적 없다고 말했지만, "넌 머리가 나빠서 말을 못한다. 가라"라는 말만 들었다. 아미는 스트레스로 원형 탈모 증세까지 나타났다. 남편인 앨런에게 반년이 지나서야 말을 했지만, 남편은 그런 일은 그때그때 말해야 해결할 수 있다고 지적하였다.

아미는 가데나 공군 기지의 PX(기지 내 백화점)에서 일하는 일본인 점원의 태도에도 화가 났다. 미국인 아내와 그녀를 대하는 태도에 차이가 있었기 때문이다. 아미가 옷을 입어 보려고 하자 점원은 카트를 끌고 옷 입어 보는 곳으로 들어가지 말라고 주의를 주었다. 그러나 미국인 아내에게는 아무런 주의도 주지 않았다. 그래서 아미는 그 즉시 점원의 이름을 물었다. 미국에서의 경험을 통해 배운 결과로 나온 아미의 행동이었다.

4.2. 남편의 미국 생활

아내뿐만이 아니다. 남편도 일본인 여성과 결혼하였다는 이유로, 각종 편견과 맞닥뜨린다. 찰스(50대 후반, 백인)는 1960년대에 텍사스 주에서 오키나와 미야코지마 출신의 아내 다에(60대 초반)와 살고 있었다. 두 사람은 12월 7일에 텍사스 주에 있는 가게에서 도예를 배우고 있었다. 그 때 텍사스 주 출신의 여성이 찰스에게 "이런 날 어떻게 저 여자를 이곳으로 데려 왔는지 모르겠네"라며 이죽거렸다. 12월 7일은 1941년에 일본이 하와이 진주만을 공습한 날이다. 두 사람은 두 번 다시 그 가게에 가지 않았다.

찰스는 텍사스 주에서 아시아인 여성과 결혼한 이유를 묻는 질문을 자주 받았다.

> 미국인 여성이 결혼 상대로 부족한가라는 질문을 받았다. 1960년대의 텍사스에서는 자주 듣는 질문이었다. 나는 그들에게 일본인과 결혼하기 위해 일본에 간 것이 아니다. 마침 일본에 가서 근무하다가 일본인과 결혼하게 된 것이다. 독신으로 살 생각이었는데, 그녀를 만났고 그리고 결혼을 하게 되었다고 대답하였다. 이러한 질문은 아내인 다에를 괴롭혔다. 때로는 다에의 면전에서 이러한 질문을 하기도 하였다. 다에는 충격을 받았지만 그런 질문을 한 미국인 여성에게 "나 역시 당신만큼 멋지다고 생각하지 않나요?"라고 되물었던 적이 있다.(2007년 7월 19일 수록)

지금과 같은 가족 지원 제도가 미군 내에 실시된 것은 1980년대 이후의 일이다.[42] 당시 텍사스에는 오키나와 현인회(沖縄縣人會) 조차 없었다. 이러한 상황에서 미국에서 생활하는 일은 매우 고충이 많은 일이었

42 미군의 가족 지원 제도에 대해서는 제2장을 참조.

을 것이다.[43]

미국 사회와 비교하면, 미군 기지 내 생활이 이러한 편견으로부터 다소 자유롭다고 한다. 이는 미군 내에 다양한 민족적 배경을 가진 군인이나 군속이 존재하여, 문화나 민족의 다양성에 대해 관용적이고 서로 평등해야 한다는 정신이 존재하기 때문이다. 이러한 의미에서 미국 사회 속에서 생활하는 것보다 미군 기지 안에서 생활하는 것이 미국인 남성과 일본인 여성 부부에게는 지내기가 더 편할지도 모른다. 앞서 기술한 아시아인에 대한 편견은 미국 내의 어느 지역에 사느냐에 따라 다를 수 있다. 미국 남부나 시골은 여전히 일본인에 대한 편견이 심하다.

군인 아내와 마찬가지로, 그 남편의 미국 생활도 사람에 따라 다양하다는 것을 알 수 있다.

5. 가계를 둘러싼 문제

부부 사이에 종종 문제로 떠오르는 것이 가계 문제이다. 다음으로 부부가 일상적으로 어떻게 가계 관리를 하고 있는지에 대해서 살펴보겠다.

5.1. 가계 관리

통상 결혼한 부부는 공동 계좌를 개설하는 경우가 많다. 해병대 기지 안에는 해군연방신용조합(Navy Federal Credit Union)과 커뮤니티 은행[44]이 있

43 에릭(60대 초반)도 1965년, 베트남 전쟁 때, 오키나와 출신의 아내 사키코(咲子)와 함께 미국에 살고 있었다. 그가 베트남에 파병된 동안 사키코는 미국에서 홀로 그의 귀국을 기다렸다. 당시, 오키나와 현인회는 존재하지 않았다. 에릭에 따르면, 그가 현역 군인이었을 때와 비교하면 지금의 군인 아내에 대한 지원은 차원이 다르다. 당시는 군인 아내에 대한 지원이 없어서 아내들은 힘겨운 생활을 견디어 내야 하였다.

44 커뮤니티 은행(Community Bank)은 Bank of America가 운영하는 은행 서비스이다. 세계

는데, 군에 따라 다른 은행이 들어와 있기도 하다.[45] 일반적으로 부부는 계좌를 이 둘 중 하나의 은행에서 개설하고 ATM기에서 카드로 돈을 인출한다.

미국에서는 남편이 가계 관리를 하고, 일본에서는 여성이 가계를 관리하는 경우가 많다. 그래서 부부간에 충돌이 발생한다. 또한 오키나와에서는 달러와 엔, 두 가지 통화를 이용하기 때문에, 달러로 지불하는 것은 남편, 엔으로 지불하는 것은 아내로 나누어서 합리적으로 가계를 관리하는 경우도 있다.[46]

찰스(50대 후반)의 경우 오키나와에 있을 때에는 아내가, 미국에 있을 때에는 그가 가계를 관리하는 것처럼, 거주하는 곳에 따라 합리적으로 나누어 관리하는 부부도 있다. 테리(40대 후반)의 경우에는 그의 아내가 가계 전체를 관리한다. 처음에는 의견 충돌도 있었으나 지금은 별 문제 없이 지내고 있다고 한다.

결혼하고 바로 미국으로 가서 생활을 한 가나코는 금전 관리를 못해 경제적으로 어려운 생활을 하였다.

의 재외 미군 기지 내에 설치되어 있으며, 해외에 주둔하는 미군 관계자를 대상으로 한다. 엔과 달러의 환전은 커뮤니티 은행에서만 담당하는데, 환율이 나빠서 미군 관계자는 기지 밖에 있는 환전소를 이용한다. 예를 들어, 오키나와 본섬 중부 자탄초의 자스코 내에는 오키나와 은행의 엔과 달러의 환전이 가능한 환전기가 있다. 휴일에 많은 미군 관계자들이 달러를 엔으로 환전하기 위해 줄을 서 있는 모습을 볼 수 있다. 이 밖에도 산에(サンエー) 등 오키나와 현 내의 대형 쇼핑몰에도 환전기가 있다.

45 예를 들어, 가데나 공군 기지에는 Pentagon Federal Credit Union과 커뮤니티 은행이 들어와 있다. 화이트 비치 등의 해군 기지에는 해병대 기지와 마찬가지로 Navy Federal Credit Union과 커뮤니티 은행이 들어와 있다. 토리이 통신 시설(육군 기지)에는 커뮤니티 은행만 들어와 있다.

46 브라이언의 아내는 일본 엔으로 지불하는 일을 담당하고 있다. 제이컵(40대 후반)도 브라이언과 마찬가지로, 아파트의 임대료 등 일본 엔으로 지불하는 것은 아내가 담당하고, 기지 내의 학교 등 달러로 지불하는 것은 남편이 담당하는 것처럼, 통화에 따라 나누어 관리한다. 그러나 가계 전체를 관리하는 것은 남편이다.

가난하였다. 지금은 웃으면서 말할 수 있지만. 난생처음 전화와 전기가 정지되기도 하였다. 돈을 어떻게 쓸지 방법을 몰랐기 때문이기도 하다. 줄곧 우리 두 사람은 기숙사에서 생활하였다. 남편은 휴대전화를 사용해 본 적이 없어서, 전화 요금 청구서를 받고 이를 지불해 본 적도 없었던 것이다. 미국에서 처음으로 혼자서 생활. 나는 가계수표를 사용할 줄도 몰랐다. 남편은 기록도 하지 않고 가계수표를 사용하였다. 그래서 단 1달러가 부족한데도 더 많은 돈을 내야 하는 경우도 있었다. 수도가 정지된 적은 없으나, 전화의 경우 약정대로 3일 이내에 지불하지 않으면 정지된다. 당시 나는 임신 중이었고 차도 없었고 전화는 정지되었고. 하지만 내가 잘 모르니 어쩔 수 없었다. 그렇지만 생각해 보면 이것은 보통 일이 아니다. 그런데 당시 나는 이를 그저 보통 일이라고 생각했던 것이다. 전부 처음 겪는 일이었으니까.(2005년 12월 15일 수록)

그러나 2년 뒤 가나코가 가계를 관리하기 시작하면서부터 두 사람의 생활에 변화가 나타났다. 가나코는 공공요금을 제날짜에 지불함으로써 계속 내야 했던 연체료를 내지 않아도 되었고 여윳돈이 생겨 외식도 할 수 있게 되었다.

가나코와 마찬가지로, 오키나와 출신의 유카(20대 후반)도 미국에서 궁핍한 생활을 하였다. 유카는 해병대 기지 29팜스 내에서 살았다. 저축을 하기 위해 그녀는 1주일 식단을 만들어 예산을 세웠다. 길을 걸을 때에는 1센트라도 떨어져 있으면 주웠다고 한다. 승용차가 없는 유카는 걸어 다니는 생활이 기본이었기 때문에 길에 떨어져 있는 돈을 자주 주웠다.

5.2. 생활비 조정 수당

앞서 기술하였듯이, 가나코는 미국에서 경제적으로 매우 어려운 생활을 하였다. 가나코는 결혼 초기의 금전 감각을 되돌아보고 다음과 같이 말했다.

> 돈 쓰는 방법을 몰랐었다. 살아오던 감각 그대로 살았으므로. 매주 주말, 호텔에 머물면서 외식도 했으니까. 오키나와에 있었을 때에 데이트 비용으로 한 달에 20만 엔 정도를 썼다. (미국으로 가면) 월급이 적어진다. COLA(생활비 조정 수당)가 완전히 달라지기 때문이다. 미국에 가서 처음에는 좋았다. (오키나와에 있는) 지금 저축을 해 두어야 한다.(2005년 12월 15일 수록)

미국 본토에서는 오키나와에서와 같은 생활을 할 수 없다. 생활비 조정 수당[47]이 미국 본토에서는 지불되지 않기 때문이다. 가나코는 가계수표를 사용하는 방법을 배워 연체료를 내지 않도록 가계를 관리할 뿐 아니라, 군대의 시스템에 대해서도 배웠다. 다음에 기술하겠지만, 가계 문제와 관련해서는 군대에 관한 지식뿐 아니라 부부간의 문화적인 가치관의 차이에 대해서도 이해를 해야 한다.

5.3. 금전 뒤에 있는 문화적인 가치관의 차이

일본에서는 일반적으로 아내가 가계를 관리하지만, 미국에서는 남편이 해야 하는 역할이다. 가계를 관리하려고 하는 일본인 아내는 남편의 급료 명세서를 읽는 방법이나 급료와 관련해 자세한 것을 알고 싶어 하지만, 남편은 이를 가르쳐 주고 싶어 하지 않는다. 이러한 질문을 듣는 것만으로 남편은 자신이 아내로부터 신뢰를 받지 못하고 있다는 느낌을 받아, 말싸움으로 번질 우려가 있다.

47 COLA에 대한 자세한 내용은 제1장을 참조.

저축과 관련해서도 부부간의 의견 차이가 발견된다. 일반적으로 일본인 아내 대부분은 저축을 하고 싶어 하지만, 남편은 저축보다 투자에 관심이 있다.

아내와의 인터뷰에서는 일부 여성에게서 남편의 퇴직금에 대한 기본적인 정보를 들을 수 있었으나, 그 밖의 연금, 저축·투자 계획(Thrift Saving Plan: TSP) 등에 대해서는 어떠한 내용도 들을 수 없었다. 여기서 부부간의 금전 정보 소통이 결여되어 있음을 알 수 있다.

6. 일본 본토 출신 아내와 오키나와 출신 아내 사이의 차이

본 절에서는 일본 본토 출신 아내와 오키나와 출신 아내의 서로에 대한 생각을 살펴보겠다. 여기에는 같은 군인 아내이지만 큰 간극이 있음을 알 수 있다.

6.1. 일본 본토 출신 아내의 생각

일본 본토 출신 아내는 오키나와 출신 아내에 대해 두 가지 점에서 불만을 느끼고 있다. 하나는 출신지에 근거한 편견, 또 하나는 출신지로 인한 구별이다. 미군 병사와 교제나 결혼을 하는 일본 본토 여성은 한때의 모험을 찾는 성적으로 방종한 여성이라는 이미지로 바라보이고 있다. 예를 들어, 미유키는 오키나와 여성에게 "본토 출신자가 훨씬 군인을 좋아하지. 본토에서 온 이가 군인과 함께 걷고 있네"라는 말을 들은 적이 있다.

일본 본토 출신인 메구미(惠: 30대 초반)도 같은 불만을 가지고 있다.

(오키나와는) 미국인 비율이 매우 높다. 내지(본토 출신) 여성은 요코스카에서든 아쓰기(厚木) 에서든 잘 만나는데, 오키나와 여성은 자기 타입이 아니면 거절한다고 한다. 내지 여성도 타입이 아니면 거절한다고 하니까, "하지만 내지 여성은 좀처럼 외국인을 만나지 못해 아쉬워하잖아"라는 것이다. 뭐야. 오키나와 여성은 (그런 식으로) 생각하는 듯하다. 어떻게 그런 발상이 나오는 것일까? "당신이 이상한 거 아냐? 요점은 당신이 늘 미국인만 찾아다니고 있다는 것 아냐." 미국인이든 일본인이든 마음에 안 들면 거절하는 거 아닌가?(2006년 6월 14일 수록)

또한 오키나와에서는 오키나와 출신자와 일본 본토 출신자 사이에 명확한 구별이 있는 경우가 많다. 이 점에 대해서도 일본 본토 출신자는 불쾌함을 느끼고 있다. 일본 본토 출신자인 게이코는 오키나와 출신자끼리만 쉽게 모이는 점을 비판한다. 또한 일본 본토 출신이라는 이유로 거리를 두는 점도 지적하였다. 게이코를 비롯해 많은 일본 본토 출신 아내들이 하는 말은 오키나와 출신 군인 아내들이 "오키나와 사람 아니죠?"라는 한 마디를 꼭 물어본다는 것이다. 일본 본토 출신 아내들은 이러한 질문에 강한 불쾌감을 표시하였다. 게이코는 매번 출신지를 확인하는 의미가 어디에 있는지 모르겠다며, 오키나와 출신 아내들을 비난하였다.

오키나와 출신 아내들과 일본 본토 출신 아내들은 이동지의 결정이나 남편의 커리어 선택에서도 큰 차이를 보인다. 이러한 점에 대해서는 제8장에서 자세히 살펴보겠다.

6.2. 오키나와 출신 아내의 생각

미군 병사와 결혼해 오키나와에 사는 일본 본토 출신 여성들은 오키나와 출신자에게 나타나는 반본토 감정 때문에 — 오키나와 전에서 일본 병사가 오키나와 주민을 배신한 것을 비롯해, 일본 정부가 오키나와 미군 기지 문제에 대해 부당하게 대우하는 것에 이르기까지 — 비판의 대상이 되기 쉽다. 그럼, 오키나와 출신 군인 아내가 가진 일본 본토 출신 여성들에 대한 부정적인 감정에 대해 살펴보겠다.

지카(20대 후반)는 오키나와 출신 여성이다. 필자가 지카를 만난 것은 해병대 기지 내에서 실시하는 일본인 아내를 위한 오리엔테이션에서였다. 그녀는 예전에 일본 본토 출신자가 싫었다고 필자에게 고백해 주었다. 그러나 대학에서 일본 본토 출신 친구가 생기고 일본 본토의 기업에 취직하고 나서는 생각이 바뀌었다고 한다.

> 나는 참 싫어했다, 본토 출신자들을. 지금은 그렇지 않다. 전쟁을 경험하지는 않았지만, 학교에서는 오키나와 사람을 구한 것은 본토 사람들이 아니라 미군이었다고 배웠다. 일본군이 오키나와 사람들을 살해했다는 것. 그런 이야기를 들었고, 그리고 뭐랄까, 오키나와는 관광지로 많이 (본토 출신자가) 오고 있지만. 최근에 와서 용서가 되었다. … 이대로라면 안 되겠다는 생각은 대학을 다닐 때 본토 출신 친구가 생기고 나서부터이다. 오키나와에 오는 본토 사람은 오키나와에 대해 알고 싶어 온다는 것을 알게 되었다. 오키나와를 가볍게 보고 온 것이 아니라는 생각이 들었다. 그리고 본토 출신자와도 이야기를 나눌 수 있게 되었다. (예전에는 본토 출신자를 보면) 아래로 봤다. 지금은 전혀 그렇지 않다. 내가 들어간 기업은 내지 기업이었고 본토 출신자와 일도 함께 했다.(2006년 5월 29일 수록)

지카처럼 오키나와 전 때에 일본군이 오키나와 사람들에게 가한 잔혹한 행위를 듣고 일본 본토 출신자에 대해 비판적인 태도를 갖는 여성이 많다. 지카의 어머니는 필자와의 인터뷰도 필자가 일본 본토 출신자라는 이유로 "지카, 본토 출신자는 오키나와 사람을 이용하는 것이니까, 절대로 100% 다 말해서는 안 된다. 거짓말을 해도 돼"라고 지카에게 조언을 하였다. 지카는 필자와의 인터뷰에는 응해 주었으나, 기지 안에서 일본 본토 출신자로 보이는 여성이 미군 병사와 함께 걸어가면 불쾌하게 여겼다.

> 종종 기지 안에서 본토 출신자로 보이는 여성이 군인과 함께 있는 것을 보면, 왜 여기까지 와서 외국인과 사귀는 거야 하는 생각이 든다. 여름에 본토에서 오키나와로 온다는 말을 들었다. 여름에 본토에서 여성들이 많이 와 여기서 기다린다. 누군가 와서 말을 걸어 주기를 기다리는 것이다. 자스코(본섬 중부)나 스나베(砂邊: 본섬 중부, 미군 관계자가 많이 보이는 곳)에서. 이런 것을 보고 나면 군이 친구가 되려는(생각은 들지 않는다). 본토 출신자라는 것을 금방 알 수 있다. 얼굴 표정이 다르다.(2006년 5월 29일 수록)

지카의 마음은, 제5장에서 미군 병사와의 교제를 한때의 불장난과 같은 것이라고 지적한 사회복지사로 일하는 여성의 말이나 오키나와 출신 아내들이 일본 본토 출신 여성과 미군 병사의 교제나 결혼을 부정적으로 보고 있다는 일본 본토 출신인 메구미의 지적과 일치한다. 지카는 대학에서 일본 본토 출신인 친구를 만남으로써 일본 본토 출신자에 대한 시각이 변했다고 말했으나, 지카의 말을 통해 여전히 미군 병사와 교제·결혼하는 일본 본토 출신자에 대한 편견이 뿌리 깊게 자리해 있다는 것을 알 수 있다.

이처럼, 남편이 미국인이라는 공통점이 있어도 일본 본토 출신 여성과 오키나와 출신 여성 사이에는 간극이 존재한다. 이는 미군 관계자와 교제나 결혼을 하는 여성에 대한 오키나와 사회에서의 인식이 다르다

는 것과 관련이 있다. 제5장에서 오키나와에서 미국인과 교제하는 여성을 아메조(アメ女)라고 부르는 등 여성에 대한 편견을 지적하였다. 같은 아메조로 분류되는 여성 중에서 일본 본토 출신 여성에 대해 성적인 부분을 강조해서 부정적으로 표현하는 경향이 있다. 이러한 일본 본토 출신 여성에 대한 비판은 결혼 후에도 계속되며, 미군 병사와 결혼한 오키나와 출신 여성 사이에서도 비판은 사라지지 않는다. 같은 군인 아내인데도 오키나와에 사는 한 일본 본토 출신자와 오키나와 출신자는 다른 평가를 받는다. 오키나와에서 가족의 지원을 받을 수 없는 일본 본토 출신 여성은 오키나와 출신 여성보다 훨씬 가혹한 상황에 처해 있다고 할 수 있다. 일본 본토 출신자에 대한 오키나와 사람들의 부정적인 시각의 배후에는 오키나와 전에서의 일본군의 만행과 일본 복귀 뒤 일본 정부의 불성실한 태도, 그리고 현재 일본 정부의 오키나와에 미군 기지 강요 등에 대한 생각이 자리해 있다. 미군 병사와 교제·결혼하는 일본 본토 출신 여성에게 이러한 생각이 아주 강하게 투영되어 비난의 대상이 된 것이다.

7. 성생활

요코스카 미군 기지에서 조사 활동[48]을 할 때 미군 병사인 브라운을 만났다. 그는 일본인 아내와 결혼해서 딸 2명이 있었는데, 아내와의 성생활에 문제가 있어서 고민이라고 하였다.[49] 여기서 필자는 브라운의 고독감과 분노를 느꼈다. 그와 만나고 나서 미군 병사와 일본인 부부 사이의

48 조사 결과는 미야니시(宮西 2003)를 참조.

49 Watanabe and Jensen도 미군 병사와 결혼한 외국인 여성은 다른 군인 아내보다 결혼 생활에 낙담하여 성적인 불만이나 커뮤니케이션 부족이 많다고 지적하였다(Watanabe and Jensen 2000: 215).

성생활 문제를 살펴보기 시작하였다. 남성 측의 복잡한 생각을 주의 깊게 인터뷰해서 살펴봄으로써 그들의 결혼·가정생활을 깊이 이해하는 데에 한 걸음 다가설 수 있을 것이기 때문이다. 그럼, 성생활에 대한 남편의 생각을 살펴보자.

7.1. 결혼 전과 후의 성생활 변화

결혼 전과 결혼 후에는 일본인 여성의 성생활에 관한 생각이 크게 변화한다. 로버트(40대 초반, 백인)는 오키나와 출신 아내(30대 초반) 아야와의 성생활이 결혼 전과 후에 크게 달라져서, 부부 사이의 성생활이 없는 것에 대해 다음과 같이 불만을 토로하였다.

> 결혼 전에는 성생활에 문제가 전혀 없었다. 결혼 후에는 성생활이 사라졌다. 아내는 피곤해, 피곤해 하는 말을 계속한다. 나는 질투가 많은 편이 아닌데, 때로 성생활을 하고 싶다.(2006년 12월 7일 수록)

일본 본토 출신인 아내 유카(30대 후반)와의 사이에 아들이 있는 루빈(30대 초반, 아프리카계 미국인)도 로버트와 마찬가지로 결혼 전과 결혼 후의 성생활 변화에 대해 지적하였다. 그에게 성생활에 문제가 있느냐고 묻자, 그는 "분명 (있다)"이라고 일본어로 답하였다.

> 아내에게 계속 부탁하다 보면 더 초조해진다. 그래서 더 이상 부탁하지 않는다. 이유는 이제 더 이상 성생활은 없을 테니까. 어쩔 수 없다. 아내에게 물어보아도 달리 설명이 없었다. 친구 같은 존재이다. 아들이 태어났을 때, 나는 22세, 아내는 24세였다. 아이는 있지만 성생활은 없다. 아내의 관심은 남편에서 아이에게로 완전히 옮겨졌다. 하지만 아들을 키운다는 공통의 목표가 있다. 성생활에 대해서는 아내의 의견에 찬성할

수 없다. 그러나 이것이 인생이지 않을까. 그래서 이런 상황에서 살아갈 수밖에 없다. 아내가 (이혼을) 원한다면 나도 바로 그만둘 것이다. 만약은 없다. 하지만 아이와는 헤어질 수 없다.(2007년 5월 9일 수록)

유카와의 사이에 성생활이 회복되기를 바라는 모습을 루빈에게서 찾아볼 수가 없다. 오히려 그는 그녀와 마찬가지로 아이에게 모든 것을 걸려고 한다. 그의 말에는 유카가 이혼하자고 하면 그 역시 받아들이겠다는 분명한 태도도 엿볼 수 있다. 여기서 아내에 대한 루빈의 초조함과 단념이 보이는 한편으로, 아들에 대한 그의 깊은 애정도 엿볼 수 있다.

제임스(30대 후반, 백인)는 오키나와 여성과 두 번 결혼하였다. 두 번의 결혼 모두 성생활에 문제가 있었다. 제임스는 오키나와 출신의 첫 번째 아내 미오(美緒)에게 성생활에 대한 불만을 말하자, 미오는 그에게 섹스 중독이라고 비난하였다.

이처럼 결혼과 동시에 여성 중에는 성생활에 대한 관심이 사라지는 사람도 있다. 때로 이는 제임스의 경우처럼 이혼이라는 결말을 맞기도 한다.

7.2. 아내의 애정과 관심의 변화 — 남편에서 자녀로

결혼하고 아이가 생기면, 아내의 애정과 관심은 남편에게서 자녀에게로 움직여서, 미국인 남편의 경우 아내의 애정이 자녀에게만 향하면서 성생활이 없어지는 것에 불만을 품고 있다.

로드니(30대 후반, 백인)는 오키나와 출신 아내 시오리(40대 초반)와의 사이에 아들이 2명 있다. 그는 결혼 후 바로 시오리가 임신을 했기 때문에 두 사람만의 시간은 제한적이었다. 그러나 시오리로서는 우선순위가 바로 남편에서 아들에게로 옮겨 갔다. 그는 이러한 시오리의 아들에 대한 강한 애착을 이해할 수가 없었다.

다른 남편과도 이야기를 해 보았으나, 모두 같은 상황이었다. 남편은 우선순위에 들어가 있지 않다. 왜 그런지 모르겠다. 많은 에너지를 아이에게 쏟고 있지만 남편에게는 애정을 보이지 않는다. 미국인 여성은 그렇지 않을 것이다. … 교제 중에는 전혀 문제가 없었다. 결혼 후에 바로 임신이 되어 결혼 후 가장 행복한 시간이 한순간에 사라졌다. 아내는 아무런 설명을 해 주지 않았고, 왜 내게 성생활이 필요한지 전혀 이해하지 못했다. 이야기를 나누어 보았으나 전혀 통하지 않았다. 왜 아내는 부부 관계가 없어도 아무렇지 않은지 알 수가 없다. 아이들에게는 아이들의 방이 있다. 해상 근무 때문에 집을 비우면 아내와 아이들은 한 방에서 잔다. 불만스럽다.(2007년 3월 5일 수록)

그에게는 남편과 아내가 한 쌍이지만, 아내에게는 그녀 자신과 아이들과의 관계에 더 중점이 놓여 있다. 여기서부터 부부 관계의 문제가 발생하는 것이다. 또한 그는 군 복무를 위해 파병되어 가족과 떨어져 생활해야 한다. 여기에서도 그는 고독감을 느끼게 된다. 로드니는 긴 항해에서 돌아오지만 아내와 아이들은 한 방에서 자고 있다.[50] 아내와의 성생활이 사라진 로드니의 불만은 갈수록 쌓여 간다.

리처드(30대 후반, 백인)는 오키나와 출신의 아내 유이(30대 후반)와의 사이에 딸 2명을 두었다. 리처드의 사례는 로드니와 그 사정이 좀 다르다. 대부분의 남성이 결혼 후에 바로 임신을 하는 데 반해, 그는 3년 반을 기다렸다. 그는 아이가 태어나면 성생활에 지장이 생길 것이라는 점을 잘 알고 있었기 때문이다. 그러나 그런 리처드도 2명의 아이가 태어나면서 성생활에 문제가 생겨 이혼이라는 말까지 나왔다. 그는 성생활을 하

50 구미에서 침실은 온전히 부부만의 공간. 자녀들은 어려서부터 다른 방에서 잔다.

지 못하게 된 이유를 다음과 같이 설명하였다.

> 개인적으로는 아시아 여성이 친절하고 상냥하다고 생각한다. 그러나 성적으로는 대부분의 일본인 여성은 적극적이지 않다. 이 여성들은 많은 것을 배려해 준다. 어머니로서의 역할이 먼저이고 그 다음이 아내로서의 역할이 온다. 아내도 남편에게 성적인 욕구가 있다는 점을 이해하고 있다. … 그러나 실제로는 지금도 이 여성들은 아이들을 위해 열심히 움직이고 있다. 아이의 귀가가 늦어지면 늦은 시간까지 아이의 시중을 든다. 아이가 없으면 아내는 쉴 수가 있다.(2007년 9월 6일 수록)

리처드는 "미국인 여성도 남성과 마찬가지로 자기중심적이다. 미국인 여성은 아이보다 자신을 중시한다. 아시아 여성은 아이를 최우선 순위에 둔다. 일본인 어머니는 미국인 어머니보다 훌륭한 어머니라는 것은 잘 알고 있다. 일본인 여성인 어머니가 더 좋다"라고 말한다. 어머니로서의 아내의 가치를 인정하는 모습을 발견할 수 있는 한편으로, 아내로서의 역할을 원하는 그의 복잡한 심경도 엿볼 수 있다.[51]

7.3. 일의 스트레스

성생활을 하지 않게 된 원인은 아이의 탄생뿐만이 아니라 부부가 느끼는 스트레스와도 관련이 있다. 폴(40대 전반)은 오키나와 출신의 아내 마오와의 사이에 3명의 자녀가 있다. 그는 퇴역 군인으로 현재 일을 찾고 있는데, 좀처럼 일자리를 찾지 못하고 있다. 마오는 민간 치과 병원에서 일하고 있다. 그는 일의 스트레스로 인해 부부 두 사람 모두 변해 버려 성

51 이와 같은 문제는 미국인 아내와의 사이에서도 발생한다. 호크실드(1990)는 미국인 맞벌이 부부를 조사해, 남편의 가사 노동과 젠더 이데올로기의 상관관계에 대해서 사회학적으로 분석하였다. 이 연구에서, 아이의 탄생으로 아내의 관심이 아이에게로 변화했음에 불만을 느끼고 성생활에 문제를 느끼는 미국 남편에 대해 다루었다(호크실드 1990: 241).

생활을 하지 않는다고 말한다.

7.4. 아내의 부모에게서 받는 원조

브라이언(20대 후반, 백인)은 오키나와 출신의 아내 아오이와의 사이에 2명의 자녀를 두고 있다. 그의 경우에는 아오이의 부모가 아이를 돌봐 주고 있다. 그 덕분에 부부만의 시간을 확보할 수 있다. 오키나와에서 아내의 부모나 가족이 아이의 양육을 돕는 모습은 드물지 않다. 이는 브라이언의 경우처럼 성생활에 여유를 안겨 주기도 하지만, 때로는 남편에게 결혼 생활을 하는 데에 장애물로 작용하기도 한다. 장인 장모, 특히 장모와의 관계에 대해서 앞서 언급했으므로 새삼 기술하지는 않겠다. 분명 오키나와에서 아내의 부모에게서 받는 지원으로, 부부는 성생활을 위한 시간을 확보할 수 있을지는 모르지만, 미국 등 해외에서 근무하게 되었을 경우에는 이러한 지원을 기대할 수 없다. 그런 의미에서 성생활 문제가 근본적으로 해결되었다고 할 수는 없다.

7.5. 해결 사례

프랭크(40대 후반, 백인)의 경우는 성생활 문제를 극복한 사례이다. 프랭크는 오키나와 출신의 아내 가쓰코(勝子: 40대 초반)와의 사이에 4명의 자녀가 있다. 프랭크 역시 둘째 아이가 태어난 뒤 성생활에 문제를 느꼈다. 그러나 그는 가쓰코와 직접 대화를 하면서 다음과 같이 말했다. "부부 관계가 가장 중요하다고 생각한다. 아이는 그 다음이다. 물론 아이들도 소중한 존재이다. 중요한 점은 아이들은 자라면 언젠가 독립을 할 것이고 결국 남는 것은 우리 부부뿐이다. 그러므로 부부의 일을 잊어서는 안 된다. 당신이 우선이다. 당신은 내 아내, 당신이 최우선이다. 우리 아이들은 그 다음이다". 이 말은 대부분의 일본인이 생각하는 가족이나 부부의 정의와는 매우 다른 관점이다. 그러나 가쓰코는 그의 생각을 이해하였고 서로 양보할 수 있었다.

7.6. 프레드의 사례

마지막으로 프레드의 사례를 살펴보겠다. 프레드의 사례는 내가 요코스카 미군 기지에서 만났던 성생활로 고민하던 해군 병사 브라운을 생각나게 하였다. 다소 장황한 전개가 되겠지만 여기서 프레드의 성생활에 대해 살펴보겠다.

군속인 프레드(60대 후반, 백인)는 일본 본토 출신의 아내 마이(麻衣: 30대 초반)와 2005년에 결혼하였다. 두 사람 사이에 자녀는 없다. 그는 다른 누구에게도 말한 적 없는 마이와의 성생활에 대한 고민을 털어놓았다. 그는 성관계 문제로 고민하고 있었다. 프레드 자신은 스킨십을 중요하게 여기기 때문에 성생활이 없는 생활은 매우 고통스럽다고 한다. 결혼 생활 2년 동안 성관계를 가진 것이 두 번뿐이었다고 한다. 마이는 성관계를 그다지 좋아하지 않는다고 그에게 말했다고 한다. 또한 프레드에 따르면, 그의 성기가 그녀에게는 커서 그녀가 힘들어하는 것도 문제라고 한다. 이처럼 부부 사이의 개인적인 일은 그 누구에게도 말한 적이 없다고 한다. 때로는 마이가 성관계를 갖고 싶어 하지만 무미건조하기만 하다. 슬픈 일이라고 그는 한숨을 내쉬었다.

> 내가 열 살만 젊었어도 그녀와 결혼은 하지 않았다. 하지만 우리는 평화로운 결혼 생활을 보내고 있다. 싸움도 하지 않는다. 그런 의미에서는 멋진 인생이다. 완벽한 것은 없으니까. 문제는 나와 아내의 문제이지 결코 문화(의 문제)는 아니다. 우리는 이 문제에 대해 서로 이야기를 나눈 적이 없다. 하지만 이야기를 나누어야 할 필요는 느낀다. 아내는 내게 달리

멋진 여성을 만났느냐고 묻는다. 오키나와로 이동해 온 뒤, 성관계는 두 번뿐이었다. 키스도 하지 않는다. 그녀의 키스 방법이 싫다. 나는 그녀가 적극적으로 더 정열적으로 키스를 해 주었으면 한다. 그녀가 어떤 경험을 얼마나 했는지 나는 모른다. 그녀에 대해 말하는 것도 그리 유쾌하지는 않다. 지금까지 한 번도 일본인 여성들과 이런 문제를 겪은 적이 없다.(2007년 8월 27일 수록)

그는 인터뷰를 마친 뒤, 필자를 꼭 안아 주었다. 그가 고민하는 부부관계의 문제를 들은 필자는 그의 포옹에 담긴 의미의 깊이와 고민을 느끼자 그를 어떻게 안아 주어야 할지 당황스러웠다. 그러나 인터뷰를 마치고 필자에게 이 문제에 대해 고백할 수 있어서 마음이 가벼워졌다는 말을 해 주어, 필자는 안심이 되었다. 이를 통해 미국인 남성과 일본인 여성 사이에 있는 성생활에 관한 더 많은 연구의 필요성을 재확인하였다. 이와 같은 고민을 안고 있는 남성이 많다. 지금까지 미군 관계자와의 교제나 결혼에는 성적인 묘사가 과하다 싶을 정도로 표현되는 경향이 있었으나, 실제 결혼 생활에서는 전혀 다른 상황이 존재한다는 것을 알게 되었다. 일본인끼리 혹은 미국인끼리 결혼한 부부와 마찬가지로, 그들 역시 같은 고민을 하고 있는 것이다.

7.7. 성생활을 통해 바라본 부부가 안고 있는 두 가지 문제

여기서 섹스리스의 원인과 해결 방법을 찾을 수는 없다. 다만 일본인 여성과 미군 병사의 섹스리스 문제의 배후에는 서로 다른 문화적 배경과 미군 병사와의 결혼 생활이 갖는 특수성이라는 두 가지 문제를 둘러싼 부부의 갈등이 자리해 있다.

앞서 기술하였듯이, 일본인 여성은 자녀가 태어나면 자연스럽게 자녀를 중심으로 한 결혼 생활로 이행하는 경향이 있다. 이는 그녀의 어머니를 보고 자라 그녀의 안에 문화적 배경으로 자리해 있는 것이다. 다만, 미국인 남편은 이러한 환경에서 자라지 않았기 때문에 이에 적응을 하지 못한다. 그는 모자 관계를 강조하는 아내의 문화적 배경을 이해하지 못한다. 그녀 역시 부부의 유대를 최우선으로 하는 그의 문화적 배경을 이해하지 못한다. 게다가 오키나와 여성의 경우에는 주위에 가족이 있어서 자녀 중심의 생활이 일본 본토 출신 여성보다 강한 경향이 있다.

미군 병사라는 직업상의 특징으로, 그들 대부분은 아내와 일시적으로 떨어져 생활하는 경우가 있다. 미군 병사의 생활은 불규칙하며 다른 곳으로 파병되는 경우도 있어, 매우 스트레스를 받는 직업이다. 남편의 부재중에는 아내가 모든 일에 책임을 갖고 임해야 하기 때문에, 이로 인한 긴장감이나 불만도 발생한다. 이러한 복잡한 생각을 갖고 생활하는 군인 가족에게 성생활은 때로 큰 시련이 되기도 한다.

개인에 따라 해결하는 방법도 다르겠지만, 문화적 배경과 미군 병사 특유의 생활이라는 두 가지 관점을 이해하는 데에서부터 시작해 본다면, 이러한 문제를 해결하는 실마리가 되지 않을까 싶다. 그렇지만 프레드가 지적하였듯이, 이는 개개의 부부 사이의 문제이기도 하다는 점을 잊지 말아야 할 것이다.

이처럼 오키나와 여성을 둘러싼 가족의 강한 유대는 결혼 후에도 지속된다. 이는 미국인 남성에게는 결혼의 장애가 되기도 한다는 점을 지적하였다.

미군 병사와의 결혼으로 아내들은 비로소 군대와의 연결점이 생긴다. 남편이 파병된다는 사실을 통해, 비로소 미군 병사와 결혼하였다는 사실과 그 무게를 실감하게 되는 아내의 모습도 발견할 수 있었다. 또한 미군 병사와 결혼해도 오키나와 출신 여성과 일본 본토 출신 여성과의 사이에는 차이가 있다는 점도 알게 되었다.

자녀의 언어, 육아와 학교 문제는 부부에게 가장 큰 문제였다. 미국에서의 생활은 부부 모두가 아시아 여성에 대한 편견이나 차별과 직면하는 시간이기도 하였다. 또한 성생활의 문제는 남편에게 매우 중요한 문제로 자리해 있었다.

제3부

미군과 오키나와 사회 사이에서 흔들리는 부부

캠프 핸슨 앞에 자리한 환락가 입구

제3부에서는 미군 병사와 일본인 여성의 결혼이 오키나와 지역사회 안에서 어떠한 위치에 있는지를 살펴보고, 여기서 나타나는 갈등이나 충돌에 대해 주목을 할 것이다. 이는 당사자가 처한 상황이나 그 결혼의 특수성을 이끌어 내는 과정이 될 것이다.

제7장에서는 미군이 일으킨 사건이나 사고에 대한 남편과 아내의 생각을 들어 본다. 기지 문제는 이들에게 훨씬 피부에 와 닿는 복잡하고도 중요한 문제이다. 이는 그들이 미군 기지와 지역사회 양쪽 영역에서 살아가고 있어서 그 상황을 더 잘 이해할 수 있기 때문이다.

제8장에서는 이동이 빈번한 미군 병사의 생활에 주목해, 이동에 관한 남녀의 생각을 살펴볼 것이다. 오키나와 지역사회 안에서 친밀한 가족관계나 친구 관계를 영위하는 오키나와 여성의 경우 오키나와를 떠나는 것은 큰 결단을 요하는 일이다. 이때 여성의 선택에는 남편과의 관계나 여성과 부모의 연령 등도 영향을 미친다. 한편, 오키나와 여성과 결혼한 퇴역 군인은 아내의 오키나와에 대한 생각, 아내의 일(기지 내 종업원)이나 자녀의 장래 등을 진지하게 고려한 다음, 취직이나 주거지를 선택하는 결단을 내린다.

제9장에서는 오키나와 여성과 미군 병사의 이혼 문제에 대해 다루어 보면서, 가정 내 폭력이나 남녀가 처한 특수한 상황을 살펴볼 것이다. 제대하면 남성은 군대와의 관계가 단절되기 때문에 군대의 지원을 받을 수 없어서 매우 고독한 생활을 보내게 된다. 또한 오키나와 출신인 아내와 그 어머니와의 친밀한 관계나 섹스리스 문제가 남성의 이혼을 통해 표면으로 드러나기도 한다. 이혼한 뒤에도 자녀를 위해 오키나와에 남는 남성을 통해서는, 처자식을 버리고 떠나는 냉혹한 미군 병사의 이미지와는 전혀 다른 측면을 보여 준다.

제10장에서는 미군 병사와 결혼한 여성들이 만든 네트워크에 주목

하고자 한다. 오키나와에는 미군 병사나 군속과 결혼한 일본인 아내를 대상으로 한 Japan Wives Club(JWC)이라는 모임이 있다. 그리고, 창가학회 인터내셔널(SGI)의 신앙이나 기타 활동을 통해, 오키나와뿐 아니라 전 세계에 네트워크를 형성한 아내도 있다. 그러나 이러한 조직 안에서는 아내들 사이의 충돌이나 조직에 속함으로써 나타나는 문제 등 아내들의 네트워크 형성과 관련한 몇 가지 문제도 발견할 수 있다.

제7장 미군 기지와 현지 반기지 운동의 틈바구니에서

오키나와의 기지 문제는 미군 병사와 결혼한 오키나와 여성과 그 남편에게 훨씬 피부에 와 닿는 복잡하고도 큰 문제이다. 이들은 지역사회와 기지 내의 양쪽 상황을 다 잘 알고 있어서, 그리 간단하게 자신의 태도 결정을 하지 못한다.

그럼, 미군이 일으킨 사고나 범죄 등에 관한 미군 관계자인 남편이나 그 아내들의 생각에 대해 살펴보겠다. 아내들의 기지 문제에 대한 생각이나 미 해병대의 헬리콥터 추락 사고에 대한 의견, 미국인 남편들이 생각하는 반기지 운동에 대한 견해, 이러한 세 가지 점에 대해 차례로 논의해 보고자 한다.

1. 아내들의 기지 문제에 대한 생각

본 절에서는 아내들이 미군 기지 유무를 둘러싸고 어떠한 생각을 갖고 있는지에 대해 살펴보고자 한다. 이때 (1) 기지 옹호파의 의견, 특히 미군 기지로 인한 경제 효과의 관계, (2) 애매한 의견, (3) 기지 반대파 의견으로 나누어 고찰하고자 한다.

(1) 기지 옹호파

기지 옹호파 대부분은 기지로 인한 경제적 효과나 기지 내 종업원 고용을 그 이유로 든다. 군인 아내들이 기지 내 종업원으로 일하는 경우에는 생각이 더욱 복잡해진다.

일본 본토 출신인 미유키(30대 초반)는 기지 옹호파이다.

> 기지 찬성파이다. 사건이 일어났을 때, 일본 경찰이 진입할 수 없다거나 용의자를 체포했을 때의 고충 등, 이는 오키나와의 문제가 아니라 국가의 문제라고 생각한다. 오키나와에서 기지가 사라지면 먹고살 수가 없다. 기지에 종사하는 사람에게는 좋다. 군에 고용되면 자랑스러워한다. 군 고용인은 급료가 높다. 오키나와는 전국 평균(임금)의 70%에 불과하지 않은가. 오키나와 현지 기업과 비교하면(조건이 좋다). 취직을 하려고 해도 (취직할 곳이) 없다. 기지가 없어지면 이런 상황은 더 심각해질 것이다. 외화도 줄어들 것이고. 외식 산업도 쇠퇴할 것이고. 왜 기지를 반대하는지 모르겠다. 듀공(dugong)[1] 문제가 있기는 하지만. 듀공 문제나 소음 때문에 힘들어하는 사람들이 반대하는 것은 이해하지만. 전면 철수는 좀… 개선점을 말해 주면 좋을 텐데.(2006년 1월 8일 수록)

일본 본토 출신인 게이코(啓子: 30대 초반)는 기지 내 종업원의 경우, 오키나와 사람(미군 관계자와 결혼하지 않은 여성)이 우선시된다는 점을 언급하며, 기지 내 고용의 수요에 대해 지적하였다.

> 오키나와에서는 (반대 운동을) 매일 뉴스에서 방송하고 있는 것에 놀랐다. 기지를 반대하는 사람과 찬성하는 사람이 있어도 크게 문제될 게 없

1 후텐마(普天間) 비행장의 대체 시설 건설 예정지인 나고 시(名護市) 헤노코(邊野古) 앞바다에 서식한다고 한다. 환경 보호의 시각에서 기지 반대 운동이 전개되고 있다.

다고 생각하지만. 무슨 산업이 있을까? 만약 그렇게 생각한다면, 기지 반환을 원한다면 기지 내에서 일하는 사람을 전부 해고하면 된다. 군인에게는 집을 빌려주지 않는다거나 달러를 사용하지 못하게 해야 할 것이다. … 오키나와에서는 시급이 600엔 정도. 그렇지만 기지 안에서는 매우 높은 급료를 받는다. 오키나와의 경우에는 기지 안에서 일할 수 있는 것은(GS를 제외하고) 오키나와 사람이 우선. 오키나와의 여성들도(군 관계자와 결혼하면) 이름이 미국 이름으로 바뀌므로(MLC로 고용되지 않는다). 아는 친구가 일할 때에도 오키나와 사람을 우선적으로 채용한다는 말을 들었다. 또한 이름이 미국 이름일 경우에는 모두 면접에서 떨어졌다. 어쩌면 군인이라도 미국으로 돌아가면 저소득자이지만, 일본에 있는 동안에는 생활을 보장받고 있기 때문에(우선순위에서 밀린다).(2006년 3월 1일 수록)

기지 내에서 일하는 군인 아내의 경우에는 자신의 일터이기도 한 기지에 대해 깊은 애정을 갖고 있다. 그런 오키나와 출신의 아야코(綾子: 30대 후반)는 복잡한 심정을 느끼고 있다. 아야코는 기지를 통해 얻는 경제적 효과에 대해서 지적하였다. 한편으로 아야코는 미군뿐 아니라 세상 모든 군대가 필요하지 않다고 생각하기도 한다. 아야코는 경제적 효과라는 현실적인 시점에서는 기지 옹호파이지만, 신념에 따르면 군대는 필요하지 않다고 하는 모순된 입장에 서 있다. 이러한 점에서 (2)의 애매한 의견과도 중첩된다.

오키나와 출신의 요코(洋子: 20대 후반)도 기지 내에서 일한다. 요코는 기지 옹호파라고 분명하게 말한다. 요코의 남편은 후텐마(普天間) 비행장에 소속된 해병대원이다.

나는 역시 내가 하는 일과 관련되어 있고 남편과도 관련되어 있어서 솔직히 기지 반대하는 사람에 대해 반대한다. 미군이 있어서 그런 것이 아니다. 후텐마 비행장의 경우에는 위험성이 있기도 하지만. 기지 반대, 기지 반대 하는데, 기지 내 종업원에게만 영향이 있는 것도 아니고. 자스코의 매출도 줄어들고. (기지) 주변에 있는 사람 모두에게도 영향이 있고. … 일본인에게도 여러 문제가 있는데, 이를 대하는 태도가 다르다. 실제로 (기지 존속에 대해) 투표라도 하게 된다면 과연 어떤 결과가 나올까? 반반일 것이다. 기지가 사라지면 나의 남편도 (오키나와에서) 떠날 것이고. 생활이 아주 크게 달라질 것이다. … 오키나와에도 일본 본토 출신자가 늘고 있고, 일본 본토 출신자도 이런저런 사건을 일으키고 있으니. 그런데 죄의 무게가 같은데도 이를 대하는 태도는 다르다. 모두 (기지의 경제적 효과를) 알고나 있을까? 후텐마(비행장)도 나의 남편이 퇴역할 때까지는 그대로 있었으면 좋겠다.(2007년 1월 27일 수록)

기지가 사라지면 요코의 남편도 오키나와를 떠나게 되고, 또한 기지에서 일하는 요코 역시 직장을 잃는다. 요코는 남편이 퇴역할 때까지 후텐마 비행장이 존속하기를 바라고 있다. 요코의 기지 문제에 대한 생각은 그 자신의 생활과 밀착되어 있어서, 오키나와의 미군 기지와 주민 사이의 복잡한 상황을 잘 보여 준다. 앞서 기술한 아야코와 달리, 요코는 기지와의 경제적인 연계를 강조하였다.

한편, 일본 본토 출신인 기미코(公子: 30대 후반)는 "일단 기지에 의존하는 경제에 몸을 담으면, 다시 여기서 벗어나기가 어렵지 않을까"라는 지적을 하면서, 오키나와의 현재의 생활수준을 이전처럼 되돌리기란 불가능할 것이라는 현실적인 시각에서 기지 존속의 필요성을 지적하였다.

(2) 애매한 의견

오키나와의 바다를 지키고자 하는 환경 문제와 관련한 의견도 있고, 미군 병사라는 직업을 이해하기 때문에 기지 반대 운동을 바라보는 생각이 복잡한 일본인 군인 아내들도 있다. 기지 반대 운동에 대해 언급할 때에 이들 아내들은 헤노코(邊野古)에서의 기지 반대 운동이나 미군 헬기 추락 사고를 언급한다.[2] 여기서 후자의 경우에 대해 살펴보겠다.

오키나와 출신인 가즈코(和子: 20대 후반)는 오키나와 국제대학을 졸업하였다. 뒤에 기술하겠지만, 오키나와 국제대학의 캠퍼스 안에 미 해병대 기지 소속의 헬리콥터가 추락해 큰 문제가 된 일이 있었다. 그러나 이 대학의 졸업생인 가즈코는 무조건 기지를 반대하는 의견을 내세우지는 않는다.

> 나는 대학 시절부터 생각하였는데, 오키나와 국제대학은 기지에서 가깝다. 기지 반대 운동도 지켜보았고 수업에서도 다루었고. 하지만 무조건적으로 반대할 수는 없다. 나는 직접 영어를 배우려고 기지에 다녀오기도 하였고, 그곳에서 일하는 사람도 있고, 토지를 빌려주면서 임대료를 받는 사람도 있다. 일본인 아내들끼리 나누는 대화에서도 그런 얘기가 나온다. 남편은 자신이라면 기지에 반대할 것이라고 말한다. (남편은) 오키나와에는 기지가 없는 것이 좋지 않을까 하는 의견을 가지고 있다.(2007년 7월 2일 수록)

일본 본토 출신인 나오코(直子: 30대 초반)는 기지 내 주택에 살고 있다. 나오코의 집은 기지 내 주택 가장자리의 담 근처에 있다. 나오코는 일본인으로서 복잡한 심경을 토로하였다.

> 반대하는 입장도 이해하지만, 경제를 생각하면 무리이다. 이런 (기지의) 외곽에 위치한 주택에 살고 싶지 않았다. 도로에서 보이는 곳에 이런 곳에 살고 싶지 않았다. 일본인으로서 견디기 힘들 것 같지 않나? 기지 내

2 기지반대 운동에 대해서는 제1장을 참조.

> 에서 저 너머를 바라보면 길도 좁고 집도 작고. (기지 내 주택은) 오래되었지만 마당이 넓고 주차장도 있다. 이처럼 도로도 넓다. 가능하다면 (기지의 더) 안쪽에 살고 싶었다.(2006년 8월 3일 수록)

남편이 미군 병사인 일본인 아내는 군인이라는 직업의 고충이나 어려움을 잘 이해하고 있었다. 또한 동시에 아버지가 미군 병사인 자녀들의 마음을 생각하면 기지 반대 운동에 대해서 복잡한 심경을 가진 아내들도 있었다.

(3) 기지 반대파

남편이 기지 관계자라도 기지 반대 입장을 피력하고 기지 반대 운동에 참가하는 아내와도 만나 보았다. 오키나와 출신인 준코(順子: 50대 후반)는 기지 밖에서 일한다. 준코의 남편은 이전에 가데나(嘉手納) 기지에서 군속으로 일하였다. 현재는 퇴직한 상태이다. 남편이 기지 내에서 일을 하던 시절부터 준코는 기지 반대 운동에 참가해 왔다. 남편도 그런 준코를 막지 않았다. 그러나 가데나 기지 포위 시위에 준코는 참가하지 않았다고 한다. 가데나 기지 포위는 일본 본토 복귀를 계기로, 가데나 기지의 담을 따라 손을 잡고, 기지 반대를 호소하는 항의 운동이었다. 이 당시 그녀의 남편이 가데나 기지에서 근무하고 있었기 때문에 참가하지 않았던 것이다.

> 남편은 군에서 일하고 있고, 나는 기지 반대 운동에 참가하고 있고. 하지만 가데나 기지 포위에는 도저히 참가할 수가 없었다. 역시 그랬다. 남편이 그곳에서 근무하고 있었고. 남편이 퇴역한 뒤에는 (참가하지만. 기지 포위 대상은) 후텐마뿐이므로. 후텐마에는 참가한다. 입사하고 줄곧 그렇게 생각해 왔으니까. … 기지가 없는 평화를 목표로 하는 것이 나의 생

각. … 남편이 일하고 있을 때에는 가데나 포위에 참가하지 않았다.(2007년 10월 8일 수록)

준코의 회사 동료는 준코가 미군 관계자와 결혼한 사실을 알고 있었으나, 이에 대해 달리 지적을 하지는 않았다. 그러나 만약 남편이 군속이 아니라 군인이었다면 그와 결혼하지 않았을 것이라고 한다. 친구는 되었을지언정 그 이상 발전하지 않았을 것이라고 한다.

그러나 말은 그렇게 해도 교제 중에 미군 기지를 둘러싼 의견 충돌은 있었다.

남편과는 의견이 전혀 맞지 않았다. 더 이상 이 이야기는 하지 않는다. 처음부터, 군속이라는 것 자체가 … 교제할 때에 갈등도 있었다. 군인이 아닌데도. 군인을 소개받은 적도 있었다. 군인이어서 더는 관계를 발전시키지 않았다. 기지 반대라는 생각이 강했다. 당신이 군인이었다면 결혼하지 않았다고 남편에게 말했다. 그러자 나라는 사람 자체를 사랑한다고 말해 주었다. 나라는 사람을 사랑하기 때문이라고. 지금도 내 의견을 존중해 주고 있고 나를 존중해 주고 있다. 반대 운동 모임이 있을 때에는 에이에이오(준코와 남편 사이에 기지 반대 운동을 가리키는 암호)에 다녀오겠다고 말하고 외출한다.(2007년 10월 8일 수록)

남편이 군속으로서 기지 내에서 근무하고 있었을 때, 준코의 차는 Y 넘버였다. 그 당시, 준코는 Y 넘버를 단 차를 운전해서 회사를 다녔다. 하지만 기지 반대 운동 회합에는 다른 부서에서 다양한 입장을 가진 사람들이 참석하기 때문에 Y 넘버를 단 차를 이용하지 않았다. 이는 다양한 사람이 회합에 참여하기 때문에 생각해 낸 그녀 나름의 배려였다. 준코는 직장의 송년회에 남편과 참석하기도 하였다. 노동조합에서는 본

사진 29. 후텐마(普天間) 대체 시설 이설 반대를 호소하다

사진 30. 후텐마 비행장의 헤노코(邊野古) 이설 반대

인과 기지는 관계없다고 하였다. 친구들이나 강력히 기지 반대를 주장하는 사람도 결혼 상대는 관계없다고 말해 주었다. 기지를 반대하면서도 차는 Y 넘버였다는 점은 실제로 큰 모순이다. 그러나 기지 옹호파나 반대파를 불문하고 군인·군속과 결혼한 여성 대부분이 이 모순에 직면해 있다. 오키나와 출신으로 반전 반기지의 환경에서 자란 여성들이 미군 관계자와 결혼하는 것이나 기지 내 종업원으로 일하는 것은 그 인생에서 큰 갈등을 안고 가는 것을 의미하는 것이다.

2. 미군 헬리콥터 추락 사고와 아내의 견해

전후부터 오늘날까지 미군이나 미군 관계자가 야기한 사고나 범죄는 수없이 많은데, 그중 몇몇 사건은 오키나와 지역사회에 커다란 영향을 주었고, 현재에도 현지 주민의 마음에 생생하게 남아 있다. 이러한 미군이 야기한 사고나 범죄 가운데, 2004년 8월에 발생한 오키나와 국제대학 미 해병대 후텐마 비행장의 CH-53D 헬리콥터 추락 사고를 살펴보고자 한다. 이 사고는 미군 군용기가 오키나와의 민간 땅인 대학 캠퍼스 안에 추락한 사고였는데, 이 사고로 미군 기지와 현지 주민 사이의 대립이 표면화되었을 뿐만 아니라, 한편으로 그 이면에 후텐마 비행장 소속 해병대원과 결혼한 딸을 가진 오키나와 어머니들의 걱정하는 모습이 드러나기도 하였다. 이 사고는 미군 병사와 결혼한 오키나와 여성에게도 큰 파문을 던졌다.

아내들의 미 해병대 헬리콥터 추락 사고에 대한 의견

미군 관계자와 결혼한 여성들의 의견은 미군에 대한 분노와 동정으로 크게 나뉜다. 그러나 오키나와 출신으로 해병대원과 결혼한 아내들 중에는 양측의 입장을 모두 이해한다는 여성도 있었다.

미야코지마(宮古島) 출신의 나쓰에(夏江: 30대 초반)는 오키나와 국제대학 졸업생이다. 남편(30대 초반)인 마이클은 후텐마 비행장 소속의 해병대원이다. 나쓰에는 헬리콥터 추락 사고와 관련한 미군의 오키나와에 대한 태도를 강하게 비판하였다.

> 지난번 헬리콥터 사고가 발생했을 때, (남편이) 어쩔 수 없는 일 아닌가라는 말을 해서 화가 나 울컥했다. 그때 나는 남편에게 우리 애들이 다니는 학교에 떨어졌어도 어쩔 수 없으니 그것으로 OK냐고 되물었다. (남편은) 그런 말이 아니라고 하였다. 내가 "그렇게 말했잖아" 하면서 토론이 시작되었다. 나는 오키나와에서 태어나 자라면서 패전 사진이나 그 당시의 사진을 보고 평화 학습을 받아 왔다. 군인인 남편의 일은 전쟁. 내가 자란 환경은 전쟁은 이런 것이다, 그러니 해서는 안 되는 것이다 하는 교육을 한다.(2005년 10월 8일 수록)

나쓰에는 해외에 주둔한 미군의 태도에 대해서도 다음과 같이 비판하였다.

그러니까 해외에 와서 토지를 빌려 사용하고 있다는 의식이 그들에게는 없다. 자위대가 미국으로 훈련을 가서 미국 어느 지역에서 추락하는 사고가 발생하였다고 상상해 보자. 조사 등 모든 일을 미국에 맡기지 않고 직접 나서서 처리한다면 어떨 것 같은가? 해외에 가서 그 나라에 성심성의를 다해 주의 깊게 행동하는 것이 인간이지 않은가? 미군 모두가 그렇다는 것은 아니지만, 미 해병대에 입대하였을 때 철저하게 교육을 받는다. 해병대는 무얼 해도 된다는 식으로. 엄청나게 세뇌를 받는다. "Marine is number 1. America is number 1"(해병대가 최고. 미국이 최고). 전쟁에서 한 번도 패한 적이 없다. 그런 정신이 아니면 버티지 못한다.(2005년 10월 8일 수록)

또한 나쓰에는 오키나와 출신자로서 다음과 같이 말했다.

오키나와 사람으로서 평화 운동에 대해서 최소한 이해를 해 줬으면 좋겠다. 군 자체는 이미 전쟁을 위한 조직이고, 모두들 평화 유지라는 말을 하지만, 요점은 (군인은) 전쟁을 하는 사람, 그들의 일은 전쟁이므로. 그것이 어떠한 결과를 초래하는지 생각해 본 적은 있는가? 그들은 지금까지 전쟁에서 이겨왔고, 이기기만 한 나라여서 패전국 사람들의 마음은 이해하지 못하고, 그런 수업을 받아 본 적도 없다는 것. 내 경우에는 그런 수업을 통해 히메유리 탑을 답사하고, 남부 지역의 전쟁 유적지를 탐방하였다. 지금까지 군의 통치 아래 있던 당시의 좋은 측면과 나쁜 측면 모두 알고 있지만, 그들에게 말하고 싶은 것은 매너 교육이 제대로 이루어지지 않았다는 것, 그것을 좀 해결하라는 것이다.(2005년 10월 8일 수록)

나쓰에는 헬리콥터 추락 사고를 본 미국인들로부터 "일본에 사고 현장을 검증할 권한조차도 없는 것이냐?" 하는 말을 들었다.[3] 이처럼 이러한 상황을 이상하게 여기는 사람은 그나마 관심을 갖고 사고에 대해 생각해 주는 사람이라고 나쓰에는 말했다. 그러나 관심이 없는 사람에게는 무슨 말을 하든 이해하지 못한다고 그녀는 말하기도 하였다.

나쓰에는 이 사고가 발생하였을 때, 나쓰에의 어머니가 남편 마이클이 무사한지를 묻는 전화를 해 주어 무엇보다 기뻤다고 한다.

> 가장 기뻤던 것은 친정 식구들이 헬리콥터 추락 사고 발생 소식을 듣고 남편 마이클이 무사한지 안부를 물어 준 점이다. 추락 사고를 책망하는 것이 아니라 무사한지를 물어 주었던 것이다. (남편이 무사하다는 것을 확인하자) 아, 다행이다. 그리고 이어서 "그쪽 책임이야" 이게 오키나와 사람의 반응이다. "그쪽 책임이니까, 어떻게 좀 해 봐."(2005년 10월 8일 수록)

나쓰에의 말에 따르면, 어머니는 오키나와 사람으로서 미군 기지에서 일으킨 사고이지만, 가족의 일원인 딸의 남편의 안전을 먼저 걱정한 것이다. 동시에 미군 기지가 원인이 되어 주민들에게 피해를 주었기에 이에 대해서 비판도 한 것이다. 이는 오키나와 사람이 미군 기지에 느끼는 복잡한 심정을 보여 주는 한 측면이다.

교코(京子: 20대 후반)도 오키나와 국제대학 졸업생이다. 남편(30대 후반)인 길버트는 해병대원이다. 교코는 미군이 오키나와 현의 사고 현장 검증을 받아들이지 않았다는 점, 젊은 미군 병사가 일본 보도 카메라를 향해 손을 휘둘러 오키나와 주민의 반감을 사고 만 점에 대해 비판하였

3 기지 밖에서의 미군 항공기 추락 사고에 대한 대응은 <일본 국내에서의 미합중국 군대가 사용하는 시설·구역 밖에서의 미합중국 군용 항공기 사고에 관한 가이드라인> (http://www.mofa.go.jp/mofaj/area/vsa/sta/pdfs/jiko.pdf, 2012년 2월 11일 열람)에 근거해 규정되어 있다.

다. 그러나 개인이 저지른 일을 미군 전체의 행위로 확대해 보는 시각에 대해서는 비판을 하였다. 교코는 남편을 통해 미군 병사가 어떠한 임무를 짊어지고 매일 자신의 일에 임하고 있는지에 대해 들었기 때문에, 보도기관과 같은 시각에서 사고를 바라보지 않았다.

만약 이 사고가 일본 자위대가 일으킨 사고였다면 이렇게까지 확대되었을까? 다른 나라 사람이 저지른 일이라서 잘 모르기 때문에, 더 기분 나쁘게 느끼고 있다. 남편을 통해 군인이 어떤 일을 하는지 알고 있기 때문에, (나는) 그렇게까지 기분 나쁘게 느껴지지는 않는다. 하지만 모두 잘 모르기 때문에 혼란스러운 것이다. 결혼 전과 다른 느낌이다. 오키나와의 미군 기지는 세계에 평화가 왔을 때(변할 것이다). 오키나와에 미군이 있어서 중국으로부터 일본을 지킬 수 있는 것이 아닌가. 이러한 세계정세를 생각하면, 그렇게까지 반대할 일인가 싶다. 하지만 여전히 과제는 오키나와에서 미군과 어떻게 공존해 갈 것인가(하는 것). 예를 들어 미군기지가 북부에서 중부까지만 주둔하면 주민들을 지킬 수 있지 않을까? (지금은) 미군 기지가 여기저기 산재해 있어서 교통사고가 나듯이 사건·사고가 발생하고 있는 것이 아닐까?(2005년 4월 28일 수록)

아야코(30대 후반)는 기지 내에서 일을 하고 있어 사고가 일어나면 직무의 일환으로 현장으로 나간다. 남편인 토니(30대 후반)는 전 해병대원이다. 아야코는 오키나와 출신으로 오키나와의 분노도 잘 알고 있고 미군의 입장도 이해하고 있다. 그녀의 마음은 복잡하다.

헬리콥터가 추락했을 때, 현장에 파견되었다. 이런 사고가 발생하면 모두가 화를 내는 것도 무리가 아니다. 학생들이 그곳에 없어서 천만다행이었다. 문 바로 옆이었다. 사망자가 나오지 않아서 불행 중 다행이었다. 하지만 중대한 사안이었다. 미군은 사과를 하지 않는다. 어떻게 그럴 수 있을까? 사과하지만 오키나와 사람들은 납득하지 못한다. 미국이라는 나라는 항상 갑의 자리에 있고 싶어 한다. 위에서 내려다본다. 그런 체제를 바꾸려 하지 않는다. (2005년 4월 20일 수록)

이상과 같이, 오키나와 출신의 아내들의 생각은 복잡하고도 예민하다. 또한 이는 일반적으로 오키나와에서 접할 수 있는 미디어의 보도에 따른 미군이나 일본 정부에 대한 일방적인 비판으로는 보이지 않는다. 이러한 생각이야말로 오키나와의 미군 기지를 둘러싼 기지와 지역 주민 사이의 상황을 잘 말해 주는 것이라고 할 수 있다.

3. 미국인 남편이 바라본 기지 반대 운동

오키나와 여성과 결혼한 미국인 남편도 아내와 마찬가지로 다양한 생각을 갖고 기지 반대 운동을 바라보고 있다. 남편들의 오키나와 기지 문제에 대한 태도에, 아내가 오키나와 출신이라는 점에서 기인한 의견도 있었다는 점에 주목하고자 한다.

그럼, 남편들이 기지 반대 운동이나 그와 관련한 문제에 대해 가지고 있는 의견을 다섯 가지 사항을 통해 살펴보겠다. (1) 오키나와에 동정적인 의견, (2) 기지 반대 운동에 대한 비판, (3) 권리 가운데 하나로 인식, (4) 무관심, (5) 아내가 기지 반대 운동에 참여하고 있는 미국인 남편의 생각 등이다.

(1) 오키나와에 동정적인 의견

리처드(30대 후반, 백인)의 의견은 동정적이었다. 그는 오키나와 사람에게 항의 운동을 할 권리가 있다고 말했다.

기지 반대 운동에 대해 많은 의견이 있다. 기본적으로 오키나와 사람들은 고통을 받고 있다. 일본인과 미국인은 오키나와 사람들을 죽음으로 내몰았다. 장인의 부친도 오키나와 전에서 사망하였다. 현재에도 오키나와 사람들은 고통스러워하고 있다. 그런데도 오키나와 사람들은 다정하다. 미군 병사의 오키나와 소녀 성폭력 사건이 발생했을 때에는 내가 미국인이라는 사실이 그 어느 때보다 싫었다. 만약 오키나와 사람과 일본인이 폭력적이라면 미군은 철수했을 것이다. 오키나와 사람들은 항의 운동을 할 권리가 있다.(2007년 9월 6일 수록)

(2) 기지 반대 운동에 대한 비판

해마다 많은 기지 반대 운동이 전개되는 가운데, 기지 내 페스티벌 등이 열릴 때에는 기지가 공개된다. 이때 미군 기지에는 가족과 함께 많은 오키나와 사람들이 방문하며 미국의 음식과 분위기를 즐긴다. 기지 반대 운동에서 보여 주는 오키나와 사람들의 모습과 기지 내 페스티벌을 즐기는 오키나와 사람들의 모습을 보고 미심쩍게 생각하는 미국인 남편도 있다. 로버트(40대 초반, 백인)는 다음과 같이 말했다. "미국인은 늘 악당이다. 많은 오키나와 사람들이 기지 반대 운동을 전개한다. 그러나 그들 대부분이 기지 내 페스티벌에 참가하기도 한다. 이를 보고 있으면 긴장이 된다." 그는 오키나와 사람들에게서 발견되는 모순에 화가 난다고 한다.

(3) 권리 가운데 하나로 인식

리처드처럼 동정적이지는 않지만, 항의 운동을 권리 중 하나로 인식하는 의견은 루빈, 스콧, 로드니 등 세 사람에게서 발견되었다. 또한 그들 자신이 같은 상황이라면 오키나와 사람과 마찬가지로 기지 반대 운동에 참가했을 것이라고 말한 미국인 남편도 3명(앨프리드, 피터, 케빈) 있었다.

(4) 무관심

조지는 기지 반대 운동에 관심이 없다. 기지 반대 운동을 전개해도 달라지는 것은 없을 것이기 때문이다.

대다수의 남편들이 기지 반대 운동에 대해 반대 혹은 찬성이라는 명확한 의견을 피력하지는 않았다. 그들의 의견은 크게 두 가지로 나뉜다. 하나는, 기지 반대 운동 참가자나 운동의 모순에 대한 것이다. 글렉(40대 초반, 백인)에 따르면, 기지 반대 운동에 실질적으로 참여하고 있는 사람은 오키나와 사람이 아니라 일본 본토 사람이 더 많다고 한다(테리: 40대 후반, 백인/브라이언: 20대 후반, 백인). 또한 헨리의 경우처럼 오키나와 기지 반대 운동의 창끝은 미국인이 아니라 일본 정부를 향하고 있다고 지적한 남편도 있었다.

또 하나는, 오키나와에 기지가 존재하는 이유에 대해서이다. 에릭은 많은 오키나와 사람들이 기지 내에서 일을 하고 있다는 점을 들어 경제적인 면을 고려해야 한다고 지적하였다. 프랭크는 미군 기지가 오키나와에 있는 역사적 배경을 고려해야 한다고 지적하였다.

이상의 의견은 아내가 기지 반대 운동에 참여하고 있지 않은 남편들의 의견이었다. 그럼, 아내가 기지 반대 운동에 참여하고 있는 경우에는 어떤지 살펴보겠다.

(5) 아내가 기지 반대 운동에 참여하고 있는 미국인 남편의 생각

앞서 기술하였지만, 준코(順子: 50대 후반)는 기지 반대파이며 항의 운동에도 참여하고 있다. 그녀의 남편인 마크(60대 후반, 백인)는 기지 문제와 관련해 그녀와 정반대의 의견을 갖고 있다. 그는 기지 옹호파이다. 그에 따르면, 아내는 반미국인이 아니라 반기지·반경찰의 운동을 하고 있다. 다시 말해, 권력에 대해 항의를 하고 있는 것이다. 마크와 준코는 기지

반대 운동에 '에이에이오'라는 이름을 붙였다. 마크는 결혼 전부터 준코가 기지 반대 운동에 참여하고 있다는 것을 알고 있었다. 그는 서로 다른 의견을 갖고 있더라도 서로의 의견을 존중해야 한다고 생각한다. 준코가 자신을 이해해 주기를 바란다면 자신 역시 그녀의 의견을 존중해야 한다는 것이다. 결혼 전부터 기지 문제에 대한 준코의 의견을 받아들여야 한다는 것을 알고 있었다. 마크는 오키나와의 보도 내용은 편향되어 있다고 지적하였다. 그는 어느 한쪽을 이해하고자 한다면 양쪽 모두를 알아야 한다고 생각한다. 그는 누군가와 함께 생활한다는 것은 타협이자 'give and take'라고 말한다.

이와 같은 미국인 남편의 의견은 오키나와 여성과 결혼하지 않은 기지 관계자가 기지 반대 운동에 대해 품고 있는 생각과는 다르다. 기지와 관련 있는 일반 미국인은, 미군 기지가 오키나와 사람들에게 많은 고용의 기회를 주고 있고 혼란을 막아 주는 역할을 하고 있는데, 왜 기지 반대 운동을 하는지 알 수 없다고 말한다. 이들은 애초에 이와 같은 기지 반대 운동에 대해 관심조차 없기도 하다. 이러한 일반 기지 관계자의 태도와 비교하면, 오키나와 출신의 아내를 둔 미국인 남편은 오키나와에서 빈번하게 일고 있는 기지 반대 운동이나 기지에 대한 보도를 제대로 숙지하고 오키나와의 상황에 대해 이해하고 있다고 할 수 있다. 어쩌면 오키나와 출신 아내와 그 가족이 가까이에 있기 때문에 기지 문제나 기지 반대 운동에 대해 생각해 보지 않을 수가 없는 상황이기도 하다. 마크가 "어느 한쪽을 이해하고자 한다면 양쪽을 알아야 한다"라고 했듯이, 오키나와 출신의 아내를 둔 남편들은 오키나와에서의 기지 반대 운동에 대해, 오키나와(일본)와 미국 서로의 입장에서 상대화해서 생각해 볼 수 있는 상황에 있다고 할 수 있다. 다시 말해, 오키나와 출신의 여성과 결혼해 오키나와 사회 속에서 가정생활을 하고 있기 때문에 이들은 미군 관계자가 일반적으로 생각하는 오키나와의 기지 문제에 대한 견해와 크게 다른 의식을 갖고 있으며, 오키나와와 미국(미군) 양쪽의 시각에서 생각을 해 볼 수 있는 것이다.

이상, 기지 관계자와 결혼한 오키나와 여성에게도 그 남편에게도, 기지 문제는 훨씬 일상적이면서 중요한 문제였다. 현지와 기지의 상황을 이해하고 있기 때문에 이들의 입장은 매우 복잡한 것이었다. 또한 기지 문제의 한켠에서, 아주 쉽게 비판의 대상이 되는 오키나와 거주 일본 본토 출신자의 존재도 있었다. 이러한 상황은 오키나와의 미군 기지를 둘러싼 기지와 지역 주민 간의 상황을 더욱 잘 보여 주고 있다고 할 수 있다.

제8장 이동에 대한 부부의 생각
오키나와의 퇴역 군인 생활을 중심으로

미군 병사는 정기적으로 이동을 한다. 본 장에서는 이러한 이동을 둘러싼 오키나와 여성의 갈등과 퇴역 군인의 오키나와에서의 취직과 주거지 문제에 대해 살펴보고자 한다. 그리고 오키나와 출신자를 향한 비판적 시각과 오키나와에 처자식을 버리고 미국으로 귀국해 버린 냉혹한 미군 병사의 이미지에 대해서도 다시 고찰해 보고자 한다.

1. 이동에 대한 오키나와 여성들의 갈등

오키나와 여성은 일반적으로 남편이 군인으로서 적어도 20년 동안 근무하고 퇴역하기를 희망한다. 퇴역 후에는 오키나와의 기지 내에서 군속으로 일을 하고, 오키나와에서 퇴직하는 것을 이상적으로 여긴다. 퇴역 군인이기를 바라는 이유는, 미군 병사의 자격을 유지하기만 하면 미군 기지가 있는 오키나와로 다시 이동해 올 가능성이 크다는 점과, 일반 미국인과 비교하면 안정된 수입, 현역이건 퇴역을 하였건 군대에서 충분한 보상을 받을 수 있다는 점 때문이다. 퇴역 군인이 되려면, 적어도

20년 동안 빈번한 이동이 동반되는 미군 병사로서 군 생활을 해야 한다. 그러나 오키나와 여성은 남편이 군인으로서 퇴직하기를 되기를 바라는 한편으로, 그 자신들은 오키나와를 떠나 생활하기를 주저한다.

1.1. 오키나와 여성을 오키나와에 머물게 하는 이유

오키나와 여성을 오키나와에 남게 하는 이유에 대해 다음의 네 가지를 들 수 있다. 즉, (1) 강한 가족 관계(어머니에 대한 의존), (2) 강한 교우 관계, (3) 노동력으로서의 중요성, (4) 싱글맘에 대한 편견이 적다는 점. 그리고 마지막으로 요코스카(横須賀) 미군 기지의 아내들과 비교해, 오키나와 여성을 오키나와에 머물게 하는 이유에 대해 좀 더 살펴보고자 한다.

(1) 강한 가족 관계(어머니에 대한 의존)

오키나와 여성은 남편이 미국으로 이동하더라도 오키나와에 남아 별거 생활을 이어 가는 경향이 강하다. 이들은 남편의 근무지가 다시 오키나와로 변경될 때까지 기다린다. 이는 오키나와 여성과 어머니나 오키나와의 가족·친족과의 관계가 얼마나 강한 유대인지를 보여 준다. 동시에 군인이나 군대가 없어도 오키나와의 가족 시스템 속에서 결혼·가정생활을 영위할 수 있다는 것을 시사해 주기도 한다. 이는 오키나와의 가족 관계를 모체로 한 네트워크가 존재한다는 것을 의미한다.

(2) 강한 교우 관계

오키나와에서 태어나고 자란 오키나와의 여성에게는 동급생이나 친구 등 친밀한 교우 관계를 바탕으로 한 네트워크가 존재한다. 여기에는 가족 관계와 마찬가지로 강한 유대 관계가 존재하기 때문에, 남편과 함께 이동해 갈 필요성을 느끼지 못한다.

(3) 노동력으로서의 중요성

오키나와에서는 가족이 함께 가계나 가업을 유지하는 경우가 많아, 딸들은 출가한 뒤에도 가족 노동력의 일부로 간주된다. 특히 아내의 친정이 자영업을 하는 경우라면, 이러한 경향은 더욱 강하다. 가업을 유지하는 오키나와 여성은 오키나와를 떠나는 것에 주저하는 마음이 크다.

(4) 싱글맘에 대한 편견이 적다는 점

필자는 일본 본토 출신인 아내의 경우, 남편이 홀로 미국 등 다른 근무지로 이동해 가서 아내와 별거 생활을 하는 사례를 접하지 못하였다. 일본 본토에서는 아버지가 없다는 이유로 싱글맘으로 비춰져 사회적으로 입지가 좁아지는 경향이 있다. 그러나 오키나와에서는 싱글맘이라는 점이나 이혼을 했다는 점에 대한 사회적 압력이 본토만큼 크지 않다. 가족이나 친족 가운데 적어도 한 사람은 미군 병사와 결혼했다가 이혼하고 미국에서 오키나와로 돌아온 사람이 있다는 말이 있을 정도이다. 오키나와 출신끼리 결혼을 했다가 이혼을 해서 싱글맘이 되어 아이를 키우는 사례도 드물지 않다. 그리고 이러한 환경에서 여성을 돕는 가족 시스템도 잘 작동하고 있다.

(5) 요코스카(横須賀) 미군 기지와의 비교

요코스카 미군 기지에서 만난 요코스카 주둔 미군의 아내들은 오키나와 출신의 아내들과 같은 부모나 가족 시스템이 반드시 작동하고 있지는 않다. 그래서 가족과 떨어져 요코스카에서 남편과 둘이서 살아야 한다. 그렇기 때문에 오키나와 출신의 아내들보다 군대와 더욱 밀접한 관

사진 31. 우체국(캠프 포스터)

계를 형성하면서 생활을 하게 되는 것이다.[1] 그리고 요코스카의 아내들은 군인의 아내라는 의식도 강하였다. 오키나와의 아내들은 미군 기지에 의존한다기보다 오키나와 사회나 가족 안에서 군인인 남편과의 결혼 생활을 유지하고 있다고도 할 수 있다.

그러나 오키나와 출신의 아내들이 모두 오키나와에 집착해 남편과 함께 이동하지 않는 것은 아니다. 여기에는 남편의 이동에 따른 오키나와 여성들 각자의 입장이 존재하며 각자가 나름대로 고심을 거듭하면서 선택을 하고 있다. 이러한 선택은 남편과의 관계나 여성과 부모의 연령 등도 영향을 주고 있어 단순하게 도식적으로 설명할 수는 없다.

오키나와 출신자의 태도를 비판하는 일본 본토 출신자들은 남편과 함께 이동하거나 이동을 둘러싸고 고심하는 오키나와 여성의 존재를 인식하지 못하고 있다. 이는 오키나와 여성에 대한 편견이라고 할 수 있다. 몇 가지 예외를 제외하고 이들은 서로 편견을 갖고 바라보고 있다는 것을 알 수 있다.

1.2. 이동에 대한 오키나와 여성들의 생각

이동에 대한 오키나와 여성들의 생각에 대해서 다음 네 가지 사례를 소개하고자 한다. (1) 오키나와에 남은 아내, (2) 망설이는 아내, (3) 이동을 결심한 아내, (4) 부모의 노후 문제로 고심하는 아내 등을 들 수 있다.

1 요코스카 미군 기지에 대해서는 미야니시(宮西 2003)를 참조.

(1) 오키나와에 남은 아내

오키나와 출신의 이즈미(泉: 30대 후반)는 기지 내에서 일하면서 혼자서 12세와 7세인 두 아들을 오키나와에서 키우고 있다. 남편인 잭은 해병대를 제대하고 오키나와에서 10년 동안 결혼 생활을 하다가 3년 전에 고향인 미시간 주로 돌아가서 현재 두 사람은 별거 생활을 하고 있다.

오키나와에서 10년 동안 결혼 생활을 하면서 잭은 노무자로 일을 했는데, 음주와 온라인에 게임에 빠져 가정 폭력으로 발전하였다. 별거하고 2년 뒤에 이즈미는 아들들을 데리고 미국으로 잭을 만나러 갔다. 잭은 미국으로 와서 함께 살기를 바란다고 말하고 있지만, 그의 말을 얼마나 신용할 수 있을지 이즈미는 판단이 서지 않았다. 미국에서 아이들이 다닐 학교도 걱정이었다. 최근에는 잭의 연락이 없어 불안감이 커지고 있다.

이즈미는 결혼했을 당시, 잭과 함께 미국으로 이동하지 않았던 것을 후회하고 있다. 이즈미에게 이는 가장 큰 후회라고 한다. 이즈미의 말에 따르면, 오키나와 여성이 오키나와에 집착하는 이유는 가족이라고 한다. 그리고 이즈미는, 남성은 태어나고 자란 곳에서 생활하고 가족을 부양해야 한다는 지적도 하였다.

> 가족이니까. 오키나와 사람들은 내지(본토) 사람과 비교하면 가족과의 유대도 강해 다투기도 하지만 그 유대감은 무엇보다 강하다. 경제 상태도 넉넉하지 않다. 군인인 남편이 오키나와 아내의 가족을 부양하는 경우도 있다. 어머니나 아버지의 집세를 내 주는 경우도 있고. 요즘 군인들은 경제적으로 여유로우니까, 예전에 비하면. 내 경우에는 경제적으로 어려웠기 때문에 부모님께 용돈을 드리는 것조차 생각지 못했지만. 이 사람도 그런 부분이 있어서 선뜻 나서지 못하고 있는 것이다. 그런 사람이 많다. 나도 그랬고. (부모님을) 모시고 가라는 사람도 있지만, 모시고

갈 수가 없다. 부양가족으로 부모님을 모시고 갈 수 있지만 그럴 수 없었다. 그 당시에는 가정도 걱정되어 오키나와에 더 있고 싶었다. 왜 그렇게 생각했을까? 하지만 그것은 정말 큰 실수였다는 생각이 든다. 정말로. 이 사람의 10년은 내 실수로 인해 헛된 것이 되고 말아 미안한 마음(이 가득하다). 그를 미워한다는 것은 착각일지도 모른다. 그는 오키나와에 나를 위해 와 주었지만 지난 10년이 헛되고 말았다. 그의 입을 통해 지난 10년이 헛된 것이었다는 말을 들었을 때 비로소 그렇다는 것을 알았다. 문득 이 사람은 무엇을 위해 오키나와에 있는 것일까 하는 생각이 들었다. 의미 있는 삶을 보내지 못한 것이다. 오키나와에 있고 싶고 가족과 떨어지고 싶지 않은 기분은 안다. 하지만 갔다가 돌아오지 못하는 것도 아니었는데. 갔다가 10년, 20년 오키나와로 돌아오지 못하는 것도 아니었는데. 왜 고집을 피우며 가지 못했던 것일까? 정말 많이 후회가 되는 측면이 있다. 한 번쯤은 오키나와를 떠나 이동을 해 보아야 한다. 함께 가 보았다가 안 되겠다 싶으면 그때 돌아오면 된다. (오키나와에서) 하는 일이 무척 마음에 들어 계속하고 싶다면 이야기가 달라지지만, 그렇지 않다면 함께 이동할 필요가 있다. 남자는 자신이 태어난 곳으로 가야 한다고 생각한다. 절실히 느꼈다. 여성은 자신이 태어난 곳을 떠나 잘 지낼 수 있지만 남성은 어려워 보인다. 여성이 훨씬 유연하게 잘 적응할 수 있을 것이다. 남성은 어느 정도 일을 통해 자신감을 얻어 가정을 지키는 것이 중요하다.(2007년 4월 23일 수록)

이즈미는 잭이 군인이어서 오키나와에서의 결혼 생활이 원활했다고 말한다. 미군 병사의 세계에는 군 규칙이나 계급 등에 따른 속박이 있고, 때로 전쟁에 파견될 가능성도 있다. 반면에 오키나와에서 일반 민간인이 일을 해서 받는 급료보다 안정된 급료를 받을 수 있다. 또한 미국 사회의 취업 상황도 어려워서 특별한 능력이나 자격이 없는 한 미국 사회에서 취직하기란 여간 어렵지 않다는 지적도 하였다. 이즈미는 미국에

가지 않았던 것을 크게 후회하고 있다.

(2) 망설이는 아내

오키나와 현 작은 섬 출신인 요코(20대 후반)는 남편의 일이나 근무지 이동에 대해 현실적으로 생각하고 있다. 요코는 미군 기지 내 종업원으로 일하고 있다. 남편 앤서니는 30대 초반의 해병대원(하사관, E-5)이며 둘 사이에는 5세 된 아들이 있다.

요코는 교제할 때부터 앤서니에게 이동 명령을 받으면 혼자서 가라고 말해 두었다. 하지만 앤서니는 요코와 아들이 함께 가 주기를 바라고 있다. 기지 내 종업원으로 오키나와에서 퇴직하기로 결심한 요코는 기지 내에서 하는 일을 그만두면서까지 앤서니의 전근에 동행할 가치를 찾지 못하고 있다. 게다가 요코는 남편이 제대 후에 오키나와에서 군속으로 일했으면 한다는 말조차 꺼내지도 못하고 있다. 군속이 되는 일이 얼마나 어려운 일인지 그녀는 이미 잘 알고 있다.

> PCS(이동) 때도 혼자 가라고 말해 두었다. 2년. 남편에게는 교제할 때부터 그렇게 말해 두었다. 일을 그만두고 싶지 않다는 말도 해 두었다. 미국에 가더라도 이 정도의 일은 얼마든지 있다고 (남편은) 말하지만, 나는 앞으로 오키나와로 돌아와 생활을 할 때 필요한 연금이나 보험 등을 고려하지 않을 수 없다. 계속 군대에 남아 복무하라고 내 입으로는 말할 수 없다. 아무리 내가 아내라고 해도. 계속 군대에 있으면 은퇴(퇴역에 대한 보상)라는 게 있으니. 지금은 기지 내에서 일을 찾기가 매우 어렵다. 만약 군대를 그만두면 좀처럼 SOFA(기지 내)의 일을 할 기회가 없기 때문에. 전 해병대 출신이면서 일본인과 결혼한 상태라면, 언젠가는 SOFA가 될 것이다. 정말 이때를 기다리는 사람은 기다린다. 만약 네 남편이 GS(군속)가 되더라도 (고용계약을) 갱신하고 또 갱신하는 것이므로 장래성은

없다. 미래가 없다. 옆집에 사는 사람은 GS이고 집이 있었지만 계약 때문에 미국에 돌아가야만 했다.(2007년 1월 27일 수록)

요코는 퇴역 군인이나 그 가족에 대한 보상을 제대를 하게 되면 지급받지 못한다는 것도 잘 알고 있다. 한편으로, 퇴역할 때까지 최소한 20년 동안 군인으로 근속한다면 위험 지역에 파견되거나 최악의 경우에는 전사할지도 모른다는 두려움을 안고 있기도 하다.

내 남편은 퇴역 군인으로 군 생활을 마쳤으면 좋겠다. 마지막까지. PCS(이동)가 결정되면 나는 이곳에 남을 것이다. 남편은 함께 가기를 원한다. 하지만 최근에는 이메일이나 인터넷이 잘 발달되어 있고, 만나고 싶으면 1년에 한 번 내가 가든지 남편이 오든지 해서 연 2, 3회는 만날 수 있다. 어떻게 해서든 잘해 보자고 할 생각이다. 하지만 역시 남편은 함께 가기를 원하는 것 같다. 내가 너무 내 생각만 하는 것인지도 모르지만. 남편을 따라 그곳에 가서 얻는 것은? 만약 이혼한다면…. 내가 여기에 남고 싶은 것은 미래를 위해서이다. … 그렇기 때문에 이런 생각을 가진 사람들과 이야기를 해 보고 싶다. 군 고용원(기지 내 일본인 종업원)이면서 남편이 군인이고 미국으로 갈지 말지 고심 중인 사람과 만나 이야기를 나누어 보고 싶다. 나는 (가지 않아도) 좋지만, 문제는 아이이다. 아버지가 없으면 외롭지 않을까?(2007년 1월 27일 수록)

요코는 아들이 다니는 학교에서 남편의 이라크 파병으로 눈이 붉어져있는 아내들을 만나면 걱정이 된다. 기지 내에서 일을 하면서 오키나와에서 계속 살고 싶은 요코이지만, 아버지에 대한 아이의 마음을 생각하면, 남편과 함께 이동해야 하지 않을까 고민이다. 그리고 요코는 이러한 고민을 터놓고 이야기할 수 있는 같은 처지의 아내들을 만나고 싶어 한다.

(3) 이동을 결심한 아내

오키나와 출신인 교코(京子, 20대 후반)는 요코와는 달리 남편이 퇴역한 뒤에는 미국에서 살기로 결심한 상태이다. 남편인 길버트는 30대 후반의 해병대원(하사관, E-6)이다. 교코는 오키나와에 체재하는 동안, 가능한 한 어머니와 가족을 만나는 시간을 많이 가지려고 노력한다.

> 어머니가 우리 집에 2주일에 한 번 방문한다. 내가 요나바루(与那原: 오키나와 본섬 남부에 위치한 교코의 출신지)로 가기도 한다. 오키나와에 있으면 군인인 남편에게 기회가 오지 않는다. 결국 미국으로 돌아가야 하기 때문에. 어머니는 우리를 자주 방문한다. 남편이 계속 오키나와에서 살지 않을 것이기 때문에. 퇴역까지 앞으로 8년. 38세에 군 생활을 마감하게 된다. 18세에 입대했으니까.(2005년 4월 28일 수록)

교코가 오키나와를 떠나기로 결심할 수 있었던 이유에 대해 살펴보자. 교코는 오키나와 출신으로 부모님과 함께 살면서 오키나와 현에 있는 대학에 다녔으며, 결혼하면서 처음으로 집을 떠났다. 이는 일본 본토 출신자의 아내가 비판하는 오키나와에서 발견되는 전형적인 모습이다.

교코는 대학 시절에 길버트를 만나 대학 졸업 후에 임신 사실을 알게 되었다. 졸업 후, 바로 결혼해서 미국으로 이동하였다. 미국에서 3년간 생활을 하고 다시 오키나와로 돌아와 지금에 이르렀다.

교코가 다른 오키나와 출신 아내와 다른 점은 부부 중심의 결혼 생활을 하고 있다는 점이다.[2] 그리고 교코는 오키나와의 행사에 참여하는 것

2 미야코지마(宮古島) 출신의 다에(多惠: 60대 초반)도 교코와 마찬가지로 부부 중심의 결혼 생활을 하고 있다. 다에와 남편 찰스(60대 초반)는 찰스의 퇴역 이후 현재까지 20년

과 관련해서도, 친정 가족이 남편을 기꺼이 행사에 초대해 주지 않으면 교코도 가족 행사에 참석하지 않는다고 단언했을 정도이다. 남편을 먼저 생각해야 한다고 그녀는 말한다. 앞서 인터뷰를 통해, 일본 여성들은 남편보다 친정이나 어머니와의 관계를 우선시하는 결혼 생활을 하고 있다는 것을 알았다. 그런 의미에서 교코는 오키나와 출신이지만, 앞서 기술한 도식이나 오키나와 여성이라는 틀에 갇혀 있지 않은 결혼 생활을 하고 있음을 알 수 있다.

(4) 부모의 노후 문제로 고심하는 아내

오키나와 출신의 마사요(正代: 50대 후반)는 군속인 남편 티머시(60대 후반)와 결혼하였다. 마사요는 오키나와와 미국을 오가는 생활을 꿈꾸었기 때문에 미국인과의 결혼은 그녀에게 매력적인 일이었다. 하지만 그녀의 부모님의 노후 문제가 표면화되었다. 또한 전남편과의 사이에 얻은 아이들이 결혼해 손자가 생기면서 그녀의 의식에도 변화가 생겼다.

> 부모님이 편찮으시고 아이들에게 아이가 생겨서. 그래서 오키나와를 떠나고 싶지 않아졌다. 하지만 이미 책임은 다하였고, 부모님의 간호와 손자의 양육을 위해 오키나와에 있어야 하나 하고, 남편과 나는 망설이고 있다. 지금은 아버지가 수술을 막 마친 상태이고. 남동생은 그리 도움이 되지 않는다. 모두 바쁘다. 나와 막내 여동생이 부모님을 보살피고 있다.

동안 오키나와에서 살고 있다. 다에는 남편의 현역 시절에 함께 근무지로 이동하였다. 오키나와 본섬 중부에 집도 가지고 있지만 오키나와에서 앞으로 일생 동안 살 계획은 없다. 남편이 미국으로 돌아가겠다고 하면 함께 돌아갈 것이라고 한다. 그 이유 중 하나는 외동아들에게 몇 십 년 동안 묘지기를 시키고 싶지 않아서라고 한다. 또한 20년 동안이나 오키나와에 함께 머물러 준 남편에 대한 감사의 마음도 있기 때문이다. 다에는 오키나와를 떠나는 것에 대해 다음과 같이 말했다. "미련은 없어요. 남편이 크게 웃어 주었어요. 나는 부모님도 이곳에 계시고 집도 있지만, 가장 소중한 것은 바로 당신이니까(라고 말했을 때). 멋쩍어하면서도 환하게 웃었어요."

내가 지금 미국으로 간다고 하면 불안감에 사로잡힐 것이다. 어머니는 "너의 행복을 생각하면 티머시와 함께 가는 것이 제일 낫다"라고 말씀하신다. 아버지는 "미국으로 가면 더 좋은 일을 할 수 있을 것이다"라는 말씀만 하신다. 우리 가족은 서로를 위해서 자신의 것을 양보하고 있다. 국제결혼은 힘들다. 하지만 일본 본토 사람과 결혼해도 마찬가지일지 모른다. 그런 점이 힘들다.(2007년 11월 20일 수록)

마사요의 사례는 오키나와를 떠나고 싶어도 연령과 함께 부모님의 노후 문제 등 그녀가 처한 상황이 변해서, 오키나와를 떠나고 싶어도 떠날 수 없는 상황을 보여 주고 있다. 이처럼 오키나와의 여성이 남편의 근무지 이동에 대해 내리는 결단은 그 자신이 처한 상황의 영향을 받는다.

오키나와 출신의 아내가 남편을 따라 오키나와를 떠나기로 결단을 할 때에 경제적인 요인도 중요하다. 앞서 기술한 미군 기지 내 종업원인 오키나와 출신의 다카요(貴代: 30대 초반)는 기지 내 전문직으로 하던 일을 그만두고 미국으로 이동해 간 남편에게 가기로 결심하였다. 남편이 장교가 아니라 하사관이라면 그녀는 오키나와에 남는 선택을 했을지도 모른다. 아니면, 그리 쉽게 기지 내 전문직을 그만둘 결심을 하지 못했을지도 모른다. 다시 말해, 오키나와 출신인지 아닌지에 따라, 오키나와를 떠날지 머물지의 행동이 결정되는 것이 아니라, 각자가 처한 상황 속에서 고심하면서 이동의 결단을 내리고 있는 것이다.

2. 퇴역 군인의 오키나와에서의 생활

본 절에서는 퇴역 군인의 취직과 주거지에 관한 문제를 다루고, 퇴역 군인의 오키나와에서의 생활에 대해 고찰하고자 한다. 그리고 미군의 고용 지원 제도에 대해 다루고, 기지 내의 고용 문제에 대해서도 살펴볼 것이다.

오키나와 출신의 여성과 결혼한 퇴역 군인이 퇴역 후 오키나와에서 생활하는 모습은 오키나와의 일상적인 풍경이다. 퇴역하는 연령은 평균 40세 전후[3]의 매우 젊은 나이로, 취학 연령이 된 자녀를 가진 남성도 많아 퇴역 후에 필히 재취업을 해야 하는 경우가 대부분이다.

퇴역 후의 거주지나 노후를 보낼 곳을 결정하는 일은 매우 복잡하다(Strange 1984: 220). 20년 이상 군인으로서 군대 안에서 생활을 한 남성이 민간 사회에서 새로운 생활이나 취업을 하는 과정은 매우 큰 스트레스로 작용한다.[4] 계급과 규율 속에서 살아온 20년과는 전혀 다른 환경에 적응해 살아가야 함을 의미하기 때문이다.[5] 퇴역은 군인뿐 아니라 부부에게도 스트레스가 된다. 군 복무를 위해 떨어져 생활하는 일이 많았던 부부가 남편의 퇴역으로 매일 함께 생활을 하게 된다. 이는 부부에게 결혼생활을 새로 시작하는 것과 같은 의미로 다가온다(Strange 1984: 220-221).

2.1. 미군의 고용 지원 제도

퇴역 군인에게는 두 가지 취업의 가능성이 있다. 하나는 영어 교사 등 오키나와의 민간 사회에서 취업하는 방법이다. 그러나 임시 교사인 경우도 많아 경제적으로 불안정하다. 실업률이 높은 오키나와 사회에서 일

3 퇴역하려면 최소한 20년 동안 군에서 복무해야 하는데, 계급에 따라서 20년 이상 복무하고 퇴역할 수도 있다. 그래서 20년이 되어 퇴역하는 군인(하사관)일 경우 퇴역 때 연령이 40대 전후이지만, 개중에는 30년 복무하고 퇴역하는 군인도 있다.

4 Wolpert도 퇴역 당시에 퇴역 군인이 경험하는 스트레스와 문제에 대해서 언급하였다. 또한 군대 퇴역을 둘러싼 프로그램이나 그 역사에 대해서도 기술하였다(Wolpert 2000).

5 이러한 스트레스를 경감시키고 퇴역 군인이 원활하게 민간 사회에 적응할 수 있도록 지원하는 곳이 앞서 언급한 Personal Services Center(PSC)이다. PSC는 퇴역 전의 길잡이(Pre-Retirement Brief) 역할을 한다.

본어를 하지 못하는 외국인이 일을 찾기란 여간 어려운 것이 아니다.

그리고 또 하나의 가능성은, 즉 기지 내에서 일하는 군속의 길을 모색하는 것인데, 현재, 군속이 되는 데에 필수 요건으로 미일 지위 협정의 신분을 가진 자로 한정된 직종이 많다. 그래서 퇴역해서 미일 지위 협정상의 신분을 상실한 퇴역 군인(제대자 포함)이 기지 내에서 취업을 하기란 매우 어렵다.

기혼자인 군인의 군대 잔류를 위해서는 군인의 배우자에 대한 고용 환경을 반드시 정비해야 한다.[6] 동시에 군대를 제대·퇴역한 후의 생활을 보장하지 않으면, 군대에 입대하려 하지 않을 것이다. 그렇기 때문에 군대는 다양한 지원 활동을 하고 있다. 군인 배우자 고용 우대 제도(Military Spouse Preference: MSP)나 베테랑 고용 우대 제도(Veterans Preference: VP)도 이러한 지원의 일환이다.

대부분의 미군 병사들의 배우자들이 MSP를 이용해 기지 내에서 취업을 하고 있다.[7] 군인 아내와 퇴역 군인은 군속이라는 자리를 놓고 경합을 벌이는 처지에 놓여 있기도 하다. 그러나 양자가 처한 상황은 크게 다르다. 현재, 기지 내의 고용은 군인 아내가 최우선시되고 있다.[8] 그리고

6 육군의 군인 배우자 고용 문제를 연구한 Schwartz et al.(1991)에 따르면, 군인의 배우자가 만족스러운 일을 찾으면 배우자는 남편의 군대에서의 커리어를 지원하여 군대에 남을 가능성이 높아진다고 지적한다. 이와 같은 시각은 Russo et al.(2000)의 연구를 통해서도 발견할 수 있다.

7 군인 아내 대부분이 기지 내에서 일을 찾고 있지만, 군인인 남편의 근무지 이동 때에 아내도 함께하기 때문에, 배우자의 고용은 자주 교체된다는 특징이 있다. 군인 아내에 대한 단기간의 취업을 가능하게 한다는 점에서는 의미가 있지만, 오키나와의 여성과 결혼해 오키나와를 기반으로 생활하는 베테랑의 시각에서 보면, 단기간 채류자인 군인 아내를 우대하는 환경은 이해하기 어려운 점이 있다. Wolpert et al.(2000: 43)은 군인의 배우자는 군인과 함께 빈번하게 근무지를 이동하기 때문에, 고용주는 군인의 배우자를 신뢰하지 못한다는 점을 지적하고 있다.

8 이전에는 직종에 따라 우선순위가 있었다. NAF의 직종은 군인 아내를 우선시하였고, GS의 직종은 퇴역 군인을 우선시하는 경향이 있었으나, 현재는 직종을 묻지 않고 군인 아내를 우선시하는 경향을 보인다. 다만, 제1장에서 서술했듯이, MLC의 기지 내 종업원인 일본

군인 아내는 군인의 배우자로서 이미 미일 지위 협정상의 신분을 가지지만, 퇴역 군인에게는 그런 신분이 없다는 점에서도 불리한 처지이다. 남편의 부임 중에만 오키나와에 체재하는 군인 아내와 달리, 오키나와의 여성과 결혼해 오키나와에 기반을 두고 생활을 하는 퇴역 군인에게 기지 내에서의 취업은 생계와 직결된다. 기지 내 학교에 자녀를 보내고 싶은 퇴역 군인에게 취업에 대한 압박은 엄청난 것이다.

2.2. 퇴역 군인의 취업에 대한 생각

미국 코네티컷 주 출신인 리처드(30대 후반)는 공군의 퇴역 군인이다. 현재, 해병대 기지의 군속으로 일하고 있으며, 퇴역 후의 제2의 인생을 오키나와에서 보내고 있다. 그에게는 오키나와 출신인 30대 후반의 아내 유이(優衣)와 11세, 9세 된 딸이 있으며, 현재 그는 오키나와 본섬 중부의 자탄초(北谷町)에 살고 있다. 리처드는 오키나와가 아닌 일본 본토의 미사와(三澤) 공군 기지와 홋카이도(北海道)에서 근무하고 싶었다. 그러나 아내인 유이가 오키나와를 원했다.

> 일본 본토에서 취업이 되었다. 그러나 아내는 만족스러워하지 않았다. 사실 나는 미사와나 홋카이도 등 본토에서 살고 싶었다. 가족이 생활하기에 편하니까. … 일본인 여성은 정말 세다. 이제야 알았다. 아내가 일본인 여성에 대해 가르쳐 주었다. … 아내는 늘 오키나와로 돌아가 무슨 일이든 하겠다는 말을 했었다. 가족을 위해 PX에서 무슨 일이든 하겠다고 (말했었다). 그러나 PX에서 일을 하기가 매우 어렵다는 것을 알게 되었다. 이 일들은 군인의 배우자를 위한 일이기 때문에. 커미서리나 계급 아래의 일을 찾는 것조차 어렵다. 그래서 많은 미국인이 기지 밖의 공사 현장

인 여성이 미군 병사와의 결혼 후에 MLC의 직을 일단 떠나면 다시 MLC의 직에 취업할 수가 없다. 그런 의미에서는 모든 군인 아내가 기지 내의 취업에서 최우선시되는 것은 아니다.

이나 바에서 일을 하고 있다.(2007년 9월 6일 수록)

리처드는 앞서 기술한 군인 배우자 고용 우대 제도에 불만을 갖고 있다. 그는 군인 아내가 아니라 퇴역 군인이나 유능한 사람이라면 일을 할 수 있도록 제도를 개선해야 한다고 주장한다. 일을 찾지 못하면 초조해져서 결혼 생활에 지장을 초래한다. 이러한 문제들에 대해서는 제9장에서 다루어 보겠다.

폴(40대 후반, 아메리칸 원주민)도 퇴역 군인이지만, 안정된 직장을 구하지 못하였다. 오키나와 출신인 아내 마오(眞央)와의 사이에 아들이 3명이 있는데, 10세, 5세 그리고 17개월이다. 취학 연령에 들어선 아들이 있는 폴에게 퇴역 후의 취업은 반드시 필요하였다. 점차 영어를 잊어 가는 아이를 기지 내 학교에 보내기 위해서도 기지 내에서 할 수 있는 직업을 찾아야 한다. 폴은 자신의 출신지인 노스캐롤라이나 주에서 퇴역하고 싶었으나, 아내 마오를 위해 오키나와에서 퇴역하였다. 그러나 아내 마오는 폴에게 다음과 같이 말했다고 한다.

> 아내가 "일을 찾으려면 미국으로 돌아가야 한다"라고 말했다. 그리고 "당신의 일은 당신의 일. 만약 당신이 미국으로 돌아가야 한다면 돌아가도 된다. 하지만 나와 아이들은 이곳에 남겠다"라고 말했다. 그러나 그녀는 "미국에서 일을 찾지 못하면 오키나와로 돌아와도 된다"라는 말은 하지 않았다. 그녀가 나를 어떻게 생각하고 있는지 모르겠다. 그녀에게는 오키나와 가족의 지원 네트워크가 있다. 나는 가족을 떠날 수 없다.(2007년 11월 15일 수록)

가족과 떨어질 수 없는 폴에게 남은 길은 오키나와에서 군속으로 일을 하는 것이지만, 상황은 그리 녹록지 않다. 폴이 취업을 위해 열심히 노

사진 32. 헤노코 하리 대회에 참가한 미 해병대원

력하는 동안, 마오는 폴에게 아무 말도 하지 않고 자신의 어머니로부터 30만 엔을 빌려 새 차를 구입하였다. 마오의 친정 가족은 폴의 집에서 몇 분 정도 떨어진 곳에 살고 있어 대부분의 시간을 그녀의 부모님이나 자매들과 보낸다. 그는 부부와 아이들을 중심으로 가정생활을 하고 싶지만, 그녀는 친족이나 친정을 포함한 확대가족 속에서 생활을 하고 있다. 그의 결혼 생활은 앞서 기술했듯이, 미국인 남성이 불만을 느끼고 곤혹스러워하는 오키나와의 가족 모습 그 자체이다. 폴은 오키나와에서 일을 찾아 마오와 아이들을 지키기 위해 열심히 노력 중이다. 과연 마오는 오키나와에서 퇴역해서 일을 찾지 못한 채 고독한 상태에 놓인 폴의 입장이나 마음을 얼마나 이해하고 있을까?

2.3. 퇴역 후의 거주지 선택

이제 오키나와 출신 여성과 결혼한 퇴역 군인 남성의 거주지 선택과 그 이유에 대해서 고찰해 보겠다. 그리고 정확히 퇴역 군인은 아니지만, 군속으로서 미군 기지 내에서 일하는 제대한 남성도 여기에 포함시켰다.

거주지의 선택지로는 오키나와, 남편의 본가나 미국 내, 오키나와와 미국 이외의 부부가 희망하는 장소 등 세 가지이다. 오키나와와 미국 양쪽에 주거지를 마련할 수도 있지만 경제적으로 어려움이 있다.[9]

9 에릭(60대 초반, 백인)은 오키나와와 괌 양쪽에 주거지를 마련해 놓았지만, 건강 문제로

(1) 오키나와

오키나와를 선택하는 이유는 네 가지가 있다. 첫째는 오키나와에 살면 아내의 가족, 친척이나 친구들의 지원이 있어 든든하다. 둘째는 현역 군인 때에 이미 오키나와에 살아 본 경험이 있어, 오키나와와 그 환경에 친숙하다는 점이다. 셋째는 기지에 대한 접근성이 좋다는 점이다.[10] 국가의 보장을 받기 위해서는 기지가 주거지의 근처에 있어야 한다. 다만, 오키나와를 선택한 경우, 미국 내로 한정되어 있는 보장도 있기 때문에 불리하기도 하다. 넷째는 오키나와의 좋은 치안이다. 이 밖에 퇴역 후에 오키나와에 좋은 취직자리가 있어서 오키나와를 주거지로 결정한 경우도 적지만 있었다.

(2) 남편의 본가나 미국 내

남편의 가족, 친족이나 친구의 지원을 쉽게 받을 수 있고, 또한 남편이 태어나고 자란 땅이기 때문에 친숙하다는 이유 등으로 본가나 미국 내를 선택한다. 후자의 경우는 주에 따라 납부하는 세금이나 생활비가 다르기 때문에, 이와 같은 경제적 요인을 고려해 어느 곳에서 살지 정하는 경우도 있을 수 있다. 다만, 미국의 중서부나 남부 등일 경우, 아시아 여성이나 그녀들과 결혼한 일에 대한 편견이 강하다는 이유를 들어 이 지역을 피해 갈 가능성도 높다.[11]

인해 오키나와에 아내 사키코(早紀子)와 함께 돌아왔다. 오키나와와 괌을 오가는 생활을 한동안 했으나, 주거지를 두 개나 보유하는 것은 경제적으로 부담이 크기 때문에 괌에 살기로 했던 것이다.

10 Snyder도, 퇴역 군인에게 기지가 가까이에 있느냐의 여부가 주거지를 결정하는 데에 중요한 요소로 작용한다고 지적하였다(Snyder 1994:587-588).

11 Druss(1965: 225)도 마찬가지의 지적을 했다. 퇴역 후에 많은 군인들의 출신지이기도 한 미국의 중서부나 남부 등의 작은 도시로 이주해 사는 것은 이들 부부가 살려면 호기심과 차별의 눈을 견뎌야 하는 경우가 많다. 그래서 이들 부부 대부분은 고용 기회에 상관없이 친숙한 군대의 시설을 이용하고 같은 나라 출신의 아내들이 형성하는 네트워크를 유지

(3) 오키나와와 미국 이외의 지역

필자가 직접 만나 보지는 못했으나, 퇴역 군인이 많이 사는 필리핀 등을 주거지로 선택할 가능성도 없지는 않을 것이다.

2.4. 퇴역 후의 주거지를 둘러싼 남편의 생각

남편들은 모든 것을 다 이해하고 주거지를 선택하는 것은 아니다. 여기에는 남편들의 복잡한 생각이 자리해 있다. 그럼 주거지를 둘러싼 남편들의 생각을 세 가지 사례를 통해 살펴보겠다.

테리(40대 후반, 백인)는 해병대원(하사관, E-9)이다. 그는 오키나와를 퇴역 후의 주거지로 선택하였다. 그는 다음과 같이 오키나와에서의 퇴역에 대해 설명한다.

> 아내는 나의 군인으로서의 커리어를 위해 언제나 나와 함께 근무지로 이동해 주었다. 그래서 나는 지금까지 일을 해 올 수 있었다. 그녀를 위해 오키나와를 선택하였다. 후회는 없다.(2007년 3월 18일 수록)

그의 군인으로서의 커리어를 지원해 준 아내 세쓰코(節子)에 대한 감사의 마음에서 이런 결정을 한 것이다.

현역의 해군 군인(하사관, E-7)인 로드니(30대 후반, 백인)는 퇴역 후의 주거지를 오키나와로 할지 미국으로 할지 고민하고 있다. 아내 시오리(詩織)는 오키나와 출신으로 기지 내 종업원이다. MLC로서 일하는 시오리의 일에 대해 묻자, 로드니의 표정이 어두워졌다.

> 그렇다. 오키나와를 떠나 그녀가 같은 일(MLC)을 할 수 있으면 좋겠지

하기 위해서도 군대의 커뮤니티 주변에 거주하게 된다.

만. 현실적으로 그것은 무리이니까. 아내가 일을 했으면 하지만, 그녀는 MLC로서의 커리어를 쌓는 일에 관심이 없다. MLC의 일을 다시 할 수 있으면 좋겠지만.(2007년 3월 5일 수록)

로드니는 퇴역 후 자신의 일이나 아이들의 대학을 생각하면 미국에 주거지를 정했으면 하지만, 동시에 시오리가 기지 내에서 일하고 있다(MLC)는 사실이 그를 더욱 고민하게 한다. 기지 내의 일은 경쟁률이 매우 높고 한번 그만두면 다시 기지 내 직업을 가질 수 있다는 보장이 없다. 로드니를 만나기 전부터 시오리는 MLC로서 일을 해 왔다. 군인인 로드니와 결혼한 뒤에 MLC를 떠나면, 다시는 MLC에서 일할 수 없다는 것을 로드니도 잘 알고 있다.[12]

퇴역 군인인 리처드는 아내 유이를 위해 오키나와로 돌아와, 오키나와에서 취업을 하였다. 아마 노후도 오키나와에서 보내게 될 것이라고 한다. 그는 오키나와 본섬 중부의 자탄초의 아파트에서 살고 있지만, 거주지에 대해 다음과 같이 느끼고 있다.

좌불안석이다. 유이는 오키나와에 살고 있는 것만으로 만족하지 못한다. 그녀는 오키나와에 살아도 다른 곳도 아닌 바로 자탄초에서 살아야 한다고 생각한다. 요미탄손(讀谷村)은 어떤지를 물으니, 그녀는 아이를 학교에 보내기에 요미탄손은 너무 멀다고 한다. 하지만, 요미탄손은 시골이어서 땅값이 저렴하다. 집도 구입할 수 있다. 자탄초는 정말 비싸다.(2007년 9월 6일 수록)

리처드는 희생이라는 말을 사용해 퇴역 후의 생활에 대해 말했다. 미국에 있는 리처드의 본가 가족은 리처드 가족이 오키나와에 살게 됨으

12 MLC에 대한 자세한 내용은 제1장에서 서술하였다.

로써 손자들의 얼굴을 자주 볼 수가 없다. 리처드는 자신이 행복하지 않은 것은 아니라고 강조해 말한다. 그러나 주거지나 취업의 선택 등 퇴역 후의 생활에 대해서 그가 불만이나 초조함을 느끼고 있음을 알 수 있다.

마지막으로 로버트(40대 초반, 백인)는 미 해병대원 출신으로 현재 군속으로 미군 기지 내에서 근무하고 있다. 그는 좋은 조건의 일이 들어오면 언제든 미국으로 돌아가기로 결심하였다. 아내가 오키나와에 남겠다고 해서 미국행을 반대한다면, 이혼을 해서라도 오키나와를 떠날 생각을 하고 있다. 이혼하면 자녀와 함께할 수 없어 외로울지 모르지만 오키나와에 매여 있는 것이 더 싫다고 한다.

> 미국으로 돌아가고 싶다. 아이도 아내도 함께 갔으면 좋겠다. … 오키나와의 생활은 스트레스가 많다. 안전 면에서는 미국보다 좋기는 하다. 그러나 아이의 장래를 생각하면 미국이 더 낫다. 아내는 미국에 가는 것을 승낙하였다. 결혼 전에 그녀에게 이렇게 말했다. 결혼해서 미국에서 살 수도 있다. 만약 미국에서 살고 싶지 않으면 결혼하지 않겠다. 그러니까 미국에 가지 않겠다면 그렇다고 말해 달라고. 그녀는 미국에 가겠다고 했다. 하지만 말하기는 쉽지만 실행은 어렵다. 정말 미국으로 가게 되었을 때, 아내가 어떻게 느낄지 알 수가 없다. 아내가 오키나와에 머물겠다면 이혼을 할 것이다. 일본인 여성과 결혼한 미국인 남성은 아내가 오키나와에 있고 싶어 해서 함께 오키나와에 있는 경우가 많다. 나는 그렇게 하지 않겠다. 이미 아내에게 말해 두었다. 아이들과 헤어지는 것은 슬프다. 하지만 오키나와에 매이고 싶지 않다. 많은 미국인 남성은 오키나와 출신의 아내가 오키나와에 있고 싶어 해서 오키나와에 남아 있다. 오키나와 여성은 자기만 안다.(2006년 12월 7일 수록)

이처럼, 남편은 거주지의 선택을 둘러싸고 다양한 생각을 하고 있다. 오키나와 출신의 아내를 위해 오키나와에서 살기로 결심한 경우에도 남편은 결혼이나 가정생활을 위해 세심하게 배려를 하고 있다는 점에 주목하고 싶다. 오키나와에 집착하는 오키나와 출신 아내를 비난하는 일본 본토 출신 아내들의 목소리도 있었다. 하지만 오키나와 출신이기 때문이 아니라, 여기에는 남편들의 존재 및 그 영향도 있다는 점을 잊어서는 안 된다. 그리고 미국으로 돌아가더라도 그 배경에는 다양한 요인이 있다는 점도 알게 되었다.

오키나와 출신의 아내는 남편과의 관계, 자신의 연령과 부모, 가족의 상황 등의 영향을 받으면서 오키나와를 떠날지 말지를 고민하고 있다. 이는 일본 본토 출신 아내들이 생각하는 것과 같은 단순한 오키나와 여성의 이미지와는 다른 점이었다.

남편들도 또한 퇴역 후의 거주지에 대해서 아내의 생각, 아내의 일과 아이들의 장래 등을 진지하게 고려해, 어려운 결단을 해야 하는 상황에 놓여 있음을 알게 되었다. 여기에서 처자식을 일본에 버리고 미국으로 돌아가 버린 냉혹한 군인 남편 이미지와는 다른, 미국인 군인 남편의 실태를 알게 되었다. 본 장에서는 남편들의 근무지 이동에 대한 부부의 생각을 다루어 보고, 오키나와 출신 여성과 미군 병사에 대한 고정관념에 대해서 검토해 보았다.

제9장 이혼

본 장에서는 오키나와 여성과 미군 병사의 이혼 문제를 중심으로, 가정 내 폭력과 제대한 뒤의 오키나와 생활 등, 부부가 직면하는 이혼과 관련한 문제에 대해서 살펴보겠다. 다만, 이혼이라는 결과나 가정 내 폭력이라는 시각에서만 다루는 것이 아니라, 이러한 폭력이나 이혼의 이면에 있는 남녀가 처한 특수한 상황에 주목하고자 한다. 또한, 미군이 제공하는 가족 지원 제도는 이러한 문제에 어떻게 접근하고 있는지에 대해서도 살펴보고자 한다.

본 장은 우선, 오키나와에서 미군 병사와의 이혼과 그 자녀, 그리고 이혼에 대한 미군의 가족 지원 제도에 대해서 살펴보겠다. 다음으로, 3년 동안의 별거 생활을 한 이즈미(泉)와 제대한 미 해병대원 제임스의 오키나와 여성과의 두 번의 결혼과 이혼의 사례를 살펴보면서 고찰하고자 한다.

1. 오키나와 주둔 미군 병사와의 이혼과 그 자녀와 관련한 문제

일반적으로 미군 병사와의 이혼율은 민간 미국인끼리의 결혼보다 높다고 한다.[1] 그리고 미군 병사와 아시아 여성 사이의 이혼율은 80%나 된다.[2] 이 통계의 출처는 불분명하나, 미군 기지 내에서 일반적으로 미군 병사와 아시아 여성 사이의 이혼율이 높다는 사실은 잘 알려져 있다.[3]

본 조사는 이혼한 여성이나 미망인을 포함해 50명의 여성 대상자 중,[4] 이혼 경험 여성은 현재 결혼(재혼, 재재혼) 상태인 여성도 포함하면 9명(18%) 있다. 일본인 여성과 결혼한 22명의 미국인 남성 가운데, 이혼 경험자는 5명(22%)이다. 이 중 1명은 오키나와 여성과 두 번 이혼한 경험이 있다.

오키나와에서 미군 병사와의 결혼, 이혼이나 '무국적 아동'을 둘러싼 문제에 대해서 상담을 진행해 온 곳이 바로 국제복지상담소(International Social Assistance Okinawa: ISAO)[5]이다.

'무국적 아동'의 문제란, 1980년대에 주목을 모은 사회문제이다. 당시 일본의 국적법은 부계 우선주의를 채택하고 있었다. 다시 말해, 아버지가 일본 국적이 아니면 그 자녀는 일본 국적을 취득할 수 없다는 것이

---

1 장기간의 파병으로 인한 가족과의 이별이나 전투로 인한 PTSD(Post-Traumatic Stress Disorder: 외상 후 스트레스 장애) 등이 미군 병사의 이혼 원인이라고 한다. http://www.armytimes.com/news/2008/12/gns_divorcerates_120308w/(2011년 3월 3일 열람)를 참조.

2 Enloe, 미군 병사와 아시아 국가 출신 여성 사이의 이혼율이 높다는 점을 지적하였다(Enloe 1997: 69).

3 미군 기지 내에서 발행되는 신문인 《*Okinawa Marine*》(1982년 12월 3일)의 기사, 〈Culture big factor in marriage〉(문화, 결혼의 커다란 요인)에서도 다른 문화적 배경을 가진 두 사람의 결혼은 80% 내지 90%의 비율로 이혼에 이른다고 실었다.

4 그 내용을 살펴보면, 46명이 현재 결혼한 상태이다. 2명이 이혼자, 2명이 미망인이다.

5 자세한 내용은 뒤에 기술하겠다.

다. 한편, 미국 국적법은 출생지주의를 채택하고 있다. 다만 미국이 아닌 곳에서 태어난 미국인의 자녀인 경우, 그 부모가 "미 합중국 및 해외 속령에 통산 10년 이상, 그중 적어도 14세부터 지속적으로 5년간 체재할 것"이라는 요건을 갖추지 않으면 태어난 자녀에게 미국 국적을 부여하지 않는다. 이 요건을 충족시키지 못한 아버지일 경우, 일본이 부계 혈통주의를 채택하고 있기 때문에, 결국 그 자녀는 무국적 아동이 되고 만다. 이러한 문제에 대해 미군 기지가 주둔해 있는 오키나와에서 크게 문제 제기를 함으로써, 1985년에 국적법이 개정되어 부모 양계주의로 바뀌었다. 이에 따라 어머니가 일본 국적을 갖고 있으면 외국 국적의 아버지라고 해도 그 자녀는 일본 국적을 취득할 수 있게 되었다(다쿠시澤岻 2005: 15). 국제복지상담소가 문을 닫은 뒤에는 '재단법인 오키나와 여성재단'의 '티루루 상담실(ているる相談室)' 국제 여성 상담이 미군 병사와의 결혼이나 그 자녀에 대한 문제를 인계받아 상담을 이어 가고 있다.

오키나와가 일본으로 복귀하기 직전에 오키나와 현 내의 공적 기관에서 미군 병사와 오키나와 여성 사이에서 태어난 아동에 대해 조사를 실시하였다.[6] 최근 조사로는 2000년에 오키나와 여성재단이 실시한 조사가 있다. 이 조사에 따르면, 미군 병사와의 결혼이나 이혼과 관련해서 다음과 같은 상담 의뢰가 있었다. 해외에 있는 남편에게서 재판 이혼 서류가 도착했는데 어떻게 해야 하는가? 소식 없는 남편이나 해외에 있는 남편과 이혼하려면 어떻게 해야 하는가? 생활비를 주지 않는 등 남편의 생활 태도 문제나 가정 폭력 등에 대해 어떻게 대처해야 하는가? 등이었

6 1955년에는 이미 군인에게 버려진 아동과 그 어머니에 대한 조사를 류큐 정부 문교국에서 실시하였다. 이 조사에 따르면, 실부모가 양육하고 있는 경우는 불과 10%, 편모 슬하에서 양육되고 있는 경우가 50%, 조부모, 숙부모 등이 양육하고 있는 아동이 약 30%였다(다쿠시澤岻 2000: 10-11). 오키나와 여성과 군인 사이에서 태어난 아동에 대한 오키나와 현 내의 조사도(다쿠시 2000: 10-12) 참조.

다(오키나와 여성재단 2000: 61). 또한 같은 조사에서, 미혼모로부터의 상담 의뢰가 있었는데, 결혼을 전제로 교제하던 남성이 귀국해 버려 아이에 대한 인지(認知) 문제가 발생했다는 내용이다. 아이의 교육과 관련해서는 남성으로부터 연락이 없어 양육비조차 받지 못하고 있다는 등의 사례도 있었다(오키나와 여성재단 2000: 65).

이처럼 미군 병사와 오키나와 여성의 결혼에는 남성 측의 아버지 혹은 남편으로서의 불성실한 태도가 문제로 떠오른다는 것을 알게 되었다. 따라서 이러한 문제는 앞 장에서 의문시했던 처자식을 버리고 귀국해 버린 냉혹한 미군 병사 이미지가 전혀 잘못된 것은 아니라는 것을 시사해 주는 듯하다. 그러나, 여성 측의 상담이나 의견은 많이 들을 수 있었지만, 남성 측의 이혼에 대한 의견은 지금까지 관심의 대상이 아니었으며 그들의 목소리를 무시해 온 경향이 있는 것도 사실이다. 게다가 일련의 조사에서는 오키나와에 부임해 온 현역의 미군 병사가 조사의 주요 대상이었던 반면, 오키나와에 부임해 오키나와 여성과 결혼, 제대 후 오키나와 사회에서 아내와 자녀를 지키기 위해 필사적으로 살아가고 있는 미군 병사 출신 미국인들의 상황을 전혀 파악하지 못한 것도 문제이다.[7]

2. 이혼에 대한 미군의 가족 지원 제도

미군은 미군 병사와의 이혼이나 결혼 생활에서 발생하는 문제에 대처하

7 일본은 2011년 5월에 헤이그 조약에 가입하였다. 헤이그 조약이란, 국제결혼이 파경을 맞았을 경우, 상대방의 승인을 얻지 않은 채 국외로 데려간 아동은 줄곧 체류해 왔던 국가에 신속하게 돌려보낼 것을 규정한 조약이다. 일본의 헤이그 조약 가입으로, 이혼으로 인한 자녀를 둘러싼 문제가 복잡해졌다. 이 점에 대해서는 앞으로 더욱 많은 조사가 필요할 것이다.

기 위해 가족 지원 제도를 마련하였다. 기지 내에는 두 개의 시설이 마련되었다. 하나는 패밀리 애드버커시(Family Advocacy)에 소속된 카운슬러의 지원이다. 애드버커시는 해병대 복리후생 시설(MCCS)의 해병대 가족지원과(Marine and Family Services Branch)에 소속된 조직이다. 사무소는 캠프 포스터 안에 있으며, 퍼스널 서비스 센터(PSC)의 바로 옆 건물 2층에 위치해 있다. 24명(2008년 6월)의 미국인 종사자가 근무하고 있으며 자격을 보유한 카운슬러들이 부부간의 소통 방법이나 스트레스 대처 방법 등을 가르쳐준다. 가정 내 폭력을 담당하는 사회복지사도 있다. 카운슬링은 익명을 원칙으로 한다.

카운슬링을 포함해 기지의 시설 전반을 적극적으로 이용하는 일본인 아내는 그 수가 적은 편이다.[8] 오키나와 출신의 아미(雅美)처럼 기지 내의 카운슬링을 받고 부부간의 소통 방법을 배워서 이혼의 위기를 넘긴 일본인 아내도 있지만, 대체로 일본인 아내들은 기지 내의 카운슬링이나 패밀리 애드버커시를 적극적으로 이용하지 않는다. 여기에는 영어라는 외국어로 자신의 결혼이나 가정생활의 문제, 그리고 자신의 심정을 말하는 것에 대한 강한 거부감이 작용하는 것으로 보인다.

그 밖의 기지 내의 지원으로, 종군목사가 진행하는 강좌나 카운슬링도 마련되어 있다. 가정 내 폭력을 일으킨 경우에는 종군목사와 패밀리 애드버커시의 카운슬러를 반드시 만나도록 의무 사항으로 규정되어 있다. 엄밀하게는 지원이라고 보기 어려우나, 이혼에 관한 법적인 사항에 대해서는 캠프 포스터 내의 법무지원과(LSSS)[9]도 이용할 수 있다. 또한 가정 내 폭력 등에 대해서는 헌병대도 관여하고 있다. 다만, 기지 내 시설은 군인·군속과 그 부양가족만을 대상으로 하기 때문에 이혼 후나 결혼

8 제6장을 참조.
9 자세한 내용은 제2장을 참조.

전에는 이용할 수 없다.

기지 밖의 관련 시설인, 1958년 11월에 설립되어 1993년 3월에 폐쇄되기까지 약 35년간 활발히 활동을 한 국제복지상담소(ISAO)[10]는 군인·군속과 일본인 여성 사이의 교제나 결혼에서 나타나는 문제와 그 자녀와 관련한 문제 등의 상담을 담당하였다. 1984년에 부계주의에서 부모양계주의로 일본의 국적법을 개정하는 계기를 마련한 곳도 바로 국제복지상담소였다.

국제복지상담소가 폐쇄된 뒤, 현재 이러한 문제를 담당하고 있는 '티루루 상담소'(ているる相談所)(이하 '티루루')는 나하 시(那覇市)에 있는 오키나와 현 남녀 공동 참여 센터 내에 여성 상담실을 설치해, 국제 여성 상담으로 외국인과의 결혼이나 이혼 등 다양한 상담에 응하고 있다. 뒤에 기술하는 이즈미(泉)도 '티루루'에서 상담을 받고 있었다. 또한 '티루루' 이외에는 군인·군속과의 결혼이나 법률에 정통한 변호사와의 상담도 가능하다.

3. 오키나와 여성에게 이혼은

일본인을 포함해 아시아 여성이 미군 병사인 남편으로부터 가정 내 폭력을 당하는 경우가 많다는 이야기는 미군 기지 내에서 자주 들을 수 있

10 국제복지상담소(ISAO)는 스위스에 본부를 둔 국제사회복지사업단(International Social Service: ISS)의 오키나와 사무소로, 1958년에 설립된 국제사회복지사업단 오키나와 대표부(ISS OKINAWA)로 출발하였다. 국제사회복지사업단 오키나와 대표부는 국제 양자 연결해 주기나 '혼혈아' 문제를 위해 활동해 왔지만, 설립 초부터 여성이나 가족의 문제도 관심을 갖고 지원해 왔다. 1972년에 그 명칭을 국제복지오키나와사무소(ISO)로 변경하였고, 이후 국제복지상담소(ISAO)로 명칭을 바꾸었다. 시마모토 유키코(島本幸子) 편《창립 25주년 기념지(創立25周年記念誌)》(1983년)를 참조.

다. 일본인 아내는 가정 내 폭력을 당하는데도 불구하고 그 사실을 감추려는 경향이 있다(Clark 2007: 49).[11] 남편의 계급 강등에 대한 걱정이나 남편으로부터 더 심한 폭력을 당할까 두려워 침묵해 버리기 때문이다.[12] 또한 이미 앞서 지적한 언어의 문제에다가, 결혼이나 가정생활 속에서의 사적인 문제를 공적인 기관에 드러내기를 수치스럽게 여기는 문화적 측면도 이와 관련이 있다.

여기에서는 단순히 이혼이라는 결과를 가정 내 폭력이라는 관점에서만 살펴보는 것이 아니라, 그 폭력의 이면에 있는 여성과 남성의 심정과 이들이 처한 고통스러운 상황에 주목하고자 한다. 이것이야말로 오키나와에서의 미군 병사와 오키나와 여성의 결혼 생활을 이해하는 데에 매우 중요한 측면이기 때문이다.

이즈미(泉)

오키나와 출신의 이즈미(30대 후반)는 전 해병대원인 남편 잭으로부터 가정 내 폭력을 당한 뒤, 3년간 별거 생활을 하고 있다. 이즈미의 사례를 통해, 가정 내 폭력을 당하고 별거 생활을 하면서 이혼을 할 것인지, 아니면 남편과의 결혼 생활을 미국에서 다시 한번 시도해 볼 것인지, 자녀의 장래는 어떻게 될지, 고심하는 아내의 모습을 살펴보려고 한다. 그래서 (1) 오키나와에서의 결혼 생활, (2) 현재의 생활, (3) 제대자와의 이혼과 관련한 지원 제도 등으로 나누어서 검토하겠다.

11 Clark(2007)는 아시아 여성이 가정 내 폭력을 알리기를 꺼리는 이유를 그 여성들이 가정 내 폭력을 수치로 여기기 때문이라고 지적하였다.

12 오키나와 출신의 지에(知惠: 40대 초반)도 전남편인 해병대원 빅터로부터 당한 가정 내 폭력 사실을 헌병대에 알리지 못했다. 이후, 관계 부서의 담당자로부터 여러 차례 질문을 받고 결국 폭력 사실을 인정하였다. 지에의 말에 따르면, 전남편이 걱정되어 아무 말도 할 수 없었다고 한다.

(1) 오키나와에서의 결혼 생활

이즈미는 해병대 기지 내에서 일하는 기지 내 종업원이다. 12세와 7세가 된 아들 2명을 혼자서 키우고 있다. 양육비 등은 잭에게서 전혀 받지 못하고 있으나, 결혼은 유지하고 있다.

이즈미는 나하 출신으로 외국인과 접할 기회가 없는 생활을 하였다. 고등학교를 다니면서 '하프'인 아이를 보게 된 이즈미는 미국인과 결혼해 귀여운 '하프'인 아이를 낳고 싶다는 동경의 대상으로 미국인을 바라보았다.

이즈미가 잭과 만난 것은 '클럽 맨해튼'에서였다. 이 클럽은 오키나와 시의 나카노마치(中の町)에 있어 백인이 모이는 당시 인기 있는 만남의 장소였다. 당시 이즈미는 22세, 잭은 20세였다. 반년 후에는 결혼 이야기가 나왔고 마침내 1993년에 결혼을 하였다.

당시 해병대원(하사관, E-3)이었던 잭은 제대를 하고 오키나와에서 결혼 생활을 시작하였다. 그리고 잭은 일용직으로 일하기 시작하였다. 그러나 언제부터인지 잭은 일할 의욕을 잃었다. 그러면서 그의 상태가 크게 변하였다.

결혼 초기, 이즈미는 잭과 함께 아파트를 빌려 기지 밖에서 살았다. 그러나 집세를 내지 못하게 되면서 이즈미의 친정아버지 집에서 살게 되었다. 잭은 일을 그만두고 아침부터 밤까지 술을 마시고 컴퓨터 앞에서 온라인 게임을 즐기기 시작하였다. 그는 낮에 자고 술이나 담배가 떨어지면 사러 나가는 생활을 이어 갔다.

그러던 중, 이즈미는 해병대 기지 내의 일을 하게 되었다. 잭은 이즈미가 해병대원과 함께 나갔다는 등의 소문을 믿고 그녀의 휴대전화 통화 내역을 뒤지기에 이르렀다. 그리고 이 일은 점차 가정 내 폭력으로 발전하였다. 잭의 폭력은 언어폭력으로 시작되었다. 그는 험한 말로 그녀를 매도하기 시작하였다. 그 다음에, 유리를 깨는 등의 파괴 행위를 보였다. 입씨름하다가 그녀를 한 대 때리자, 그 다음부터 같은 일이 반복되었다고 그녀는 말한다. 아프다는 감각이 사라지고 시퍼렇게 멍투성이가 되어도 그 순간은 아프지 않았다고 한다.

잭은 전 해병대원으로 체격이 크기 때문에, 싸움을 시작하면 누구도 제지하지 못하였다. 잭은 이즈미가 해병대원과 바람을 피운다고 멋대로 생각하였다. 그녀의 일은 2교대 근무여서, 이를 때에는 아침 4시 30분에 집에서 출발해야 한다. 일은 5시 30분부터 시작된다. 그러나 잭은 잠자고 있는 그녀의 빰을 때려 그녀를 깨웠다. 빰을 맞으면서도 그녀는 출근을 하였다. 동료가 무슨 일이 있느냐고 물어도, 그녀는 동료에게 얘기를 하더라도 문제가 해결되지 않을 것이라고 여겨 가정 내 폭력에 대해 말하지 못하였다.

이즈미는 '티루루'의 여성 상담원에게 상담한 결과, 이혼을 권유받았다. 자녀에 대해 상담하자, 잭에게 보내라는 것이었다. 상담원은 오키나와에서 생활하려면 아이가 없는 편이 수월하다는 충고와, 잭은 아이를 키움으로써 책임감을 느껴 제대로 된 생활을 시작할 것이라고 조언해 주었다. 그러나 이즈미는 아이를 보낼 수 없었다.

당시, 장남은 초등학교 1학년이었으며 부모의 부부 싸움을 지켜보면서 늘 울음을 터뜨렸다. 잭은 아이를 양보한다면 미국으로 돌아가도 된다고 말했다. 이혼 이야기까지 나왔으나, 친권란을 기입하지 못한 채, 이즈미는 이혼 서류를 제출하지 못하였다.

잭은 이즈미의 직장이나 휴대전화로 집요하게 전화를 걸어 왔다. 정신적으로도 경제적으로도 궁핍해져 술장사라도 해야 하나 생각하던 차에 잭이 갑자기 미국으로 돌아가겠다는 말을 꺼냈다. 그렇게 미국으로 돌아간 잭은 이후 한 번도 오키나와에 돌아오지 않았다.

사진 33. 해병대원 전용 식당 메스홀 내부

잭이 귀국해 버리자 이즈미는 정신적인 해방감을 느꼈다. 그러나 별거한 지 2년쯤 지났을 때, 잭으로부터 아이들과 함께 미국으로 와 달라는 연락을 받았다. 그리고 2006년에 2년 만에 잭을 만나러 미국으로 갔다. 이즈미는 2주 동안 잭과 아이들과 함께 미국에서 지냈다. 장남이 성장한 모습을 본 잭의 얼굴을 잊지 못하겠다고 이즈미는 말했다. 잭은 후회하고 있었고 이전에 비해 많이 달라진 듯한 모습이었다고 한다.

(2) 현재의 생활

현재, 이즈미와 두 아들은 이즈미의 아버지와 함께 살고 있다. 아버지도 잭과 마찬가지로 주사가 있어, 술을 마시면 그녀의 목을 조르기도 하고 칼을 들고 싸우기도 한다. 아버지는 아이들 앞에서 이즈미가 미국인이나 좋아하는 형편없는 여자라고 말하기도 하였다. 그녀는 아버지로부터 폭력을 당하고 있으나, 다음 날 아버지는 전혀 기억을 하지 못한다. 아버지는 언젠가 이즈미를 죽이겠다는 말까지 하였다. 싸움이 나면 첫째 아이가 말리러 온다. 그 모습은 이즈미 자신이 어렸을 때 부모님의 부부 싸움을 울면서 지켜본 상황과 전혀 다르지가 않았다. 아이들에게 자신과 같은 경험을 하게 만들어 그녀는 마음 아파하고 있으나 상황은 전혀 변하지 않고 있다.

별거 생활을 하면서 이즈미는 아이들의 학교와 장래에 대해 고민하게 되었다. 아이들은 일본 학교에 다니고 있어서 영어를 할 줄 모른다.[13] 잭은 일본어를 할 수 있어서 전화할 때 자녀들과 일본어로 대화를 한다. 그러나 점차 잭도 일본어를 잊게 될 것이다. 그렇게 되면 아버지와 자녀들 사이에 대화가 불가능해질 것이다.

이즈미는 기지 내에서 일하는 자신의 급료가 일반적으로 오키나와 사회에서 생각하는 것처럼 충분하지는 않다고 말한다.[14] 그녀 자신은 대학에 다니고 싶지만, 자녀의 양육비 때문에 쉽지 않다. 기지 내에서 더 좋은 경력 조건을 갖추기가 어려워진다. 그래서 이즈미는 기지에서의 일을 그만두고 미국으로 가야 하나 고민 중이다.

잭으로부터 자녀들의 양육비를 받은 적이 없는 이즈미는 그의 제안에 대해서 반신반의하고 있다. 그를 믿어도 될지 고민이다. 미국에서의 생활이 생각만큼 원활하지 않아 미국에서 집도 절도 없이 거리를 헤매게 될까봐 걱정이 되기도 한다.

이즈미는 친권을 잭에게 넘겨도 되지 않을까 생각한다. 아버지가 아들을 키우는 것이 더 낫지 않을까 생각하는 것이다. 자신은 가끔 아이들을 만나러 가는 방식도 좋지 않을까 생각 중이다. 그렇게 해야 아이들이 성장했을 때 자신에게 고마워하지 않을까? 이즈미는 아이들과 함께 미

13 앞서 기술했지만, 남편이 군대를 제대 혹은 퇴역을 해 버리면 기지 내 학교에 자녀를 보낼 수 없다. 현역 군인이어도 근무지가 오키나와가 아니면 기지 내 학교에는 보낼 수 없다. 군인인 남편만 미국에 있고 아내와 자녀만 오키나와에 돌아와 있으면 그 자녀는 오키나와의 민간 학교에 다니게 된다. 그러나 언어 문제나 따돌림 문제로 오키나와 사회에 적응하지 못한 채 고민에 휩싸이는 경우도 많다.

14 기지 밖의 고용 조건과 비교하면, 기지 내의 일은 훨씬 안정적인 급료와 복리후생을 갖춘 환경이므로, 오키나와에서는 선망의 시선으로 바라보는 경우가 많다. 그러나 같은 기지 내의 일이라고 해도 다양한 형태가 있다는 점은 그리 알려져 있지 않다.

국으로 가는 것이 가장 이상적이지만, 만약의 일이 발생했을 때 오키나와에서도 생활이 가능하도록 대비해 두기 위해 기지 내의 일을 계속하고 싶어 한다. 아이들이 미국 사회에 적응하지 못해 오키나와로 돌아올 수도 있다는 그녀의 걱정을 엿볼 수 있으며, 그녀 자신이 미국에서의 생활이나 잭과 다시 시작하는 생활에 불안감을 느끼고 있다는 것도 잘 알 수 있다. 그러나 아이들이 오키나와 사회에 완전히 적응해 버려 미국에서의 생활에 적응하지 못하는 사태를 막기 위해 이제 결단을 해야 한다.

(3) 제대자와의 이혼과 관련한 지원 제도

잭은 제대했기 때문에 군대로부터 가족 지원 제도의 혜택을 받을 수 없었다. 잭의 동료의 아내 미즈에(瑞江)도 이즈미와 마찬가지로 남편의 바람과 폭력으로 고민하고 있었다. 그래서 미군 기지 내의 카운슬러를 만나 상담을 함으로써 그녀의 경우에는 일이 잘 풀렸다고 한다. 미즈에의 남편은 현역 미군 병사였기 때문에, 군대의 지원을 충분히 받을 수 있었다. 하지만 잭처럼 제대를 해 버리면 군대의 지원을 전혀 받을 수 없다. 이즈미가 의지할 수 있는 곳은 군대에 없다. 그녀에게 남겨진 수단은 '티루루'밖에 없었다. 그러나 군대의 시설이 아니라 지원 범위에는 한계가 있다.

이즈미의 남편과의 별거 생활을 들여다보면, 남편이 미군 병사인가, 일반 민간인인가에 따라 커다란 차이가 있다는 것을 발견할 수 있다. 여기서 말하는 민간인이란 기지와 아무런 관련도 없는, 다시 말해 미일 지위 협정의 신분을 보유하지 않은 외국인 등록을 마친 외국인을 의미한다. 이즈미는 제대한 남편으로부터 가정 내 폭력을 당했으나, 군대로부터 어떠한 지원도 받을 수 없었다. 민간인인 이즈미의 남편은 군대로부터의 제재를 두려워하는 일 없이 생활을 하였다. 많은 문제를 안은 채 그 문제에 대해 상담도 할 수 없고 해결도 할 수 없어 괴로워하고 있는 것은 현역 미군 병사와 결혼한 여성이 아니라, 제대하고 군과의 관계를 종료한 전 미군 병사의 일본인 아내일지도 모른다.[15]

후자의 고민이 표면화되는 경우는 매우 적다. 그녀들의 고민이나 문제를 해결해 주는 곳이 거의 없다. 군대라는 제도와 결혼 생활의 관계가 어떠하냐에 따라 일본인 아내가 받을 수 있는 지원은 크게 달라진다.

이즈미의 남편 잭은 처자식을 버리고 본국으로 돌아간 무책임한 미국인 남편 이미지에 들어맞는다. 그러나 한편으로 이러한 미국인 이미지를 통해서는 알 수 없었던 제대 후 남편이 경험하는 오키나와에서의 힘겨운 생활도 엿볼 수 있다. 여기에는 일률적으로 처자식을 버리고 본국으로 돌아간 미군 병사라는 표현으로 다 설명할 수 없는 아내와 가족에 대한 생각이 자리해 있다. 그리고 별거 생활을 하고 있어도 여전히 그런 생각은 사라지지 않는다.

4. 미국인 남성에게 이혼은

인터뷰를 통해 더욱 잘 알게 된 점은 제대해서도 오키나와에 남은 미국인 남성들의 모습이다. 그럼, 제대 후의 결혼 생활이나 이혼을 경험한 제임스의 사례를 살펴보면서 그의 이혼과 자녀와의 관계에 대해서 알아보겠다. 그리고 이즈미의 남편 사례에서도 나타났듯이, 오키나와 여성과의 결혼 생활과 이혼에서 제대 후 오키나와에서의 생활이 갖는 의미에 대해서 고찰하겠다. 또한 제임스의 두 번의 결혼에서 이혼 원인이 되었던 오키나와 여성과 그 어머니와의 친밀한 관계 및 섹스리스 문제에 대

15 퇴역 군인의 경우는 제대자와 달리, 현역 시절과 거의 다름없이 미군과의 관계를 유지하고 있다. 퇴역 군인과 제대자의 차이 등에 대한 자세한 내용은 제1장을 참조.

해서도 주목하겠다. 제임스의 사례를 통해, 이혼하고 나서도 오키나와에서 계속 생활하는 제임스의 아들에 대한 강한 애착을 발견할 수 있다.

제임스

해병대를 제대한 제임스(30대 후반, 백인)는 현재 군속으로 기지 내에서 일하고 있다. 그는 제대 후에 미일 지위 협정의 신분을 상실하고 민간인으로서 오키나와에 살았던 경험이 있다. 오키나와 여성과 두 번 결혼, 두 번 이혼, 현재는 독신이다. 자녀는 첫 번째 부인과의 사이에 아들 2명으로 15세와 11세, 그리고 두 번째 부인과의 사이에 5세된 아들 1명이 있다. 제임스의 두 번의 결혼과 이혼에 대해서, (1) 오키나와 부임에서부터 결혼까지, (2) 미오(美緖)와의 만남, (3) 유키에(幸惠)와의 만남, (4) 유키에와의 결혼 생활, 그리고 (5) 아들과의 소중한 시간 등 다섯 가지로 나누어 살펴보겠다.

(1) 오키나와 부임에서부터 결혼까지

제임스는 1989년에 오키나와에 해병대원(하사관)으로 부임하였다. 같은 해에 첫 번째 아내인 미오를 만나, 1990년부터 동거를 시작하였다. 1991년에 첫째 아들이 태어났다. 앞서 서술했듯이 미군 병사가 해외에서 결혼을 할 때에는 많은 서류 제출과 시간이 필요하다. 그래서 제임스는 해병대를 제대하기로 결심하였다. 이 결심은 제임스 인생의 커다란 전환점이 되었다. 언어나 문화도 다른 오키나와 사회에 혼자서 뛰어들어 아내와 아들을 부양하는 힘든 선택을 스스로 내렸던 것이다.

(2) 미오(美緖)와의 만남

1992년에 제대하고 오키나와에서 두 사람은 결혼하였다. 제임스는 일본인 배우자 비자[16]를 받고 외국인으로서 일본에서 생활을 시작하였다. 당시 두 사람의 나이는 모두 23세였다. 두 사람의 생활은 오키나와 본섬 중부에 있는 미오의 친정에서 시작되었다. 그 생활은 제임스가 상상했던 것과는 전혀 다른 것이었다. 미오의 친정에는 미오의 부모님, 미오의 여동생 4명이 살고 있었다. 여동생 중 2명은 그녀들의 아이와 함께 와 있었다. 거기에 미오와 제임스까지 함께 살게 된 것이다. 화장실은 1개뿐이었다. 넓은 공간이나 사생활을 중요시하는 미국인인 제임스는 매우 불쾌한 감정을 느꼈다.

그리고 제임스는 장인의 소개로 건설업 관련 일에 취직하였다. 직장에서는 오키나와 사투리만 통하였다. 매일 밤 일을 마치면 종업원과 아와모리(泡盛)를 마셨다. 다음 날은 새벽 6시부터 일을 한다. 제임스는 일이 너무 힘들어 결국 3개월 만에 그만두고 말았다.

제임스는 오키나와의 구인 잡지를 보고 이삿짐센터에서 일하기 시작하였다. 하루에 12시간부터 14시간 매일 쉼 없이 일을 하였다. 이후에는 오키나와의 주유소에서 일을 하였다. 둘째 아들이 태어날 무렵에는 점차 오키나와 사투리도 익숙해지면서 오키나와 사회에 녹아들었다. 제임스는 미오의 아버지로부터 인정받으려고 필사적으로 일본어와 오키나와의 문화를 익혔다.

그러다가 미오의 친정을 나와 미오와 둘이서 생활을 시작하였다. 이사한 집은 미오의 친정에서 걸어서 몇 분 정도의 거리에 있었다. 미오는 아이들을 데리고 친정에 가서 돌아올 줄을 몰라, 제임스는 집에 혼자 있는 시간이 많았다. 점차 성생활에도 문제가 나타났다. 두 사람 사이에 다툼이 끊이지 않았으며, 1997년 크리스마스 아침에 미오는 아이들을 데리고 친정으로 가 버렸다. 그리고 1998년에 두 사람은 이혼을 하였다.

16 제임스는 제대했기 때문에 비자를 취득해야 한다. 자세한 설명은 제1장을 참조.

(3) 유키에(幸惠)와의 만남

미오와의 이혼 후, 제임스는 통역과 이삿짐센터의 일을 했지만, 다치면서 일을 그만두었다. 그리고 1998년부터 오키나와의 가라오케 바에서 일을 시작하였다. 당시 제임스는 가라오케 바 바로 옆에 있는 러브호텔에서 기거하였다. 이혼 후 집에서 쫓겨난 그는 갈 곳이 없었다.

이혼한 다음 해인 1999년에 제임스는 친구의 소개로 두 번째 아내인 유키에를 만났다. 그는 당시 29세, 그녀는 21세였다. 유키에는 류큐 대학 영문과 3학년 재학 중이었다. 유키에는 매일 러브호텔에서 지내는 그를 만나러 왔다.

제임스는 미오와의 결혼으로 취득한 배우자 비자의 기한이 6개월밖에 남아 있지 않음을 알았다. 그래서 그는 기지 내의 일과 관련한 면접을 보고 2000년에 마침내 군속으로 기지 내에서 일을 하게 되었다. 이로써 제임스는 미일 지위 협정의 신분을 얻어 일본 체류가 가능해졌을 뿐 아니라, 기지 내에 자유롭게 출입할 수 있게 되었다. 1992년에 제대하고 오키나와에 돌아온 지 8년의 시간이 흘렀다. 두 아이의 아버지가 되었고 제임스의 인생도 크게 달라졌다.

(4) 유키에와의 결혼 생활

2001년에 결혼한 유키에와의 사이에 아들 크리스가 태어나자, 두 사람은 러브호텔을 나와 오키나와 현 중부에 있는 아파트에서 생활을 시작하였다. 유키에는 자식을 끔찍이 사랑하는 여성이었다. 제임스는 월 2회 첫 결혼에서 얻은 아들 2명과 크리스와 함께 시간을 보낼 수 있었다. 그리고 때로는 자신이 사는 아파트에 두 아들이 머물기도 하면서 진짜 가족으로서 행복한 시간을 보냈다고 당시를 회상하였다.

그러다가 첫 결혼과 마찬가지의 문제가 나타났다. 바로, 유키에도 빈번하게 친정을 드나들며 부모님과 친밀한 관계를 유지하려는 모습을 보이면서 문제가 나타난 것이다. 장모가 주 3, 4회나 제임스의 집을 방문하였고, 유키에도 빈번하게 친정을 방문하였다. 미오와 마찬가지로 유키에와의 사이에도 성생활이 사라졌다. 결국 2005년에 유키에와도 이혼을 하였다. 1989년에 오키나와에 배속된 제임스는 35세의 나이가 되었고 벌써 오키나와에서 생활한 지 16년의 시간이 흘렀다.

(5) 아들과의 소중한 시간

미오가 거부했기 때문에 제임스는 미오와의 사이에서 얻은 아이들과는 만나지 못하고 있다. 그렇기 때문에 현재, 유키에와의 사이에서 얻은 5세가 된 크리스와 매주 토요일 밤부터 일요일까지 함께 시간을 보낸다. 제임스는 토요일 저녁에 유키에의 휴대전화를 이용해 걸려 오는 크리스의 전화를 기다리고 있다. 제임스는 크리스를 위해 미국 전통 아침 식사를 만들고 함께 공원에서 뛰어노는 등 한정된 시간 속에서 아버지로서의 책임을 다하려고 노력한다.

제임스는 크리스뿐 아니라 유키에 부모님과의 관계도 잘 유지하고 있다. 에이사 등의 연습을 할 때에는 유키에의 부모님도 손자의 모습을 보려고 연습 장소를 찾아온다. 이곳에서는 함께 에이사 연습을 하는 전처인 유키에의 모습도 볼 수 있다. 이처럼 이혼해도 오키나와에서는 전처와 그 가족과의 관계가 잘 유지되는 경우가 많다.[17]

여기서 발견할 수 있는 것은 아이와의 시간을 소중하게 여기는 한 남성의 모습이다. 여기에는 이혼을 했지만 자신의 사랑하는 아이를 위해 오키나와를 떠나지 않고 계속 오키나와에서 생활을 하는 아버지로서의

17 로버트도 오키나와 여성과 이혼하고, 현재 재혼해 자녀가 2명 있다. 종종 전처가 이 아이들의 베이비시터를 맡아 주기도 한다고 한다. 그리고 현재의 아내와 전처는 친구로 지내고 있다. 전처와의 관계도 좋다고 한다.

남성이 있다.

5. 세 가지 문제

그럼, 이혼을 통해 드러난 남녀가 안고 있는 문제와 상황 등, 이혼이나 부부 사이의 불화 요인이 된 문제에 대해서 간단하게 살펴보고자 한다. 다음과 같이 크게 세 가지로 나누어 살펴보겠다. (1) 결혼 전반에 나타난 문제, (2) 오키나와 출신 여성과의 결혼과 관련한 문제, (3) 군인이라는 직업과 관련한 문제.

(1) 결혼 전반에 나타난 문제

결혼 전반에 나타난 문제를 상대방에 대한 과도한 기대 및 양육과 성생활이라는 두 가지 관점을 통해 살펴보겠다.

상대방에 대한 기대가 지나치게 크면 실망도 크다. 미군 병사와 일본인 여성의 결혼은 대개 서로 다른 기대를 품고 젊어서 결혼한 경우가 많다. 이즈미는 미국인과의 사이에 태어나는 '하프'인 아이에 관심을 가지고 있어서 미국인에 대한 동경의 마음이 강하였다고 앞서 기술하였다.

양육의 문제와 관련해서도, 오키나와 출신의 아내가 아이 중심의 생활을 하면서 남편과 성생활을 하지 않는 심각한 문제도 남편들의 입을 통해 들을 수 있었다.

(2) 오키나와 출신 여성과의 결혼과 관련한 문제

오키나와 출신 여성과의 결혼과 관련한 문제로, 먼저 딸과 어머니 사이에서 발견되는 친밀한 유대 관계가, 부부를 중심으로 한 결혼 생활을 이상적으로 여기는 미국인과의 결혼에 큰 장애로 작용한다는 점을 지적할 수 있다.

다음으로, 부부가 함께하는 시간이 적다는 점을 들 수 있다. 첫 번째 문제와도 관련이 있는 사항인데, 오키나와 출신 아내의 친구 관계는 매우 폭넓으며, 결혼해서도 그 친구 관계는 독신 때와 달라지지 않고 계속 유지되는 경우가 많다. 그렇기 때문에 남편과 보내는 시간이 적어질 뿐 아니라, 어떤 문제가 발생하더라도 부부 둘이서 해결하는 것을 회피하고 자신의 가족이나 친구에게 도망쳐 버린다.[18] 그러나 남편은 함께 의논할 상대도 없이 그대로 방치되고 만다.

부부 사이에 거리가 생기는 것은 섹스리스 문제로도 이어진다. 미군 병사는 장기간 파병되는 경우도 있어서 부부의 시간이 한정되어 있다는 것을 고려하면, 친정 중심의 생활 방식은 결코 바람직한 방식이 아니다. 다만, 남편이 파병 등으로 가족과 장기간 떨어져 있는 경우가 많다는 것을 생각하면, 친정이 가까이 있는 것은 큰 장점이기도 하다.

마지막으로, 오키나와(일본)와 미국의 문화를 둘러싼 부부간의 줄다리기이다. 오키나와(일본)나 미국, 어느 문화를 기반으로 결혼 생활을 영위할 것인가 하는 긴장 관계가 이혼이나 부부 사이의 불화를 야기하기도 한다. 로드니가 아이들의 예절 교육을 걱정했듯이, 자녀를 둘러싼 문제도 그 뿌리가 깊다.

(3) 군인이라는 직업과 관련한 문제

군인이라는 직업과 관련한 문제에 대해서 두 가지를 지적하고자 한다.

먼저, 임신과 이동이 스트레스의 요인이 된다는 점이다. 임신을 계기

18 제3장에서 이미 지적했는데, 다마키(玉城)는 결혼 생활에서 나타난 문제 해결을 부모·형제 등에게 쉽게 의존해 버리는 오키나와 가족의 특징을 '무경계 가족'이라고 불렀다(다마키 1986: 66).

로 결혼을 하면, 아무리 부임 기간을 연장할 수 있다고 해도 부부 모두에게 상당한 스트레스를 안겨 준다. 미군 병사가 젊고 일의 스트레스가 많은 가운데, 임신으로 인해 결혼을 하게 된다. 그렇기 때문에 이후의 결혼 생활에 많은 스트레스를 안게 된다.

다음으로, 군인의 경력을 위한 선택의 어려움이다. 승진하거나 무사히 퇴역을 하기 위해서는 이동 명령을 받아들여야 한다. 그러나 여기에 아내가 함께하지 않으면, 남편은 따로 떨어져 군인으로서의 경력을 쌓을지, 가정생활을 우선해 군인으로서의 경력을 포기할 것인지 선택의 기로에 놓이게 된다. 후자를 선택해 제대를 하면 오키나와에서 취업하기가 여간 어려운 일이 아니며, 군대와의 관계도 단절되어 아내나 그 가족에게 의존하게 된다. 이것이 스트레스나 갈등의 원인이 되어 결혼 생활 자체가 파탄 나기도 한다.

이상에서 살펴보았듯이, 미군 병사와 결혼한 오키나와 여성에게 필요한 것은 군대에 대한 더욱 깊은 이해, 그리고 군대와 밀접한 관계를 구축하기 위해 아낌없이 노력하는 자세이다. 한편, 남편에게 필요한 것은 아내가 가진 오키나와에 대한 생각이나 문화적인 배경을 이해하고 군대와 가족이라는 두 세계에서 상반된 역할을 유연하게 해 나가는 자세이다.

제10장 군인 아내들의 네트워크 형성

미군 병사와 결혼한 여성들에게 남편만이 군대와 그녀들을 이어 주는 존재인 것은 아니다. 군인 아내들로 특화된 몇몇 조직이 존재한다. 군대를 주요 모체로 한 전통적인 조직으로서 일반적으로 잘 알려진 것은 '장교 아내의 모임'이다. 그러나 현대의 군인 아내들의 세계는 기지 내에만 머물지 않는다. 인터넷을 매개로 해서 미군 병사와 결혼한 여성들의 모임은 전 세계에서 만들어지고 있다. 오키나와에는 군인·군속과 결혼한 일본인 아내를 대상으로 '일본인 아내의 모임'이라는 클럽이 있다. 또한 군인 아내에만 한정되지 않지만, 기지 관계자에게 중요한 조직 가운데 하나로 창가학회 인터내셔널(SGI)이 있다. 이들은 SGI를 통해 오키나와뿐 아니라 전 세계에 네트워크를 형성하고 있다.

그럼 이들 조직들의 활동을 통해 알 수 있는 미군 병사와 결혼한 여성들이 구성한 네트워크에 대해서 살펴보겠다. 그리고 네트워크 형성에서 아내들 간의 충돌이나 조직에 속함으로써 발생하는 문제에 대해서도 살펴보고자 한다.

1. 군인 아내의 조직

군인 아내가 형성한 조직은 공적인 조직에서부터 개인적인 조직까지 그 형태가 다양하다. 본 절에서는 일본인 군인 아내들이 군대 밖에 형성한 일본인 아내의 모임을 살펴보면서 아내들의 네트워크 형성에 주목하겠다. 그러면서 군대 내에 설립된 장교 아내만이 가입할 수 있는 장교 아내의 모임과 비교해 보고, 일본인 아내들의 독자적인 생활에 대해서 살펴보고자 한다.

1.1. 장교 아내의 모임

군인 아내의 조직에는 남편이 소속된 부대나 함대 단위의 공적인 조직에서부터 사적인 조직까지 다양한 형태가 있다. 군대 커뮤니티 내에서 군인 아내가 조직한 것으로 가장 잘 알려져 있는 조직은 '장교 아내의 모임'[1](이하 OWC)이다.[2] OWC는 남편이 장교인 아내들이 각 군에서 형성한 군인 아내의 조직이다.[3] 앞서 제1장에서 장교 아내들은 OWC에 가입해 봉사 활동을 하며 이상적인 군인 아내상을 보여 주어야 한다는 점을

1 원어로는 Officers' Wives Club이다.

2 여기서 자세한 것은 기술하지 않겠지만, 오키나와에는 미국부인복지협회(American Women Welfare Association: AWWA)라는 군인 아내의 조직도 존재한다. 미국부인복지협회는 오키나와 주둔 미군 장교와 하사관의 군인 아내들로 구성되어 있다. 구체적으로는 육군 군인 아내의 모임, 오키나와 하사관 아내의 모임, 가데나(嘉手納) 장교 아내의 모임, 해군 장교 아내의 모임과 해병대 장교 아내의 모임 등 모두 5개의 군인 아내의 모임의 회원으로 구성되어 있다. 그 역사는 1950년대로 거슬러 올라가며, 1952년에 류큐·미국 복지 협의회로 설립되었다. 당시에는 일본인 아내와 미국인 아내 모두가 참여하였다. 이후, 1972년에 오키나와가 일본에 반환되면서 미국인 군인 아내들은 미국부인복지협회를 설립하였다. 군인 아내가 운영하는 기지 내의 선물 가게와 재활용 가게를 통해 수익이나 봉사 활동을 바탕으로, 기지 내뿐 아니라 양로원 등 오키나와 지역사회에 기부 활동을 전개하면서 오키나와 지역 주민의 건강이나 복지에도 공헌을 해 왔다.

3 하사관의 아내로 구성된 조직도 있다. 오키나와 하사관 아내의 모임(Okinawa Enlisted Wives Club)도 그중 하나이다.

지적하였다. 전통적인 군인 아내를 배출해 온 조직인 OWC이지만, 사실 오늘날 아내들 스스로 변화를 꾀하고 있다.

남편이 장교인 일본 본토 출신의 사토코(聰子: 40대 초반)는 한국에서 육군의 OWC에 가입해 활동을 하였다. 그러나 오키나와에서는 OWC의 회원인 일본인 아내를 만난 적이 없다고 한다. 장교는 대학을 졸업하고 연령도 있는 상태에서 입대하기 때문에, 해외 기지에서 근무하기 전에 결혼을 한다. 현지 여성과 결혼하는 경우는 매우 드문 편이다. 또한 장교는 예전만큼은 아니지만, 미국인 여성과 결혼하는 경향이 있다. 그 결과, OWC에 외국인 아내가 적을 수 있는 것이다.

일반적으로, OWC에 좋은 이미지를 가진 사람은 그리 많지 않다. 이는 OWC에 가입할 수 있는 것은 장교의 아내들뿐이며, OWC가 장교 아내들의 모임이기는 하지만 군대와 마찬가지의 계급제도에 바탕을 둔 조직이기 때문이다. 그래서 일본인 아내뿐 아니라 미국인 아내나 남편들도 비판적인 시선으로 OWC를 바라보기도 한다.

그렇지만, 미국에서 생활할 때에는 OWC와 같이 부대를 기반으로 형성된 군인 아내의 커뮤니티가 매우 중요한 역할을 한다. 이러한 커뮤니티를 통해 미국에서의 생활에 적응해 갈 수 있기 때문이다.

1.2. 일본인 아내의 모임

오키나와에 있는 일본인 아내들은 2004년에 일본인 아내의 모임[4](이하 JWC)이라는 조직을 설립하였다. 이는 군대와는 상관없이 오키나와에 사는 군인·군속의 아내들로 구성된 인터넷을 매개로 해서 설립한 조직이다. 그럼, (1) JWC의 설립과 활동 내용, (2) JWC의 이점, (3) JWC의 한계와 문제점, (4) 조직에 속함으로서 나타나는 갈등, (5) JWC 가입을 거

4 영어로는 Japanese Wives Club이다.

부하는 아내, (6) 기린회(キリンの会) 등에 대해서 살펴보겠다.

(1) JWC의 설립과 활동 내용

JWC는 미 해병대원의 오키나와 출신 아내가 2004년 5월에 인터넷상에 설립하였다.[5] JWC의 초대 회장인 여성은 기지 내에서도 봉사 활동 등을 하면서 일본인 아내들을 위해 적극적으로 활동하던 여성이었다. JWC를 발족했을 때에는 기지 내의 영자 신문(《Island Market》)[6]에서 일본인 아내들에게 JWC 가입을 권유하는 홍보도 하였다.

현재, JWC는 3명의 회장(2006년 9월 취임)이 운영하고 있다.[7] 현재 회원 수는 61명(행사에만 참석하는 여성이 4명 있다)[8]이다. 회원 조건은 미국인 군인·군속과 결혼한 오키나와 거주 일본인 여성이다. 인터넷으로 회원 가입을 한다. 2008년 3월부터는 JWC의 홈페이지[9]를 인터넷 소셜 네트워킹 시스템인 믹시(mixi)로 옮겼다.

이전에는 회원이 되기 위해서 JWC 회원 규칙에 서명을 하고 연간 600엔의 회비를 내야 했다. 회원 규칙에는 상식이나 매너에 따라서 회원을 대할 것, 그리고 다른 회원을 비방하지 말 것 등의 10개 규칙이 있었다. 활동 내용[10]은 월 1회 점심 모임, 기린회(남편이 파병 등으로 부재중

5 현재, 이를 설립한 군인 아내는 남편의 이동으로 오키나와를 떠났다.

6 《*Island Market*》은 현재 기지 내 신문 중 하나인 《*Japan Update*》의 전신이다. 기지 안팎의 오키나와 정보를 영문으로 발간하였다. 해병대 기지 내에는 《*Japan Update*》 외에 미 해병대의 정보를 중심으로 한 해병대 기지 통합 보도부가 편집하는 《*Okinawa Marine*》이 무료로 배포된다. 그 밖에도 해병대뿐 아니라 4군 내에서 《*Stars and Stripes*》가 판매되고 있다.

7 활동 내용은 초대 회장 때보다 감소하였다. 그 이유는 가데나 공군 기지의 Family Readiness Center(해병대 내의 PSC에 해당하며 가족 지원을 담당하는 센터)나 해병대 기지인 캠프 포스터의 Marine Corps Family Team Building에서 일본인 배우자를 위한 다양한 세미나를 개최하고 있기 때문이다.

8 회원 수가 한 때 100명을 넘은 시절도 있었다.

9 http://mixi.jp/view_community.pl?id=3128219(2012년 2월 22일 열람)를 참조.

10 초대 회장 때에는 군대에 관한 세미나, 영어 회화 강좌, 스페인어 강좌, 요리 교실을 비

인 아내들이 저녁에 모이는 모임), 스페인어 강좌나 미국의 행사(크리스마스 등)에 맞추어 모임을 연다. 또한 인터넷의 게시판을 원하거나 정보가 필요한 경우에 글을 올리면 회원들이 답글을 보낸다.

2007년 4월부터 회비는 내지 않는다. 회원 대부분이 남편의 근무지 이동에 따라 오키나와를 떠나게 된다. 그렇기 때문에 연회비를 징수하지 않고 행사가 있을 때마다 행사에 참가한 회원만 참가비를 내는 방식이 공평하다는 회원들의 의견에 따라 바뀌었다. 또한 현재에는 회원 규칙도 철폐되었고 인터넷상에서 행사를 고지하고 참가를 원하는 회원이 참가하는 방식으로, 이전에 비하면 간소화되었다.

(2) JWC의 이점

JWC의 주된 이점으로 군인·군속인 남편을 가진 일본인 아내들이 일본어로 서로 대화할 수 있는 곳이라는 점을 들 수 있다. 남편의 계급과 상관없이 회원이 될 수 있다. 이 점이 앞서 기술한 남편이 장교여야만 하는, 남편의 계급에 근거한 OWC와는 크게 다른 점이다. 또한 일본인 아내의 남편들에 따르면, OWC의 아내들은 클럽 등에 가는 경우가 있다고 한다. 이에 반해 JWC의 활동은 선술집 등에서 아내들이 만나 이야기를 나누는 경우가 많기 때문에, 남편도 안심하고 활동을 지켜볼 수 있다고 한다.

구체적인 JWC의 이점으로는, 아내들이 정보를 교환하거나 네트워크를 넓힐 수 있다는 점이다. 어려움에 처했을 때 회원들이 서로 돕는 역할도 한다. 오키나와 출신의 아내는 이미 오키나와에 가족이나 친구의 네트워크가 있다. 그러나 군대와 관련한 사항에 대한 지원을 아내의 가족이나 친척으로부터 얻기는 어렵다.

롯한 다양한 행사가 진행되었다.

회원의 주된 가입 이유는 교우 관계와 정보 교환, 상호 부조이다.[11] 특히, 일본 본토 출신의 여성은 가족이나 친구의 네트워크가 오키나와에 없기 때문에, 이러한 모임은 친구를 만들 수 있는 좋은 기회가 된다. 또한 아내들은 군대뿐 아니라 더 일반적인 정보를 JWC의 활동을 통해 나누려고 한다.

일본 본토 출신의 사토코는 오키나와로 이동해 오면서 바로 JWC에 가입하였다. 사토코는 기지 밖에 있는 미군 관계자가 모여 사는 주택지 안에서 살고 있다.[12] 오키나와로 이사를 왔을 때 친구를 사귀는 데에 JWC는 매우 도움이 되었다. 또한 어린아이가 있는 여성에게는 아이를 데리고 JWC 모임에 참석할 수 있어서 JWC의 모임은 고마운 존재이기도 하다.

(3) JWC의 한계와 문제점

JWC의 문제점으로, 전업주부가 아닌 아내는 모임에 참석하기가 어렵다는 점을 들 수 있다. JWC의 대부분의 회원은 전업주부이기도 해서, JWC의 강좌나 모임은 평일 오후에 열리는 경우가 많다. 그렇기 때문에 일을 하고 있는 아내는 참가할 수가 없다.

늘 같은 회원들만 참석한다면, JWC 안에 작은 그룹이 형성될 것이다. 그렇게 되면 새로 들어오는 회원이나 매번 참석하지 못하는 회원으로서는 함께 하기 어려운 자리가 되고 말 것이다. 이러한 JWC에 한계

11 Rosenberg(1989)는 아내들의 친구 관계의 중요성을 지적하였다. 군인 아내들의 친구는 같은 계급의 남편을 가진 아내가 많고, 계급을 통한 관계는 매우 드문 관계이다. 친구 관계는 생활의 중요한 일부이다. 친구를 사귀지 못하는 아내는 고독하거나 고립감을 느끼며 군 생활에 분노를 느낀다고 한다.

12 기지 밖에는 미군 관계자가 모여 사는 주택이 있다. 예를 들어, 오키나와 본섬 중부의 자탄초 스나베(北谷町 砂辺)에는 많은 미군 관계자를 위한 주택이 있다. 이들 주택을 '외인주택'이라고 부른다.

를 느낀 아내 중에는 JWC보다 해병대가 아내들에게 제공하는 Japanese Spouses' Orientation(JSO)[13]에서 정보를 얻는다는 지적도 있다. 여기서 JWC가 제공하는 정보나 정보량의 한계를 알 수 있다. 일본인 아내를 통해서가 아니라 미국인 군인 아내를 통해서 정보를 얻는다고 하는 일본인 아내도 있다.

(4) 조직에 속함으로써 나타나는 갈등

JWC에 참가한다는 것은 오키나와의 미 해병대 기지라는 작은 커뮤니티 속의, 나아가 더 규모가 작은 일본인 아내라는 그룹에 들어간다는 것을 의미한다. 이러한 그룹에서는 당연히 충돌이나 갈등이 생긴다.

일본 본토 출신의 미유키(美由紀: 30대 초반)는 JSO에도 참가하면서 JWC의 회원이기도 하다. 일본인 군인 아내의 세계는 사람들의 소문이 무성하다는 비판을 받고 있다. 미유키는 JWC에 가입한 것을 후회하고 있다.

> 사람들이 짜증스럽다. JWC에 얼굴을 내미는 것이 아니었다. 이렇게 성가시게 될 줄이야. 탈퇴하고 싶어 탈퇴하더라도 무슨 말을 듣게 될지. 나는 아무것도 모르고 그저 공부하러 왔을 뿐인데. 우연히 지인의 소개로 JWC에 대해 전혀 모른 채 가입하였다. 그런데 JWC의 모임에서 어떤 사람이 오지 않자 그 사람에 대해 험담을 하였다. 뭐야, 나는 그 사람하고 사이가 좋은데. 짜증나네. … 가기가 귀찮아졌다. 하지만 정보를 얻을 수 없어 두렵기도 하고 남편도 부재중이고. 내가 필요한 것만 얻고, 미안하지만 그 다음은 그냥 저냥. 여자들이 모이는 것이 무섭다. … 일을 그르쳤구나 싶었다. 후회가 좀 됐다. … 모두가 글로벌, 글로벌, 모두가 국제결혼, 국제결혼 떠들썩하기만 할 뿐, 정말 좁은 세계에서 살아가고 있다.

13 JSO에 대한 자세한 내용은 제2장을 참조.

군대 안에서.(2005년 12월 28일 수록)

미유키는 JWC의 활동에 참가함으로써 인간관계가 복잡해져 곤란해 하고 있다. 남편이 파병으로 부재중인 미유키에게는 정보를 얻을 수 있는 JWC를 잃는 것은 안타깝다. 그러나 미유키는 가입을 후회하고 있다. 국제결혼은 글로벌한 세계로 들어가는 입구라고 하지만, 사실은 군대 안의 매우 좁은 세계에서 살아가는 것임을 자각하게 되었다. 미유키는 복잡한 인간관계라는 세계에 얽혀들지 않으려고 적절한 거리를 유지하면서 자신의 취미나 혼자서 즐길 수 있는 방법을 찾으려고 노력하고 있다.

(5) JWC 가입을 거부하는 아내

JWC 가입을 거부하는 아내도 있다. 오키나와 출신의 아키(亜樹: 30대 후반)는 남편이 군속이다. 아키는 기지 내 종업원이기도 하다. 그녀가 JWC 가입을 거부하는 이유는 JWC 회원에 대한 신랄한 비판 때문이다. 아키는 JWC의 회원들이 미군 병사와의 결혼으로 군대로부터 얻게 되는 특권(ID 카드나 주거 수당 등)을 받을 수 있어 다행이라고 여긴다고 지적한다. 아키는 이들의 일원이 되는 것을 강하게 부정한다. 그녀가 JWC와 같은 상호 부조를 목적으로 한 조직에 가입할 필요를 느끼지 못하는 것은 그녀 자신이 많은 정보를 얻을 수 있는 특권적 입장에 있기 때문이기도 하다. 그녀는 전문직을 가진 기지 내 종업원이다. 또한 미국의 대학원에서 석사 학위도 받았기 때문에 영어에 문제가 없다. 무언가 의문이 생기면 기지의 관계자에게 직접 물어 볼 수도 있다. 아키는 JWC 가입을 거부할 수 있는 입장에 있는 것이다. 이에 반해, 대부분의 JWC 회원은 전업주부로 영어에 자신이 없는 경우도 많고, 군대와의 사이에 거리감도 있다.

아무래도 필요한 정보는 JWC에 의존해 얻을 수밖에 없는 것이다.

(6) 기린회(キリンの会)

앞서 기술했듯이, '기린회'란 남편이 파병 등으로 부재중인 아내들이 모이는 모임이다. 남편의 귀환을 목을 길게 늘어뜨리고 기다린다는 뜻에서 '기린회'라는 명칭을 붙였다. 저녁에 선술집 등에서 회원들이 모인다. 필자도 2006년 5월 26일에 이 모임에 참석하였다. 장소는 오키나와 본섬 중부 우루마 시에 있는 해병대 기지 캠프 코트니 근처 선술집이었다. 모임은 19시부터 시작되었고 참가자는 필자를 포함해 4명이었다.

참석한 군인 아내 중 한 사람인 아이(愛)가 남편과의 문제에 대해 이야기하기 시작하였다. 이혼 얘기를 남편이 먼저 꺼냈다는 말에 모두가 놀랐다. 필자는 5개월 전에 아이와 만나 인터뷰를 하면서 이야기를 나눈 적이 있다. 그 당시에는 결혼 생활에 문제가 있다는 기미는 전혀 없었다. 그녀의 현재 상황은 매우 심각하였다. 잠시 뒤에 아이는 화장실로 갔다. 그녀가 울고 있을지도 모른다는 생각이 들었다. 언제나 활달했던 그녀의 마음을 생각하면 내 마음도 아파 왔다. 선술집에서 나온 시간은 21시 30분경이었다.

이처럼 아내들은 기린회를 통해 서로의 고민을 나누며 서로의 버팀목이 되어 주고 있음을 알게 되었다.

2. 창가학회 인터내셔널(SGI)

종교는 결혼 생활에서 큰 역할을 한다. 종교를 통해 다른 군인 아내들이나 그 밖의 많은 사람과의 네트워크를 형성할 수가 있다. 제6장에서 기술했듯이, 대다수의 여성은 무교(74%)였다.[14] 50명의 조사 대상 가운데, 5명(10%)이 창가학회 인터내셔널의 회원이었다. 그럼, 전 세계로 네트워크를 확대하고 있는 창가학회 인터내셔널(Soka Gakkai International: SGI)에 대해서 살펴보겠다.

다른 종교와 비교하면, 기독교는 오키나와의 조상숭배와 크게 달라 매우 큰 단절성·이질성을 보인다. 그러나 오키나와 사회는 수용이라는 관점에서 서양 문화를 배경으로 한 기독교를 훌륭하게 여겼고, 미 군정하에 있었던 영향도 있어서 오키나와 사회에서 기독교는 나름대로 그 지위를 확립할 수 있었다. 이에 반해, 기타 신흥종교에 대한 사회적 평가는 그리 높지가 않다(아라이洗 1978: 294).[15]

그런 가운데, 군인과 결혼한 여성 중에 창가학회의 회원이 있다는 사실을 조사를 통해 알 수 있었다. 이는 요코스카 미 해군 기지에서도 발견할 수 있었다.[16] 군대 커뮤니티에서는 일본인 아내뿐 아니라 그 남편들도 창가학회 회원이었다. 이들은 기지 안팎에서 활동을 하고 있다. 대부분의 경우, 아내가 창가학회의 회원이며 이들이 남편을 설득해 함께 참석하여 모임을 연다. 또한 SGI는 세계 192개국에 있기 때문에, 군인이 어느 기지로 이동을 하더라도 SGI로부터 지원을 받을 수 있다. SGI에 들어감으로써 아내들은 군대가 제공하는 서비스에만 의존하지 않고, 한층 독립적인 생활을 할 수가 있다. 일반적으로 아내들은 오키나와를 떠나 자신의 가족이나 친족으로부터 멀어지는 것을 두려워하는데, SGI의 아내들은 고향을 떠나는 것에 대해 크게 주저하지 않았다. 필자는 그녀

14 여성의 종교에 관한 자세한 내용에 대해서는 제6장과 <표 6-1>을 참조.

15 오키나와의 기독교 연구로 이케가미(池上 1991)가 있다. 미군 관계자 중에는 기지 밖에 있는 교회에 다니는 사람도 적지 않다. 교회에 일본인 아내와 동행한 모습을 찾아볼 수 있다.

16 미야니시(宮西 2003)를 참조.

들의 활동에도 몇 차례 참여하였다. 그곳에서 열심히 다이모쿠(題目, '南無妙法蓮華')를 외는 아내의 옆에는 더 열심히 다이모쿠를 외는 미국인 남편들의 모습이 늘 자리를 지켰다.

그럼, (1) SGI의 개략과 조직, (2) SGI의 회원 활동에 대해서는 인터뷰 노트를 바탕으로 필자가 SGI 모임에 참가해 직접 본 모습을 기술하겠다. 그리고 회원인 아내와의 인터뷰를 통해 얻은 정보를 바탕으로, (3) 아내들의 가입 동기와 이점, (4) 오키나와 문화와 창가학회, (5) 남편의 반응이나 남편과의 갈등에 대해서 기술하겠다.

2.1. SGI의 개략과 조직

창가학회 불교의 핵심은 개인의 성불을 통해 세계 평화를 실현한다는 목표에 있다. SGI는 1975년 1월 26일에 괌에서 창가학회를 믿는 세계 51개국의 대표가 참석하여 '제1회 세계평화회의'를 개최하면서 발족한 복합적인 국제기관이다(Hammond and Machacek 2000: 256). SGI의 웹사이트에 따르면, 2005년 11월 1일 현재, 192개국에서 SGI의 회원들이 활동을 하고 있다.[17] SGI를 구성하는 여러 집단은 지부, 지구나 연령, 성별 등에 따라 세세하게 구분되어 있다.

미국의 SGI는 1950년대에 미군 병사와 결혼한 일본인 아내들과 함께 미국에 도착하였다(Hammond and Machacek 2000: 43).[18] 일본에서도 미군 기지나 기지 주변에서 SGI의 모임이 열리고 있다.

오키나와의 SGI는 영어와 일본어를 사용할 수 있어서, 미군 관계자의 아내나 그 남편인 신자로 구성되어 있다. 오키나와의 SGI 조직은 현, 본부, 지부, 지구, 블록으로 나뉜다. 그리고 각 회원은 주거지에 따라 소

17 각 지역의 자세한 내용이나 각 지역의 신자 수는 http://www.sgi.org/about/around_the_world/directory/membership.html(2012년 2월 12일 열람)을 참조.

18 미국의 SGI에 대한 자세한 것은 Hammond and Machacek (2000)를 참조.

속 지구가 결정된다. 예를 들어, 가데나 기지 이북 지역은 월드 지구에 해당한다. 이 밖에 창가 지구나 산 지구 등이 있다. 뒤에 기술하는 좌담회는 지구 단위로 참가하게 된다. 35세 정도까지의 여성은 영 미시즈 모임에 참가한다. 이 모임은 모든 지구에서 해당 연령의 회원이 참가한다.

2.2. SGI의 회원 활동

통상, 회원들의 활동은 아침 예불[勤行]로 시작된다. 먼저 본존 앞에 앉아 불경을 왼다. 불경을 외는 시간은 제각각이다. 각자의 예정에 맞추어 하루에 몇 번 불경을 왼다. 하루에 도합 1시간에서부터 3시간 정도 불경을 왼다. 길어지면 5시간 동안 불경을 외기도 한다. 밤에 올리는 기도로 불경을 외면서 하루를 마친다.

영 미시즈 모임이 월 1회 열린다. 또한 지부나 지구에서 모임이 있다. 불경을 외는 창제회(唱題會)가 매월 한 번, 어서강의(御書講義) 날이 일주일에 한 번, 좌담회가 매월 한 번 마련된다.

본부로부터 월말에 다음 달 일정이 통지된다. 이 예정된 일정은 지부의 리더가 주관하는 협의회를 통해 전해지며, 이 정보가 지구 부장에게, 그리고 회원에게 전해진다. 또한 매월의 일정은 회원들이 만나 결정한다. 미국인 남성을 위한 모임이나 어서 강독회도 있다. 이 밖에도 회원의 가정방문 등도 있다.

투함(投函)이라는 시스템을 통해 회원이 새로운 곳으로 이사했다는 소식이 통지된다. 그렇기 때문에 어디로 이동해도 회원들은 회원들끼리 연락을 취할 수 있다.

다음은 필자의 답사 노트를 바탕으로 필자가 참석한 SGI 모임이나 SGI와 회원이 주고받는 소식에 대해서 기술하겠다.

(1) 영 미시즈 모임(2006년 6월 22일)

필자가 처음 SGI의 모임에 참석하게 된 것은 후미코(文子)와의 인터뷰가 그 계기였다. 오키나와 출신인 후미코(30대 초반)는 필자를 영 미시즈 모임에 초대해 주었다. 이 모임은 35세 이하의 여성을 대상으로 한 달에 한 번 열리는 일본어로 진행되는 모임이다. 모임 장소는 해병대 기지 캠프 포스터에 인접한 국도 330호선에서 야마노테(山手) 쪽으로 들어간 단독주택이었다. 부인부에 소속된 여성의 집이라고 한다. 그녀의 남편은 아프리카계 미국인 남성이었다. 참가자는 11명의 여성과 5명의 아이들이었다. 방 한가운데에는 커다란 본존이 자리해 있었다. 11시가 되어 모임이 시작되었다.

본존 앞에 일본인 여성 1명이 앉고 다른 여성들은 '난묘호렌게쿄(南妙法蓮華經)'를 반복해서 왼다. 본존 앞에 앉은 여성은 이 영 미시즈 모임의 책임자로 미카(美香: 30대 후반)[19]라는 여성이었다. 약 20분 동안 불경을 왼 다음, 미카는 본존의 문을 닫았다. 문은 전동식이었다. 촛불 모양을 한 전등도 자동으로 꺼졌다.

다음으로 참가자의 자기소개가 이어졌다. 처음 미카의 자기소개를 시작으로, 사회자인 도모미[20](知美: 오키나와 출신, 30대 후반), 후미코의 순이었다. 필자도 자기소개를 하고, 모든 일본인 여성들이 자기소개를 하였다.

교본의 한 대목을 도모미가 일본어로 읽고 이어서 '하프'로 보이는 여성이 영어로 읽었다. 다음으로 아이들을 위한 댄스 시간이 이어졌다. 후미코가 그림책을 영어로 읽어 들려주었다.

필자 옆에 앉아 있던 나이 지긋한 여성이 창가학회의 잡지에 실린 기

19 미카(美香)는 일본 본토 출신이다. 그녀는 나중에 필자와의 인터뷰에 응해 주었다.
20 도모미(知美)도 필자와의 인터뷰에 응해 주었다.

사를 설명하고, 자신의 SGI 체험을 들려주었다. 그녀의 체험은 다음과 같다. 어느 날 그녀는 한 미국인 남성과 만났다. 그 남성은 옷차림이 매우 남루했으나 그녀는 그를 정중하게 대해 주었다. 그가 자신의 신원을 물어서, SGI Buddhist(SGI의 불교 신자)라고 대답하였다. 그 남성은 자신의 아내가 SGI를 싫어한다고 말했다. 그러나 그녀는 그를 계속 돌봐 주었다고 한다. 이렇게 그녀는 이야기를 마치자 돌아갔다.

그녀가 돌아간 다음, 후미코가 필자의 옆으로 왔다. 한 장의 기사가 배포되었다. 기사에는 1965년에 포르투갈을 방문한 SGI의 회장인 이케다 다이사쿠(池田大作)의 수기가 실려 있었다. 그 기사를 아내들이 순서대로 한 대목씩 읽었다.

이후, 회원들은 각자의 SGI에 대한 체험담을 들려주었다. 한 여성은 미국 캔자스 주에 남편과 함께 이동해서 우울증을 앓은 이야기를 하였다. 그러던 차에 캔자스 주에 있는 SGI 회원들의 도움을 많이 받았다고 한다. 다음으로 후미코가 패닉 장애를 앓게 된 경험을 이야기하며 신앙의 도움을 많이 받았다고 고백하였다. 모임 참가자들은 각자 신앙이 얼마나 소중한지에 대해서 말했다. 마지막으로 필자의 그 날의 참가 소감을 듣는 것으로 모임은 종료되었다. 이후, 함께 점심 식사를 하였다. 모임이 끝난 것은 12시 30분이었다. 모임을 마치자 회원들이 서로의 결혼생활에 대해 이야기를 나누면서 고민을 안고 있는 여성을 회원들이 서로 격려하는 모습을 볼 수 있었다.

(2) 간담회(2006년 6월 23일)

앞서 기술한 영 미시즈 모임은 일본어로 진행되는 모임이다. 한편 매월 한 번 영어로 진행되는 모임은 좌담회라고 한다. 이 모임은 각자의 거주지에 따라 참가하는 장소가 결정된다. 필자가 참석한 모임은 산이라고

사진 34. 커미서리(캠프 포스터)

하는 지구였다. 필자는 후미코와 캠프 포스터의 커미서리에 있는 주차장에서 만났다. 그리고 그녀의 차에 동승하였다. 좌담회는 오키나와 본섬 중부의 기노완 시(宜野灣市)에 있는, 미국인 남성 행크와 오키나와 여성의 부부가 사는 주택에서 열렸다. 행크는 산 지구의 부장이었다.

본존 가까이에는 행크 외에도 미국인 남성 2명이 앉아 있었다. Mr. S라는 회원들의 신망이 두터운 이 백인 남성은 1966년에 SGI에 가입하였다. 그는 해병대의 퇴역 군인이다. 19시부터 모임이 시작되었다. 방이 비좁을 정도로 많은 사람이 참석하였다. 아이들까지 헤아리면 20명 가까이 되었다. 영 미시즈 모임에서 만났던 여성을 이곳에서도 만났다. 영어로 진행되기 때문에 미국인 남성의 모습이 많이 보였다. 또한 그들의 아내로 보이는 일본인 여성들도 동석해 있었다.

영 미시즈 모임과 마찬가지로, 행크가 본존 앞에 앉고 참석자 전원이 약 15분 동안 불경을 왼다. 영어 발음이 섞인 '난묘호렌게쿄'(南妙法蓮華經)라는 불경 소리가 방 안에 울려 퍼졌다. 다음으로 참가자는 자기소개를 하였다. 필자가 제일 먼저 자기소개를 하였다. 참가자 중에는 젊은 미국인 남성도 있었다. 한 명은 전 해병대원이고, 두 명은 현역 해병대원이었다. 그중 한 사람은 이라크 파병에서 막 돌아온 해병대원이었다. 두 사람은 20대 후반으로 보였다.

후미코가 패닉 장애와의 사투와 SGI에서의 자신의 체험담을 영어로 말했다. 마지막으로 Mr. S가 《저팬 타임즈》의 기사를 인용하면서 세계 평화에 대해 이야기하며 좌담회는 끝났다. 좌담회 종료 후에도 회원들의 대화는 이어졌다.

(3) SGI의 기지 내에서의 장례식(2007년 5월 27일)

SGI는 회원이 세상을 떠났을 때 잘 뭉친다. 어느 날 SGI의 회원이었던 미국인 남성이 세상을 떠났다. 그는 퇴역한 해군 장교로 오키나와 여성과 결혼하였다. 그의 장례식은 미 해군 병원의 캠프 레스터 안에 있는 교회에서 거행되었다.

장례식은 11시 30분부터 시작되었다. 교회에는 이미 많은 사람들이 참석해 있었다. 필자는 입구에서 이름을 기입하고 안으로 들어갔다. 교회에는 많은 SGI의 회원들이 와 있었다. 회원 대부분은 SGI의 모임에서 만난 적이 있었다.

제단에는 창가학회의 위폐가 있었다. 사회는 SGI의 좌담회를 자택에서 열었던 행크가 맡았다. 이케다 회장이나 미국의 SGI 대표자로부터도 전문이 도착해 있었다. 분향과 동시에 SGI 회원들의 '난묘호렌게쿄' 불경이 시작되었다. 기지 내의 교회에 '난묘호렌게쿄'라는 불경이 울려 퍼지자 조금 묘한 느낌이었다. SGI 회원들의 불경에 익숙하지 않은, 필자의 옆에 앉아 있던 미국인 여성은 나에게 "I'm scared"(무섭네요)라는 말을 하였다. 그녀에게 분향하는 방법을 가르쳐 주고 함께 분향을 기다리는 줄에 나란히 섰다.

SGI의 관계자가 인사를 하였다. 이어서 해군의 종군목사가 인사를 하였다. 또한 세상을 떠난 SGI 회원의 아들이 눈물을 흘리며 인사를 하였다. 그리고 관이 열리고 친족들이 망자에게 헌화를 하였다. 장례식이 끝나고 밖으로 나와 망자를 배웅하였다. SGI의 회원들이 마지막까지 서로를 돕는 모습은 매우 인상적이었다.

2.3. 아내들의 가입 동기와 이점

군인 아내들의 SGI 가입 동기는 각양각색이었지만, 그녀들의 부모님이 이미 회원으로 활동 중이어서 자신들도 회원이 된 경우가 그 동기 중 하나인 경우가 많았다. 아내들은 회원이기는 했지만, 적극적으로 활동을 하고 있는 것은 아니었다. 그러다가 어느 날 회원으로서 활동을 시작하게 된다. 명부를 보고 다른 회원이 아내들의 집을 방문하여 다시 가입을 독려하는 경우도 있다. 또한 이미 어린 시절부터 부모님이나 가족 전원이 신앙 활동 중인 여성도 있다.

군인 아내나 미군 관계자의 일본인 아내에게 SGI의 회원으로서 가장 큰 이점은, 세계를 아우르는 네트워크와 지원을 일본인으로부터 일본어로 제공받을 수 있다는 점이다. 예를 들어, 남편의 근무지 이동으로 오키나와에서 독일로 가게 된 군인 아내가 있다고 하자. 그러면 오키나와의 SGI 지부에서 독일의 SGI 지부로 연락해, 독일에 있는 일본인 회원이 그녀의 집을 방문해 지원을 해 주는 것이다. 그리고 그녀는 독일의 SGI 모임에 참석하여 독일에서의 새로운 생활을 순조롭게 시작할 수 있다. 또한 창가학회의 조직은 매우 세세하게 구분되어 있어서, 회원 한 사람 한 사람에게 정보와 지원이 두루 미치도록 하고 있다.

2.4. SGI를 둘러싼 갈등

필자의 인터뷰를 통해, SGI의 회원은 조상숭배에 기반을 둔 오키나와의 행사에도 임기응변으로 대응해 참석한다는 것을 알게 되었다. 예를 들어, 앞서 기술한 청명제라는 음력 3월에 열리는 조상공양 행사에도 회원들은 참석을 한다. 조상숭배를 중요하게 여기는 오키나와 사람은 '우토토'(손을 모으고 절을 하는 것)를 한다. 행사에 참석한 SGI 회원들은 손을 모으고 절은 하지만 '난묘호렌게쿄'라고 마음속으로 불경을 외며 절을 한다. 오키나와의 조상숭배에서는 조상을 공양하지 않으면 현재 살고 있는 사람에게 문제가 발생한다고 믿는다. 창가학회는 혼령 등의 존재를 믿지 않는다. 살아 있는 사람이 어떻게 살아갈 것인가 하는 점을 더 중요하게 생각한다. 창가학회에 가입하면 조상숭배 행사에 참석할 수 없게 된다고 알려져 있으나, 창가학회의 불경 안에는 조상을 공경하는 부분이 들어가 있고, 하루에 두 번 불경을 외고 있기 때문에, 일반 오키나와 사람 이상으로 조상을 공경하고 있다고 SGI 회원들이 가르쳐 주었다.

오키나와의 부엌에 반드시 있다고 하는 불의 신(히누칸)을 회원들은 믿지 않는다. 또한 오키나와 민간의 무녀인 유타도 찾아가지 않는다.

필자는 일본 측의 창가학회 모임(2007년 5월 17일)에도 참석해 본 적이 있다. 모임이 진행된 가정은 가장이 장남이었기 때문에 불단 안에 도토메(위패)와 창가학회의 본존이 안치되어 있었다. 이 집은 조상숭배의 근간인 부계 중심의 위패를 계승하고 있으면서 창가학회의 회원이기도 하였다. 앞서 기술했듯이, 도토메를 계승할 수 있는 자는 장남이기 때문에, 미국인 남성과 결혼한 SGI의 회원인 오키나와의 여성의 경우에 도토메가 집에 있는 경우는 없다. 회원이 장남인 경우에는 도토메와 창가학회의 본존을 함께 안치한다. 불단과 창가학회의 본존 모두를 안치한 집도 있다. 창가학회의 회원에 따르면, 제사 등 가족이나 친족의 행사에는 되도록 참석을 한다고 한다. 신앙은 다르지만 회원들은 가족의 유대를 소중하게 여기고 있는 것이다.

SGI 가입은 때로 남편이나 가족과의 균열을 낳기도 한다. 남편이 다른 종교를 믿고 있는 경우에는 심각하다. 후미코(30대 초반)는 SGI의 회원이다. 그녀의 남편인 호세는 가톨릭 신자였다. 호세가 오키나와를 떠나 있는 동안에 후미코는 본격적으로 SGI의 활동을 시작하였다. 이 때문에 오키나와로 돌아온 호세는 후미코의 달라진 모습에 놀라고 말았다. 당시까지 호세와의 결혼 생활에 영향을 주지 않는 범위에서 활동해 왔던 후미코였지만, 일단 그 활동에 전념하자 후미코는 집을 비우는 경우가 많아졌다. 호세는 후미코가 믿는 종교에 대해 조사를 하고 공부를 하였다. 하지만 호세는 그녀가 모임 때문에 집을 비우자 외로움을 느꼈다. 후미코는 호세와 같은 종교를 선택해야 하는지 몹시 괴로워했다. 그녀는 호세가 믿는 가톨릭이나 그 배경에 대해서도 공부를 하였다. 결국 이론만으로는 다 알 수 없다는 생각이 들었다고 한다. 그러나 그녀는 차이를 넘어 그 사람 자체를 받아들여야 한다는 것을 배웠다.

가톨릭 신자인 호세는 그 자신의 신앙을 버리지 않겠지만, 그녀의 신앙도 존중해 주었다. 그녀에게 준 생일 선물은 모두 SGI 관련 선물이었다. 어머니날에는 커다란 SGI의 불단을 선물하였다. 이처럼 종교가 다르지만 서로의 차이를 인정하고 새로운 관계를 만들어 가는 부부도 있다.

SGI에서 자주 볼 수 있는 상황은 SGI의 회원인 일본인 아내가 남편을 설득해 회원으로 가입시키는 사례이다. 미국인은 기독교 신자가 많지만 열심히 신앙생활을 하는 사람은 거의 없다고 SGI의 회원들은 말한다. 신을 믿지만 교회에는 가지 않는다는 것이다. 결혼하고 싶으면 SGI로 개종하는 것이 결혼의 조건이라는 일본인 독신 SGI 여성 회원도 있다.

본 장에서는 세 가지의 사례를 고찰하였다. OWC에 참가하는 일본인 아내는 소수이다. 한편, 아내들은 JWC를 통해 정보나 네트워크를 형성해 활동하고 있지만 군대라는 매우 좁고 한계가 분명한 인간관계 속에서 살아가고 있다는 것을 알게 되었다.

창가학회 인터내셔널(SGI)에 가입해 전 세계의 회원들과 네트워크를 형성하고 있는 아내들도 있었다. SGI는 그 회원인 일본인 아내에게 네트워크 형성의 원천이라는 것을 알 수 있었다. SGI에는 미국인 회원도 있어서 JWC처럼 일본인 아내로 한정되지 않기 때문에, 군대와 관련한 문제 등이 발생한 경우에는 회원 간에 도움을 주고받을 수 있다. 또한 미군과 마찬가지로 전 세계에 SGI의 지부가 있기 때문에 남편과 함께 어디로 이동하든 SGI의 지부가 있어서 도움을 받을 수 있다. 이는 일본인 아내에게 매우 든든함을 느끼게 한다.

SGI는 JWC나 OWC와 달리, 군대나 오키나와 지역사회를 넘어선 폭넓은 인간관계를 만들어 낸다. 이를 통해 아내들은 전 세계와 이어져 있다. 이러한 의미에서 SGI는 군대와 지역사회라는 틀을 흔드는 새로운 인간관계를 창출할 수 있는 장을 일본인 군인 아내들에게 제공하고 있다고 할 수 있다.

종장

이 책에서 필자는 해병대 기지 내 인터뷰를 통한 현지 조사를 바탕으로, 미군 병사와 오키나와 여성의 결혼 생활에서의 갈등이나 대립에 대해서 남녀 양쪽의 시각에서 고찰해 보았다. 이때에 미군 기지를 사회·문화적인 문맥에서 파악해, 그곳에서 살아가는 기지 안팎의 사람들의 경험을 통해 기술·분석해 보았다. 그럼으로써 군대와 지역사회 사이에 형성된 중층적인 관계(제1부), 미군 병사와 오키나와 여성의 교제나 결혼 생활에서 발견되는 군대와 오키나와 사이의 긴장 관계, 그 사이에서 흔들리는 남녀의 모습을 살펴보았다(제2부와 제3부). 그럼, 이제 이 책의 지금까지의 논의를 정리해 보겠다.

제1부에서는 미군과 오키나와 사회의 접촉의 장을 고찰하였다. 이때, 미 해병대를 중심으로 한 군대의 세계나 미군의 가족 지원 제도를 살펴봄과 동시에, 후텐마(普天間) 비행장의 이전 예정지인 헤노코(辺野古)를 예로 들어 해상 헬리포트 건설을 둘러싼 기지 반대 운동에 대해 주목하였다. 기지 반대 운동이 진행되는 가운데, 한편으로 캠프 슈와브의 해병대원들이 헤노코의 지역 행사에 참가하여 지역 주민과 교류하는 모습을 찾아볼 수 있었다. 이 책에서는 이들과 지역 주민의 교류를 살펴봄과 동시에, 지역 주민들의 딜레마를 지적하기도 하였다.

제2부와 제3부에서는 미군 병사와 일본인 여성의 교제나 결혼을 둘러싼 문제를 살펴보았다. 일본인 여성은 지금까지 군인이나 군대의 희생자로 혹은 성적인 시각에서 다루어지는 경향이 있었다. 그러나 성적인 욕망에서 미군 병사와 교제를 했던 것은 아니다. 미군 병사와 일본인 여성의 교제에는 극복해야만 하는 다양한 현실적인 문제도 있었다.

미군 병사와의 교제 기간 중에 미군 병사의 부임 기간 문제가 생긴다. 그 때문에 미군 병사와 교제를 해 온 여성은 군인을 만나자마자 그들의 남은 부임 기간을 묻는 등 나름의 대처 방법을 보여 주었다. 여기서 그저 수동적인 모습이 아니라 자유연애를 즐기는 여성의 모습을 발견할 수 있었다.

결혼 생활에서는 군대와 오키나와가 충돌하는 모습을 보여 주었다. 다시 말해, 미군 병사의 이동이 많은 생활과 오키나와 지역사회에 뿌리를 내린 문화가 충돌하는 것이다. 오키나와에는 가족에게서 발견되는 혈연이나 지연에 바탕을 둔 친밀한 관계가 존재한다. 특히 어머니와 딸의 관계는 결혼에 큰 영향을 미친다. 부부 중심인 미국인이 일반적으로 이상으로 여기는 결혼 생활과 오키나와의 끈끈한 가족·친구 관계가 이들의 결혼 생활에 장애로 작용한다. 오키나와의 여성은 부부의 결혼 생활보다 친정 가족이나 친구와의 시간을 우선시한다. 이와 같은 친정 중심의 결혼 생활은 요코스카(橫須賀) 미 해군 기지의 조사에서는 나타나지 않았다. 그런 의미에서 이것은 오키나와의 미군 병사와 오키나와 출신 여성 사이의 결혼에서 나타나는 특징적인 양상이라는 것을 알 수 있다.

미군 병사의 근무지 이동과 관련한 문제는 결혼 생활을 더욱 심각하게 만들어 부부를 괴롭혔다. 특히, 자녀가 있는 경우에 심각하였다. 한편, 이와 같은 문제는 일본 본토 출신 여성에게서는 발견되지 않았다. 그런 의미에서 일본 본토 출신 여성이 미군 병사의 생활 방식과 충돌하는 일은 오키나와 여성만큼 많지는 않다고 할 수 있다.

군대와 오키나와의 충돌은 제대 군인이나 퇴역 군인의 생활 거점 선택에도 영향을 주었다. 오키나와 사회에서 미군 병사와의 결혼은 크게 환영받는 결혼은 아니다. 미군 관계자가 일으키는 사건·사고가 발생했을 경우에 오키나와의 군인 아내도 그 남편도 복잡한 심경을 느낀다. 이와 같은 상황은 기지 반대 운동에서도 마찬가지이다. 미군 관계자와 결혼한 여성들은 미군과 오키나와, 양쪽 모두의 입장을 이해하기 때문이다.

그러나 군인 아내들이 오키나와의 가족이나 친족과의 세계에만 함몰되어 있는 것은 아니다. 이들은 SGI 등 오키나와를 넘어 전 세계로 확산되고 있는 네트워크에 참여하고 있었다.

이 책에서 군대라는 새로운 연구 대상을 인류학의 측면에서 살펴봄으로써, 지금까지 볼 수 없었던 미군 기지와 지역사회 양쪽의 관점에서, 그곳에 자리한 미군 병사와 일본인 여성의 결혼 생활을 고찰할 수 있었다.

그럼, 이 책의 의의에 대해서 선행 연구와 관련해 살펴보고자 한다. 구체적으로는 1) 미군 기지의 존재를 시야에 넣은 오키나와 연구, 2) 국제결혼 연구, 3) 군인 아내 연구 등 세 가지 영역이다.

현재, 미군 기지와 관련한 오키나와에 대한 연구는 그 수가 적다. 오키나와의 미군 기지와 관련한 오키나와 연구의 대부분은 정치·경제적 시각에서 논의되어 왔다. 그런 의미에서 이 책은 새로운 오키나와 연구에 대한 현대적인 시각을 제시하였다고 할 수 있다. 오키나와의 폭넓고 친밀한 가족의 유대가 미군 병사와의 결혼에서는 부부간에 긴장 관계를 초래한다는 지적은 지금까지의 연구와는 다른 각도에서 오키나와의 가족이나 사회의 특징을 밝힌 것이었다.

이 책에서는 당사자와 인터뷰를 함으로써, 성적인 관심에서 미군 병사와 교제·결혼을 한다는 일본인 여성상이나, 처자식을 버리고 본국으로 돌아가 버린 냉혹한 미군 병사상에 대한 이미지 수정을 가능하게 하였다. 당사자 인터뷰를 통해 여성뿐 아니라 남성의 시각에서도 이야기를 들을 수 있어서, 기존의 여성에 편중한 고찰을 바로잡는 노력을 해 볼 수 있었다. 여기서 알게 된 것은 여성과 마찬가지로 고뇌하고 때로 좌절하는 미군 병사의 모습이었다. 그러나 이를 통해 미군 기지가 오키나와라는 지역사회에 미치는 압도적인 권력 관계와 정치·경제적인 영향을 무시해도 괜찮다는 의미는 아니다. 이에 대해서는 제9장에서 예로 든 이즈미(泉)의 고뇌를 상기해 주기를 바란다.

국제결혼에 대한 연구 대부분은 결혼이나 가정생활에서 발견되는 이문화의 문제나 실천, 국적이나 민족성이라는 시각에 편중된 경향이 있었다. 또한 아내에게 연구가 집중되어 남편의 존재가 부각되지 않았다. 게다가 그 연구들은 결혼 생활에 집중되어 있어서, 이혼이나 별거 생활 등 결혼의 부정적인 측면을 고찰한 시각은 그 수가 적다. 외국인인 남편(혹은 아내)의 직업적 차이나 특징과 결혼 생활의 관계는 고려되지 않았던 것이다.

미군 병사의 결혼과 가정생활은 남편의 직업인 군대를 기반으로 성립되었다. 그렇기 때문에 이 책에서는 부부간의 이문화 이해를 둘러싼 문제만 다루지 않고, 그 배후에 있는 군대나 미군 병사의 생활과 결혼 사이에 있는 긴장 관계에 주목함으로써, 그 결혼이나 가정생활을 더 구체적으로 살펴볼 수 있는 방법을 제시해 주었다고 할 수 있다.

또한 국제결혼 연구에서 그 대상으로 하는, 일본에서 생활하는 일반 외국인과 미군 관계자 사이에 자리한 차이를 지적하고, 후자의 일본에서의 생활 양상의 차이, 그리고 그에 따른 결혼이나 가정생활에 미치는 영향에 대해서도 지적할 수 있었다. 이로써 일본인 여성과 미군 관계자 이외의 외국인과의 국제결혼에 관한 연구와, 일본인 여성과 미군 관계자와의 국제결혼에 관한 연구의 차이를 명확하게 밝힐 수 있었다.

외국인 군인 아내 연구를 비롯해, 지금까지의 군인 아내 연구는 군인 아내들의 주체적인 활동이나 삶을 무시해 왔다. 또한 외국인 군인 아내 개인의 생활이나 생활하는 지역의 특징에 대해서도 주목을 하지 않았다.

필자는 외국인 군인의 아내에 대한 선행 연구의 문제로 네 가지를 들어 그 불충분한 점을 지적하였다. 바로, 1) 외국인 군인 아내들의 다양성, 2) 결혼 생활의 부정적인 측면, 3) 군대와 결혼 · 가정생활에 미치는 영향, 4) 남성 측의 시각에 대해서이다. 이러한 점들은 국제결혼 연구의 일반적인 문제와도 중첩되지만 잠시 살펴보겠다.

이 책에서는 외국인 군인의 아내인 오키나와 여성의 지역성에 주목함으로써, 군대와 오키나와 지역사회에 뿌리내린 생활 방식과의 충돌을 밝혀냈다. 이는 지금까지의 획일적인 외국인 군인 아내들에 대한 기술을 비판할 수 있는 계기가 되었다. 또한 이 책에서는 아내가 오키나와 출신인지, 일본 본토 출신인지, 오키나와 출신이라도 본섬의 남부나 외딴섬 출신인지, 기지 주변 지역인 중부 출신인지 등 지역 속에서 아내 개인의 출신지에도 주목을 하였다.

Foagash(2004)의 연구는 군대나 군인 특유의 생활이 결혼에 미치는 영향을 고려하지 않은 채, 아내의 출신 지역의 특징에만 편중한 고찰이었다. 그렇기 때문에 이 책에서는 미군 병사와의 결혼의 기반이 되는 군대나 미군 병사의 생활상의 특징에 주목해서, 군대와 오키나와 사회나 가족과의 사이에 있는 긴장 관계 및 문제점을 밝혀냈다. 또한 오키나와의 일본인 여성과 미군 병사의 결혼을, 일본 본토의 일본인 여성과 미군 병사의 결혼과 비교해 봄으로써, 오키나와의 미군 병사와의 결혼이 가진 특질을 분명히 할 수 있었다. 다시 말해, 이 책에서는 지금까지의 군대나 군대 내 아내의 위치 혹은 외국인 군인 아내의 출신지나 국가의 특징 등, 한쪽으로 편향된 연구와는 달리, 군대와 지역사회 양쪽의 시각에서 고찰을 할 수 있었다. 나아가 지금까지 무시되어 왔던 남성의 의견을 기술·분석하기도 하였다.

마지막으로, 인류학과의 관계에서 이 책의 위치를 살펴보겠다. 인류학은 그 대상을 주연적(周緣的)인 것에서 찾아 왔다. 이 때문에, 미군의 경우처럼, 일본인에게는 타자이기는 하지만 약자가 아닌 그런 존재를 연구 대상으로 파악하지는 않았다.

군인이라는, 약자라고는 할 수 없는 존재와 결혼한 여성은 당연히 약자로 간주되지 않는다. 오히려 '배신자'로 간주된다. 이 책에서는 그런 여성들을 연구 대상으로 삼음으로써, 고정관념처럼 자리한 여성상이나 군인상을 다시 생각해 볼 수 있게 하였다. 그러나 군인과 결혼한 일본인 여성은 군대 안에서는 외국인이자 또한 여성이라는 점에서 주변적 존재이다.

오키나와에 사는 일본인 아내들은 미군 기지를 둘러싼 미국·일본·오키나와라는 틀 안에서 더욱 난처한 상황에 처했다고 할 수 있다. 일본 본토 출신의 여성들은 성적으로 문란한 여성이라는 편견에 노출되어 있었다. 오키나와 출신의 일본인 아내들은 부모를 비롯한 오키나와 사람들의 미군이나 미군 병사에 대한 비판으로 인해 고충을 겪어 왔다.

이와 같은 약자를 찾아내고 그녀들이 직면한 어려움을 남성의 시각이나 지역사회의 문맥을 무시하지 않고 고찰하는 것이야말로, 글로벌화하는 현대사회의 새로운 인류학의 가능성을 제시하는 길이 아닐까? 그러한 가능성을 찾고자 했던 연구로서 이 책의 위치를 가늠해 볼 수 있을 것이다.

오키나와 미군 기지 관련 용어 일람

AAFES: Army and Air Force Exchange System	미군 기지 내 백화점 관리 조직
ACS: Army Community Service	미 육군 가족지원센터
APF: Appropriated Fund	미 의회 승인 자금(군사비)
AVF: All Volunteer Force	전 지원제
BEQ: Bachelor Enlisted Quaters	독신 하사관 전용 숙소
BHA: Basic Housing Allowance	주택 수당
BOQ: Bachelor Officers Quaters	독신 장교 전용 숙소
CAC: Common Access Card	카크 카드(기지 내 단말 PC 액세스 카드 겸 미군 병사 및 군속의 신분증명서)
CHRO: Civilian Human Resource Office	인사부(GS와 일본인 종업원용)
CMO: Civil-Military Operations	미군의 민군 작전
COLA: Cost of Living Allowance	생활비 조정 수당
CPAO: Consolidated Public Affairs Office	통합 보도부
CREDO: Chaplain's Religious Enrichment Development Operation	종군목사의 종교 강화 발달 프로그램
DEERS: Defense Enrollment Eligibility Reporting System	미군 관계자의 등록 시스템
DEP: dependent	부양가족
DFAS: Defense Finance and Accounting Service	국방총성 직원(군인·군속 및 예비역)과 계약 사원의 재무회계 업무를 담당하는 기관
DoDDS: Department of Defense Dependent School	국방총성이 운용하는 부양가족을 위한 학교
FSC: Family Service (Support) Center	가족지원센터
FRO: Family Readiness Officer	가족 지원 담당관(군인 가족과 해병대 사이의 중개자)
GS: General Schedule	군속
IHA: Indirect Hire Agreement	제 기관 근로 계약(기지 내 일본인 종업원)
IPAC: Installation Personal Administration Center	미 해병대 인사관리과
ISAO: International Social Assistance Okinawa	오키나와 국제복지상담소
ISP: International Spouses' Program	인터내셔널 스파우스 프로그램(JSO의 전신)
JSO: Japanese Spouses' Orientation	일본인 배우자를 위한 오리엔테이션
JWC: Japanese Wives Club	일본인 아내의 모임
KV: Key Volunteer	가족 지원 담당관(FRO의 전신)
L.I.N.K.S.(링크스)	MCFTB주최선배군인의군인아내교육강좌
LQA: Living Quarters Allowance	해외 주택 수당(군속용)
MAGTF: Marine Air-Ground Task Force	해병 공육(空陸) 기동 부대
MCCS: Marine Corps Community Service	미 해병대 복리후생 시설

MCFTB: Marine Corps Family Team Building	해병대 패밀리 팀 빌딩(미 해병대의 가족 지원 사무소)
MCIPAC: Marine Corps Pacific Installation	미 해병대 태평양 기지
MCX: Marine Corps Exchange	미 해병대의 백화점
MEB: Marine Expeditionary Brigade	미 해병 원정 여단
MEF: Marine Expeditionary Force	미 해병 원정군
MEU: Marine Expeditionary Unit	미 해병 원정대
MGIB: Montgomery GI Bill	몽고메리 재향군인 원호법
MLC: Master Labor Contract	기본 근로 계약(일본인 기지 내 종업원)
MOS: Military Occupational Specialties	미군 병사의 직종
MSP: Military Spouse Preference	군인 배우자 고용 우대 제도
MWR: Moral Welfare and Recreation	복리후생 시설
NAF: Non-Appropriated Fund	미 의회 미승인 자금(독립 채산 기관). NAF는 일반적으로 미 의회 미승인 자금으로 고용된 GS 이외의 군속을 말한다. 또한 IHA 일본인 종업원도 이 자금으로 고용된다.
NEX: Navy Exchange	미 해군 기지 내 백화점
OAC: Okinawa Area Coordinator	오키나와 지역조정관
OCS: Officer Candidate School	간부 후보생 학교
OHA: Overseas Housing Allowance	해외 주택 수당(미군 병사용)
ORSP: Operational Readiness Support Program	오키나와에서의 생활을 지원하는 PSC의 프로그램(현재, Family Programs and Resources)
OWC: Officers' Wives Club	장교 부인의 모임
PCS: Personal Change of Station	이동
PMO: Provost Marshal's Office	헌병대
PPP: Priority Placement Program	GS 직원의 근무지를 할당하는 미 연방정부의 프로그램
PREP: Prevention and Relationship Enhancement Program	예방·관계 강화 프로그램
PSC: Personal Service Center	퍼스널 서비스 센터(미 해병대의 가족 지원 사무소)
PT: Physical Training	신체 훈련
PX: Post Exchange	미군(육군과 공군) 기지 내의 백화점
RECON: Reconnaissance	미 해병대 정찰 부대
ROTC: Reserve Officer Training Corps	예비역 장교 훈련 부대
SACC: Substance Abuse Counseling Center	약물 및 알코올 의존증의 카운슬링을 제공하는 시설(현재, Behavioral Health-Substance Abuse)
SACO: Special Action Committee on Okinawa	오키나와 관련 특별 행동 위원회
SGLI: Serviceman's Group Life Insurance	미군 병사의 생명보험
SOFA: (U. S.-Japan) Status of Forces Agreement	미일 지위 협정

SGI: Soka Gakkai International	창가학회 인터내셔널
TAMP: Transition Assistance Management Program	취업 전반 및 미군 병사의 퇴역·제대 후의 생활 지원을 담당하는 PSC의 프로그램
T.A.: Military Tuition Assistance	미군 병사를 대상으로 한 학비 지원
TSP: Thrift Savings Plan	군인과 군속을 위한 저축·투자 플랜
USCAR: United States Civil Administration of the Ryukyu Islands	류큐 열도 미 국민 정부
USO: United Service Organizations	군인 및 그 가족의 복리후생을 담당하는 비영리단체
VA: Department of Veterans Affairs	퇴역군인성
VP: Veterans Preference	베테랑 고용 우대 제도

参考文献

Adams, Abigail E. 1997 The Military Academy: Metaphors of Family for Pedagogy and Public Life. In Laurie Weinstein and Christie C. White (eds.), *Wives and Warriors: Women and the Military in the United States and Canada*. Westport: Bergin & Garvey, pp. 63–77.

Ames, Christopher A. 2007 *Mired in History: Victimhood, Memory, and Ambivalence in Okinawa Prefecture, Japan*. Ph. D. dissertation submitted to University of Michigan.

Angst, Linda Irene 2001 *In a Dark Time: Community, Memory, and the Making of Ethnic Selves in Okinawa Women's Narratives*. Ph. D. dissertation submitted to Yale University.

Bell, D. Bruce and Robert B. Ladeluca 1988 Origins of Volunteer Support for Army Family Programs. *MINERVA: Quarterly Report on Women and the Military* 6 (3): 26–43.

Biddle, Joan I. 2000 Introduction. *MINERVA: Quarterly Report on Women and the Military* 18 (1): 3–6.

Brancaforte, Daniela Beatrix Maria 2000 *Camouflaged Identities and Army Wives: Narratives of Self and Place on the Margins of the U.S. Military Family*. Ph. D. dissertation submitted to Princeton University.

Breger, Rosemary and Rosannna Hill (eds.) 1998 *Cross-Cultural Marriage: Identity and Choice*. Oxford: Berg.（『異文化結婚 ― 境界を越える試み』吉田正紀監訳，新泉社）

Brewer, Brooke Lilla 1982 *International Marriage: American Men Who Marry Korean Women*. Ph. D. dissertation submitted to Syracuse University.

Brown, Richard J. 1993 Military Family Service Centers: Their Preventive and Interventive Functions. In Florence W. Kaslow (ed.), *The Military Family in Peace and War*. New York: Springer Publishing Company, pp. 163–172.

Clark, James M. 2007 *Behind the Fence: Examining Domestic Violence Attitudes and Behaviors Between Military and Civilian Wives*. Ph. D. dissertation submitted to Capella University.

Cline, Lydia Sloan 1998 *Today's Military Wife: Meeting the Challenges of Service Life* (4th edition). Mechanicsburg: Stackpole Books.

Constable, Nicole 2003 *Romance on a Global Stage: Pen Pals, Virtual Ethnography, and "Mail Order" Marriages*. California: University of California Press.

Coser, Lewis A. 1974 *Greedy Institution: Patterns of Undivided Commitment*. New York: Free Press.

Cottrell, Anne Baker 1978 Mixed Children: Some Observations and Speculations. In Edna J. Hunter and D. Nice (eds.), *Children of Military Families: A Part and Yet Apart.* Washington, D.C.: U.S. Government Printing Office, pp. 61–81.

——— 1990 Cross-National Marriages: A Review of the Literature. *Journal of Comparative Family Studies* 21(2): 151–169.

Druss, Richard G. 1965 Foreign Marriages in the Military. *Psychiatry Quarterly* 39(2): 220–226.

Durand, Doris B. 2000 Role of the Senior Military Wife-Then and Now. In James A. Martin, Leora N. Rosen, and Linette R. Sparacino (eds.), *The Military Family: A Practice Guide for Human Service Providers.* Westport: Praeger. pp. 73–86.

Enloe, Cynthia 1983 *Does Khaki Become You? The Militarization of Women's Lives.* Boston: South End Press.

——— 2000 *Maneuvers: The International Politics of Militarizing Women's Lives.* Berkeley: University of California Press.

Forgash, Rebecca 2004 *Military Transnational Marriage in Okinawa: Intimacy across Boundaries of Nation, Race and Class.* Ph. D. dissertation submitted to the University of Arizona.

Garrett, Sheryal and Sue Hoppin 2009 *A Family's Guide to the Military for Dummies.* Hoboken NJ: Wiley Publishing.

Guarnizo, Luis E. and Michael P. Smith. 1998 The Locations of Transnationalism. In Michael P. Smith and Luis E. Guarnizo (eds.), *Transnationalism from Below.* New Brunswick: Transaction Publishers, pp. 3–24.

Harrell, Margaret C. 2004 Subject, Audience, and Voice. In Pamela R. Frese and Margaret C. Harrell (eds.), *Anthropology and the United States Military: Coming Age in the Twenty-First Century.* New York: Palgrave Macmillan, pp. 1–14.

Harrison, Deborah and Lucie Laliberte 1997 Gender, the Military, and Military Family Support. In Laurie Weinstein and Christie C. White (eds.), *Wives and Warriors: Women and the Military in the United States and Canada.* Westport: Bergin & Garvey, pp. 36–53.

Hong, Sawon 1982 Another Look at Marriages between Korean Women and American Servicemen. *Korea Journal* 22(5): 21–30.

Hunter, Edna J. 1982 *Families of Under the Flag: A Review of Military Family Literature*, New York: Praeger.

Hunter, Edna J., Sharon J. Rose and J. Bradley Hamlin. 1978. Women in the Military: An Annotated Biography. *Armed Forces and Society* 4(4): 695–716.

Inoue, Masamichi S. 2007 *Okinawa and the U.S. Military: Identity Making in the Age of Globaliza* New York: Columbia University Press.

Jensin, Peter S., Ronel L. Lewis and Stephen N. Xenakis 1986 The Military Family in Review: Con Risk and Prevention. *Journal of the American Academy of Child and Adolescent Psychiatry* 25(2): ‥ 234.

Jeong, Gyung Ja and Walter R. Schumm 1990 Family Satisfaction in Korean/American Marriages Exploratory Study of the Perceptions of Korean Wives. *Journal of Comparative Family Studies* 2 325–336.

Kelsky, Karen 2006 *Women on the Verger: Japanese Women, Western Dreams*. NC: Duke University Pre

Keyso, Ruth Ann 2000 *Women of Okinawa: Nine Voices from a Garrison Island*. New York: Co University Press.

Kim, Bok-Lim CC. 1977 Asian Wives of U.S. Servicemen: Women in Shadows. *Amerasia* 4(1): 91–1

Kobayashi, Chika (Okinawa Index) (ed.) 2009 *Okinawa Island Guide* (Separate Volume). Okin Okinawa Index.

Kohen, Janet A. 1984 The Military Career is a Family Affair. *Journal of Family Issues* 5(3): 401–418.

Kupshella, Diana L. 1993 Social Policy and Planning and Legislative Considerations. In Kaslow, Flor W. (ed.), *The Military Family in Peace and War*. New York: Springer Publishing Compane, pp. ‥ 250.

Lee, Daniel Booduc 1980 *Military Transcultural Marriages: A Study of Marital Adjustment Bet American Husbands and Korean-Born Spouses*. Ph. D. dissertation submitted to the Universi Utah.

Lehr, Doreen M. 1996 Do Real Women Wear Uniforms?: Invisibility and the Consequences for the Military Wife. *MINERVA: Quarterly Report on Women and the Military* 16(3/4): 29–44.

Lieberman, E. James 1971 American Families and the Vietnam War. *Journal of Marriage and the Fa* 33(4): 709–721.

Ma, Karen 1996 *The Modern Madame Butterfly*. Tokyo and Rutland: Charles E. Tuttle Co.

Marriott, Barbara 1997 The Social Networks of Naval Officers' Wives: Their Composition and Func In Laurie Weinstein and Christie C. White (eds.), *Wives and Warriors: Women and the Military i United States and Canada*. Westport: Bergin & Garvey, pp. 19–33.

Martin, James A. and Peggy McClure 2000 Today's Active Duty Family: The Evolving Challeng Military Family Life. In James A. Martin, Leora N. Rosen and Linette R. Sparacino (eds.),

Military Family: A Practice Guide for Human Service Providers. Westport: Praeger, pp. 3–23.

Maxwell, W. P. 1949 Marriage Problems Brought to Army Chaplains. *Marriage and Family Living* 11(2): 52–53.

Michel, Christopher P. 2006 *The Military Advantage: A Comprehensive Guide to Your Military & Veterans Benefits*. New York: Simon and Schuster Paperbacks.

Moon, Katharine 1997 *Sex Among Allies: Military Prostitution in U.S.-Korea Relations*. New York: Columbia University Press.

Moore, Brenda L. 1991 African-American Women in the U.S. Military. *Armed Forces & Society* 17(3): 363–384.

Nakamatsu, Tomoko 2003 International Marriage through Introduction Agencies: Social and Legal Realities of "Asian" Wives of Japanese Men. In Nicole Piper and Mina Roces (eds.), *Wife or Worker?: Asian Women and Migration*. Maryland: Rowman and Littlefield, pp. 181–201.

——— 2005 Complex Power and Diverse Responses: Transnational Marriage Migration and Women's Agency. In Lyn Parker (ed.), *The Agency of Women in Asia*. Singapore: Marchall Cavendish Academic, pp. 158–181.

Nice, D. Stephen 1978 The Androgynous Wife and the Military Child. In Edna J. Hunter and D. Nice (eds.), *Children of Military Families: A Part and Yet Apart*. Washington, D.C.: U.S. Government Printing Office, pp. 25–37.

——— 1983 The Course of Depressive Affect in Navy during Family Separation. *Military Medicine* 148(4): 341–343.

Norwood, Ann E. (ed.) 1996 Those Left Behind: Military Families. In Robert J. Ursano and Ann E. Norwood (eds.), *Emotional Aftermath of the Persian Gulf War*. Washington, DC: American Psychiatric Press, pp. 227–249.

Okinawa Yellow Page 2011 Edition, 2011, Okinawa: Peace Phone Services CO.

Orthner, Dennis K. 1980 *Families in Blue: A Study of Married and Single Parent Families in the U.S. Air Force*. Greensboro: Family Development Press.

Orthner, Dennis K. and Gary L. Bowen 1982 *Families in Blue Phase II: Insights from Air Force Families in the Pacific*. Greensboro: Family Development Press.

O'Keefe, Ruth Ann, Melanie C. Eyre and David L. Smith 1984 Military Family Service Centers. In Florence W. Kaslow and Richard I. Ridenour (eds.), *The Military Family: Dynamics and Treatment*. New York: The Guilford Press, pp. 254–268.

Papanek, Hanna 1973 Men, Women, and Work: Reflections on the Two-Person *Career. American Journal of Sociology*, 78(4): 852–872.

Portes, Alehandro, Luis E. Guarnizo and Patricia Landolt 1999 The Study of Transnationalism: Pitfalls and Premise of an Emergent Research Field. *Ethnic and Racial Studies* 22(2): 217–237.

Prasso, Sheridan 2005 *The Asian Mystique: Dragon Ladies, Geisha Girls & Our Fantasies of the Exotic Orient.* New York: Public Affairs.

Pratt, Mary Louise 1992 *Imperial Eyes: Travel Writings and Transculturation*. London: Routledge.

Radasky, Robert M. 1987 *Ministry Models: Transcultural Counseling and Couples Programs.* Washington, D.C.: Department of the Navy, Office of the Chief of Naval Operations.

Reeves, Connie L. 1995 Dual Service and Single Parents: What about the Kids? *MINERVA: Quarterly Report on Women and the Military* 12 (3/4): 25–68.

Refsing, Kirsten 1998 Gender Identity and Gender Role Patterns in Cross-Cultural Marriages: The Japanese-Danish Case. In Rosemary Breger and Rosannna Hill (eds.), *Cross-Cultural Marriage: Identity and Choice.* Oxford: Berg, pp. 193–208.

Rosenberg, Florence R. 1989 The First Term Enlisted Man's Wife. *MINERVA: Quarterly Report on Women and the Military* 7(1): 47–51.

Russo, Theresa J., Lea M. Dougherty, and James A. Martin 2000 Military Spouse Employment Challenges and Opportunities. In James A. Martin, Leora N. Rosen and Linette R. Sparacino (eds.), *The Military Family: A Practice Guide for Human Service Providers.* Westport, CT: Praeger, pp. 87–102.

Schwabe, Mario R. and Florence W. Kaslow 1984 The Violence in the Military Family. In Florence W. Kaslow and Richard I. Ridenour (eds.), *The Military Family: Dynamics and Treatmen.* New York: The Guilford Press, pp. 125–146.

Schwartz, J. Brad, Lisa L. Wood, and Janet D. Griffith 1991 The Impact of Military Life on Spouse Labor Force Outcomes. *Armed Forces and Society* 17(3): 385–407.

Segal, Mady Wechsler 1988 The Military and the Family as Greedy Institutions. In Charles C. Moskos and Frank R. Wood (eds.), *The Military: More than Just a Job?* McLean: Pergamon-Brassey's International Defense Publishers, pp. 79–97.

Shea, Nancy 1954 (1941) *The Army Wife* (3rd revised edition). New York: Harper and Brothers Publishers.

Stafford, Elisabeth M. and Beth A. Grady 2003 Military Family Support: An Overview of the Challenges

Faced by Military Families and Ways Pediatricians Can Offer Support and Care. *Pediatric Annals* 32(2): 110–115.

Stander, V., P. McClure, T. Gilroy, J. Chmoko and J. Long 1998 *Military Marriage in the 1990s*. Scranton: Military Family Institute of Marywood University.

Starvidis, Laura Hall 1997 *Navy Spouse's Guide*. Annapolis, Maryland: Naval Institute Press.

Stone, Bonnie and Betty Alt 1990 *Uncle Sam's Brides: The World of Military Wives*. New York: Walker and Company.

Strange, Robert E. 1984 Retirement from the Service: The Individual and His Family. In Florence W. Kaslow and Richard I. Ridenour (eds.), *The Military Family: Dynamics and Treatment*. New York: The Guilford Press, pp. 217–225.

Snyder, William P. 1994 Military Retirees: A Portrait of the Community. *Armed Forces & Society* 20(4): 581–598.

Suzuki, Nobue 2005 Tripartite Desires: Filipina-Japanese Marriages and Fantasies of Transnational Traversal. In Nicole Constable (ed.), *Cross-Border Marriages: Gender and Mobility in Transnational Asia*. Philadelphia: University of Pennsylvania Press, pp. 124–144.

Takazato, Suzuyo 2000 Women in Okinawa: Continuing Struggle against the Violence of U.S. Military. *Women's Asia* 21(6): 35–38.

Tamura, Keiko 2001 *Michi's Memories: the Story of a Japanese War Bride*. Canbera: Pandanus Books.

Thomas, Patricia J. MS, and Marie D. Thomas 1993 Mothers in Uniform. In Kaslow, Florence W. (ed), *The Military Family in Peace and War*. New York: Springer Publishing Company. pp. 25–47.

Watanabe, Henry K. and Peter S. Jensen 2000 Young Children's Adaptation to a Military Lifestyle. In James A. Martin, Leora N. Rosen, and Linette R. Sparacino (eds.), *The Military Family: A Practice Guide for Human Service Providers*. Westport: Praeger, pp. 209–223.

Waters, Margie 1998 *An Ethnographic Study of Single, African American, Military Fathers' Role in Their Children's Development*. Ph. D. dissertation submitted to University of Caroline.

Webber, Lawrence J. and Katrina L. Webber 2008 *The Complete Idiot's Guide to Your Military and Veterans Benefits*. New York: Alpha Books.

Weinstein, Laurie 1997 Introduction. In Laurie Weinstein and Christie C. White (eds.), *Wives and Warriors: Women and the Military in the United States and Canada*. Westport: Bergin & Garvey, pp. XIII–XIX.

Weinstein, Laurie and Helen Mederer 1997 Blue Navy Blues: Submarine Officers and the Two-Person

Career. In Laurie Weinstein and Christie C. White (eds.), *Wives and Warriors: Women and the Military in the United States and Canada*. Westport: Bergin & Garvey, pp. 7–18.

Wertsch, Mary Edwards 1996 *Military Brats: Legacies of Childhood Inside the Fortress*, Putnam Valley: Aletheia Publications.

Wolpert, David S. 2000 Military Retirement and the Transition to Civilian Life. In James A. Martin, Leora N. Rosen and Linette R. Sparacino (eds.), *The Military Family: A Practical Guide for Human Service Providers*. Westport: Praeger, pp. 103–119.

Wood, Suzanne, Jacquelyn Scarville and Katharine S. Gravino 1995 Waiting Wives: Separation and Reunion among Army Wives. *Armed Forces & Society* 21(2): 217–236.

Yoo, Chul-In 1993 *Life History of Two Korean Women who Marry American GIs*. Ph. D. dissertation submitted to University of Illinois.

Yuh, Ji-Yeon 1999 *Immigrants on the Front Line: Korean Military Brides in America, 1950–1996*. Ph. D. dissertation submitted to University of Pennsylvania.

アパデュライ，アルジュ　2004（1996）『さまよえる近代 ── グローバル化の文化研究』（門田健一訳）平凡社。

石附馨　2002「ヤマトゥンチュ嫁試論 ── 現代沖縄の『生活者たち』を考えるために」『日本民俗学』231：67–96。

池上良正　1999「ユタ的宗教者の基本性格」『民間巫者信仰の研究』未来社，pp. 337–380。

──── 1991『悪霊と聖霊の舞台 ── 沖縄の民衆キリスト教に見る救済世界』どうぶつ社。

今中里枝 2002「女性イラストレーター＆ライター突撃体験ルポ！　沖縄［アメ女（米兵ナンパ待ち）］のちょっぴり切ない胸の内」『SPA!』8月27日 pp. 28–31。

江成常夫　1981『花嫁のアメリカ』講談社。

上里和美　1998『アメラジアン ── もうひとつの沖縄』かもがわ出版。

エンロー，シンシア　1997「女性の立場から見た外国軍事基地」『歴史地理教育』568：67–73。

太田好信　2001『トランスポジションの思想 ── 文化人類学の再想像』世界思想社。

大城将保　1985『混血児 ── 沖縄からの告発　国籍のない青春』国際情報社。

沖縄県知事公室基地対策課（編）2011『沖縄の米軍及び自衛隊基地（統計資料集）』（平成23年）沖縄県知事公室基地対策課。

沖縄県婦人団体協議会（編）1981『トートーメは女でも継げる』沖縄県婦人団体協議会。

沖縄国際大学文学部社会学科石原ゼミナール　1994『戦後コザにおける民衆生活と音楽文化』

榕樹書林。
おきなわ女性財団（編）2004（2001 初版）『日米結婚・離婚・子供のためのハンドブック ── 米軍基地から派生する女性の諸問題調査事業』沖縄県総務部知事公室男女共同企画室。
──── 2000『米軍基地から派生する女性の諸問題調査事業』（第 4 回米軍基地派生女性問題検討委員会：2003 年 3 月 20 日，委員会資料：報告書案）。
沖縄タイムス社（編）1996『50 年目の激動 ── 総集　沖縄・米軍基地問題』沖縄タイムス社。
小野沢あかね　2005「米軍統治下 A サインバーの変遷に関する一考察 ── 女性従業員の待遇を中心として」『琉球大学法文学部紀要　日本東洋文化論集』11：1–46。
──── 2006「戦後沖縄における A サインバー・ホステスのライフ・ヒストリー」『琉球大学法文学部紀要　日本東洋文化論集』12：207–238。
笠原政治　1989「沖縄の祖先祭祀 ── 祀る者と祀られる者」渡邊欣雄（編）『環中国海の民俗と文化 3 ── 祖先崇拝』凱風社，pp. 65–94。
鐘ケ江晴彦　2007「辺野古沖海上基地建設反対運動の経過と特質」『社会科学年報』41：103–123。
嘉本伊都子　1996「国際結婚をめぐる諸問題 ── 『境界線』上の家族」『家族社会学研究』8：53–66。
──── 2001『国際結婚の誕生 ── 「文明国日本」への道』新曜社。
──── 2008a『国際結婚論!?　歴史編』法律文化社。
──── 2008b『国際結婚論!?　現代編』法律文化社。
嘉陽義治　1986『A サイン制度とオフ・リミッツ ── 米国統治の民衆生活』沖縄国際大学文学部提出（卒業論文）。
狩俣信子　1991『米占領下における沖縄女性の人権についての一考察 ── 基地と布告，布令と女性の人権』琉球大学大学院法学研究科提出（修士論文）。
工藤正子　2008『越境の人類学 ── 在日パキスタン人ムスリム移民の妻たち』東京大学出版会。
コザ市（編）1974『コザ市史』コザ市。
小山騰　1995『国際結婚第一号 ── 明治人たちの雑婚事始』（講談社メチエ 63）講談社。
桜井徳太郎　1973『沖縄のシャマニズム』弘文堂。
佐藤文香　2004『軍事組織とジェンダー ── 自衛隊の女性たち』慶応義塾大学出版会。
施　利平　1999「国際結婚夫婦のコミュニケーションと相互理解」『長寿社会研究所・家庭問題研究所研究年報』5：99–113。

渋谷努　2005『国境を越える名誉と家族？　フランス在住モロッコ移民をめぐる「多現場」民族誌』東北大学出版会。
島袋まりあ　2000「沖縄発　黙っていては始まらない　6回　ハーフの叫び声　私たちはどこから来たのか」『週刊金曜日』7月7日 pp. 32–33。
島本幸子（編）1983『創立25周年記念誌』国際福祉相談所。
城田愛　2006『エイサーにみるオキナワンたちのアイデンティティ ── ハワイ沖縄系移民における「つながり」の創出』京都大学大学院人間・環境学研究科提出（博士論文）。
関恒樹　2007『海域世界の民族誌 ── フィリピン島嶼部における移動・生業・アイデンティティ』世界思想社。
冼健　1978「新宗教の受容」窪徳忠（編）『沖縄の外来宗教』弘文堂，pp. 293–318。
澤岻悦子　2000『オキナワ海を渡った米兵花嫁たち』高文研。
高里鈴代　1995「わたしの北京報告 ── 22人の女性の参加体験記」『女たちの21世紀』5：24.
――――　1996『沖縄の女たち ── 女性の人権と基地・軍隊』明石書店。
――――　2000「北京世界会議から5年沖縄の女性たち ── 今も続く軍隊の暴力との闘い」『女たちの21世紀』21：20–23。
竹下修子　1997「国際結婚カップルの結婚満足度」『ソシオロジ』42(1)：41–57。
――――　1998「国際結婚に対する社会の寛容度」『家族社会学研究』10(2)：71–82。
――――　2000『国際結婚の社会学』学文社。
――――　2004『国際結婚の諸相』学文社。
田中雅一　2004「軍隊と宗教 ── 米軍におけるチャプレン」田中（編）『人文学報　第90号　特集　アジアの軍隊の歴史・人類学的研究　社会・文化的文脈における軍隊』pp. 153–168。
田中雅一（編）2004『人文学報90号　特集　アジアの軍隊の歴史・人類学的研究　社会・文化的文脈における軍隊』京都大学人文科学研究所。
田中真砂子　1982「沖縄の女」綾部恒雄（編）『女の文化人類学』弘文堂，pp. 225–250。
――――　1986「沖縄の家族」原ひろこ（編）『家族の文化誌 ── さまざまなカタチと変化』弘文堂，pp. 239–264。
玉城隆雄　1986「『ユタ』と家族関係」『沖縄社会研究』1：64–70。
――――　1997「家族はどう変わったのか ── 近・現代家族を中心に」『沖縄県女性史研究』1：5–32。
堤未果　2008『ルポ貧困大国アメリカ』岩波新書。

天願真弓　1997「米軍の長期駐留下における女性への暴力 ── 沖縄・日本本土・韓国からの基地問題報告のまとめ」『女たちの 21 世紀』13：24–27.

床呂郁哉　1999『越境 ── スールー海域世界から』岩波書店。

仲山真知子　2001『底辺の女たち ── 基地の街に生きる』沖縄ひろ編集工房。

波平勇夫　1980「取り残された集団 ── 混血児のアイデンティティを考える」『青い海』6 月号，pp. 21–30。

野中郁次郎　2007『アメリカ海兵隊 ── 非営利型組織の自己革新』中公新書。

新田文輝　1992『国際結婚とこどもたち』明石書店。

ハモンド・フィリップ，デヴィッド・マハチェク　2000『アメリカの創価学会 ── 適応と転機をめぐる社会学考察』(桑原淑江訳) 紀伊国屋書店。

林かおり・田村恵子・高津文美子　2002『戦争花嫁 ── 国境を越えた女たちの半世紀』芙蓉書房。

比嘉政夫　1987『女性優位と男系原理 ── 沖縄の民俗社会構造』凱風社。

福地曠昭　1980『沖縄の混血児と母たち』青い海出版。

古谷嘉章　2001『異種混淆性の近代と人類学 ── ラテンアメリカのコンタクト・ゾーンから』人文書院。

ホックシールド，アーリー　1990『セカンド・シフト ── アメリカ　共働き革命のいま』(田中和子訳) 朝日新聞社。

マーフィー重松，S.　2002『アメラジアンの子供たち ── 知られざるマイノリティ問題』集英社新書。

宮西香穂里　2003『ダブル・アウトサイダーを生きる ── 横須賀米海軍男性と結婚した日本人妻たちの生活誌とネットワーク形成』京都大学大学院人間・環境学研究科 (修士論文)。

――――　2004a「軍隊は彼女の家族なのか？　── 米軍人妻の実用的，制度的，生活誌的研究をめぐって」『人文学報』90：23–77。

――――　2004b「従軍する日本人妻 ── アメリカ海軍横須賀基地の事例から」『従軍のポリティクス』青弓社，pp. 191–214。

――――　2008「『トリプル・アウトサイダー』を生きる ── 横須賀米海軍男性と結婚した日本人妻たちの民族誌」『文化人類学』73(3)：332–353。

山下晋司他 (編) 1996『移動の民族誌』(岩波講座文化人類学 7) 岩波書店。

「よくわかる御願ハンドブック」編集部 (編) 2007『よくわかる御願ハンドブック ── ヒヌカン・トートーメー12ヶ月』ボーダーインク。

吉田健正　2005『戦争はペテンだ ── バトラー将軍にみる沖縄と日米地位協定』七つ森書館。
────　2007『「軍事植民地」沖縄 ── 日本本土との「温度差」の正体』高文研。
吉田正紀　2001「国際結婚にみる異文化の交流と実践（1） ── インドネシアに嫁いだ日本女性の事例から」『国際関係研究』（日本大学）22(1)：137-163。
────　2003「国際結婚にみる異文化の交流と実践（2） ── 三島市に生きるフィリピン女性家族の事例から」秋山正幸（編）『知の新視界 ── 脱領域的アプローチ』南雲堂，pp. 491-517。
琉球新報（編）1980『トートーメ考 ── 女が継いでなぜ悪い』琉球新報社。

事典

沖縄大百科辞典刊行事務局（編）1983『沖縄大百科事典』（上，中，下）沖縄タイムス社。
「沖縄を知る事典」編集委員会（編）2000『沖縄を知る事典』日外アソシエーツ。
渡邊欣雄，岡野宣勝，佐藤壮広，塩月亮子，宮下克也（編）2008『沖縄民俗辞典』吉川弘文館。

インターネット

等雄一郎　2007「国際平和支援活動（PSO）における民軍関係─CMO，CIMIC，CMCoord，ICRC ガイドライン─」『レファレンス』57(3)：pp. 28-42。（http://www.ndl.go.jp/jp/data/publication/refer/200703_674/067403.pdf，2012 年 2 月 14 日閲覧）
米海軍横須賀基地総合人事部雇用課　『米海軍横須賀基地就職ガイド：平成 15 年度改訂 1』 http://hro.cnf.navy.mil/japanese1/shushoku_guide_071128.pdf

맺음말

나의 하루는 미 해병대 태평양 기지 사령부가 있는 빌딩 1이라고 불리는 건물의 방 한켠에서 오키나와의 현지 신문을 영역하는 일로 시작되었다. 매일 아침 8시에 빌딩 1의 바로 옆에서 거행되는 미일 국기 게양과 그곳에 흐르는 미일 양국의 국가를 보고 들었다. 이 책에서 소개한 가나코(加奈子)의 말이 뇌리를 스친다.

"만약 남편이 이라크에 파병되어 사람을 죽여야 한다면, 내가 무엇을 어떻게 해 줄 수 있을까?"

가나코처럼 복잡한 생각을 가지고 살아가는 군인 아내나, 이번 조사 활동을 통해 만난 오키나와에서 생활하는 미군 병사, 군속이나 그 가족의 목소리가 머릿속에서 떠나지 않는다. 오키나와의 '기지 문제'를 생각한다는 것은 가나코와 같은 존재를 인정하는 것에서부터 시작되는 것은 아닐까? 이는 군대가 독신 남성으로 구성된 폭력적 집단이라는 기존의 군대에 대한 고정관념에 대해 의문을 품는 것이기도 하다. 이는 군대나 미군 기지에서 멀리 떨어져 살아가고 있는 야마툰추(ヤマトゥンチュ: 일본 본토 출신자)뿐 아니라, 우치난추(ウチナンチュ: 오키나와 출신자)에게도 필요한 일이 아닐까?

오키나와에서 군대에 대한 고정관념을 다시 생각해 보게 하는 것은 매우 어려운 일일지도 모른다. 이는 내가 진행한 오키나와에서의 조사가 너무나도 어려웠다는 점을 통해 상징적으로 나타난다. 이 책에서 소개한 지카(千佳)의 어머니는 내가 일본 본토 출신이라는 것을 알자, 오키나와 출신자를 이용만 하려는 것이라며 인터뷰에서 거짓말을 하라고 지카에게 종용하기도 하였다. 이는 기지 문제와 관련한 일본 정부의 오키나와에 대한 대응 등, 기지 문제에 대한 불만이나 불안감이 나에게 향해 있다는 것을 보여 준다. 그러나 시간은 걸렸으나 조사에 대한 이해를 얻어 많은 분들이 인터뷰에 응해 주셨다. 오키나와는 미군 기지와의 관계에서 일본 본토와는 다른, 독자적인 역사를 걸어 왔다. 나는 이 책을 통해 군사나 정치에 편향되지 않는 미군 기지와 오키나와 사람들과의 관계를 고찰해 보고자 하였다. 그리고 조금이라도 많은 사람에게 지금까지 충분히 알려지지 않은 오키나와의 상황을 전하고 싶었다.

10년 이상 흐른 현재에도 잊히지 않는 광경이 있다. 당시 요코스카 미 해군 기지를 모항으로 하고 있던 항공모함 키티 호크가 2001년 9월 11일 미국의 동시다발 테러가 발생해 출동했다가, 약 3개월 동안의 임무를 마치고 귀환해 승선 군인들이 그 가족들과 재회하던 순간이 바로 그것이다.

교토대학 대학원 인간·환경학 연구과의 석사 과정에 있던 나는 요코스카 미 해군 기지 내에서 미군 병사와 일본인 여성의 결혼에 관한 문화인류학 조사를 하고 있었다. 당시 부두의 잔교(棧橋)에는 키티 호크의 귀환을 기다리는 사람들로 넘쳤다.

키티 호크가 시야에 들어온 순간, 거대한 술렁임이 일었다. 키티 호크가 천천히 잔교에 접근해 왔다. 도착이 임박하자 군중의 술렁임은 더욱 고조되었다. 모두가 오랫동안 초조하게 기다리던 병사들의 모습을 찾으려고 필사적이었다.

마침내 키티 호크가 도착하였다. 몇 개월 동안 불안감과 사투를 벌이며 남편의 귀환을 기다리던 군인 아내, 그리고 가족을 생각하면서 혹독한 환경 속에서 군 복무를 다하고 온 미군 병사가 재회하는 순간, 그것은 군인 가족에게 결코 잊을 수 없는 감동적인 순간이다. 필자는 카메라 셔터를 누르며 그 순간을 담으려 필사적으로 움직였다. 남편 부재중의 고독한 나날과 불안감을 들려주었던 일본인 군인 아내들의 목소리가 문득 되살아나 눈시울이 뜨거워졌다.

그러나 기지 밖으로 한 발 나가면, 지금 막 기지 내에서 목격한 군인 가족의 재회와는 전혀 다른 일상의 나날이 있었다. 게이트 건너편에서 진행된 기지 내에서의 군인 가족의 재회나 기지 내에서 생활하는 파병된 남편의 귀환을 기다리는 일본인 군인 아내에게 눈길을 주는 사람은 없다. 우리는 미군 기지에 대해 전혀 모른다. 그렇지만, 한편으로 미군이나 미군 관계자에 대한 편향된 보도가 계속되고 있다. 그리고 군인 아내나 군인 가족에 관한 연구조차 일본에는 존재하지 않는다. 이때의 경험은 지금까지 필자의 연구에 커다란 영향을 주고 있으며, 이 책을 집필하는 원동력이 되었다.

이후 필자는 박사 과정에 진학하여 미국 워싱턴 D.C.의 의회 도서관과 버지니아 주의 군인 가족 연구소에 가서 군인 가족에 관한 문헌이나 조사서를 뒤져 가며 읽었다.

박사 과정 재학 중에는 푸에르토리코에서 조사를 할 기회를 얻었다. 푸에르토리코에서는 미군 병사와 푸에르토리코 여성의 결혼이나 푸에르토리코 본섬 동부에 있는 루즈벨트 로즈 미 해군 기지 철수 후의 기지 거리에서 조사를 실시하였다. 한산해진 기지의 거리를 걸으며 그곳에 사는 사람들과 인터뷰를 하고 미군 기지가 미치는 경제적인 영향력을 가늠해 보았다. 예전에 미 해군 기지가 있었고 격렬한 기지 반대 운동이 있었던 푸에르토리코의 비에케스 섬에도 가 보았다. 비에케스 섬 주민들로부터 오키나와 미군 기지의 현 상황에 대해서 듣고 푸에르토리코에서 귀국하고 1개월 만에 가데나초(嘉手納町)로 가서 오키나와에서의 조사를 시작하였다. 지금까지 국내외의 미군 기지를 둘러보았는데, 2001년에 요코스카(横須賀)에서 시작된 조사가 이 책의 집필을 통해 마침내 일단락되었다.

본 조사는 많은 사람들과의 만남과 지원을 통해 완성할 수 있었다. 먼저, 교토 대학 인문과학 연구소의 다나카 마사카즈(田中雅一) 선생님에게 깊은 감사의 마음을 전하고 싶다. 이 책을 완성할 수 있었던 것은 다나카 선생님의 지도 덕택이었다.

박사 논문을 집필하면서 교토 대학 대학원 인간·환경학 연구과 문화인류학 분야의 고(故) 후쿠이 가쓰요시(福井勝義) 선생님, 스가와라 가즈요시(菅原和孝) 선생님, 야마다 다카코(山田孝子) 선생님, 교토 대학 동남아시아 연구소의 하야미 요코(速水洋子) 선생님과 릿쿄 대학(立教大學) 사회학부의 마쓰무라 게이이치로(松村圭一郎) 선생님께도 감사의 인사를 표하고 싶다. 그리고 수많은 귀중한 조언을 주신 메릴랜드 대학의 Dr. Christopher A. Ames께도 깊이 감사드린다.

미군 기지 내에서의 조사를 도와주신 오키나와 주둔 미 해병대 기지와 그 관계자에게 진심으로 감사의 인사를 전하고 싶다. 퍼스널 서비스 센터(PSC)의 디렉터인 Mr. Herbert "Bert" Corn은 필자를 PSC의 사회봉사자로 받아 주어 조사에 많은 협조를 해 주었다. 지면을 빌려 깊이 감사의 인사를 전하고 싶다. 또한 해병대 가족지원과장 Mr. William Linnehan도 본 조사에 많은 지원을 해 주었다. PSC의 종업원 여러분, 특히 우라사키 미치코(浦崎美智子) 씨와 Mr. Jack Bosma에게 감사드린다.

미 해병대 태평양 기지 정무외교부(G-7) 지역 관계 통괄관인 마르티

니스 가오리 씨로부터는 해병대 기지 내에서의 조사에 많은 귀중한 조언을 들었다. 가오리 씨와의 만남이 없었다면 오키나와의 해병대 기지 내에서의 조사는 실현 불가능했을 것이다. 해병대의 일본인 배우자에 대한 가족 지원의 조사는 해병대 패밀리 팀 빌딩(MFTB)의 다카하시 마키(高橋麻希) 씨의 지원이 있어서 가능하였다. 또한 오키나와 주둔 해병대 각 기지의 섭외관 여러분께는 지역사회와 미군 기지 조사에 많은 협조를 받았다. 감사의 말을 전하고 싶다.

조사의 협조뿐 아니라, 공적으로도 사적으로도 많은 도움을 주신 다나하라 가오리(棚原香) 씨, 그 남편인 Mr. Steven Forjohn, 다쿠시 가오루(澤岻かほる), 그 남편인 Mr. Jeffrey Heitchler와 Mr. John Daskauskas에게 진심으로 감사드린다. 다쿠시 에쓰코(澤岻悦子) 씨에게는 오키나와 미군 병사와의 결혼에 관한 귀중한 자료를 제공받았다.

마지막으로, 본 조사에 협조해 주신 일본인 여성과 미국인 남성에게 무엇보다 큰 감사의 마음을 전하고 싶다. 모든 분들의 성함을 다 들 수 없다는 점이 가슴 아프지만, 지금까지 조사에 협조 · 지원을 해 주신 모든 분들께 깊이 감사의 인사를 드리고 싶다.

본 연구를 위한 현지 조사와 자료 정리는 일본 학술 진흥회의 특별연구원(2004년 4월부터 2006년 3월까지 DC, 2006년 4월부터 2009년 3월까지 PD) 자격으로 진행되었다. 푸에르토리코에서의 조사는 마쓰시타 고노스케(松下幸之助) 기념재단의 연구 지원(2003년도)을 받았다. 이 책은 교토 대학의 2011년도 총장재량경비 차세대 연구자 출판조성사업의 지원을 받아 출판되었다. 또한 이 책의 출판에 처음 관심을 가져 주신 교토 대학 학술 출판회의 사이키 가오루(佐伯かおる) 씨, 그리고 이 책의 편집에 많은 시간을 할애해 주신 교토 대학 학술 출판회의 구니카타 에이지(國方榮二) 씨에게 깊이 감사드린다.

마지막으로, 2001년부터 지금까지 미군 기지 내에서의 조사에 대한 훌륭한 이해자로서 이 책의 출판을 고대하고 계신 부모님 미야니시 아키후미(宮西昭文), 에쓰코(悅子), 남동생 겐지(健司)와 그 아내 마미(麻實)에게 진심으로 감사의 뜻을 전한다.

미야니시 가오리(宮西香穗里)

오키나와 주둔 미군의 일본인 아내에 대한 연구

초판 발행 1쇄 2018년 2월 28일

지은이 미야니시 가오리

옮긴이 이언숙

펴낸곳 **고려대학교 출판문화원**

www.kupress.com

kupress@korea.ac.kr

02841 서울특별시 성북구 안암로 145

02-3290-4230, 4232

Fax 923-6311

찍은곳 (주)동화인쇄

ISBN 978-89-7641-898-2 93910

값 19,000원

* 잘못 만들어진 책은 바꿔드립니다.